大学问

始于问而终于明

守望学术的视界

# 从数学到哲学

to
Philosophy
From
Mathematics

[美]王　浩_著

高　坤　　邢滔滔_译

GUANGXI NORMAL UNIVERSITY PRESS
广西师范大学出版社
·桂林·

从数学到哲学
CONG SHUXUE DAO ZHEXUE

From Mathematics to Philosophy (Routledge Revivals)1st Edition/ by Hao Wang
ISBN: 9781138687790


著作权合同登记号桂图登字：20-2023-095 号

**图书在版编目（CIP）数据**

从数学到哲学 / （美） 王浩著 ; 高坤, 邢滔滔译. --
桂林 : 广西师范大学出版社，2024.5（2024.9 重印）
书名原文: From Mathematics to Philosophy
ISBN 978-7-5598-6332-4

Ⅰ. ①从… Ⅱ. ①王… ②高… ③邢… Ⅲ. ①数理逻辑
Ⅳ. ①O141

中国国家版本馆 CIP 数据核字（2023）第 161552 号

广西师范大学出版社出版发行
（广西桂林市五里店路 9 号　邮政编码：541004
网址：http://www.bbtpress.com）
出版人：黄轩庄
全国新华书店经销
广西广大印务有限责任公司印刷
（桂林市临桂区秧塘工业园西城大道北侧广西师范大学出版社集团有限公司创意产业园内　邮政编码：541199）
开本：880 mm × 1 240 mm　1/32
印张：16.5　　字数：420 千
2024 年 5 月第 1 版　　2024 年 9 月第 3 次印刷
定价：128. 00 元

本书首次出版于1974年。作者相信,尽管当代分析哲学倾向于把逻辑和数学放在一个中心位置,它们的丰富内容却仍未被充分领会或说明。通过对数、连续统、集合、证明和机械程序等数学概念的探讨,作者提供了一个数学哲学的导论和对当时流行的学院哲学的一个内在批评。书中所呈现的材料,同时也阐明了一种新的、更一般的研究进路,称为实质事实主义。作者认为,它能让我们避免平凡化或扭曲人类知识的实质事实,从而发展出更为全面的哲学立场。

# 目　录

# 前 言 ix

逻辑在大部分当代英美学院哲学中都直接或间接地扮演重要角色。从社会学上说,这令我们这些既对逻辑又对哲学怀有兴趣的人感到欣慰。但长久以来,我一直抱持着两点彼此相关的疑虑。在我看来,一方面,逻辑在哲学中通常被使用的方式,并没有公正地体现出作为一种数学基础研究的逻辑的全部丰富性;另一方面,过分强调逻辑对哲学的重要性(经常伴随着对逻辑的一种误用),已经将我们引向一种极端失衡的哲学观,尤其当哲学是在传统意义上被理解时。此外,逻辑与实证主义(或经验主义,或“分析”哲学)被广泛宣传的并置关系,还给逻辑招来一个连带罪名,导致持有其他信仰的哲学家对逻辑有一种惊人的忽视。其后果是不幸的:不仅那些被误置的精确性指引的人没有正确使用逻辑,其他哲学家也未能恰当地、富有成效地使用逻辑,后者要求更多地把逻辑用作获得精确思维习惯的一种方式,而非一味追求对逻辑的显式使用。

在本书中,我试图通过提供一种不同的观点,来表达这些疑虑。处理逻辑和数学概念的章节,意在揭示这些概念在哲学上我认为比较有趣的方面。关于更一般问题的章节,则试图讨论哲学的一般性质。这两部分是以强调原始事实的方式松散地联系在一起的。之所以特别强调数学(而不是物理学、生物学或历史学等),部分是由于我对其他领

x 域缺乏充足知识，部分是由于如下的信念：在我们知识的目前阶段，数学最适合我希望鼓励的那种对概念思维的一般性探讨。数学被认为足够丰富和足够核心，可以用来阐明知识哲学的大部分基本问题。

本书当然不是要提出一个哲学理论或哲学体系。事实上，对于那些相信哲学应该产生一个理论的人们，这里能找到的仅仅是一些哲学素材。然而，尽管我对哲学成为严格科学的可能性持保留意见，我依然相信，哲学可以是亲近的、严肃的和稳定的。哲学应当努力达成某种合理的统观。与解决具体问题相比，将事物置于它们适合的视角下更有哲学价值。草率的思辨和对不自然问题的琐碎执着，都会阻碍哲学之积累性的进步。考虑到当下哲学令人不满意的基本状况，很难在哲学与哲学素材之间划出一条界线。我们一般能看出特定陈述是否是真的、重要的，是否具有超出技术性的价值。一个诱人的想法是，关于一个基本概念的这类陈述集合起来，就已经接近于穷尽了对该概念的无争议的哲学阐释。无论如何，本书将对英美哲学的流行趋势发挥一种解毒剂的作用，并可能有助于加快迫切需要的改变的发生，把英美哲学引向更有吸引力的方向。

本书上一稿大约完成于一年前。在过去的几个月里，主要得益于与库尔特·哥德尔教授的讨论，对一些部分作了扩充。我感谢哥德尔教授同意与我讨论以下四部分中涉及的一些话题：引论，关于机械过程的一节（第 2 章），关于集合概念的一章（第 6 章），讨论关于心灵和机器的数学论证的一节（第 10 章）。从 1971 年 10 月起，我有幸获得数次机会，与哥德尔教授当面讨论这些及其他相关问题。结果，我对上面列出的前三部分进行了修订和增补，而对第 10 章则增加了第 7 节。虽然如此，由于我们在哲学进路上的一些基本差异，这些扩充一般不应被解释为代表了哥德尔教授的观点，但那些得到他订正和同意的部分除外，现罗列如下：第 2 章第 3.1 节，第 10 章第 7 节，引论第 2 节和第 6 章

第 1 节中归属给他的部分，亦即关于替换公理的段落和对我们据以建立集合论公理的五个原则的概括。

王浩

1972 年 6 月

# 文本说明

本书约有四分之三是由未发表过的材料构成。余下的四分之一以前发表过，但在本书中被纳入了更广阔的语境。自 1970 年 9 月以来，我投入了大量精力写作新章、修订旧稿。这期间完成的写作和修订，大概构成本书的三分之一。

第 1 章和第 2 章是我 1955 年春在牛津所做洛克讲座讲稿的大修版。讲座共六场，总标题为“论数学概念的形式化”。各场标题分别为：1 逻辑对哲学的意义；2 自然数；3 连续统；4 一致性和可还原性；5 可计算性的概念；6 数理逻辑的任务。

第 3 章取自‘Russell and his logic’，*Ratio*，vol. 7，1965，pp. 1–34，仅作了微小修订。第 4 章大体是最近才写的，一小部分来自我 1955 年在牛津一场研讨会上所做的同名演讲。第 5 章是基于我 1970 年为《不列颠百科全书》所作的一篇文章。

第 6 章主要写于 1969—1970 学年。第 7 章部分取自‘Process and existence in mathematics’，*Essays on the foundations of mathematics*，1961，pp. 328–351 和‘Logic，computation and philosophy’，*L’ âge de la science*，vol. 3，1970，pp. 101–115。第 8 章部分基于‘Notes on the analytic-synthetic distinction’，*Theoria*，vol. 21，1955，pp. 158–178。

第 9 章的一小部分包含在‘Remarks on mathematics and computers’，

*Theoretical approaches to nonnumerical problem solving*, 1970, pp. 152–160中。第6节曾发表如下：'Logic and computers', *American mathematical monthly*, vol. 72, 1965, pp. 135–140。

第10章部分为1969年4月18日在密歇根州立大学举办的艾森伯讲座的演讲内容；部分曾于1969年8月25日在"心的概念"研讨会上宣读，该研讨会由知识统一研究小组组织，在伯克利举行。

第11、12章大部分都是新写的，除了第11章第4节（以前面提到过的'Russell and his logic'为基础）和若干零散的评论（摘自'Russell and philosophy', *Journal of philosophy*, vol. 63, 1966, pp. 760–763）。

附录由以前发表过的五篇文章构成，其来源见各文末尾脚注。在我同类题材的早期哲学著作中，有两篇以中文发表的文章这里没有收录，一篇论先天综合命题，一篇论语言与形而上学（发表于中国哲学会主办的《哲学评论》，1944年第9卷第39—62页和1945年第10卷第35—38页）；同样未收录的还有我在清华大学畅所欲言的硕士学位论文（中文），该文写于1943—1945年，题为《论经验知识的基础》（1 归纳；2 真；3 感觉材料；4 可证实性）。

近些年，我有幸与萨普（L. H. Tharp）、马丁（D. A. Martin）及克里普克（S. A. Kripke）就本书中探讨的许多问题进行了讨论，同时有机会研读许多哲学家的著作以求启发。我时常间接使用这些来源的口头或已发表意见，陈述许多人共有的、我认为正确的观点，而没有作明确说明。温斯坦（S. Weinstein）精心阅读了一大部分手稿，并提出了许多有助改进表述的意见。

王浩

1971年5月20日

# 引　论 1

## 1　作为一种方法和解毒剂的实质事实主义

本书各章内容仅以松散的方式相互联系，一定程度上都可以独立地阅读。被重点考察的是逻辑和数学领域的一些基本概念。但进行这些讨论，是为了阐明关于知识哲学的一种一般立场。各章一以贯之的风格，是对这些基本概念和方面中的每一个都严肃对待，并在其自身水平上予以研究。我的目标是把自己限制在真正基本的东西上，同时不断地对照确凿的事实，包括关于内省和概念思维的事实，检视那些一般性的考虑。

本书的核心偏见（或教条），可以模糊地称之为“实质事实主义”或“人类中心的重大事实主义（magnifactualism）”。其根本信念在于强调已有知识对哲学的压倒一切的重要性。相比于我们如何知道我们所知道的，我们对我们所知道的知道得更多。相比于我们信念的终极核证，我们对我们所相信的知道得更清楚。我们知道我们所知道的，这是一个惊人的基本事实。在所有可能的知识中，已知的那些最容易获得，并且它们足够丰富，能为各个历史时期最有趣的知识哲学提供养料。例如，我们发现了具有广泛而成功的描述性应用和工程学应用的经典物理学，简洁有力的孟德尔遗传学，融贯且可应用的微积分，优雅而稳定的集合论，这一切是多么不可思议。这一切得以可能，有赖于这一事实：世界是其所是的样子，我们是我们所是的样
2 子。没有任何现成的第一原理能使我们看出，世界和我们必定是如此这般，以致如此稳定而综合的知识必定会产生。经典物理学和遗传学在其相应范围内的正确性表明，世界具有一种秩序性，而我们在获得那些知识以前，并没有很好的理由预期这一点。

对于实质事实主义这一含糊立场所包含的一些歧义，以及它伴随的局限性，有必要一开始就指出来。在对其广义的理解中，它并不仅仅适用于精确科学知识。我们对不那么精确的知识和未经细分的原始事实同样感兴趣。语言现象无疑是关于人类的一个显著而普遍的事实。马克思主义哲学和弗洛伊德心理学被认为揭示了一些关于人性的原始事实。这些学说在当代人类状况中发挥重要作用，这是一个重要的（历史）事实，它引发如下疑问：某些学说是如何对人类活动产生广泛影响的？更为相关的是，我们在这些学说中发现了大量的基本真理，这说明它们至少为确定关于人类的某些原始事实提供了有价值的指引。虽然很多人无法全盘接受（比如说）马克思主义，但人们觉得，从其发展和应用中，我们确实得到了很多知识（在一种比数学科学知识更广的意义上）。另一方面，历史和小说也告诉了我们很多关于人类经验的一般事实。特别地，哲学史当然对哲学尤其重要。所有这些领域，都为关于原始事实的哲学研究提供了丰富的资料。

这样，很难将真正稳定而中心的事实分离出来，并在哲学的发展中恰当地使用它们。虽然我们有将哲学与人类经验的所有重要领域都紧密关联的自然愿望，也相信我们能够逐渐培养我们的直觉，最终达成关于哪些领域比较重要的良好共识，但这样的愿望和信念，还不足以将明确、积极的内容赋予作为方法的实质事实主义。对于此一般立

场的一般阐明，似乎在很大程度上依赖于将这一被模糊地感觉到的“方法”或态度应用到广大领域的最终结果。无论如何，在本书中，将我们的注意力限制在一个较窄但更为明确的实质事实主义概念上，专事关于精确科学知识的哲学研究，似乎是可取的。本书是在逻辑和数学的一般领域的某些部分中践行这种研究的一个初步尝试。

有了精确科学（尤其是逻辑和数学）这一限制，我们可以对当 3
前立场作一些更明确的解说，办法是将其与当代哲学中的几种主流趋势进行对比，它们，就其基础部分而言，主要关注来自上述限制领域的概念材料。这些趋势就是实证主义和经验主义（特别是卡尔纳普和蒯因所分别代表的两个不同方向），以及语言哲学。实质事实主义被认为是对这些时髦趋势的一剂解毒良药。至于当前立场在多大程度上与其他那些反对上述流行趋势的宏大观点相容，本书不拟详论。

实证主义没有充分尊重原始科学事实。特别地，卡尔纳普过分强调空洞的人造结构，而忽视了严肃的事实性（甚至概念性的）内容。更详细的讨论见第 12 章第 3 节。蒯因似乎赞成某种事实主义，但对还原论和一些未恰当核证的一般（经常是否定性的）结论表现出一种偏爱。我愿意指出，对比蒯因与本书相关章节对集合概念的讨论，可以鲜明地（虽然也许并非完全公平）展示出这两种进路之间的差别。语言哲学总体上偏于琐碎（缺乏实质），且很少注意事实（除了细节的语言学事实）。第 12 章第 4 节包含对原始事实这一概念的更深入的探讨。

与实证主义和语言哲学相比，当前立场对直觉给予更多信任。这里的直觉不是指心灵首先想到的东西，而是理解成扩展了的反思，达成对不是直接显明的东西的一致意见。强调原始事实既是针对哲学体系之无政府状态的解毒剂，也是针对哲学问题之无政府状态的解毒剂。

实质事实主义反对通常理解的还原主义立场。首先，它对现象主义很少抱有同情，无论是认识论的，形而上学的，还是语言学的；物理对象被认为胜过感觉材料，因为它们更接近知识的事实。一种更令人信服的还原论体现在根据优先程度（但绝不等同于重要程度）排序的常见知识层谱中：物理学，化学，生物学，生理学，心理学，社会学。与此层谱相联系的是这样的愿望，视心灵为一个与环境互动的
4 黑箱，甚至猜测黑箱中有什么。从概念上讲，这一图景是有用的。但很明显，我们对黑箱中所假定的机制缺乏足够的生理学知识，因而说不出多少实质性的东西。康德和胡塞尔的哲学可以被看作是确定黑箱内容的一种尝试，它们仅凭对心灵如何运作的反思而无视生理学。

即使此常见的层谱还原论在某种绝对的意义上是正确的，情况依然可能是，我们能够且应当把生物学和心理学当作独立的学科来追求，并且不是出于我们没有关于生命和心灵的充分的物理化学知识这一实际理由，而是出于一个更深刻的理由，即高等存在形式得以出现正是因为它们充分稳定和自立自足。例如，高级机器语言就独立于它们在其上实现的特殊的计算机。已经有人指出，存在之诸层级的稳定性使得我们能够忽略这些存在物如何由较简单元素构成的细节。特别地，人类心灵有它自身的活动范围，可以独立于大脑功能的物理学和生物学细节而被富有成效地探究。

无论如何，在当前知识条件下有进行另一种工作的空间。还原论图景对具体科学研究的方法论价值，以及其最终被确证的可能性，我们悬置判断，而把对各知识分支之基础的、在其自身层次上的考察，当作各个历史时期的主要哲学任务。与其拘泥于对物理学方法和技术的不加批判的模仿，哲学家们应该去寻求不同的、适合基础性研究的思考和交流方式。在这方面，我们可以把康德关于他所承认的先天知识的基础的工作，看成是可做之事的一个例子。

（有限制的）实质事实主义立场，包含两个需要详述和澄清的假设。第一是对基本科学知识的强调，这对某些人来说是不可接受的，比如常识和日常语言哲学家。第二是否认存在充分的证据能使我们相信，哲学作为一门超级科学在可预见的未来是可行的；这与胡塞尔的观点相左。[①] 这两个假设都是基于与如下问题相关涉的一些模糊的、一般性的经验证据而做出的提议：何种哲学努力会是富有成效的？它们都可以被看作优先性判断：我们希冀，即使最终表明，更有成效的
进路是从日常知识开始，向着作为严格科学的哲学努力，在这里所倡 5
导的替代进路下所取得的成果，仍然是对哲学之一般进步的中间阶段上的贡献。无论最终结果如何，我们将乐于为这两个假定提供一些非结论性的辩护。

实质事实主义的一个方面是严肃对待反思的观念。这似乎就意味着，我们应该充分关注我们所要反思的材料，避免空谈。这一信念在持有极为不同观点的人中得到广泛认同。例如，布兰夏德声称："虽然理性实践可以独立于理论而被发展，理性之理论却依赖于发达的实践；只是因为面前有理性之卓越运用的例子，哲学家们才得以成功地解释这种运用。"[②]

同时，在哲学中，人们更愿意反思重要的材料，如若我们能找到一条线索来挑选重要之事的话。我们可以同意，道德、政治和美学问题，以及更一般的，任何与如何生活有关的情感问题，都是重要的。但是，如果我们想要把自己，至少在一开始时，限制在更清晰、更稳定和更有条理的材料上，我们往往被引向知识。接着是日常知识与科学知识之间的对比。日常知识更为基本，因而似乎是哲学研究的主要

---

① 特别对照 E. Husserl, 'Philosophie als strenge Wissenschaft', *Logos*, vol. Ⅰ, 1910–1911, pp. 289–341；英译本见于 Quentin Lauer, *Edmund Husserl: phenomenology and the crisis of philosophy*, 1965。

② B. Blanshard, *Reason and analysis*, 1962, p. 52.

候选对象。但另一方面，科学知识却更为成熟，也更有结构性。鉴于哲学的高难性质，从放大的、组织化的材料开始似乎是合理的，尤其是如果我们对知识积累的事实印象深刻的话。此外，我们对科学知识中什么是中心的和重要的，有着相当稳定而细腻的感觉，这为寻找相关的重要性概念提供了一种指引。哲学史是另一个有价值的材料来源，但必须更谨慎地使用。

应该强调的是，这里的提议不是要人们对科学具有百科全书式的了解。它在精神上更接近柏拉图的准则：凡不懂几何学者，不得进入学园。对科学（或者至少是科学的核心分支）之基本原理的知识，被认为能帮助人们清晰地思考并改善人们对知识之所是的理解。更一般地，哲学太过抽象，同时又不够精确，不适合用作发展良好智性品味的自然起点。一个更专门的学科，比如数学或历史，更有可能培养出人们对何种工作更为有趣的原始鉴别力。

6 我们不能期望超越现有知识，在更高的层次上思考，从而达到某种包含现有知识为其特例的更普遍的真理。但很多人口头上否认超理性，却常常不愿面对其后果。他们继续寻找能够用来破解人类知识的全部或大部分秘密的金钥匙，并自认为已经找到了它，比如，它可能是心理学、逻辑学、语言、历史、艺术、经济学、人类学，等等。我不是要否认某些研究领域比其他领域更与知识哲学相关，而仅仅是在呼吁人们对人类知识的事实作更仔细的观察，避免过分简单化。这项呼吁，说得模糊一点，部分地基于如下经验证据：迄今为止寻求金钥匙的尝试，未将我们引向真正有希望的前进道路。有人可能会问，既然物理学和遗传学取得了如此惊人的成功，有什么能阻止我们在哲学领域期待和谋求类似的成功呢？答案只能是，在某种意义上我们没有获得此种成功的方法，即使我们可以期待某种突破，也没有证据承诺一个快速解决方案。不管怎样，我们感觉科学和哲学之间应该有一些区别，就像人们常说的，哲学是反思的。

这一立场与胡塞尔用现象学方法将哲学确立为严格普遍科学的纲领形成对比。根据胡塞尔的观点，科学与哲学之间的区别在于，科学就其现状而言并不够科学，只有当我们发展出科学的哲学并在其基础上重建了普通科学之后，科学才能变得真正科学。我们不能否认，这样的纲领有其巨大的智性吸引力。对于它的前景，我也不能做出任何有价值的评价。而我之所以持相反意见，部分是因为怀疑此纲领能带来稳步的持续增长的成果，部分是因为没有耐心等到其最终成功再去处理那些迫在眉睫的哲学问题。我认为，现实知识在基本原理层面上的总体作用，更多是约束我们对基本范畴的研究，并纠正我们人类同化差异的倾向，而不是误导和损害我们对一般哲学的追求。事实上，胡塞尔本人高度评价精确科学的成就，也非常注重丰富的、核心性的材料对于哲学的重要性。人们将乐于相信，一种更成熟的实质事实主义会消除自身阐述中的模糊性，从而容纳某种严格形式的现象学。但
不可否认，事实主义主张一种不同的优先性排序，对绝对主义有一种 7
矛盾心态。

## 2 反对实证主义

对实证主义有两个相关但不同的批评。一个是说，它通过审视科学而获得一种一般的立场，又把它草率地应用于其他事物。另一个是说，甚至对科学而言，它也是一种贫瘠而不准确的立场。其中第二个批评又可以作两种解释，一种解释认为，只看科学不足以理解科学；另一种解释认为，实证主义者看待科学时没有充分尊重其全部丰富性。

众所周知，很难精确地定义实证主义之类的立场，以使人们能把

模糊感觉到的反驳变成有力而令人信服的论证。让我们从一般性的反对意见开始。首先，实证主义看起来与现实知识脱节，这尤其体现在它那不切实际的中心纲领中，该纲领主张以感觉材料和简单归纳为基础重构经验知识。第二，实证主义否认任何严肃的概念性知识的可能性，因而不能恰当说明精确科学的基本稳定性；特别地，对数学的实证主义说明令人失望和不满意。第三，实证主义作为经验主义是自相矛盾的，因为它拒斥来自内省的丰富经验，仅将自己限制在感觉经验（来自感官知觉）上。这三个反驳有一个共同基础：经验主义使用的经验概念太过狭隘。

我们不拟详细阐释以上这些粗略陈述的对实证主义的一般性反驳，而是请读者通过比较本书对数学概念的处理与卡尔纳普和艾耶尔[①]对数学的处理来揣想实证主义与当前进路之间的差别。至于对实证主义的集中反驳，我们目前仅限于引用哥德尔的若干观点。

科学史上不乏这样一些著名的科学家的例子，哲学上的分歧极大地影响了他们对各自对手的科学工作之价值和正确性的判断，比如康托与克罗内克之间的争论[②]，希尔伯特与布劳威尔之间的争论[③]，以及爱因斯坦与玻尔之间友好的意见交流[④]。我对这些案例没有仔细研究，对于他们各自不同的哲学观点如何影响了他们的科学工作，我无法给出恰当的说明。

8 我们确实有哥德尔这样一个引人注目的例子，他拥有坚定的哲学观点，这些观点在他做出其基本性的新科学发现的过程中扮演了本质

---

① 特别对照 R. Carnap, *Logical syntax of language*, 1934 and 1937 和 A. J. Ayer, *Language, truth and logic*, 1936 and 1946, chapter IV。

② 参见 G. Cantor, *Gesammelte Abhandlungen*, 1932, pp. 458–461, 465–466 和 A. Schoenflies, 'Der Krisis in Cantors mathematischen Schaffen', *Acta Math.*, vol. 50, 1928, pp. 1–23。

③ 参见 D. Hilbert, *Gesammelte Abhandlungen*, vol. 3, 1935, pp. 202, 403。

④ 例如，参见他们在 *Albert Einstein—philosopher-scientist*, ed. P. A. Schilpp, 1949 中的交流。

性的角色，并且他也清楚地意识到了他的哲学观点对他的科学工作的重要性。司寇伦 1922 年的一篇文章，已经包含了纯粹逻辑之完全性的证明的核心数学。在评论司寇伦未能从他的工作得出完全性的有趣结论这一令人费解的事实时，哥德尔写下了如下段落，探讨他的哲学观点在他的数理逻辑工作中所发挥的作用：①

> 从数学上说，完全性定理是司寇伦 1922 的一个近乎平凡的推论。然而事实是，在那个时代，没有人（包括司寇伦自己）做出这个推论（无论是从司寇伦 1922，还是从自己的类似的考虑，如我所做的）。
>
> 正如你所说，希尔伯特和阿克曼在他们 1928 年版书的第 68 页，把完全性问题明确地表述为一个未解问题。就司寇伦而言，尽管他在 1922 年证明了所需要的引理，在他 1928 年的论文（第 134 页底部）中陈述一个完全性定理（关于否证）时，**他没有使用他 1922 年的引理来构造证明。相反，他给出了一个完全非结论性的论证。**（参见第 134 页倒数第 10 行到 135 页第 3 行）
>
> 逻辑学家们的这一疏忽（或偏见，或随你怎么称呼它）确实令人惊讶。但我认为其解释不难寻见。原因在于，在那个时代，对待元数学和非有穷性推理的必要的认识论态度是普遍缺失的。
>
> 人们普遍认为，数学中的非有穷推理是有意义的，仅当其可以用有穷论元数学“解释”或“核证”。（注意，我的结果和随后的工作表明，这大体上是不可能的。）这一观点，几乎不可避免地，导致了非有穷推理被元数学排斥在外。因为，这样的推理

① 见于 1967 年 12 月 7 日给本书作者的一封信中。要准确查考司寇伦的论文和关于完全性定理的更多历史细节，可参阅‘A survey of Skolem's work in logic’ in T. Skolem, *Selected works in logic*, ed. J. E. Fenstad, 1970, pp. 22–26。

要被允许，需要一种有穷论元数学。而这似乎是难以理解且不必要的重复。不仅如此，接纳“无意义的”超穷元素进入元数学，与当时盛行的关于这门科学的理念相违背。根据这一理念，元数
9 学才是数学真正有意义的部分，数学符号（本身无意义）通过它获得某种派生意义，即使用规则。当然，这种看法的本质在于拒斥所有类别的抽象的或无穷的对象，数学符号的表面意义只是其中一些例子。也就是说，意义仅被归给这样的命题，它们谈论**具体有穷对象**，如符号的组合。

然而，之前提到的从司寇伦 1922 出发的简单推演，显然是非有穷的，谓词演算的其他完全性证明亦然。因此它们没有引起注意，或遭到漠视。

附带说一句，我对一般数学和元数学尤其是超穷推理所持有的客观主义观念，对我的其他逻辑学工作也具有基本重要性。

人们怎么可能会想到在数学系统本身中**表达**元数学，如果认为它们是由无意义的符号构成，仅仅**通过**元数学才能获得一点派生意义?

或者，人们怎么可能借助我的超穷模型Δ给出连续统假设的一致性证明，如果认为一致性证明必须是有穷论的？（更不用说，从有穷论观点看，用Δ解释集合论从一开始就是荒谬的，因为它是一个基于某种本身无意义的东西所做的“解释”。）这样的解释（以及任何非有穷论的一致性证明）会产生有穷论的相对一致性证明这一事实，显然没有被注意到。

最后应当指出的一点是，我在形式数学系统中构造不可判定的数论命题的助探原理，是“客观数学真理”这一高度超穷的概念，而**不是**“可证性”（参见马丁·戴维斯《不可判定性》，纽约，1965，第 64 页，我在那里解释我借以到达不完全性结果的

助探论证）的概念，二者在我和塔斯基的工作之前普遍被混淆。又一次，这一超穷概念的使用最终导向了有穷论可证的结果，即关于一致形式系统中不可判定命题存在性的一般定理。

进一步的推敲包含在 1968 年 3 月 7 日的一封信里：

> 重读我 12 月 7 日的信，我发现倒数第二段【如上所引】的措辞或许有些激烈。必须打个折扣地理解它。诚然，形式主义观点没有令基于超穷模型的一致性证明变成不可能的。它只是使它们很难被发现，因为它们与这种心灵态度格格不入。然而，仅就 10
> 连续统假设而言，有一个特殊的障碍使得构造主义者**实际上不可能**发现我的一致性证明。那就是这一事实：**专门为构造主义目的**发明的分支层谱必须以**完全非构造的方式**使用。类似的评论也适用于数学真这一概念，形式主义者把形式可证性当作对数学真这一概念的**分析**，因而自然不能**区分**这两者。
>
> 我还想补充一点，有另一个原因阻碍了逻辑学家们在元数学中应用超穷推理和一般数学推理【尤其是在数学本身中表达元数学——1972 年 4 月增】。它源于这样的事实，很大程度上，元数学不是被看作一门描述客观数学事态的科学，而是被看作一个关于人类的符号操作活动的理论。

哥德尔 3 月 7 日的信还答复了我在通信中提出的几个问题。（1）保罗·贝奈斯教授注意到，司寇伦并不是在形式系统的意义上思考初等逻辑的定理，因此，完整的完全性问题对司寇伦而言没有意义。（2）司寇伦在其较早的勒文海姆定理的证明中使用了非有穷推理。（3）冯·诺依曼使用了一个超穷模型以证明他的正则公理的相对一致性。稍加减省，哥德尔的答复如下：

> 我仍然**完全相信**，不情愿在元数学中使用非有穷概念和论证

> 是司寇伦和别人没有在我之前给出完全性证明的主要原因。司寇伦对逻辑的形式化缺乏兴趣，这也许是真的，但丝毫不能解释为何他没有给出**他明确陈述的**那个完全性定理（同前引书，第 134 页）的正确证明。该定理断言，如果公式能被非形式地否证，则在某个层次 $n$ 上存在矛盾。有他 1922 年的引理作为基础，这本该是十分容易的，因为很明显，一个正确的非形式否证蕴涵着模型不存在。此外，他 1929 年的论文的第 29 页很明显是在尝试从元数学中消除超穷论证（以一种与艾尔布朗十分相似的方式）。
>
> 他在勒文海姆定理的证明中使用非有穷推理并不能说明什
> 11 么，因为没有证明概念参与的纯粹模型论处在数学与元数学的边界上，它们在公理数量有穷的特殊系统上的应用属于数学的范围，至少大部分是如此。这也解释了冯·诺依曼对超穷集合论模型的使用，顺便说一句，那个使用非常平凡。

哥德尔观察到，没有他的客观主义，也有可能以别种方式证明其不完全性结果，比如，通过用图灵机概念分析形式系统的方式。但那样的证明发现起来要难得多。①

关于连续统假设的一致性，哥德尔将希尔伯特未能从其处理方法②得到明确结果的原因归于一个哲学错误。哥德尔与希尔伯特的处理方法有相似之处，他们都用序数定义了一个连续统假设在其上为真的函数（或集合）系统。不同的是：（1）哥德尔把所有序数当作给定的，而希尔伯特则试图构造它们；（2）希尔伯特仅考虑递归地被

---

① 在这方面，读者可能希望参考 E. Post, ‘Absolutely unsolvable problems and relatively undecidable propositions’, *The undecidable*, ed. M. Davis, 1965, pp. 414-417 第十部分中的一些相当离题的思考。

② D. Hilbert, ‘Über das Unendliche’, *Math. Annalen*, vol. 95, 1926, pp. 161-190。引用页码来自 *From Frege to Gödel*, ed. J. V. Heijenoort, 1967 中的英译本。

定义的函数或集合，而哥德尔接受非构造性定义（通过量化）。

当然，希尔伯特的错误并非在于他是一个全然拒斥非构造性证明的构造主义者。众所周知，他毫不犹豫地使用非构造性证明以得到定理。他的错误在于这样的观点（与司寇伦一致，哥德尔在上引的两封信中进行了批评），认为非构造性**元数学**没有用。由此，他期望他的构造性元数学能解决那个问题，并从而为他的证明论提供“最后的王牌”。他说，“任何新理论的最终检验，都在于成功回答那些不是该理论专门被创造来回答的、预先存在的问题”（第 384 页）。

根据哥德尔，希尔伯特之所以声称自己的证明解决了该问题，即证明了连续统假设为**真**，是因为他相信：（1）连续统假设在构造性数学中是真的（并且根据他给出的梗概是可证的，参见他的引理Ⅱ，第 391 页）；（2）在构造性数学中为真的东西不可能在经典数学中为假，因为后者唯一的作用是**补充**前者（以得到一个任何命题在其中都可判定的完全的系统）。当然，在应用到具体问题上时，希尔伯特认为有必要**数学地**证明（2）。在我们的例子中，这是由第 385 页的引理Ⅰ实现的，该引理是相对于当时已知的经典数学公理并扣除括号中的部分。依照哥德尔的意见，断言（2）包含着又一个哲学错误（源 12
自同样的准实证主义态度），并将被连续统假设证明为假。如果将“构造性的”等同于（正如希尔伯特所认为的）“有穷论的”，希尔伯特的证明纲要是不可行的。如果不将二者等同，该纲要也许可行。但假如人们的目标仅仅是证明连续统假设的一致性，那样做就太过兜圈子了。另一方面，它会解决一个更为深刻但完全不同的问题，即构造性地证明策梅洛集合论公理的一致性。

必须承认，实证主义立场在某些时候被证明是富有成效的。经常被提及并用来支持实证主义立场的一个例子是狭义相对论。大致的想法是，追问同时性的操作意义是发现狭义相对论的关键一步。爱因斯

坦自己说：①

> 我16岁时就注意到一个悖论：如果我以速度 $c$（光在真空中的速度）追赶一束光，我会观察到这束光作为一个在空间中振荡的电磁场静止不动……今天的每个人当然都知道，只要关于时间或同时性的绝对性的公理仍然未被识别地牢牢固定在无意识中，所有试图令人满意地澄清这一悖论的努力都注定失败。很明显，认识到这一公理及其武断性质，实际已经暗含了该问题的解决方法。我是通过阅读大卫·休谟和恩斯特·马赫的哲学著作，而更加确然具备了发现这一核心要点所需的那种批判性思维。

另一方面，爱因斯坦还说：

> 为了将一个逻辑系统视作一个物理理论，不必要求它的全部断言能够被独立地解释和“操作地”“检验”；事实上，这从未被任何理论达到过，也根本不可能达到。一个理论要被接受为一个物理理论，只需要它一般地蕴涵经验可检验的断言。

哥德尔指出，实证主义观点在这一案例中的有效性是因为情况特殊，这里要澄清的基本概念，即同时性，是直接可观察的，而一般而言的基本实体（如基本粒子，它们之间的作用力，等等）不是如此。
13 在这个例子中，一切都要还原到观察的实证主义要求得到了辩护。一般而言，实证主义甚至在物理学中，也不是富有成效的，这从如下事实可以看出：自它在量子力学中被采用（约40年前）以来，物理学在基本定律上一直没有实质性进步，即使是当前的“两层”论（连

① *Albert Einstein—philosopher-scientist*, op. cit., pp. 53, 679。在最近题为“庞加莱论假设、电动力学和相对性”的一场讲演中，斯坦因（Howard Stein）提出，庞加莱由于一个哲学错误而错失了发现狭义相对论的机会。虽然用实证主义来刻画这个错误不够恰当，但斯坦因论证的大意似乎是暗示，庞加莱错在太过实证主义而非不够实证主义。

同它对古典系统的量子化和它的发散级数)，也被认为是不能令人满意的。也许，应该做的是将薛定谔波函数中的主观因素和客观因素分离开来，没有证明说这是不可能的。但从实证主义的观点看，这个问题本身就是无意义的。

## 3　反对语言哲学

在当代哲学中，语言扮演着十分醒目的角色。维特根斯坦的两段哲学思想（或反哲学思想）被认为[①]与康德的批判哲学相似，因为前者试图为语言划定界限，而后者试图为思想划定界限。但是，这种相似性是有严重缺陷的，从如下事实可以看出：康德关于数学和物理学得以可能的条件的两个指引性追问，在语言哲学中退到了十分偏远的角落。正是在这个核心方面，事实主义的目标更贴近康德的进路，而不是语言哲学，后者一般地更关注逻辑而非数学和物理学。

乍一看，语言在哲学中竟受到如此青睐似乎令人惊讶。毫无疑问，有一个比较粗浅的社会学解释：每一个受过教育的人都能很好地掌握其母语，即使对语言的关心牵涉到语言学，语言学作为学科也是比较容易进入的一门。但更为正式的理由是，人们感到语言比思想更清晰，同时它又揭示了思想的最基本特征。这种想法最初部分地源于逻辑学中对语法因素的关注，在那里人们很自然地感到，符号或句子比观念或命题更为具体和可感知。《逻辑哲学论》将该思想与关于事实性知识的一种过分简化的观点相结合，提出不仅要为逻辑必然性提供恰当的解释，还要为语言和实在提供一个理论，根据该理论，相当简单的语言形式就足以表征全部事实性知识和实在。当该思想的应

---

① David Pears, *Ludwig Wittgenstein*, 1971.

14 用，与摩尔对概念之意义和分析的广泛关注形成合力，就造就了一个以语词的意义和分析为主业的专门行当，以及人们对语言之分析性（或词义）成分的重视。

当语法规则和《逻辑哲学论》都被发现不够充分时，人们没有放弃或超越逻辑和语言，而是试图扩大逻辑构造并改进语言分析。结果，我们逐渐流于对语义学的模糊谈论，以及语用学和语言学的经验性的琐碎考量。有些人很高兴现在哲学与一门科学，即语言学，紧密结合起来了，有时候还诉诸与语言学的这种相关性来驳斥对立的哲学观点。其他人则极力论证，语言哲学像科学但不是科学，因此不同于语言学。对很多人来说，对逻辑和语言的双重兴趣导致了一个可喜的研究领域，因为在语言学的基本原理与逻辑哲学之间有很多接触点。但如果人们记得，对语言的最初迷恋是源自虚假的承诺，那就没有必要把哲学家对语言的专注看作神圣不可侵犯。一个似乎可信的结论是，虽然语言可能比较基础，但它不必是哲学最恰当的首要关注点，哪怕仅仅是出于这样的理由：痴迷于语言，就不能充分利用人类的已有知识。

不可否认，对语言特别是其语法方面的留心，令数理逻辑的许多结果获得了鲜明特征。但除非有引入语言的特殊理由，直接处理实在似乎更高效。例如，在集合论研究中，以直观模型的方式来思考，比以具体公理和显定义性质的形式化方式来思考，一般而言似乎更高效。强调语法概念的一个后果是，在讨论集合论的基础时，人们经常倾向于混淆语言、理论、公理系统及其定理、真及预期模型等。实际上，对于许多这类问题来说，忽略语言方面能省掉不少麻烦。例如，对语言的关注使一种做法显得很有吸引力，那就是用决定论的理论定义一个决定论的世界，但结果却是增加了困难，而不是带来预期的清晰性。执着于定义性质和句子，人们还会遭遇不可数多集合和命题的难题。[①] 有迹象显示，一些哲学家已经开始在适当的时候直接面向实在，而不是借道语言。

## 4 关于实质事实主义的一些说明 15

作为一种哲学研究进路，实质事实主义预设一个区分，即基本知识与技术性知识之间的区分，它使人联想到传统上对本质属性与偶然属性的区分。哲学只关心基本知识，而科学则同时（有人甚至可能会说大部分时候都是在）关心技术性知识。要开始我们的研究，清晰地表述出这一区分并不是必要的。在实践中，误将科学中特殊的技术性细节当作哲学材料的风险是很低的。事实上，人们通常接受一个给定学科的现行标准，而很少花时间反思该学科的本性。只是因为对哲学的现状感到不满，人们才试图重新规定哲学的任务。我们的宗旨是要更严肃地对待实际知识，以纠正时下流行的、向着一种新经院主义迈进的趋势。矫枉过正以至混淆技术性科学细节与哲学问题的可能性，目前还不存在，特别是当我们不考虑语言学这门格外得宠的学科时。

对物理学这种比较基本的学科与工程学这种比较技术化的学科之间的区分，我们拥有相当明确的观念。同样地，对第一原理与导出结果之间的区分，情况也是如此。例如，在欧几里得几何学中，点、线、面的初始定义要比其他图形的定义更为基本。亚原子力与分子力之间的区分是基本的。分子生物学中生物学与化学之间的联系具有哲

---

① 存在一种真实的意义，在这种意义上语言不能胜任复杂思想或感受的表达和交流。因此，我们有这样的说法：最好的诗人是不写诗的。那些对什么是恰当的有着更敏锐感觉的人，一般会发现写作更困难，因为他们没法像他们的同事一样轻易得到满足。

学意义，而关于合成新药和新纤维的大部分结果则显然只是技术性的。对诸如证明、集合、机械程序等概念的一般考虑，毫无疑问也是基本的。

事实主义的另一个麻烦是其所隐含的对科学和科学家的尊重。人们担心这有诉诸权威的危险。我们显然不想受制于个别成功科学家的反复无常，哪怕他们是特定历史时期的时代风尚。但没有理由认为这是必然的，因为我们所尊重的只是当下的科学信念，而不是对它们的情绪化的曲解，我们应当对基本问题有一个历史的认识。事实上，真正糟糕的是对科学的一种更为肤浅的尊重，它推崇哲学中比较机械的
16 方面。其背后的想法显然是，因为科学比哲学机械，让哲学工作更机械化能使哲学更像科学，从而更受人尊敬。当然，即使在科学界，人们一般也认为，越优秀的科学家越有想象力。

对哲学机械化的偏好与一种对“清晰性”的盲目崇拜有关。这里所谓的“清晰性”，是指那种类似于历史日期列表的局部清晰性，而不是像人们对一个清晰的历史概述会说的那种整体清晰性。我们中的许多人从小就被教导，要把这种清晰性看作一个次要品质，只有当我们放弃了寻求更重要之物的时候——无论是由于绝望，还是由于已经成功觅得了它并进入了详细阐明它的阶段——这种清晰性才能变成我们主要关心的东西。把局部清晰性提升到哲学之主导目标的地位，只会吸引那些沉溺于这种清晰性而不能自拔的人。

将哲学与现实知识紧密联系在一起，会使人产生一个自然的疑虑。假如知识是快速更迭的，为了与日新月异的知识保持同步，哲学也会变得不稳定。然而，在这一点上，我们接受一个经验的事实，即基本知识并不会快速更迭，并且纵使真出现了基本性的进展，旧知识——如牛顿物理学——也仍然包含很多稳定且值得反思的东西。

事实主义会让人立即想到关于专门学科的哲学，如数学哲学、物

理学哲学、生物学哲学和历史哲学。那么，关于知识的一般哲学又会怎样呢？事实主义者所设想的一些问题，似乎超越了个别学科的范围，比如心灵和机器的问题。还有一些问题，为所有学科所共有，例如，接受某种东西为知识这一现象，以及把某种贡献看作在其特定领域是重要的这一现象。更彻底地说，我们希望最终将各专门学科哲学的成果整合进一个有机的整体。从这个角度可以说，事实主义的长期目标是，对现有知识做亚里士多德对他那个时代的已有知识所做的事情。经验上可以确定，在如今的时代，没有人可以独立地完成此目标。但人们希望，哲学能在一定程度上获得像科学一样的累积进步的能力。

有些哲学家能在茶余饭后高谈阔论现代科学的各种成果及其哲学意义，他们一方面维持一种基本的高深莫测，另一方面又给人造成一种理解了的幻觉，同时还不犯事实错误。实质事实主义所追求的并不是这种技艺精湛的通俗化，我们倾向于追求一种更深刻的理解和一种
更好的品位。这些东西，大部分人似乎只有在拥有相关学科的实际研 17
究经验之后才能获得。这容易使我们陷入一种浮夸，要求人们在具备对逻辑学或物理学或数学或生物学或历史学或艺术或多个学科之组合的实践知识之前，不得进入哲学的园地。

如果能给出一些适当的说明性案例，会有助于解释事实主义的模糊概念。但这是困难的，不仅仅是因为我们只能给出片面的例子，还因为在详细考察之前对案例进行暗示，将不可避免地是肤浅的、误导性的，甚至会让我们错失目标。有了这些保留，我们下面继续列举一些基本现象，对它们进行更深入的探索，似乎将是有益的。

现象之一是在知识进步过程中概念与（广义的）经验之间的相互作用。在这方面，当代集合论中寻求新公理的研究为我们提供了一个既明晰又足够复杂的案例。有一种看法认为，当代哲学未能充分注

意现实的科学实践；仔细研究数学的理论和实践，也许有助于凸显一些有意义的要点，并部分地说明更一般的问题。数理逻辑产生了对诸如逻辑有效性、数、集合和机械程序等一般概念的决定性分析。它们或可被认为是哲学分析的范例。

大型计算机的发展为如下一些研究提供了新的推动力：默会知识或直觉与形式的对比，心灵与机器的差异，数学推理是否是机械的。

一些更传统的议题，如经典物理学的基础、欧氏几何与直观和连续统之本性的关系、逻辑和几何作为互补的两方面在数学中的地位、进化论等，将继续引起当代人的兴趣。特别地，进化论中的进步观念显然有很多困难。但从方法论上说，进化论更有意义的方面也许是所有生命都相互联系这一观念。正是基于这一思想，我们发展了旨在为医学和人类生理学服务的低等动物研究实践。有些理论是行外人几乎不可能理解的，广义相对论就是一个范例；对它的一个能让具有一定资质的行外人理解的解说，或许也可以被当作一种哲学任务。

大多数物理学家似乎都把量子理论看作一个差不多完成了的产
18 品，而许多哲学家和少数物理学家则对它的基础感到不安。用技术性不太强的语言，把这两种分别给人以舒适感和不安的总体观点说清楚，似乎是一个吸引人的哲学研究项目。

有一个小小的悖论是，物理学家一般对形式公理化不感兴趣，甚至对澄清物理学之数学基础的尝试不予理会。一开始，我们会倾向于认为这样的尝试具有基础意义，因而应该在概念上十分有用。我们可以推测一下物理学家不这么认为的原因。也许是他们觉得，就以做出新发现为主要任务而言，那些尝试是无关紧要的。也许那些尝试无助于澄清基本概念。也许在物理学中，假设既没有清晰的界限，也并非不可侵犯，可以一边前进一边修改和调整它们。有人指出，在物理学中，真实且更有益的态度，正像是巴比伦人（与希腊人形成对比）

对几何学的态度。我们不禁要把那些尝试比作打扫一个人的办公室，出于某种奇怪的原因，自然杂乱状态下的办公室更有利于他的工作效率。此类比的要点在于，涉及的两种服务对于所追求的中心目标都不太重要。

有一种合理的担心是，我们所示意的这类工作，更有可能是为哲学提供素材，而非产生哲学本身，正如人们在评论哈代（G. H. Hardy）的数学哲学观点时所说的那样。这里的界线可能并不容易划出，并且，即使在那些可以给出一个自然区分的情形中，被认为仅仅是哲学素材的东西也可以是更为有趣的，无论是内在地看，还是从整个哲学发展的角度看。在这一点上，人们也许希望对比一下怀特海（A. N. Whitehead）的《科学与现代世界》和《过程与实在》。很多哲学家倾向于认为，后一本书是哲学，而前一本书仅仅是哲学素材。但后书是否比前书更有价值，这却是一件很值得商榷的事情。一个更引人注目的例子是哥德尔那四篇著名的哲学论文[①]，大多数职业哲学家既尊重它们，同时又认为它们不是真正的哲学论文。按照事实主义的看法，这些论文比卡尔纳普的大部分书籍都更有哲学意义。这一对比有助于揭示事实主义的一个隐含的偏好，即对稳定的、干净的真理的偏好，它们尽量独立于热闹的哲学时尚的变迁。而在盛行的专业哲 19
学框架中，人们倾向于更多地关注那些当下语境中的争论点，而较少地关注那些与持久的哲学问题相关的、较无争议的观察。

传统上，作为知识哲学的知识论被认为是关于知识之方法和基础

---

① 参见 K. Gödel, 'Russell's mathematical logic', 1944, 'What is Cantor's continuum problem?', 1947 and 1964（全部收录于文集 *Philosophy of mathematics*, ed. P. Benacerraf and H. Putnam）, *Dialectica*, 1958 中一篇论有穷主义的文章及其扩充版，以及'A remark about the relationship between relativity theory and idealistic philosophy', *Albert Einstein—philosopher-scientist*, op. cit., pp. 555–562。

的理论或科学，尤其关注知识的限度和有效性。事实主义的核心观点蕴涵着对人们通常实践的知识论的一种不满，理由是它们太过抽象，与实际知识脱离太远，经常过于片面而不能将知识探求活动中人的因素考虑在内，过于零碎而不允许任何较大的连贯一致的观点出现。为了强调与传统知识论在侧重点上的这一分歧，我们更乐意谈论知识学(epistemography)，粗略说来，后者要像现象学对待实际现象那样对待实际知识。别的不说，我们想要的，应该是一种比百科全书更为结构化，也更专注于本质要素的东西。

再说一遍，我们对我们所知道的比对我们如何知道它们知道得更多。这意味着，事实上，在我们知道的领域里有更多有趣的材料，因此，根据事实主义，这个领域也更有前途。有人可能会说，知识论更关心我们如何知道，而知识学更关心我们所知道的。看起来前者更哲学，因为报道我们所知道的似乎是个别学科的事，而我们如何知道则更有基础问题的味道。当然，对我们所知事物的哲学兴趣必然是关于那些比较基本的东西，如数、证明、空间、时间、物质、生命、心灵、社会、国家和经济阶层。真实的知识具有一种极其诱人的独特性质，是随意玄想所不具有的。并且还有一种看法是，通过仔细考察实际知识，付出一定努力后，我们能更好地理解我们所知的究竟是什么，而这继而又将揭示——在各个历史时期人力所能及的范围内——关于我们之所是和世界之所是的一些方面。

虽然我们对关于人类知识之基础的过分简化的说明保持怀疑，从一种特定的意义上说，对于我们如何知道这一问题，事实主义却很关心：我们渴望了解认知之真实过程的基本方面。对它们的关注，不仅有助于揭示那些过分简化的图景的缺陷，还很有希望会引向关于实际知识如何稳定和结构化的一种均衡的、适度人类中心化的概括观点。
20 最重要的方面是一个命题或理论被接受为人类知识或一个特殊个体的

知识的一部分所经历的过程。这一接受因素是事实主义的核心的人类中心主义成分，它与理智的满足感、理解、融贯性和明晰性有关。它引入了一个理论上的实践成分，后者可以防止我们陷入过分的、有失原则的容忍和徒劳无益的智力操练。

我们对世界和我们的心灵有一种天然的兴趣。这不是要否认物理学和心理学能提供关于它们的知识。但哲学上更有意义的一条进路，是康德雄心勃勃的先验方法。用此方法，我们期望可以查明世界和我们的心灵必须满足的一些条件，由于它们，我们所拥有的令人赞叹的知识才得以可能。从抽象的角度看，我们至多可以希望确定一些充分但非必要的条件，因为不同的充分条件可以产生同样的结果。从实践的角度看，甚至康德从基本原理出发对牛顿物理学的推导，也远不是结论性的。但即便如此，人们仍然感到，康德在他对纯粹理性的研究中成就了某种非凡的东西，而这种感觉所依赖的证据，高于对权威的单纯尊崇。

## 5 逻辑、数学及本书的范围

在本书中，我们有志于考察逻辑与知识之间的关系。其总的观点，蕴涵着对数理逻辑在时下学院哲学中占据的支配地位的一种不满：它在哲学中的误用，以及就哲学基础而言，它内在的可能的局限性。书中的思考围绕逻辑学展开，既探讨它的成就以对抗那种误用，也探讨它在知识哲学研究方面的不足之处，以引出一种更广阔的观点。无论如何，将实证主义与数理逻辑混为一谈是完全错误的。

“逻辑”一词有多种不同的用法。就目前的目的而言，我们可以方便地区分出三种。在一种意义上，（纯粹的或形式的）逻辑关注有效语句，它们独立于任何特定的题材而成立，或者说，在一切可能世界中都为真。这个概念有一个含混的地方，会引出一个令人困惑的问题，它可以归结为是否应当把纯集合视作一种特殊题材这个问题。看
21 起来很清楚的一点是，排除掉必然涉及无穷大、不可数性等概念的集合，我们确实能够得到一个足够重要的逻辑概念。因为我们完全不打算考虑模态逻辑，我们由此也就得到了第一个也是最狭窄意义的逻辑概念：（初等的或纯粹的）逻辑无非就是带或不带等词的量化理论或（一阶）谓词演算。

逻辑的第二种意义，大致对应着通常所说的数理逻辑，除了纯粹逻辑，它还包括模型论、递归论，以及对整数、实数和集合的公理化处理。在这些情形中，逻辑与元逻辑和元数学是紧密地混杂在一起的。

逻辑的第三种也是最宽泛的意义，则远没有那么明确。它是关于纯粹理性的探究或对理性之物的诊治。在这种宽泛的意义上，发现的逻辑、发展的逻辑、某种形式的归纳逻辑、某种形式的辩证逻辑，都可以被包括在内。虽然我们对这些方面中的一些确有兴趣，我们在本书中却不会谈论此宽泛意义上的逻辑，而是把自己限制在前两种更明确、更狭窄的意义上。

我们不仅对数理逻辑在数学基础问题和一般哲学上的应用感兴趣，还关心那些超出数理逻辑却能弥补它在对人类知识之一般研究方面的局限性的观念。这样，逻辑一般地与直觉或默会知识形成对比，至少在当前状态下，逻辑还不能处理思维活动（与理想化的最终结果相比），尤其是在效率上达不到。从逻辑或任何抽象观点的角度研究知识现象，一个更基本但相关的局限性是，这样做有忽视各知识分支的基本关注点的危险。正是为了弥补强调逻辑的这一缺陷，我们试图从实践和活动的多个视角考察数学。

在一种形式的意义上，数理逻辑包含数学，因为它包含公理集合

论，全部数学形式上都可以还原为后者。另一方面，我们清楚地知道，数理逻辑在实践上只是数学的一个特殊分支，并且事实上不常被视作很核心的分支。这一“悖论”使得如下观点变得十分可信：在数学哲学研究中把注意力集中在数理逻辑上的做法，是片面的和不恰当的。

数理逻辑的一个主要任务是精确刻画基本的数学概念，如自然数、实数、集合和（逻辑上正确的）证明。实现该目标的一个基本工具是公理系统和公理方法。对公理系统的反思导向元数学和模型论，前者主要关心对符号操纵（语形）的一般研究，后者则研究公 22
理系统的解释（语义）。语形方面的考虑与人们对构造性方法的兴趣密切相关，涉及对机械程序或严格形式的这个概念的一个惊人地优雅的刻画。这恰好为计算机准备了一个抽象的理论。而计算机反过来又表明，执行逻辑学家所设想的乏味的形式证明是实践上可能的。这激励人们以更精确的方式研究逻辑和直觉在数学探索活动中所扮演的角色。因此，对知识和逻辑的研究包含对心灵和机器、计算机和数学活动的考量，这并非不自然的。

对模型和解释的兴趣自然地引向集合这一中心概念。事实上，集合的核心地位以很多不同的方式显示出来。我们能有一个完备的纯逻辑形式系统（一阶逻辑的完全性问题），其表述本身就依赖于“任意集合”这个概念。只有使用二阶理论，即预设一个固定的关于任意数集的概括概念时，我们才能用公理系统对自然数和实数做出唯一的（范畴性的）刻画。这样我们一次次看到，我们诉诸集合的概念来核证其他领域的绝对性结果。另一方面，我们对集合却没有一个类似的完备刻画。即使我们使用二阶理论并诉诸更高阶的类概念，从而丰富集合的每一个类型或秩（增加稠密度），我们也无法冻结集合（在长度上）向着越来越高的秩的开放扩张。集合论的另一个令人着迷的特征是这样一个明显的悖论：对其基础的怀疑普遍存在，但我们却能获得很强的直觉以非形式的方式达到正确、有趣、融贯的概念和定理。此外，关于数学对象和一个给定知识分支的内在资源的哲学问题，引人注目地聚焦在集合论的考察中。基于这些理由，在思考知识和逻辑时，集合的概念值得注意。

我们是以逻辑还是以数学为知识哲学的中心，这是有差别的。如果以逻辑为中心，纯逻辑（第一种也是最狭窄意义上的逻辑）就拥有主要的认识论地位，研究重点在于由话语的一般形式和条件产生的概念和判断。相比之下，数学则强调数和空间，或更一般地理想化的结构，它们为不同科学提供简化而可操纵的模型。数学是一门比逻辑
23 学更具实质性的学科，因为我们能想到数、函数、空间等数学对象。诚然，这些都不像物理对象，事实上，有许多理由认为数学对象只由数学结构决定。但尽管如此，在应用数学捕捉我们关于自然过程的知识中的理论上精确的成分时，这些神秘朦胧的对象极其有用。

乍看之下，并不容易理解“数学可还原为逻辑”这一论题为何会得到如此多的注意。毫无疑问，一个重要的原因是它与逻辑经验主义者的观点相关，该观点认为所有先天命题都是分析的，而逻辑相对比较容易被接受为分析的，数学虽明显是先天的，却不容易被看成是分析的。可还原性论题允许不同的诠释。弗雷格未将几何学包括在可还原范围之内。①

> 经验命题对物理存在或心理存在有效，几何学真理支配着一切在空间上符合直观的东西，无论它是存在的还是我们想象的产物。……出于概念思维的目的，我们总是可以假设某条几何学公理的反面，而不至陷入自相矛盾的推演之中，尽管我们的假设会与我们的直观相冲突。这一可能性表明，几何学公理是彼此独立

① G. Frege, *Foundations of arithmetic*, § 14.

> 的，并且也独立于原始的逻辑定律，因此是综合的。

罗素曾从可还原性论题得出“逻辑是综合的”这一补充结论。[①]

> 康德从未怀疑过数学命题的综合性。从那以后，逻辑显得与其他种类的真理一样是综合的；但这是一个纯粹的哲学问题，我在这里不予考虑……但是现在，主要受惠于数理逻辑学家们的工作，形式逻辑被数种不能还原为三段论的推理形式丰富起来，使得全部数学都可以严格地由这些规则发展出来，并且其中很大一部分已经被发展出来。

罗素后来改变了这一观点；例如，“这样，数学知识不再神秘。它们与‘一码有三尺’这一‘伟大真理’有着完全一样的性质”。[②]

当然，术语“逻辑”和“分析的”是非常模糊的，从可还原性论题并不能得出“所有先天知识都是分析的”这个结论。但是，传统上数学被认为是经验主义的主要绊脚石，一旦它由可还原性得到处理，对于热情的经验主义者来说，要规定“非分析知识不得是先天 24
的”就变得容易多了。关于先天知识的这一分析性论题为何被哲学家看得如此重要？原因是，在很长一段时间里，大部分哲学家都把研究关于世界的先天知识当作哲学的主要关怀。从这个观点看，关于先天知识的分析或字义学说，如果是正确的，将使得作为一种专业的哲学变得琐碎甚至毁灭。引用布兰夏德的话[③]：

> 关于先天知识的这个解释是巧妙的、言之有理的和极端重要的。它是重要的，因为如果正确，它能有效地破坏思辨哲学和神学的主要工具，连带它们众多的被认为自明的结论。……在实证

① B. Russell, *Principles of mathematics*, p. 457.

② B. Russell, *History of western philosophy*, p. 860.

③ B. Blanshard, op. cit., p. 259.

> 主义的理性概念中，一个洞见的必然性并不足以保证它适用于自然或揭示了任何超出意义范围的东西。……一个新理论会让我们失业，并不能构成反对这个理论的理由。

规定哲学只追求先天的或分析的命题，这似乎是武断的。我们更愿意说，哲学追求重要的、基本的和普遍的东西。一个很自然的做法是，从基本的转向终极的，认为除非终极真理是先天的，我们就没有找到一个坚实的基础。但当先天命题被等同于分析命题，分析命题又被说成是语言约定的表现时，我们似乎就完成了一个归谬。要么存在更重要的先天命题，要么哲学并不是只追求先天命题。

关于可还原性论题，我们有四种选择：否认数学可还原为逻辑；断定数学是分析的；断定逻辑是综合的；更仔细地检查所涉及的概念，如“逻辑”和“分析的”。类似地，关于分析性论题，我们可以或者追随布兰夏德否认该论题，或者同很多分析哲学家[1]一样承认哲学确实没有要超出意义范围的意思，或者断定哲学没有理由把自己限制在寻求先天知识这件事上，或者更仔细地考察“分析的”“先天的”“自明的”和“必然的”等概念。这四个选项不必是互斥的。例如，我们可能会发现有必要做出更多区分，使不同选项在区分了广义的和狭义的逻辑或分析概念后变得相容。

25 可还原性论题还会让物理学和数学之间的区分变得更容易，因为我们感到区分物理学和逻辑是相对比较容易的。但反过来，承认数学和物理学的区分并不导致可还原性论题。我们确实感觉到，数学命题和物理学命题在确立方式上有区别。还感觉到，在物理学中对象是基

① 根据艾耶尔的说法，“哲学命题如果是真的，通常就是分析的。（我加上了“通常”这个词，因为我觉得有些经验命题，如哲学史作品中出现的那些经验命题，也可算作哲学命题。而且出于哲学的目的，哲学家会用经验命题作为例子。）”。参见 *Language, truth and logic*, 2nd edition, 1946, p. 26。

本的，而在数学中，关系和结构比对象更为基本。

在某个方面，可测基数公理和通常的集合论公理之间的关系可以与引力定律和古典力学的定律之间的关系相比拟：在这两种情形中，这个公理和定律都不可由其他原理推导出，而是构成了对后者的无矛盾的扩张。尽管如此，可测基数可能已经隐含在 *ZF* 所编码的集合概念之中，而引力定律则需要全新的考量。一个可能在相反方向上犯错的类比是把添加可测基数到 *ZF* 比作将引力定律从行星系推广到恒星。如果一个人断言，这个命题或连续统假设的真假包含在集合的概念之中，那么这里“包含”的意义是有点复杂的。人们会联想到扩写一本小说，但关键的不同点在于，在扩张集合论时，人们感觉到比较少的任意性。这不是要否认可以对现有集合论公理的可选扩张进行试验，事实上，人们确实在研究彼此不相容的公理，如选择公理和决定性公理、可测基数公理和可构成性公理。客观主义者想说的是，在我们的意图中，有一个与自然数模型一样固定的集合模型。只是我们没有同样清晰地知觉到它。结果是，当尘埃落定，我们期望会发现，不相容的可选项中只有一个与我们意图的集合概念相符。其他人觉得这一信念太过乐观，他们否认我们有这样一个关于集合的固定的意图模型，并指出，以连续统假设为例，对于在何种情况下我们会说它被证明或否证了，我们没有明确的描述。

无论如何，很清楚的一点是，这些命题与“一码有三尺”的陈述有很多明显的区别。但另一方面，这些区别不会影响我们的这个信念，数学与物理学不同。人们甚至可以想象，广义相对论或别的某个概念上令人满意的理论在可观察结果上与经典物理学毫无差别。即使在这种情况下，人们依然会说，作为物理学，新理论是不同的，因为它的接受依赖于它对物理观察的符合，虽然它与经典物理学的差别仅 26
仅是概念上的。

有些时候，计算机可以用来辅助纯数学（例如数论）的研究，比如验证特例或检查计算和证明的正确性。既然所使用的计算机是物理世界的一部分，我们似乎是在援引物理现象来核证数学结果。但这里我们感兴趣的显然主要是所用计算机的抽象性质，我们的结论本质上不依赖于计算机是哪个特殊的物理对象，也不依赖于其具体的物理性质。

一个更严肃的例子也许是这样的想法，牛顿物理学对牛顿式世界而言是真的。虽然我们现在都相信牛顿物理学对现实世界不是严格地为真，我们仍然会宣称，当被正确地应用时，它是真的，甚至是先天的。人们也许觉得，这与 2+2=4 没有什么两样，后者在被误用在云朵或怀孕的兔子身上时并不会被证伪。然而，仍会有一种模糊的感觉，觉得 2+2=4 更抽象，它有广泛的例子，而牛顿物理学则只是处理一个可以说是独一无二的东西，即真实的物理世界或其部分。我们还感到，牛顿物理学旨在如其所是地描述这个世界，而 2+2=4 包含更多的概念性元素；就应用范围而言，我们对它似乎比对牛顿物理学拥有更清楚的观念。牛顿式世界的构想是难以实现的，因为某些自然条件排除了这个物理世界是牛顿式世界的可能性。2+2=4 的情况则极为不同。

有一种自然的倾向是，对数学和物理学是否不同这个问题感到不耐烦。那些希望强调差异的人，往往视其为先天与后天或分析与综合之区分的核心。但这样的差异究竟有何作用，并不清楚。如果一个人相信，哲学追求先天命题，那么也许可以得出结论，哲学更像数学而不是物理学。但通过考问结论，也许我们会对这个假设产生怀疑。毕竟，物理学涉及这个唯一的物理世界的基本方面，而数学看起来业务范围更加发散，处理各种抽象的可能性。如果像我们相信的那样，现实的比可能的更核心和更重要，那么更合理的做法似乎是，期望哲学关注现实物理世界和精神世界的基本特征，或更加紧密地关注人类拥有的实际知识。

在日常生活中，人们认为，物理学与数学的联系比与其他自然科学的联系更紧密。因此，考察物理学与数学之间的相互联系和相似性 27
是有趣的。康德的先天综合理论的一个优点是，不仅将物理学（与知性相联系）与数学（与直观形式相联系）相区别，同时还强调它们之间的相似性，体现在这一论题中：它们都与人类心智的工作方式紧密相关。

数理逻辑的发展与形式化的思想相联系。逻辑学家有时被指责持有这样的信念，认为存在的就是形式的。在初等教育领域，近来有一种对数学的形式化方面的不幸的强调。在高等数学中，也有传统与堆砌定义的现代潮流之间的一个争论。人们关于传统数学的观念里有四种不同的元素。第一，人们似乎认为，传统数学一般更接近其在物理科学中的应用。第二，传统主义者认为，旧的数学问题是数学的核心，因为它们更自然，涉及的结构更少，而且更容易陈述。第三，有这样一种看法，认为传统数学对数学结果的数字内容更感兴趣，因而是偏向构造性的，即使这常常是无意识的。根据这种观点，逻辑学家们将经典数学与构造性数学（特别是分析）对立起来的做法，是基于一个误解。不过，构造性的概念原是理想化的期待，未被清楚地研究。第四，传统数学更注重直观，以欧几里得几何学为例，试图把它变得更加形式化，至少从教学法上说是一个错误。基础的（根本的）区别是，传统数学没有那么抽象。

虽然这些要点及其所蕴涵的对很多当代实践的传统主义批评不无道理，所涉及的问题却绝不属于那种会有简单明快的答案的类型。例如，我们可以说，集合论学家诉诸他们的直观来寻找新公理，但使用形式推演以确定新公理能否判定连续统的基数。群和域的概念无疑具有数学意义，但人们可以合理地声称，它们是用形式化方法被挑选出来的。甚至在研究公理和假设的独立性这一十足形式的问题时，最好的结果也是通过广泛运用数学直观得到的。有一个关于明晰性的困难问题：形式化方法有时有助于获得明晰性，有时又会对它产生阻碍。
28 事实上，当被用在数学活动而非最终结果上时，形式化方法这个概念本身是具有高度歧义的。

关于数理逻辑的一个引人注意的现象是，它发展得越来越数学化。随着它变得数学上更有趣，逻辑学家们发现自己被吸引到数学活动的旋涡之中。与此同时，在对人类知识之基础的哲学理解上，它的贡献似乎在减少而非增加。这一现象可以通过澄清一个错误信念来部分地解释：随着我们更好地理解数理逻辑的本性，我们发现，早期对其哲学重要性的信念很大程度上是一个幻觉。但另一个原因可能是受追求更明确的结果的社会心理驱动。这造成一种影响，使逻辑在哲学上更重要的方面没有得到发展，并且被不那么重要但给人印象更深刻的数学进展埋没。

逻辑的中心地位与实际知识相当脱节。如果我们区分知识的三个主要方面——最终结果、活动和进步，逻辑作为用来形式化全部科学知识的工具，似乎仅关心最终结果。甚至在这一方面，也有一种不切实际的假定，以为科学理论已经在数理逻辑或纯逻辑的框架内得到表达和形式化。由于它们事实上不是这么表述的，并且一般来说目前也不适合这么表述，关于理论的本体论假设和形式真定义等问题的很多讨论呈现出一种假设和虚幻的气氛。有人可能希望把这种假设性研究与数学相比，但它如何能自然地融入人类知识的框架，仍然不清楚。

有些知识部门，特别是数学和关于计算机的研究，在许多方面确实比较接近逻辑，并因此更有可能从数理逻辑的严格、普遍的结果获益。无论如何，鉴于逻辑在当前知识哲学中处于中心地位，把逻辑作为一个起点看起来是合理的，尽管我们对过分地强调逻辑深感疑虑。

30

# 第 1 章

# 数理逻辑与数学哲学

## 1 数学哲学诸议题

数学哲学与数理逻辑的发展之间有很多互动。在这方面，核心人物是弗雷格。他形式化了纯逻辑，提出一种算术到逻辑（毋宁说是集合论）的还原，由此引出了一个更广泛的论题，即全部数学都可还原为逻辑，还拓宽了康德的分析命题概念。弗雷格将集合论纳入逻辑的倾向是数理逻辑学家对康托的直观的数学集合论感兴趣的部分原因。弗雷格对分析命题域的扩张和希尔伯特对隐定义的强调，影响了夸大分析命题对哲学之重要性的趋势。

弗雷格的成就不仅在数学哲学中渐渐造成了一种形式化、僵硬化的趋势，在一般哲学中也是如此，尤其通过早期维特根斯坦和卡尔纳普的工作。在更为数学的一边，康托和希尔伯特的影响在哥德尔的著作中达到了顶峰。哥德尔是数理逻辑学科的核心人物，该学科最近已经演化为数学的一个技术性分支。渐渐地，作为数学哲学和一般哲学的基本工具，数理逻辑的不足之处显现出来。一方面，随着数理逻辑发展成一门实质性的学科，其自身包含并投射到数学与知识身上的那种醒目的简洁性魅力已经丧失了。另一方面，人们发现，数理逻辑对实际数学活动和实践的忽视，造成了对数学哲学和一般知识哲学的一
31 种片面的研究进路。

以下是数学哲学中经常讨论的一些彼此部分重叠的基本问题：

（1）纯逻辑的性质及其在人类知识中的地位。

（2）数学概念的刻画。

（3）直观和形式化在数学中的地位。

（4）逻辑与数学的关系。

（5）数学的本性及其与必然性、分析性、确定性、先天性和自明性等概念的关系。

（6）数学在人类知识中的地位。

（7）数学的活动和实践。

人们普遍承认，一阶谓词演算（带或不带等词）为纯逻辑提供了一个决定性的刻画。有项很有哲学意义的工作，是为这一信念提供核证（或拒斥）的理由，并反驳（或辩护）其他候选项，如模态逻辑和直觉主义逻辑，以及带附加的初始符号——如“对不可数多的 $x$”——的逻辑。一旦相信逻辑等同于谓词演算，人们就会倾向于认为每种科学理论都可以在谓词演算的框架内表达。我们积极尝试这样来表述科学理论，并借助纯逻辑的概念和结果，假定如此表述的科学理论共享一些特性，如可定义性、居间术语的可消去性、本体论假设。还有一些扩充纯逻辑域的规划，目的是处理因果性、时间、自然语言中的真和意义。

数理逻辑最成功之处，也许在于对数学概念的精确刻画。主要的例证是（自然）数、连续统、集合。纯逻辑的形式化，也可以看作是对逻辑证明或逻辑有效性概念的精确刻画。在一个不同的、可称为元逻辑的层面上，理论充分性（adequacy）的直观概念由完全性和范

畴性概念精确化；一致性和模型的直观概念也在数理逻辑中被严格化。而最令人惊讶和有趣的例子，大概是对形式性（formality）或机械过程概念的精确定义，它带来了对可判定理论、可计算性和一般不可能性结果的数学处理。当然，这些刻画是否具有启发性，甚至是否正确，并非无可争议的。比如，直觉主义者可能会想要一个对数论的不同的、不那么形式化的刻画；有很多关于连续统的有趣问题（如它在物理学中的应用和它的几何直观），并未被其公理刻画触及，就 32
连续统而言，构造主义与客观主义之间的对立问题显得异常尖锐。

直观和形式化这两个元素从机械过程概念的精确定义得到了一定的澄清。虽然数理逻辑对启发性过程没什么可说的，但它对严格证明和启发性过程做了明确的区分，前者在数理逻辑中被广泛研究，后者则与教学法和关于数学创新的心理学问题紧密相关。一个相关的问题是机械化思维的可能性和局限性。这些问题在“数学与计算机”“心灵与机器”的名目下被考虑。直观与形式化的对比贯穿了构造主义与客观主义的对立，后二者，作为融贯的立场，都否认从外部看问题的力量。换言之，这两种立场都是开放式的，因此，举例来说，不可能对所有构造性方法做出构造性的刻画，要判定一个过程是否是构造性的，需诉诸直观。客观主义者倾向于把一个精确界定的领域，如递归算术或超算术当作构造性方法的领域，然后这个领域往往会要求进一步扩张。

数学是否可还原为逻辑，这个有争议的问题可用一种不同的方式来表述。还原论者同意，亚里士多德的理论未能为数学推理提供一个完整的分析，但还原论者相信，使用一个与三段论理论具有相似特征但扩充了的逻辑理论，这样的分析是可能的。反对者可能会争辩说，数学推理要求本质上不同于三段论的过程。直观上，我们倾向于认为无穷是一个数学而非逻辑概念。比如，庞加莱就将数学归纳法的每次使用看作一个三段论的无穷序列。这意味着，数学无法还原为纯逻辑。或者，如果把集合论包括在逻辑之内，我们就可以把数论也包括进逻辑，从而免于还原。此外，考虑到目前对纯逻辑的严格界定，把这个有趣的领域独立出来是自然且有益的。

还有一种可称之为假言还原论或如果–那么还原论的观点。这种观点认为，数学的任务在于表明，如果存在一个结构，满足如此这般的公理，那么该结构也满足这样那样的其他陈述。虽然公理和定理一般都不是纯逻辑定理，但每个陈述“如果 $A$，那么 $p$”却都是纯逻辑
33 定理，其中 $p$ 是一个定理，$A$ 是推演 $p$ 所用到的公理的合取。应当注意的是，由于公理不必是关于数学题材的，作为对数学的定义，这过于宽泛。但我们仍然可以支持一种假言还原论，它仅仅断言，全部数学在上述意义上可还原为逻辑。这一论题与如下信念大同小异：所有数学证明都可以（在逻辑的框架内）形式化。

鉴于我们不想讨论关于复杂的直观证明的实际形式化问题，我们可以省掉对不完全或不充分的公理集的探究。给定对定理 $p$ 的一个证明，我们收集其所使用的所有非逻辑公理。对于一个熟悉的系统 $S$，除了其本身具有的公理，我们还可以把表达 $S$ 的一致性的命题 $Con(S)$ 也包括进来，这样就能阻止哥德尔不完全性。我们经常会忽略做出一些明确的附加假设，如所谈论的域或群是有穷的，我们用集合论术语表达这些假设，并将它们添加为公理。固然，“如果 $A$，那么 $p$”只能确立这样的真定理 $p$：它不仅在 $A$ 的意图模型中为真，还在 $A$ 的所有模型中为真。但这并不导向必然的局限性，因为我们并未被限制在一个预先给定的、固定不变的递归公理集 $A$ 上，不同的定理 $p_l$，常常要求不同的公理组合 $A_l$。顺便说一句，如果我们使用弗雷格对自然数的定义，只要稍微仔细点，我们就能以纯逻辑的方式，从 $7 + 5 = 12$ 这样的普遍原则和“我左边口袋里有 7 个硬币，右边口袋

里有 5 个硬币”之类的经验前提，导出“我口袋里共有 12 个硬币”这样的应用结论。

毫无疑问，这种人们熟悉的“假言逻辑主义”，已经暗含在了“所有数学问题都可还原为（纯逻辑的）判定问题”这个论题之中，后者为希尔伯特学派在 20 世纪 20 年代所强调。对于数学与经验知识之间的区分，它所言甚少。要求公理和结论只包含数学词项，不过是循环定义。要求它们只包含变元和逻辑常项（纯逻辑的常项加集合论的类成员关系），能提供多一些信息，但也仅仅是把定义变形为另一个人们熟悉的论题，即数学就是（可还原为）集合论。关于数学的刻画问题转化为关于非逻辑公理的刻画问题。

有一句已经成为陈词滥调的格言是，我们要求且只要求公理的一致性。即使我们可以合理地假定，我们能够排除经验词项，这一要求也没多少价值。当然，如果公理是不一致的，我们大都乐意修订它 34
们。但我们须臾不离的公理（比如集合论公理），其一致性并未得到证明。另一方面，存在很多一致但毫无价值的系统。事实上，鉴于我们都对排列组合有一定经验，大多数可能的一致系统明显都是无趣的。假言逻辑主义理论未能触及（例如）算术、几何和集合论公理的特殊直观特征，正是这些特征使那些公理在数学中具有如此核心的地位。实际上，这个理论隐含着这样的感受：在数学中，我们主要是对抽象的结构感兴趣，如群、环和域，它们之所以强大，是因为它们可用多重方式实现。但还是那句话，我们不是对任何可能的抽象结构（性质的组合）都感兴趣，而只是对它们中的很少一部分感兴趣。

弗雷格对康德分析命题概念的推广逐渐吸收了全部数学，导向如下一些吸引人的观点：全部数学命题都是分析的（基于所涉及的概念的意义为真），是约定真理（与命题“一码有三尺”属于同类型），是“重言的”（在所有可能世界中为真）。如果“……之父”和

“……的左边”是自然意义上的关系，而“距离……一千英里远”是哲学意义上的一个关系，那么我们可以说，康德试图在自然意义上使用“分析”这个词，而弗雷格则引入了它的哲学意义。即便我们同意，“分析”一词有一种诱人的意义使得全部数学命题都是分析的，这种笼统的泛化似乎也不能为理解数学的本质提供多少东西，并且它似乎抹去了很多概念上重要的区别。这个问题以及其他相关的问题会在“必然性、先天性和分析性”的标题下被考量。

数学在人类知识中的地位似乎比纯逻辑更有趣。当代哲学对逻辑的过分强调和含混地将逻辑与数学相等同的做法倾向于回避很多实质性的哲学问题，比如数学与物理学之间的关系问题。虽然很多人想将科学的理论部分与数学部分相等同，这两者在实践上却并不重合。比如，区分理论物理和数学物理在物理学家中是公认的做法，并且理论物理学家在物理学家中似乎享有更高的威望。

至于生物学，确有少数人被称为数学生物学家，但很少有人会谈
35 到理论生物学。生物学家中的大多数似乎都不把数学生物学当回事，这或许是因为，在较近的未来，数学上的考虑不能许诺任何重要的生物学贡献。生物学家对谈论理论生物学有一种厌恶，如果被问及，一种令人惊讶的倾向是把它等同于数学生物学。毫无疑问，在实际操作实验与反思已知结果从而预测未来发展（特别是对研究思路甚至接下来要开展的具体的新实验提出建议）之间是有一种区别的。后一种活动显得更具理论性，生物学中的假设可以并且事实上也被实验检验。或许，区分实验生物学和理论生物学不自然的原因是，实验和反思是如此紧密地混杂在一起，不可能分离出足够长的理论沉思链条。无论如何，一门经验科学的重心不能在其数学部分，而必须在这样的点上，它涉及当前状态下的这门科学与赤裸裸的经验事实之间的交流。

关于数学的活动和实践，对数学的简要历史、理解一个证明和接受一个定理的现象以及直观因素与机械因素之间的互动，进行一番考察，是可取的。这些问题中的一些，会在第 7 章“数学的理论与实践”和第 9 章“数学与计算机”进行探讨。

## 2　公理方法与抽象结构

使用形式公理系统是数理逻辑的一个常见特征。每一个科学理论都涉及一组概念和一个断言集。当被问及一个概念的意义时，我们经常用其他一些概念来解释或定义它。类似地，当被问及何以相信一个断言为真时，我们常常这样来核证自己的信念，即指出它是我们所接受的其他一些断言的后承或可由它们推演出来。如果有人，像很多孩子会做的那样，持续地要求定义或推演，那么显然，迟早会有两件事中的一件发生。要么我们发现自己陷入了一种循环，在作答时使用了我们最初要解释的概念和断言；要么，在某一步，我们拒绝继续提供定义和推演，直言我们在回答中使用的概念和推演已经是最基本的，我们视它们为理所当然的。

为了理解一个概念的意义或认识到一个命题是真的，循环的过程 36
并不必然招致反对，实际上，在很多情形中，相互支持可能是我们所能获得的最好的证据。但是，当我们能够从少量的初始观念和命题开始时，线性进路确有其独特魅力，因为意义和真理问题会被浓缩在这少量初始项及某些典型的定义和推演方式之中。

初始命题通常被称作公理或公设。当一个理论的概念和命题根据可定义性和可推演性的关系被组织起来，我们就获得了该理论的一个公理系统。

形式公理方法使得对学科整体的一般考量成为可能，并经常造成这种感觉，我们对相关主题的控制和理解增强了。

最著名的公理系统无疑是欧几里得几何学。据说他的《几何原本》流传之广仅次于《圣经》。经常有人表达对其严格性和彻底性的钦佩之情。比如，斯宾诺莎在他的《伦理学》中就试图达到同样的形式完美性。

欧几里得将杂乱的、多少是孤立的发现统一起来，这毫无疑问是数学系统化事业的一项惊人成就，但根据现在普遍接受的标准，他的公理系统远不是形式上完美的。

1830 年左右非欧几何的发现，引出了将抽象数学与空间直观相分离的想法。比如，格拉斯曼在他的《线性扩张论》（1844）中，就强调要区分纯数学学科与它在自然中的应用。既然公理在物理世界中不再必然地为真，独立于空间直观、避免依赖图形和几何概念之意义进行推演的意愿便产生了。

与此同时，其他一些力量也在发挥作用，如代数和几何中的不可能性证明、对高等分析概念和证明之广泛的不满。所有这些汇聚到共同的理想：明确地表述假定，严格地证明，清晰地定义概念。人们要求，在数学中，凡能够证明的都应当被证明。人们认识到，证明的作用不仅是确立真理，还在于揭示不同定理之间的相互联系。通常，只有在给出严格的证明之后，一个定理的有效性的确切限制才能被确定。一般而言，形式化有不同的程度。如果说，欧几里得在他的公理
37 系统是不是完全形式化的这件事上想错了，我们又如何能知道，一个现在被认为是形式化的系统，在将来不会被发现其实并不是完美地形式化的？

在公理系统的演化过程中，出现了关于形式化的一个严格的标准，它不是基于意义和概念，而是基于项和公式的记号特征。该标准是这样的：存在机械的程序来确定，一个给定的记号样式是不是系统

中出现的符号，这些符号的一个组合是不是系统的一个有意义的公式（句子），或公理，或证明。这样，形成规则，即用来规定句子的规则，在如下意义上是完全明确的：只要我们使用基本符号的合适的物理表征，理论上就可以构造一台机器来挑选出系统的全部句子。公理和推理规则也是完全明确的。这些系统的每个证明，完全写出来，是一个有穷多行的序列，其中每一行，要么是一条公理，要么是通过一个明确的推理规则从序列中在先的几行得出。因此，给定任何证明，按照系统对证明的形式要求予以呈现后，我们可以机械地检验其正确性。理论上，对于每个这样的形式系统，我们还能够构造一台机器，它持续地打印出系统的全部不同的证明，从简单的到复杂的，直至这台机器因磨损而坏掉。如果我们假设这台机器永远不会坏，那么系统的每个证明都能被它打印出来。不仅如此，由于一个句子是定理当且仅当它是一个证明的最后一行，这台机器迟早也会打印出系统的每个定理。

公理方法有两个不同的发展方向。一方面，我们有诸如算术和欧几里得几何学那样的形式系统，它们每一个都有一个预期模型。如果我们把这些系统设想为二阶理论——后者预设一个预期的、非形式的（整数、点或实数的）集合概念，它们就是范畴性的（但不再是完全形式的）。另一方面，我们有抽象的结构，它们的力量源自这样的事实，它们（群、域、拓扑空间等）中的每一个都允许多种多样的实现方式。

影响广泛的布尔巴基学派，提出用抽象结构来统一数学。[①] 他们的目标不是要把数学统一于某个多少有些宏大的哲学体系，如柏拉

① Nicolas Bourbaki, ‘L'architecture des mathematiques,’ *Les grands courants de la pensée mathematique*, 1948, pp. 33–47.

图、笛卡尔、莱布尼茨、算术主义、逻辑主义等。他们的目标更温和，也更节制。他们没有尝试考察数学与物理实在或主要的概念范畴之间的关系，而是要留在数学之内，分析其内部的运作机制，从而消
38 除这样一种印象，即数学正在成为一些在目标、方法和语言上彼此隔绝和各自为政的学科的混杂物。他们相信，尽管表面上看起来相反，但数学之内在演化，在今日比以往任何时候都更加有力地重申了数学不同部分间的统一性，并创造了一种比以往任何时候都更为融贯的核心，即结构的层谱体系。

公理方法通过指明使得证明有效的最一般的自然结构，揭示证明的本质。以这种方式，人们被告诫去探索杰出数学家能够把表面无关的理论出人意料地联系在一起的深层原因，寻找隐藏在各个理论的外部细节之下的共同的思想，进而提炼这些思想并以鲜明的方式予以呈现。从这种方法中，我们似乎获得了数学深刻性的一个新维度，它随着普遍性而非特殊性增加。抽象结构使我们能够一劳永逸地证明共享同一结构的不同理论的不同定理。

人们这样设想结构，它们构成一个从简单到复杂、从一般到特殊的层谱体系。位于中心的是母结构，如群和有序集。它们直接引向有穷群、阿贝尔有穷群、线序集、良序集等。我们还有得自多种母结构的复合结构，它们不是通过简单的并置得到，而是通过一条或多条联结性公理有机地得到；例如，我们得到在代数拓扑学中研究的各种各样的结构。重复这种有机的结合，我们逐渐达到特殊的理论，并复原经典数学的特殊理论。

这种一般观点的一些局限性已经被认识到。比如，完全特殊的实数理论对于发展拓扑学和积分等一般理论是不可或缺的。在很多理论（特别是数论）中都有很多孤立的结果，我们今天还不能把它们圆满地归类和关联到已知的结构。另外，结构不是一成不变的，我们很有

可能会找到新的基本结构、新的公理和它们的新组合。

这一观点与一个虽然无害但不提供任何有用信息的论题形成对
比，后者断言，数学是通过演绎推理（或纯逻辑）的使用而被统一
在一起的，这无异于因为观察到物理学和生物学都使用实验方法而提
议将它们统一成一门科学。列明词汇表和句法以编码语言是公理化方
法最无趣的一面；它等同于逻辑斯蒂形式主义，很可能暗含了对数理
逻辑的一个批评。与逻辑斯蒂形式主义形成对比的是一种好的形式主 39
义，它强调结构，亦即理论的形式。这种好形式主义强调公理方法的
重要或本质的方面，它始于这样的假定，即数学不仅是随机发现的一
串三段论，也不仅是由纯技术能力偶然设计出的奇技淫巧的汇集。它
能够为数学深刻的可理解性提供一种说明。

对此种结构主义的一个常见反驳是，它忽视了数学世界和自然科学世界之间的重要联系。尽管人们可以援引纯数学的那些出人意料的应用，并摆出这样一些发现，即实验实在的某些方面通过某种预适应实现了那些抽象结构，但仍然无法否认，这种结构主义在为纯数学请求一种特别的自主权。它吸引人的一个主要之点就在于，它将数学与其应用分离。另一个吸引人的地方是，它指向一个结构精巧的宏伟建筑，并尽量避免关于数和几何图形的零散、粗粝的事实。这两个优点各有其代价。那些视应用为数学（与智力游戏相区别）之核心和灵魂的人，更愿意经常回到经验科学寻找新的想法。那些视数和图形为数学之终极主题的人，则会把结构主义看作一种逃避真正困难的数学问题的系统性的努力。当然，也有一种回应认为，长远看来，即便是在应用和解决困难的具体问题上，结构主义也会表现得更好。但这样一来，该立场的力量就将依赖于一个预测，而这样的预测是出了名地难以评估。它们经常被用来合理化人们基于别的原因而想要做出的行为。

当我们无法解决一个给定的问题，我们常常会尝试将它转化成一些更抽象但更容易处理的问题。理想情况下，这些问题最终会引领我们得到原初问题的一个解。自然或数学实在有时太过模糊、零碎或桀骜难驯，难以用我们的抽象思想成功处理。我们可以选择加倍努力地尝试，也可以只做眼下可以做的，并希望以后能重思老问题。结构主义似乎把具体实在与抽象思想之间的空隙看作一种优点，并建议最好的做法是首先通过强调抽象结构来清洁数学之屋的内部。它假定，结构与实在最终会交汇融合。

40 根据布尔巴基，“数学结构”在本性上是抽象的。“这一通用名称所指称的不同概念的共同特征是，它们可以被应用到其本性尚无规定的元素的集合上。”结构主义的核心训条是，数学中的所有特殊性都可以无遗漏地用抽象结构来分析。卡尔纳普曾提出过一个涉及所有科学知识的更极端的论题：①

> 因此，我们的论题，即科学陈述仅与结构性性质有关，相当于断言，科学陈述只讲形式，而不讲这些形式的元素和关系是什么……结果是，在科学鉴别可能的范围内，通过纯粹的结构陈述进行限定描述，一般是可能的；只有当两个对象完全无法凭借科学方法区分时，这样的描述对它们才是不成功的。

这种一般结构主义比布尔巴基学派的数学结构主义更不尊重实际知识。它预设了关于数学的一种逻辑主义观点，后者部分地基于对弗雷格和康托不同的集合概念的一种混淆。它还对理论和“构造”的句法方面有一种不合理的强调。这种一般倾向，即回避预期意义并宣称 T 论题——凡可以科学地言说的都可以结构地言说，完全忽视了成

---

① R. Carnap, *The logical structure of the world* (English translation of *Der logische Aufbau der Welt*, 1928), § 15, p. 27.

功的科学实践的丰富的复杂性。如果我们把现有科学当作需要解释的原始材料，那么很明显，T 论题尚未得到证明，它所建议的方案是误入歧途。

看起来这是清楚的，卡尔纳普对经验所与的结构描述并没有也不能捕获所与。有一个问题是，所与是不是对每个人都是一样的。除非假定公理有某种共同的预期解释，主体之间无法交流所与的结构；然而，所与又被等同于它的结构描述。作为“经验主义”，我们很难理解在这种观点下经验如何控制科学概念的形成，因为控制只能发生在整个概念系统的开端处。要诱发对一个给定的结构描述的修正，某种直观的元素是必不可少的，但根据 T 论题，它是一种科学上不可知的东西。该立场或许惹人发笑，因为它提议一种似乎完全摒弃经验和经验材料的极端经验主义。

## 3 一致性问题 41

在讨论现代基础研究时，人们惯于夸大 1900 年前后发现的悖论的重要性。实际情况是，今日的数理逻辑有多重来源，其中没有一个能主导整个图景。

针对非构造性证明在分析中的盛行，克罗内克在集合论悖论发现很久以前就已经开始强调使用构造性证明方法的可取性。构造性证明问题在今天依旧享有相当多的关注。不仅布劳威尔的立场可以看作是在呼吁禁止非构造性证明，甚至希尔伯特的进路也可以看作是在要求用构造性方法来核证非构造性证明。而最近也有一些发展构造性数学的尝试。在数理逻辑中，我们有很多工作是关于构造性证明的本性和特征的。例如，对于特定的非构造性证明如何能转化成构造性证明，一线工作数学家常常心知肚明。数理逻辑使我们能够更明确、更系统地处理可进行这种转化的证明的大类。

另一个遥远的来源，是 19 世纪得到的对一些问题的否定解，比如以初等方法求解五次方程和三等分角问题，以及在一定程度上，由欧几里得几何学的其他公理导出平行公设的问题。这些不可能性证明依赖于对某个数学分支的所有构造或证明的清晰刻画。短语“所有代数证明”和“所有几何构造方法”，听起来模糊得令人绝望，成功地用精确的概念取代它们，是一项了不起的成就。沿着同一条线的一个强有力工具是对角线方法，通常归功于康托。不可能性证明，特别是不可判定性证明，在今天的数理逻辑中占有重要位置。对角线方法的变种在这些证明中经常被使用。

逻辑和数学各分支形式系统的构造也早于集合论悖论的发现。有些人，如亨廷顿（E. V. Huntington），早已对建构形式系统本身感兴趣。虽然有时人们会有这样一种印象——逻辑学家所关心的主要就是通过增减一些略微不同的公理以制造新形式系统的游戏，但我认为可
42 以公平地说，逻辑学家对这样的活动既不感到更重要，也不感到更有趣。

甚至当希尔伯特在 1900 年提出算术一致性问题时，他也不是因为关心集合论悖论而这么做。（他当时意识到了悖论的存在。）毋宁说，当我们想要形式化并避免诉诸直觉时，形式系统的一致性问题似乎就不可避免。因为，如果我们不再要求形式系统的公理是直觉上显然的，我们就不能保证矛盾不会出现。说公理很好地符合我们的直觉还不够，因为有可能出现这种情况，矛盾恰好通过直觉与形式化之间的微小裂隙潜入进来。

为了证明一个形式系统的一致性，我们必须对该系统中的证明有一个相当彻底的理解。一致性问题为衡量我们对一个系统的了解程度提供了严格的标准。它也提供了一个渠道，帮助我们把力气集中在改

进理解上。单有一致性不能使一个系统变得有趣，但一个有趣的系统如果缺乏一致性证明，则常常被认为是表明我们还未能真正理解这个系统。

一个形式系统是一致的，如果它的任何定理的否定都不是定理。这等价于说，该系统的某个命题不是定理，因为在一个不一致的系统中，所有命题都是定理。在每个满足特定条件的系统中，都可以找到一个命题 $p$，它可以被理解成是在表达，$p$ 本身不是系统的定理。并且可以证明，命题 $p$ 在系统中是不可证的（假定该系统一致）。有些人认为①，这就已经确立了，系统的一致性在系统自身中不可证。这是一个误解，因为，虽然由 $p$ 不可证可推出系统是一致的，我们仍需证明，如果存在任何命题是不可证的，则 $p$ 也是不可证的。仅仅说 $p$ 在直观上等价于表达一致性的命题，这是不够的：（1）表达一致性的自然命题是否可证，仍是有待判定的问题；（2）存在一些命题，它们直观上也表达系统的一致性，但却是可证的。

众所周知，表达一致性的自然的命题在系统内是不可证的。哥德尔的这一结果使很多人相信，没有任何重要的一致性证明是可能的，特别地，信息丰富的数论一致性证明没有意义。其推理过程似乎如下：哥德尔定理表明，一致性证明必须用到无法在给定系统中形式化的方法。因此，一致性证明比系统中的任何证明都更不初等（更有争议）。因此，一致性证明无法改善我们对系统可信度的心理信念状 43
态。因此，一致性证明没有意义。

我倾向于质疑所有这三步推理。我们可以在数论中找到比一致性证明更困难的证明。没有理由认为，数论现行的形式化必定如此准确

① 比如，可参考 S. C. Kleene, *Introduction to metamathematics*, 1952, p. 211，其中有对希尔伯特和贝奈斯的著作的不合理的批评。

地反映证明的可信程度，以至于系统内的每个证明都比系统外的证明更可信。毋宁说，存在一些关于自然数的直观推理模式，它们的显明特征逃脱了我们通常的形式化处理。

这看起来或许令人费解，例如皮亚诺公理，特别是只用有穷多公理的版本，竟然包含那么多惊人的结果。这里本质的东西，当然在于重复地应用相同的旧规则于无限多组合的可能性。这也是证明这种系统的一致性不容易的原因。

在理解单个证明和看出无穷多的证明中无一会导向矛盾之间，存在着巨大的差异。例如，在证明数论的一致性时要用到一条超穷归纳原理，人们倾向于认为，该原理在其完整意义上绝不比通常的数学归纳法原理更显明，而后者的一致性却由前者证明。但我们必须记住，在一致性证明中，我们是被要求把握超穷归纳原理的一个**单次应用**，以便看到一个更困难的结论为真，即数学归纳法原理在其全部应用中都不会导致矛盾。在这个问题上，更有说服力的论证或许只能通过实际地考察一个给定的一致性证明得到。

数论的情况还因这一事实变得隐晦，即我们通常相信它的一致性，即使我们想刻意地怀疑它，也不知道到哪里去寻找矛盾。而在其他领域，比如集合论，我们没有任何严肃的一致性证明。因此，就系统的可靠性（reliability）而言，怀疑一致性证明能否带来任何不同，似乎是一个自然的想法。然而，我们却不能否认，一致性证明确实能改善我们对系统内证明的一般本性的理解。比如，它引导我们用可计算函数解释量词，并根据几种自然的复杂性度量对证明进行分类。

形式系统的目的是表征直观理论，在这个意义上，我们期望系统的定理表征直观上为真的命题。要保证这一点，一致性是必要的但不充分。不一致的系统的定理不能都是真的。但一致的系统的定理也不
44 必都是真的。实际上，有可能建构一些系统，其定理不可能都为真。

例如，我们能找到一个演算和一个公式 $F(a)$，使得对任意的数 $n$，$F(n)$ 是定理，同时“存在数 $y$，并非 $F(y)$”也是定理。但我们倾向于认为，如果 $F(n)$ 对任何 $n$ 都为真，那么“$\exists y\neg F(y)$”必定为假。

维特根斯坦有时①将系统中为真等同于系统中可证。如果我们假定一个演算的基本词项的意义完全由证明规则决定，那么这种等同似乎就是不可避免的。一个定理如何能是假的，或者一个非定理如何能是真的？必须引入另一个系统，在该系统中，原系统中是定理但为假的句子是可驳斥的，为真但不是定理的句子是可证的。这种说话方式不是很便利。此外，假如，比方说，$F(n)$ 的所有情形都是系统的定理，但“$\forall xF(x)$”既不可证也不可驳斥，那么增加“$\forall xF(x)$”而非其否定作为一条公理是否是更自然的扩张？

考虑如下情形。尚未有人证明或证伪费马猜想。设想它被证明是由初等方法不可判定的。那么这将意味着，费马猜想是真的。因为，假如它是假的，则存在正整数 $m$、$n$、$k$、$j>2$，使得 $m^j+n^j=k^j$。但这样的等式可由初等方法确立，其中 $m$、$n$、$k$、$j$ 是常数。这些初等方法可以从现行数论系统中得到，因此上述论证也就表明，如果费马猜想在系统中不可判定，那么它是真的。如果将真与可证等同，追问一个不可判定语句的真假是无意义的。但在我们的例子中，真假问题不仅有意义，而且有确定的答案，只要那个句子确实是不可判定的。如果有人觉得这个例子不太实际，因为费马猜想并未被证明是不可判定的，那么我们可以用句子 $p$ 来代替，这里的 $p$ 可被解释成说“$p$ 在给定的系统中是不可证的”。现实中已经知道 $p$ 在系统中是不可判定的，因此它是真的。$p$ 的证明当然不再是给定系统中的一个证明。但

① *Remarks on foundations of mathematics*, pp. 49–54.

依然很难否认，它的确确立了 $p$ 为真。如果我们通过某种方法认识到，关于数的某个一般命题的所有实例都为真，我们就很难不做出这样的结论：该一般命题本身也为真。

假定费马猜想在现行数论系统中不可判定，我们可以将它或它的否定添加为一条新公理，从而得到两个一致的系统；可分别称之为费
45 马算术和非费马算术。它们都是一致的。但非费马算术只允许十分怪异的解释，因为它是——用术语来说——$\omega$-不一致的。

哥德尔和哈代都谈及一个数学的实在领域。例如，哈代说：“我相信数学实在外在于我们，我们的作用是发现或**观察**它。”[1] 这话听起来有点模糊。有人可能会认为，费马算术和非费马算术定义了两个数概念，追问费马猜想是真是假没有意义，因为数学公式并没有独立于其所从属的演算系统的确定意义。如果哈代的论断意在拒斥这种提议，那么它是正确的，至少在自然数范围内是如此。

比较而言，平行公设的真假问题则似乎依赖于我们希望使用哪种几何。这里我们遇到了意义不完全确定的情形（想象直线在无穷远处相交，等等），从而可能允许有不同的决断。换言之，在被追问时，我们无法回答平行公设到底是真是假。实际上，这个例子可能导致人们拒绝谈论演算之外的真假。但没有理由认为，这是普遍规则。

罗素-策梅洛悖论竟使弗雷格怀疑算术能有一个可靠的基础，这是件怪事。实际上，矛盾并不必然要求我们抛弃所有用集合对数所做的定义。受影响的只是一般集合论形式化计划，并且这还是源于弗雷格独有的、把集合当作逻辑的一部分的想法。我们先是震惊于这个事实，即自然数、实数及其他很多东西都可以从集合得到。然后我们发现，矛盾也可以从集合产生。很多人由此得出结论，我们接下来的任

---

[1] G. H. Hardy, *A mathematician's apology*, 1940, end of § 22.

务是设计一个演算系统，使它包括尽可能多的东西，除了矛盾。

如果不从系统的角度考虑，为什么我们不能像对待寻常数学一样对待一个矛盾证明，像其他数学证明一样，它可以被判定为有趣的或无趣的？确实，作为矛盾，结论的意义不能和普通定理一样。此类证明所确立的东西，要比普通证明更多或更少。它要么表明“我们的基本逻辑直觉是不可靠的”，要么显示出证明主张者的某种混淆。将正确等式 $3 \cdot 0 = 2 \cdot 0$ 或 $3(2-2) = 2(2-2)$ 的两边同时除以 0，我们
容易得到矛盾：$3 = 2$。我们不会因这样的发现而兴奋，因为众所周 46
知，在从 $ac = bc$ 推断 $a = b$ 时，限制条件 $c \neq 0$ 是必不可少的。为什么集合论中的矛盾不能被同样轻易地丢弃？从表面上看，是因为缺少发挥此作用的类似的简单而自然的限制条件。有时人们说，这显示了一个更基本的事实，即我们的集合概念还不够清楚。

形式系统是为了适应现实数学中的实际证明，而不是反过来。如果分析的一个可用的形式系统产生了矛盾，我们就说我们不再信任这个形式系统。这将对分析中几个世纪积累起来的大量数学成果产生怎样的影响？仅根据如此模糊的假设，很难加以推测。然而，我们可以提醒自己的是，实践中没有任何重要的数学定理或证明因为集合论悖论而被抛弃，而根据某些人的说法，这些悖论已经令集合论的基本论证方法名誉扫地。

强调对我们在数学推理中所使用规则的贯彻始终的遵守，引发了对混淆和矛盾的一个更严格的区分。在同一个证明中，把无穷小量时而当作零，时而当作大于零的量，是一个混淆而不一贯的程序，但尚未产生明确的矛盾。对使用无穷小量的证明的批评，是它含混不清而非造成矛盾。

为什么人们应该担心矛盾？想象一位数学家，他对自己发现的一组新定理感到满意并出版了一本书。一个竞争对手研究了他的证明并

提出挑战："使用你那种论证，我可以证明矛盾。" 对此，这位数学家难道可以这样回应："好吧，真让人高兴！我的方法还有我不知道的有趣应用。让我再加一章，题为'前述方法的更多应用'。" 尽管矛盾常常是有趣的，并且它们使得我们能够证明的那些有趣的定理，常常提示新的方法，但从未有人基于这样的理由推荐一种新方法，即它的威力足以产生矛盾，除非其目的就是拿矛盾做试验。对于矛盾的发现，一种可能的反应是分析推演所涉及的操作，并宣称其中某些操作是不合理的。更可取的做法是反思所涉及的基本概念。矛盾的后果之一是拒斥所有涉及类似操作的证明。在这个意义上，矛盾具有传染性。那些原本被认为健康的证明，因与矛盾有接触，也被集中隔离。

47 有一种想法是，把形式系统当作区分可欲论证和不可欲论证的一种工具。形式系统的构建基于这样的指导原则，即每当一个论证被发现有错时，所有同**种类**的论证都要被排斥。这给人以这样的印象，即我们并不是任意地排斥某些论证，因为我们不是只拒绝一个特定的论证，而是拒绝同种类的全部论证。然而，给定任意论证，在试图确定其所属的种类时，却不可避免地存在一种任意性。实际上，我们有如此多不同的方式来确定一个论证隐含的范畴，以至于我们根本不必为此目的而使用形式系统。

假定我们有一组定理和这些定理的证明可以在其中实现的一个形式系统。假定我们在这个形式系统中发现了一个矛盾。这个系统由此变得不可信。但那些原本独立于这个形式系统被发现的定理呢？不错，**在这个形式系统中**有证明所有那些定理的一个统一方法，因为有一个被普遍接受的原则，即矛盾蕴涵一切。但我们依然可以区分该系统的借助矛盾的证明和不借助矛盾的证明。这个系统的每个命题都有前一种证明，但并不必然有后一种证明。

一个形式系统的不一致性会破坏那些不借助矛盾的证明的价值

吗？当然，首先要考虑的问题是，我们一开始对这些证明附着了什么样的价值。我们最初对这些证明感兴趣，是因为它们优美，它们所确立的结论真确，还是它们实用？不一致的系统中的证明和其一致性未知的系统中的证明，经常可以是有启发价值的：比如，发散级数经常导致有趣的结果，有些数论定理起初是用分析方法证明，后来才得到更初等的证明。

众所周知，我们可以在某些其一致性未知的集合论系统中导出微积分。假定该系统被发现是不一致的。这意味着我们可以在此系统中导出各种各样的荒谬结果，其中一些与微积分相关。

因为微积分可以应用于桥梁建造，我们可以证明直径三英尺的桥墩就足够坚固，虽然实际上我们需要直径七英尺的桥墩。由此，有人可能会说，我们可用来发展微积分的那个系统的不一致性会引发桥梁的坍塌。

这种事实际不会发生。首先，那些为微积分构建和发展公理化基 48
础的人通常不是那些在桥梁建造中应用微积分的人。同一个人凑巧从事这两种事业，并非完全不可能。但即使那样，在做计算时，他也不会一路回溯到他所钟爱的公理集合论。退一万步说，即便他真的在计算完成后还不嫌麻烦地援引集合论的公理和定理为自己的计算做辩护，他也仍然不会有得到错误结果的危险，因为他没有使用系统中可用的全部复杂方法，而只是用了那些在一致的系统中也可以被证成的东西。

如果问题是避免桥梁意外坍塌，没有必要将数学形式化，也没有必要证明形式系统的一致性。就桥梁而言，有很多事情更值得关切。

就数学的现时状况来说，思考不一致系统是浪费时间。今天广泛使用的形式系统中，没有一个可以被认真地怀疑是不一致的。在某些方面，集合论矛盾的重要性被严重夸大了。当非欧几何被发现并被认识到是不直观的时，通过建造模型的方法寻求一致性证明是自然的。这离索求模型本身的基础只差一小步。当克罗内克把古典分析看作一种语词游戏时，他提出了此游戏是否一致的问题，这也是很自然的。但对一致性证明的更为现代的追求，有着不同的动机和比避免矛盾更为重要的目的：寻求对所涉概念和方法的更好的理解。

“数学家面对矛盾时有着迷信般的恐惧和敬畏。”但弗雷格是一个逻辑学家而康托是一个数学家。康托对那些矛盾一点都不忧心。事实上，他说:“布拉里-福蒂的成果是全然愚蠢的。如果你翻阅他在《巴勒摩数学会报告》上的文章，你会发现他甚至没有准确理解良序集的概念。”诚然，康托对“集合”这个术语的著名定义是困难的，但不可否认，凭借其温和的“遗传性”特质，该定义确实可以排除常见的矛盾推演。

用一致性解释数学存在，似乎是在逃避问题；既然我们无法给出一个对全体数学对象的恰当的正面刻画，让我们说，在数学中，凡是
49 可能的都是实在的。一方面，构造性似乎丢掉了一些可欲的数学对象，并使我们面临着解释一个构造的存在性的问题。另一方面，与构成物理科学之基础的时空中的物质事物不同，一个柏拉图式的理念世界在数学中似乎没有什么解释力。

用全称量词定义存在量词的经典做法有将存在等同于一致性的味道，但我们对物理世界的经验表明，尽管现实的不会是不可能的，可能的却并非总是存在。在物理学中，事物和法则之间有自然的区别，而在数学中，法则和构造则似乎无处不在。极端现象主义在为经验知识奠定基础这个问题上固然是徒劳无效的，但即便在那里，那个基本的区分也在所谓的感觉材料这一可疑的实体中被迟疑地保留下来。而数学对象则主要是联结、关系和结构。

在实际做数学时，把数学设想成一种关于数和类的博物学研究，

也许能提升某些人的思维穿透力。但作为一种哲学立场，这样的观点会迅速导向神秘主义，令清晰的数学哲学几乎不可能，只能当作一种形而上的诗歌。

如果我们视数字为专名，就没有理由追问正整数是否存在，否则数字就不是专名。存在问题必须被引向性质、关系、条件或理论的可满足性问题：是否存在某个对象或具有适当结构的对象集满足给定的条件？非欧几里得空间存在，因为非欧几里得几何学的公理在欧几里得几何学中有模型。复数存在，因为关于它们的公理可以被实数对满足。每个个别的复数，比如 $i$，作为整个复数结构的一部分而享有派生的存在，它满足对其他复数的特定关系。

众所周知，这种模型论考虑一般终结于正整数和连续统：无论哪种情况，用一致性解释存在，又用可满足性解释一致性，总难免一种循环。我们需要某种作为开端的基本之物：它在何种意义上存在？

如此假定似乎是合理的，即如果一个理论是一致的，那么它必定有某种解释。制造一个模型或许很难，但一个理论怎么可能既是一致的又不能被任何模型满足？对于那些可表示成纯逻辑亦即量词理论框
架下的形式系统的理论，逻辑学的基本定理提供了更严格的回答：任 50
何这样的理论，如果是一致的，都有相对简单的正整数论模型，这里“简单”的意思是指只需要算术层谱中较低层次的谓词。

由此，我们可能认为，基本的问题是正整数在什么意义上存在。更精确地说，我们关心满足算术公理的结构或关系的存在问题；个别的正整数将在这样的结构中获得派生的存在性。

初看之下，针对算术公理的证明论一致性证明似乎能为这个问题提供一个（修改后的）有穷主义的解，而翻译到直觉主义算术系统中去，能为这个问题提供一个直觉主义的解。如果事实果真如此，我们至少可以集中注意力在希尔伯特所说的数学思考的组合内核或布劳

威尔所说的二一性基本直觉上。然而，有很多难题伴随算术公理的不可完全性而来。

常用集合论系统的定理，其算术翻译在常用算术系统中经常不再是定理。因此，算术公理的一致性证明不能解决古典分析或集合论的一致性问题。甚至在算术的一致性证明中，有穷主义证明这个概念似乎也包含了一种不确定性。

此外，还存在一个在不同的算术公理系统之间进行选择的问题，这不只是在简单的意义上，比如像人们熟知的欧氏几何的各种等价表述那样，还在一种更深刻的意义上，即让常用算术公理集的扩张，如增加到第一个 $\varepsilon$ 数的超穷归纳法，显得同样自然。这暗示在数概念中有某种绝对的东西，我们只能通过心智实验来逐步接近它。或者至少可以说，我们对我们的意向和心智构造并没有完全的控制力，一旦存在，它们就会获得自己的生命。

从另一个角度看，一致但无标准模型的系统（比如是 $\omega$ -不一致的）的存在，显示出存在与一致之间的某种裂隙。通常的公理，只要求特定的集合或数存在，对于要排除掉哪些东西，却不置一词。基于此，我们可以在不违背公理的前提下，给自然数增加一些不自然的数，甚至可以一致地增加一些新公理，要求不自然的数必须存在。人们或许可以合理地说，虽然这些不自然的数为一个一致系统的公理所
51 要求，但它们不应该被认为存在。这种观点有助于阻止把一致性和存在性完全等同的做法。

有一种诱人的想法是，借助非构造性的归纳规则（$\omega$ 规则）和类似的语义概念来刻画算术、古典分析和集合论中的全部真命题，从而突破基础难题。这样一来，不自然的数之类的东西当然就被基本原则排除掉了。但是，这就不会剩下什么要解释的东西了，因为要解释的都被直接当成理所当然的了。借助无穷规则，把有穷情形类比投射

到无穷情形，更多的东西被接受了。我们从来不能在一个计算中完成无穷多步，也从来不能在一个证明中使用无穷多前提，除非我们能在不丢失有用信息的条件下将无穷多的东西概括成一个有穷的模式。数学归纳法和超穷归纳法都是这样的原理，在使用它们进行推理前，须先经过一番心智实验，找到两条能将所需的无穷多前提概括到一起的合适的前提。数学活动的根本目的之一，就在于设计出有限智能可以借之处理无限的方法。除了使整个数学活动成为不必要的，无限智能的假设没有什么积极的内容。

## 4　数理逻辑对哲学家的欺骗性吸引力

在我 1955 年于牛津所做的一些讲座中，我曾试图向一群哲学家申辩数理逻辑的价值。从那以后，我开始怀疑起许多我之前热情主张的东西，不仅是因为数理逻辑变成了一门更为技术化的学科，还因为，就其对哲学的影响而言，我不再确定那些影响是好的。但类似的看法似乎仍被一些人持有，因此我请求在这里复述那些申辩（以**A** 打头），并添加相应评论（以**B** 打头）。

**A**　数理逻辑是数学与哲学的交汇地。在一个门外汉看来，纯数学是零碎的和高度技术化的，充其量是个深奥的游戏；哲学则油滑多变，满是不适宜的精确性和被没完没了重复的陈词滥调。现在，数理逻辑有望成为一门系统化的、累积性的学科，并且它只关心基本的东西。它是数学的一个相对简单的分支，拥有丰富的新证明**方法**；在付出努力不变的情况下，从它那里，哲学家可以学到最多的方法。 52

不消说，数理逻辑的主要任务是研究数学中的基本概念和证明方法，或者如人们常说的，研究数学的基础。

在讨论基础问题时，人们惯于拿三大思想学派说话：直觉主义、形式主义和逻辑主义。它们之间的分歧被特别强调。这种做法不令人满意，因为三大学派之间的分歧点远不如它们的共同点重要。争论或许有激励和更新作用。但令基础研究一劳永逸地免于陷入怠惰、混乱或经院主义的，是逐渐出现的越来越大的普遍可接受性的领域。

这些标签的另一个坏处是制造了这种印象，即每个逻辑学家属于且仅属于三学派中的一个。这远非实情。实际上，说没有哪个活跃的逻辑学家忠实地代表了三大学派中的任何一个，反倒更接近真理。因此，过分渲染分歧是误导性的。攻击一个稻草人已经够糟了。让几个稻草人互相攻击，那就简直是糟糕透顶了。

我认为，与其依照理想化的个人信念把人划分成学派，不如根据其证据的性质把方法和内容分成若干畛域，后一种做法要有益得多。顺便提一句，这与那种自诩清高的观点不同，后者建议，每个人都有构建形式系统表达自己的逻辑的自由，不管那逻辑多么奇特。事实上，这些畛域的划分由一些原则决定，它们源自对我们的数学思维的一些基本洞见。虽然我们可以遵照这些原则构造形式系统，并把它们当作研究那些畛域的必要工具使用，但形式系统既不先于原初的直观，也不能完全准确地表达它们。

最基本的划分是客观主义数学和构造性数学之间的划分。前者包括全部数论、古典分析和康托的高阶无穷。后者则有三种不同的解释。第一种只处理自然数，仅接受可计算的函数和无量词的证明方法。第二种即直觉主义，它承认量词但拒斥排中律。第三种是直谓集合论，它允许量词和一般的排中律，但拒斥非直谓定义，因为后者违反恶性循环原则。

53 由此，我们得到四个畛域：1. 有穷主义（可计算的无量词的方法），2. 直觉主义，3. 直谓集合论，4. 客观主义数学。在我看来，这四个畛域的特征和相互关系构成了基础研究的中心问题。在逻辑真的本性这个问题上，我考虑接受一种介于极端的约定论和绝对的实在论之间的中间立场。一方面，我认为，无论是要拒斥还是保留非直谓定义，都可以找到一般性的理由。另一方面，我相信，决定这种事情的办法不应是任意选择，而应是深入研究两种立场的相对优点和非直谓定义的本性。换句话说，我认为，更好的理解可以使我们在两种立场间做出自然的而非任意的抉择，或使我们能以某种方式把非直谓定义看成直谓定义的自然极限，从而能够建立从后者到前者的一种连续扩张。

**B**　我在别处①进一步阐述过上面谈到的四个论域，并增加了一个论域，后者是最严格的立场，可称之为“超有穷主义”。它把有穷数分成可操纵的和不可操纵的，主张只有可操纵的数才是直观上显明的。粗略地说，有穷主义和直觉主义只接受潜无穷，直谓主义接受自然数集作为一种实现的东西，但不接受更高的无穷，而客观主义则接受各种实无穷。

1955 年以来的这段时间里，已经有很多关于这四个畛域的特征及其相互关系的研究。但没有清晰的概念图景出现，如此得到的大部分结果没有美学上的吸引力。那些一开始从哲学上看很自然的数学问题，最终作为数学却证明是相当人为和琐碎的。无论如何，这段时期数理逻辑中更有趣的进展来自那些缺乏哲学动机的工作。似乎数理逻辑已经成为一个成熟的数学分支，它与哲学的直接联系日渐削弱。集合论、模型论和机械不可解问题等方面的实质性进步，主要是这些发展中的数学领域的内部思考的结果，它们已经变得越来越技术化。

**A**　在数理逻辑领域，对于基本问题的思辨自由仍然受人尊敬，并且实际上是每个人最具吸引力的权利。只是在那里有一种强烈的需

---

① ‘Eighty years of foundational studies’, *Dialectica*, vol. 12, 1958, pp. 466–497.

求，即从哲学意见中迅速提取更精确、可能也更枯燥的问题，它们能
54 够被严格地处理。如果爱冒险的哲学家觉得对哲学问题的科学研究令人反感，他至少可以提醒自己，将哲学观点转化成科学这项工作，其哲学性并不亚于其数学性。

数理逻辑和数学哲学紧密相关，尽管它们的侧重点不同。数理逻辑构造并研究形式或公理系统，而哲学观点则为技术性研究提供方向，并为已经存在的形式系统提供辩护。在这里，我们同时拥有一个其问题可以用形式系统的严格工具来研究的哲学分支和一个与我们理解基本原理的愿望始终保持联系的数学分支。

我冒昧用布劳威尔和维特根斯坦作为例子，来说明数学和哲学在基础研究中是如何相互作用的。布劳威尔精通数学，对数学之本性持有一些基本而深刻的信念。他用一种自己特有的、别人无法很好地理解的语言表达它们。人们构造了一些形式系统，尽可能忠实地表征布劳威尔的观点。人们研究了这些系统与那些形式化古典数学概念的系统之间的相互联系。这种形式化的研究，是受布劳威尔哲学思想的启发，反过来又能使那些思想变得更清晰，更容易被更多的人理解。人们希望，对不同哲学立场的形式化处理，不仅能尖锐地呈现分歧，也能相当彻底地消解它们。因此，哲学确定了技术性研究的方向，而技术性研究反过来澄清、阐明原初的哲学动机。

与布劳威尔相比，维特根斯坦算不上什么数学家，但也做出了有趣的数学哲学研究。照我看来，维特根斯坦《逻辑哲学论》的大部分内容，可以看成是在试图解释《数学原理》第一卷上半部分中的逻辑命题的必然性。《逻辑哲学论》为《原理》中粗糙的形式系统提供了一个辩护，这个辩护即使本身不正确，至少属于正确的类型，它影响了更多的技术性作品，如拉姆齐的作品。《逻辑哲学论》还可以被看作一个强大的渠道，通过它，数理逻辑改变了哲学的方向。

**B** 最近对布劳威尔思想有大量的形式化处理，但其不确定的程
度令人沮丧，鉴于此，我怀疑这样的工作有任何重大的哲学或数学意
义。布劳威尔自己显然既不喜欢作为一门学科的逻辑，也不喜欢对他 55
思想的广泛的形式化研究。

虽然《逻辑哲学论》影响很大，但这些影响总体上是好是坏，很有争议。维特根斯坦后来认识到，这部作品是过分简化的产物。可以合理地假设，如果在《逻辑哲学论》写作之时，数理逻辑不是那么原始和晦暗，知识和实在的全景图绝不会以那样的方式被绘制。

**A** 拉姆齐 26 岁英年早逝后，凯恩斯写道：①

> 假如他顺从天性走更容易的道路，我不确定他会不会放弃关于思想基础和心理学基础的痛苦练习，转而走我们自己的作为道德科学之最宜人分支（经济学）的愉快道路，在前者那里，心灵试图抓住自己的尾巴，在后者那里，理论和事实、直观想象和实际判断以一种适合人类智能的方式融合在一起。

在我看来，形式系统工具的运用使关于思想基础的练习不再那么痛苦。人们可以把形式系统看作数学哲学研究的望远镜或显微镜。或者，人们可以把它们比作实验室，在那里哲学思想而非科学理论被检验。心灵不再自己去抓自己的尾巴，而是借用形式系统去抓。严谨思维与思辨，形式的与非形式的，以一种最令人满意的方式融合在一起。

形式系统的作用与语言游戏相似。二者都是实际情形的或多或少简化的模型，帮助我们厘清思想之基础。在哲学问题的研究中，语言游戏有更广阔的应用范围，但形式系统——在可用的时候——是更具威力的工具，常常带来更持久、更深刻的结果。

---

① F. P. Ramsey, *Foundations of mathematics*, 1931, p. x.

一个语言游戏在如下意义上是一个形式系统：尽管人们不枚举要用的语词，却描述了一个良好定义的具体情境，使得在该情境中使用的那些语词和推理，在事实上得到本质的确定。这种构造的一个典型例子如下：某人 A 说概念 X 必定如此；而某个合适的语言游戏却给出了反例。形式系统经常可以发挥同样的作用。

比如，考虑康德的这一观点：欧氏几何的必然性是一个哲学事实。与必须考虑视觉空间因素的语言游戏相比，构造一个非欧几何系
56 统并展示它在欧氏几何中的模型，是一种更有效的反例。或者，考虑类型论必须被遵循这一观点，对它举反例的一个有效方式是，构造一个这样的形式系统，在该系统中追问某些集合是否属于自身是有意义的。

当一个概念的适用范围较宽广时，形式系统比语言游戏更合用。这里涉及单个概念与一个概念家族之间的对比。过度使用形式系统，错在把一个概念家族当成一个单一的概念。无限制地嫌恶形式系统，错在把每个适用范围广的概念都当成一个概念家族。数学概念既是广泛可应用的，又不必当作概念家族来处理。这就决定了，在数学概念的研究中，形式系统最合用，而较简单的语言游戏不那么有效。

人们不可忘记，在哲学研究中，形式系统是工具且**只是**工具。像其他工具一样，它们只在特定的目的下才是有用的。它们不是能为我们解决所有问题的哲人石。当不加区别地应用于所有问题时，在最好的情况下，它们造成浪费，在最坏的情况下，它们带来灾难。形式系统在数学哲学研究中的使用被证明是成功的，如此的成功，以至于今天没有人会期望成为一个严肃的数学哲学家，除非他在处理形式系统方面拥有相当的技巧。另一方面，在归纳逻辑、意义、时间、因果性等问题的处理上，这些工具的应用成效甚微。实际上很难评价，这些

扩大数理逻辑影响范围的值得嘉许的努力，对哲学是更有益还是更有害。人们不禁要问，这些应用逻辑学家是不是犯了“数字过多谬误”：这是拉姆齐强调的一个谬误，比方说，对一个有效位数只到小数点后两位的结果，却给计算到七位。

关于数理逻辑的“无心机器观”的兴起，很大程度上是对形式系统在哲学中的广泛误用的反应。对数学哲学有益的东西也对所有哲学有益，这一不合理的信念导向了一个同样不合理的观念，即认为数理逻辑对哲学毫不重要。我个人的观点是，凭借逻辑与数学哲学在知识论中占据的核心地位，数理逻辑和对它的观点可以间接塑造一个人的整体哲学。我无意让数理逻辑附骥名彰，但我认为，提一提弗雷格、罗素、维特根斯坦和拉姆齐并非不公平的鼓吹。我不相信以下事 57
实纯属巧合：他们都是最具吸引力的近世哲学家，同时又都对数理逻辑的基础抱有深刻的兴趣。

**B**　对形式系统的过分强调似乎没有道理。对数学过程这个直观概念的形式化——作为范例——并不是用形式系统实现的。近来，相比于实际地构造形式系统，数学结果和流行的哲学应用与一般性的思考存在的和不存在的形式系统更多地相关。在数学方面，集合论中的独立性结果和关于新公理的试验——它们一直诉诸我们丰富的数学直觉——最接近于权衡比较各种形式系统的规划。在哲学方面，通过构造形式系统实现成功思考的例子，近来不多。比如，如果有人想研究构造性数学的本质，从长远来看，“小巧精致的形式系统”是否比发展构造性数学的实际努力更有意义，这一点也不清楚。

至于数理逻辑对哲学的更一般的影响，即便我们抛开这种影响是好是坏的问题不谈，弗雷格、罗素和早期维特根斯坦的确产生了巨大影响这一事实，也可以通过他们所处的特殊历史语境得到合理的解释。没有充分的理由推断，在现阶段，数理逻辑会继续在哲学中发挥支配作用，除非是由于惯性。假如能活得更长一些，拉姆齐会发展成怎样，这一点很难揣测。但后期维特根斯坦显然认为，无论对哲学还是数学，数理逻辑的影响都是坏的。

# 第 2 章

# 一般数学概念的刻画

## 1 自然数

我们很早就成功地学会了 1、2、3 等自然数的用法。看起来不大可能把我们对自然数序列的知识还原成任何直观上更基本的东西。也很难想象，一个正常人怎么可能不会正确使用较小的自然数。

自然数既可用作序数，也可用作基数。比如，考虑计数下列图形的过程：

△　□　○

我们指着一个图形说 1，再一个说 2，又一个说 3；然后我们得出结论说，有三个图形。这里的正方形不是 2，而是计数过程中的第二项。只有最后一个数 3 是作基数用。我们可以按不同的顺序数，但最终结果是一样的：这一点是那么明显，很难想象可以不是这样。同样明显的是，计数所用的最后一个序数给出了这个聚合（collection）的基数。我们可以用不同的符号表示基数和序数；也可以用相同的符号既表示序数，也表示基数。对于自然数，我们就是这么做的。但当我们遇到无穷大的基数和序数时，这种做法就行不通了。因此，如果我们把基数看成是由计数得来，序数的概念似乎就更为基本。

很多时候，不经过计数，我们就能比较两个聚合基数的大小；例如，确定房间里是否有足够多的椅子供在场的人使用，或舞会上的男性参加者是否多于女性。在这样的情形中，配对行为——哪怕它只是单纯地确认每个椅子上都有人——固然也是在时间上一个一个相继做
60 出的，但过程中没有涉及**序数**，因为我们不必留意椅子核查的相对顺序：我们只需区分已核查的和未核查的。多于或等于的概念先于基数和序数的概念。要将不同的卵石堆按数量多少排序，配对就足够了。但为了得到自然数的表征，我们需要“一”和“加一”的概念。有了这些概念，基数和序数的概念就都能得到了。似乎可以合理地说，序数和基数都预设了“一个单位”和“增加一个单位”的概念，但它们谁都不比另一个更基本。我们应当区分所有成员数为 3 的集合和成员数为 3 的一个特别简单的集合。一个模范集（model set）足以为我们提供 3 的概念，尽管一旦给出，就要把它应用到所有成员数为 3 的集合上。如果幸运，我们也许能在事实上找到所有（比方说）1000 以内自然数的物理对象聚合代表，尽管没有“加一”这个概念的帮助，我们无法知道这实际上是真的。

如果我们用竖线组成的串表征自然数，自然数的角色就可由它们扮演——不管这些竖线是现实的还是想象的。“2 加 2 等于 4”意谓，如果我们画下两条竖线，然后又画下两条竖线，我们得到四条竖线。这并不是说，在实际的书写中，此种事态必然总是发生，而是说，假如它没有发生，我们会倾向于寻找其他解释，以便维护这样的结论：在无干扰的情况下，它会发生。我们能避免所有那些想象的困难，只要我们在转向下一条竖线时避免它们。把算术理解成是关于竖线串之类的具体表数符号，其形状可以被反复识别，尽管它们在不同的时空位置多次出现，并且每次都有细微的变化，这种想法似乎仍然是有疑

问的。但这些符号很有用，因为我们知道，在实践中我们可以使用它们的具体出现，而在理论中我们又可以仰赖它们的抽象形式。犯类型错误是不可能的，甚至殊型错误现实中也没有。谈论竖线串是我们交流算术思想的一种方式。它虽然不充分，但很有用。

人们对自然数和连续统的哲学兴趣经久不衰。要领会这一点，或
可拿负数和复数的情况做个对比。这些数在历史上出现时令人困惑，
今天的人初次学习它们时也感到理解上有困难。但这些数可“还原”
为更简单的概念，不会引起严重的概念问题。当一个人只习惯于思考
实数，他会有这样的困惑：怎么可能有一个数，它与自身相乘产生 61
-1？复数是何种类型的存在？或者更简单地说，复数是什么？由此
出现了种种思辨，讨论复数真实的形而上学性质是什么。1800 年前
后，高斯和韦塞尔（C. Wessel）对这个问题给出了有趣而确定的答
案，至今保留在数学教科书中。没有人现在还会把他们用实数对和图
形表征复数的做法当成哲学。事实上，随着他们的回答逐渐被所有人
接受，原来的问题不再有哲学意义，关于这个话题的那些思辨学说很
快被遗忘了。因此，我们得到一个清晰的例子，它说明一个哲学问题
如何被解决并迁移到数学中。

关于自然数的问题可以有以下几种表述：什么是自然数？我们如何刻画自然数的概念？我们用“自然数”这个词意谓什么？一开始，我们可能会以举范例的方式回答这个问题，比如 25、61 和 1000 都是自然数。或者，我们可能会说，自然数就是 1，2，3，…。可以毫不夸张地说，解释“…”在此特定语境中的意思是数理逻辑的核心问题之一。假如我们说，一个自然数要么是 1，要么是另一个自然数的后继，那么，对于什么不是自然数，我们没有给出充分限制。比如，我们可以增加任意一个东西 $\omega$ 为自然数，这样除了 1，2，3，…，我们还有 $\omega+1$，$\omega-1$，$\omega+2$，$\omega-2$，…；虽然除了那些我们愿称之

为自然数的东西，这个序列还包含了其他一些东西，但它满足一个自然数或者是 1 或者是一个后继这个条件。下一步可要求自然数必须满足数学归纳法原理；这就是说，任意一个集合，只要它包含 1 并包含它的每个成员的后继，它就包含所有的自然数。人们认为，如果把所有这类集合的共有部分分离出来，它便恰好包含我们想要的所有自然数而毫无多余之物，因为否则的话，就会有一个比此共有部分更小的集合，它包含 1 并包含它的每个成员的后继。不过，这立即会把我们引向如下两个问题：刻画“一个任意的自然数集”这个概念；把算术还原为逻辑。

有一些与数理逻辑无甚关联的、关于算术之本性的有趣哲学观点。其中一个著名的例子是康德的理论，它把纯粹时间直观的形式作为算术的基础。布劳威尔论证说[①]，直觉主义的立场：

> 通过抛弃康德的空间先天性并更坚决地坚持时间的先天性而
> 62 得到复活。根据这种新直觉主义，生命时刻分裂成质上不同的部分，仅在保持分离的条件下由时间重新统一，这是人类理智的基本现象，它在抽象掉情感内容后成为数学思维的基本现象，即对纯粹二一性（two-oneness）的直觉。此二一性直觉是基本的数学直觉，它创造的不只有 1 和 2，还包括全部有穷序数，因为二一性二元素中的一个可以被看作一个新的二一性，这个过程可以无限重复。

该段落经常被引用，特别吸引人，它抓住了或至少暗示了一个关于算术基础及其在人类思维中的位置的熟悉而模糊的想法。与布劳威尔直觉主义思想的其余部分不同，它对于算术基础研究的各种不同进

---

① L. E. J. Brouwer, ‘Intuitionism and formalism,’ *Bull. Am. Math. Soc.*, vol. 20, 1913, pp. 81–96.

路，保持有相当的中立性，甚至可以用来丰富那些逻辑导向的观点，后者正是我们马上要讨论的。

莱布尼茨提出，可以仅用（2和4的）定义和公理来证明 $2+2=4$ 之类的数论真理。弗雷格指出①，在将 $2+(1+1)$ 变换成 $(2+1)+1$ 时，莱布尼茨隐含地假定了结合律。缺失的关键一步是，除了对每个数的定义—— $2=1+1$、$3=2+1$ 等，我们还需要关于加法的递归定义，它一般断定 $a+(b+1)=(a+b)+1$。而格拉斯曼（Hermann Grassmann）② 正是这样改正莱布尼茨的证明的。事实上，格拉斯曼引入了加法和乘法的递归定义，并用数学归纳法证明了常用的算术定律。他做出的发展相当于是将全体整数（正的、负的和0）描述成一个有序整环，其中每个正整数集都包含一个最小元。他的演算系统的一个形式缺陷是遗漏了如下原则：不同的数字表示不同的数。其结果是，即使把所有整数视为等同的，他的整个系统也能被满足。

递归定义的性质带来一些困难。弗雷格认为，它们不是恰当的定义。他和戴德金都宁愿使用更复杂的、本质上属于集合论的显定义，递归定义作为其结果出现。今天，我们一般都认为从递归定义开始是可接受的，并直接援引组合直觉为它们辩护。

格拉斯曼演算系统的疏忽在戴德金那里得到纠正③，于是我们有了通常所说的皮亚诺公理：

P1　1是一个数。 63

P2　任何数的后继是一个数。

---

① *Foundations of arithmetic*, §6.

② Hermann Grassmann, *Lehrbuch der Arithmetik*, 1861.

③ R. Dedekind, *Was sind und was sollen die Zahlen?*, 1888。还有一封戴德金的信与此有关，详细引文见于‘The axiomatization of arithmetic’, *J. symbolic logic*, vol. 22, 1957, pp. 145-157，后者包含关于格拉斯曼和戴德金之贡献的更多历史细节。

P3　不同的数有不同的后继。

P4　1 不是任何数的后继。

P5　对于任意的集合 $K$，如果 1 属于 $K$ 并且 $K$ 的任何成员的后继也属于 $K$，那么所有数都属于 $K$。

在一封私人信件中①，戴德金解释了他如何通过分析数的概念得到上述五条公理。戴德金以十分精确的方式提出这个问题：

> 哪些性质是数列 $N$ 的相互独立的基本性质，即那些不能相互推导但从它们可推导出其他一切性质的性质？我们应该如何剥除这些性质的具体算术特征，从而将它们包含在更一般的概念和知性活动中？其中后者对一切思维都是**必要的**，同时又**足以**保证证明的可靠性和完全性，并允许构造一致的概念和定义。

根据戴德金，人们接着会被迫接受如下这些事实。(1) $N$ 是一个集合，其元素被称为数。(2) $N$ 的元素彼此处于特定的关系中，首要的是，它们具有一种特定的顺序，后者由如下事实决定：对于每个确定的数 $n$，都有一个确定的数 $n'$ 或 $\varphi(n)$，它是 $n$ 的后继。映射 $\varphi$ 把 $N$ 映射到自身之中，$\varphi(N)$ 是 $N$ 的一部分。(3) 不同的数有不同的后继，也就是说，$\varphi$ 是一一映射。(4) 并非每个数都是一个后继，也就是说，$\varphi(N)$ 是 $N$ 的一个真部分。更精确地说，1 是唯一不在 $\varphi(N)$ 中的数。(5) 有人可能认为，这些事实已经足以确定 $N$。但它们也适用于每个这样的集合 $S$，它在 $N$ 的基础上还包含一个由任意一些元素 $t$ 构成的集合 $T$。人们总是可以扩充一一映射 $\varphi$，使得 $\varphi(T) = T$。特别地，我们可以用前面提到的那个例子，令 $T = (\cdots, \omega - 1, \omega, \omega + 1, \cdots)$。根据戴德金的说法，他的分析中最困难的一点就在于确定用什么来补充上述四个条款，以便将外来入侵者 $t$——它们搅乱了所

① 复见于第 69 页脚注③中所引的文章。

有秩序——从我们的集合 $S$ 中清除，并把我们限制在集合 $N$ 上。

> 如果一个人一开始就假定对自然数序列 $N$ 的知识，因而允许自己使用算术术语，那么他当然会感到很轻松。他只需说：一个元素 $n$ 属于序列 $N$，当且仅当，从 1 开始不断数下去，亦即重复应用映射 $\varphi$ 有穷多次，我最终能到达元素 $n$；而另一方面，通过 64
> 这一过程，我绝不能到达序列 $N$ 之外的一个元素 $t$。然而，就我们的目的而言，采用这样一种方式来区分那些要从 $S$ 中逐出的元素 $t$ 和那些要被单独保留在 $S$ 中的元素 $n$，毫无益处。这样的程序定然会涉及最有害也最明显的循环论证。

解决这个问题的办法由 P5 提供。或者，把它陈述为一个定义："$S$ 的一个满足 P1 到 P4 的元素 $n$ 属于序列 $N$，当且仅当，$n$ 属于 $S$ 的每个具有如下性质的子集 $K$：（ⅰ）元素 1 属于 $K$；（ⅱ）映射的像 $\varphi(K)$ 是 $K$ 的一部分。"

为了刻画自然数的概念，我们可以考虑一下把关于自然数的数学理论组织成一个形式系统的问题。与自然数相关的定理和概念大致构成一个确定的总体。我们如何能找到整个理论可由之建立的基本概念和公理？一种可能的方法是研究典型的定理和证明，检查它们需要的假设和概念。值得注意的是，戴德金完全通过分析自然数的序列得到皮亚诺公理。更值得注意的是，在完成他的分析后，他立刻相信，关于自然数的性质和定理都可以从他给的刻画推导出来。后来的发展在很大程度上证实了这一信念。很清楚的是，为了判定其他特征是不必要的，戴德金没有去研究关于自然数的大量定理和证明。相反，他只是验证了自然数序列可由他的公理完全决定，然后就得出结论，那些公理对于推演定理也是充分的。为了让这一点显得可信，可以这样来论证。假如某个定理独立于那些公理，那些公理就有两个可能的解释

(或模型)，根据其中一个解释，该定理是真的，根据另一个解释，该定理是假的。但如果那些公理为理论确定了一个唯一的模型，这种情况就不可能出现。因此，关于自然数的所有定理必定都是可推演的。这个论证是可信的，但不完全明晰，其中一个原因是解释的概念还不够明确。

虽然不难看出自然数确实满足 P1—P5，但人们可能想知道，我们如何能肯定它们确定了自然数的所有性质。戴德金的结论——它们
65 充分地确定了自然数序列——经常被这样表述：那些公理是范畴性的，或者说，它们没有本质上不同的模型。我们知道，那些公理实际上有一些不同的模型，比如用 100 充当 1，或者用一个数的平方数充当该数之后继。但是，在同构的技术意义上，它们本质上都是一样的。给定这些公理的两个模型，令 $1_a$、$S_a$、$N_a$ 表示其中一个模型中的 1、后继函数和数集，$1_b$、$S_b$、$N_b$ 表示另一个模型中的 1、后继函数和数集。将 $1_a$ 和 $1_b$ 相关联。一般地，如果 $m$ 与 $n$ 相关联，则将 $S_am$ 与 $S_bn$ 相关联。我们的目的是要证明，以这种方式可以得到 $N_a$ 的成员与 $N_b$ 的成员之间的一个正确的一一对应。为了达成这一点，我们需要使用如下事实：存在一个集合，它恰好包含 1，2，3…，别无他物。考虑到我们允许任意集合，假定这样的集合存在似乎是合理的。如果存在一个这样的集合，根据 P5，它应该等同于每个模型中的数集 $N$。因此，$N_a$ 恰好包含 $1_a$，$S_a1_a$，…，$N_b$ 恰好包含 $1_b$，$S_b1_b$，…。这样就证明了，在这两个解释的对象之间存在一一对应，它保持 1 和从一个数到其后继的转移关系。正是在这个意义上，我们说，皮亚诺公理没有本质上不同的模型。

戴德金的想法似乎是这样的：自然数集 $N$ 显然满足条件（ⅰ）和（ⅱ）。如果我们考虑满足这两个条件的所有集合，它们的共同部分或交集必定恰好是我们想要的集合：它所包含的成员不能更少，因

为每个数必须属于那些集合中的每一个；也不能更多，因为否则就会有一个更小的集合也满足那些条件。但是，还有一个规定任意集的问题。我们如何知道，一个给定的对集合的规定是否会包括我们想要的数集 $N$？

$N$ 是一个可能的集合，这在直观上似乎是显然的。但哥德尔的不完全性结果表明，没有一个完全形式化的系统能强迫我们拥有一个足够丰富的集合论域，使得所要的集合 $N$ 必定在其中。这一困难情形可以通过考虑如下事实显现得更清楚：在形式系统中，我们是通过定义预先给定的性质来规定集合。是否所有集合，特别是无穷集 $N$，都将由此得到规定，这并不明显。考虑一个简单的例子。[①] 在 P5 中，我们可能恰巧只表达了某些简单的定义性质，使得如此规定的每个 $K$ 或者是有穷的或者是余有穷的（除了有穷多个数之外，它包含所有的数）。那么不难找到 P1 到 P5 的一个模型，它包含某些“外来入侵者”。事实上，$T = \{(2b + 1)/2\}$ 就是一个例子，这里 $b$ 是任意整数。

根据现行用法，已知具有范畴性和完全性的系统是二阶（准形 66
式化的）算术系统，它使用了一个非形式的集合概念，如在 P5 中出现的，而一阶算术系统是不可完全的，只要我们让它具有适当的丰富性，比如包含简单的递归函数。尽管人们习惯于轻视二阶刻画，因为它们只是把形式化中的困难从数转移到了集合，却必须承认，戴德金的敏锐分析是一项非凡的成就。事实上，二阶范畴性是一个有趣的现象，它发生在自然数和实数的情形中，但在集合论中不会出现。

为了引出另一个区分，有必要增加一些技术性评论。传统上，P1—P5 被认为给出了一个公理系统 $A$。要把它变成一个前述严格意义上的形式系统，比较自然的办法是，把 P5 中的 $K$ 限定为那些在所

① 更多细节参见第 69 页脚注③中所引的文章。

给定的符号系统连同其配套的带等词的纯逻辑（一阶逻辑）装置中可表达的类。如此得到的系统 $B$ 是形式化的，因为其公理和证明可以被机械地检验，其定理构成一个递归可枚举集。而系统 $A$，尽管其公理是机械可检验的，却需要一种二阶逻辑才能显现出其隐含的假设。要得到二阶逻辑的一个完全的（足以达到预期目的）形式系统是不可能的。因此，我们无法以这种方式把 $A$ 变成一个范畴性的形式系统。由于我们无法以形式化的方式完全把握 $A$ 因集合变元 $K$ 而对 $B$ 所具有的额外的力量，我们便想到用其他方式来加强 $B$。

标准的做法是增添加法和乘法（它们在 $A$ 和形式集合论中是可显定义的），从而扩张 $B$ 的语言，并将相应的递归定义添加为公理。以这种方式，我们可以得到形式系统 $C$，它同样包含纯逻辑（带等词的一阶逻辑的完备系统）。哥德尔定理证明了，$C$ 或任何与它“相似”（在一种很宽泛的意义上）的系统都是不完全的。因此，$C$ 不是范畴性的。同样，$B$ 也不是范畴性的，因为 $C$ 的非同构模型包含 $B$ 的非同构模型。

我们还可以将 $B$ 和 $C$ 之类的形式系统推广为一种技术意义上的（一阶）“理论”。相比于形式系统，在理论中我们可以选用更复杂的定理集，比如，我们可以把 $C$ 中所有的真语句都当作定理。如此，我们可以得到一个在系统 $C$ 的语言下的、完全的（一阶）理论 $D$。一个自然的问题是，$D$ 是范畴性的吗？司寇伦的一个结果表明，甚至 $D$

也不是范畴性的。[1] 这里，我们得到自然数领域的一种更强的意义上的范畴性。我们不仅无法用一个形式系统捕获所有真语句（因此无法拥有一个范畴性的数论形式系统），也无法用（一阶）完全的理论 67
得到范畴性，后者保持了形式系统的一些严格性，因为其语言（符号和句子）是能行的，尽管其证明不再是能行地可检验的（并且其定理或真语句不是递归可枚举的）。

（范畴性的）公理系统 $A$ 和形式系统 $B$ 与 $C$ 之间的差别还可以用另一种方式描述。$A$ 的定理可以用愈来愈强的“逻辑”形式系统逼近，但没有形式系统能给出对所要的强（二阶）逻辑的一个完备刻画。这样，我们就必须面对如下问题：纯逻辑（一阶逻辑）是否真的是我们想要的逻辑的全部？仅以没有相应的完备形式系统为理由，不足以让我们拒绝考虑扩充逻辑。比如，通过增加量词“对不可数多的 $x$”得到的扩充，就有完备的形式系统。我们会在“逻辑真”的题目下再讨论这类问题。

对于“算术可还原为逻辑”这个论题，比较一下戴德金和弗雷格的观点也许是有意义的。戴德金指出[2]，“在谈到算术（代数、分析）是逻辑的一部分时，我的意思是说，我认为数概念完全独立于

---

① 参见 Th. Skolem, *Selected works in logic*, 1970。论文本身可追溯到 1933 年。该结果已被推广为如下结论：有无穷模型的一阶理论都不是范畴性的。理论 $D$ 既有可数的非标准模型，也有不可数的非标准模型。一个有趣的特例是有理数上的序关系理论（无端点稠密线序）。它在一种受限的意义上是可判定的和范畴性的，即它的任意两个可数模型都同构。

一阶皮亚诺公理 $P1$— $P5$，其中 $P5$ 里的 $K$ 仅限于只用后继函数和逻辑符号就可定义的集合，给出了弱系统 $B$，它实际在如下意义上是完全的：每个可用该系统的初始符号表达的陈述，要么其本身是可证的，要么其否定是可证的。只有当我们加上对应加法和乘法的符号和公理时，我们才会得到一个不完全的系统。这一点很有趣：一个较丰富的系统是不完全的，而一个较贫乏的系统却是完全的。事实是，系统表达力的增速远快于系统证明力的增速，尽管有更多的公理，它们却不足以处理加法和乘法的新符号导致的表达力提升所带来的大量新问题。

② 参见第 69 页脚注③中列出的戴德金专著的序言部分。

空间和时间的概念，我认为它是思维规律的直接结果”。弗雷格指出[①]，“戴德金也认为数论是逻辑的一部分；但他的工作对这一观点几乎毫无加强作用，因为他所使用的‘系统’【‘集合’】和‘某物属于某物’的表述在逻辑中是不常见的，也没有被还原成公认的逻辑概念”。这里我们得到两个不同的“逻辑”概念。从现在的观点看，我们会说，算术可还原为戴德金而非弗雷格意义上的逻辑。看到人们熟悉的、由“逻辑”一词的含混性所造成的那种分歧，可以追溯到那么久以前，这或许不无乐趣。

形式系统有助于系统地研究存在性定理和可计算函数之间的关系。要说明可计算函数和数学中的存在性定理之间的联系，最好的办法是考虑一个如下形式的存在性断言：“对每个自然数 $m$，存在一个自然数 $n$，$m$ 和 $n$ 有 $R$ 关系。”该陈述的意义在很大程度上依赖于这里所涉及的方法，通过它，对于每个给定的自然数 $m$，我们能找到一个对应的自然数 $n$，它们一起满足关系 $R$；或者，换句话说，依赖于所涉及的那个函数，对于每个 $m$，它产生对应的 $n$。一般而言，这个函数可能是可计算的，也可能是不可计算的。但如果 $R$ 是可计算的或可
68 判定的，它就总是可计算的。这个函数的确切性质可通过考察一个给定的、导向那个存在性断言的证明而得到确定。在这个意义上，我们可以说，一个存在性陈述的意义依赖于它的证明方法。或者，如果人们注意到证明同一结论可以有不同的方法，我们也许可以说，一个存在性陈述的意义取决于它所有可能的证明。

存在性定理的证明与明白地给出相关项的函数之间的相互影响关系带来了如下的可能性：根据它们对应的函数对证明进行分类；根据确立其可计算性的证明对可计算函数进行分类。

---

① *Grundgesetze der Arithmetik*, vol. 2, 1893, p. viii.

由于可计算函数只构成任意函数的一个真子类，在一个可计算函数存在和一个任意函数不存在之间缺少一种对称性。这种不对称性可以用来帮助一个外行人理解布劳威尔对排中律的拒斥。

数学证明的概念和数学真的概念密切相关；二者都在形式系统下获得了更明晰的形式。在形式系统中重新组织一个给定的数学分支的证明，其动机之一可以这样来解释。自费马第一次断言——对所有大于 2 的 $n$，不存在自然数 $a$、$b$、$c$，使得 $a$ 的 $n$ 次幂加 $b$ 的 $n$ 次幂等于 $c$ 的 $n$ 次幂——已经过去了数百年。至今没有人证明或否证这一猜想。鉴于数论中的典型证明方法数量不多，人们或许想知道，费马猜想的真假之所以长期未决，是否可能是因为那些典型证明方法不足以解决它。为了确定这一点，首先要做的就是严格勾画那些证明方法的可应用范围。很明显，相比于用给定的方法去证明一个结论，证明一个结论无法由那种方法证明要求我们对那种方法有更多的了解。形式化是勾画给定的证明方法的一种有效方式。通过细究其限度，概念往往能变得格外清楚。

已经有一些尝试，意在证明数论中的待解问题——如费马猜想——在现行数论形式系统中是不可判定的，虽然目前它们还没有成功。这样的目标与由哥德尔定理获知的独立性命题的存在不同，它们之间的区别类似于关于 $e$ 和 $\pi$ 的超越性的证明与康托关于超越数必然存在的一般对角线证明之间的区别。

## 2　连续统 69

有两类不同的问题被认为与连续统相关。第一种类型包括芝诺悖论，在很大程度上也包括无穷小量的概念。这些问题更关注作为一个一般概念的无穷，即便我们处理的不是连续统而只是有理数，它们也会出现。第二类问题，如点集连续性的定义和不可数集的概念，则只关心连续统本身。

无穷小量在微积分中的使用是一个相当技术化的问题，随着数学的发展，它已被完全解决。相比之下，阿喀琉斯和乌龟的问题则不那么确定，关于该悖论的哲学讨论繁盛至今。

在中国经典《庄子》中，有这样一个论断："一尺之棰，日取其半，万世不竭。"这个论断几乎不能被当作一个悖论，因为我们倾向于认为它是真的，尽管在现实中，将一根木棍切割成太多部分会有实际困难。现在，如果我们假定第一次切割用时一分钟，第二次切割用时半分钟，如此等等，那么我们或许会倾向于说，在开始切割两分钟后，木棍就不再剩下什么了。或者，我们也可能觉得，这里有点儿古怪。现在，将它与沿木棍画线比较一下。如果我们用一分钟画一半，用半分钟画余下部分的一半，用四分之一分钟画第二次余下部分的一半，如此等等，那么我们的处境似乎是相似的。然而，我们能一笔画出整条线。实际上，或许可以这么说，如此描述的复杂画线方式只是在以一种奇特的方式表达下述内容：在两分钟的时间里沿木棍匀速画出一条线。这又意味着肯定，我们可以在这种特定的意义上设想一个完成了的无穷过程。我们当然可以设想木棍的一半，它的四分之一、八分之一、十六分之一等。对于每个 $n$，我们可以思考 $1/2^n$。当我们思考 1/2、1/4 等所有点的总体时，我们当然不能像思考一个单个的数时那样，给予每个数很多注意。在我们的感觉经验中是没有无穷的。在测量一根木棍的部分时，我们很快就能到达那些对肉眼和科学仪器来说太过微小的部分。在思考部分时，我们可以思考任意小的部分，但我们思考无穷多部分的方式与思考任意有穷多部分的方式不同。与思考任意有穷多的部分相比，思考无穷多部分究竟多出了些什么，这不易说清。

在阿喀琉斯和乌龟的故事中，还有一个相对容易并且或许不那么 70
重要的方面。鲍尔查诺[1]考虑了 $5y = 12x$ 这个等式，发现 0 和 5 之间的每个量 $x$ 对应着 0 和 12 之间的一个唯一的量 $y$，反之亦然。换言之，该等式在一个集合和一个包含前者为自己的一部分的更大的集合之间建立了一种一一对应。鲍尔查诺得出的结论是，两个无穷集 $A$ 和 $B$ 之间存在一一对应，并不意味着我们可以推断说，$A$ 和 $B$ 在成员数量上是相等的。而另一方面，康托则将两个集合在成员数量上的相等，定义为它们的成员之间存在一一对应。这意味着，集合与其真子集可以拥有相同数量的成员。康托的定义及其推论被人们接受，当然不是因为它更接近日常用法，而是因为它在数学中更有用。即便在今天，我们还是很自然地倾向于认为，自然数比偶数要多。

罗素论证说[2]，一旦我们抛弃整体在成员数量上必多于其部分的假设，我们就不会再认为阿喀琉斯追不上乌龟。因此，根据罗素的说法，悖论产生的根源乃在于，阿喀琉斯需要走更多的路，但在乌龟和阿喀琉斯经过的位置之间，存在一一对应。甫看之下很难相信，当 $x$ 从 0 到 1 取值时，$2x$ 的值和 $1 + x$ 的值之间存在一一对应，因为后者的值只是前者值的一部分。但一旦认识到，整体和部分可以拥有相同数量的成员，这种困难就消失了，同样也不再难相信，阿喀琉斯确实比乌龟走了更多的路。

罗素在这里所说的似乎是：我们知道有一个前提（整体在成员数量上总是多于其部分）足以引发悖论，如果我们能拒斥此前提，我们就能摆脱悖论。但有可能还有别的前提，它也能产生悖论。或者，人们可能愿意说，罗素为一个问题提供了一个数学解，但只有将

---

① Bernard Bolzano, *Paradoxien des Unendlichen*, 1851, § 19.

② *Principles of mathematics*, 1903, § 331.

数学与哲学相结合，这个问题才能被完全解决。将该悖论的未决状态与无穷小量在微积分中的使用对照来看，似乎不无趣味，后者更多地是用数学解来处理的。

考虑贝克莱（Berkeley）讨论过的一个例子。① 我们想求 $x^2$ 的导数。取比值 $((x+d)^2-x^2)/d$，其中 $d$ 是一个无穷小量。我们得到 $(2dx+d^2)/d$。由于 $d$ 是一个无穷小量而非 0，我们可以约去因子
71 $d$，得到 $2x+d$。由于 $d$ 是如此之小，我们可以将其略去，得到 $2x$ 作为 $x^2$ 的导数。但需要注意的是，我们是在做精确的数学推导，而不只是要求一个近似结果。这样的话，我们就不能略去 $d$，除非它等于 0。但如果它等于 0，我们就既不能约去因子 $d$，也不能用 $d$ 作除数。因此，在证明 $2x$ 是 $x^2$ 的导数时，我们似乎是在遵循一个高度不一致的程序：根据我们喜欢和方便与否，视 $d$ 为 0 或不为 0。用贝克莱的话说："凭借一个双重的错误，你到达了真理，尽管尚未到达科学。"

随着数学的进步，该难题已经被消解。虽然这花费了很长时间，超过一百年。最终的结果依赖于对句子"$x^2$ 的导数是 $2x$"的一个全新定义：给定任意的正实数 $e$，存在一个正实数 $d$，使得对任意的 $t$，当 $0<|t|<d$ 时，总有 $|((x+t)^2-x^2)/t-2x|<e$。在这个句子中，$e$ 和 $d$ 是普通的（如果我们愿意，它们可以是有理的）数，而非无穷小量。要证明这个句子成立，我们需要为每个 $e$ 寻找一个 $d$。为此，我们只需令 $d$ 等于 $e$，立即就能得到 $|2x+t-2x|=|t|<e$。这是用语境定义方式定义导数的一个简单例子，但它很有哲学意义。可以将它与罗素在其摹状词理论中对他所谓的"不完全符号"的运用相对照。

还有别的原因引诱人们引入无穷小量。如果点没有长度，我们何

---

① *The analyst*, 1734.

以能够把点合在一起得到有长度的线？但又不能用正实数作点的长度，因为它必须小于任何给定的正实数。最简单的解决办法是断定，点的长度是无穷小量。或者，看起来自然的一种想法是，线上的每个点都有两个与之紧邻的点，紧邻的两个点之间的距离必须是无穷小量。或者，引用伯努利（Bernoulli）的如下论证："如果有 10 项出现（在序列 1/2，$1/2^2$，$1/2^3$，… 中），则第 10 项必然存在，如果有 100 项，则第 100 项必然存在……因此，如果有 ∞项，则第 ∞项必然存在。"这个第 ∞项就是无穷小量。所有这些论证都可以用数学实际进展中取得的成果加以说明。但这里无法对它们进行详细阐述。

应该指出的是，无穷小的线段、面积或体积的形象，在微分和积分中仍有启发价值。不仅如此，近年来在数理逻辑中还有一个有趣的发现，与非标准模型有关。根据这个发现，可以给出一个融贯的"非标准分析"系统，在这个系统中，无穷小量可以被无歧义地使用。

上面提到的对 $x^2$ 的导数的语境定义，是用来阐明极限概念的一个例子，在对连续性概念进行技术性定义时，也会用到。关于极限何 72
时存在的一般问题，与连续性问题及连续统的刻画密切相关。

连续性的本质是什么？任取一条线段，当我们说它是连续的，我们是要表达什么意思？至少应当包含以下这些：如果我们把该线段任意切割成两部分，必有一点在这两部分之间被割中；我们绝不会遇到一处空隙，后者会破坏线段的连续性。问题是，在进行切割时，什么方法或原则需被用到？

对希腊人来说，假定所有同类型的量是可公度的，以及，举个例子，任何两个长度都是同一单位的倍数，在一开始必定是十分自然的。从这个假定可以推得，一条线上的所有点都可以用有理数表示。2 的平方根不是有理数，或者用几何学术语来说，正方形的对角线与其边是不可公度的，这一发现表明，线上有些点是不能用有理数表示的。$\sqrt{2}$ 的无理性是由毕达哥拉斯还是他的直接传人发现，又或者是直到接近公元前 400 年时才被发现，这仍然是未决的历史问题。但不管怎样，这一发现的后果直到公元前 4 世纪初才被认识到。欧多克斯构造了一个关于比例的一般理论，它被欧几里得采用，并在阿基米德那里得到进一步的发展。欧多克斯的理论可视为严格的无理数理论的开端。它将人们引向如下问题：确定所有无理数或不能由分数表示的线段比。$\sqrt{2}$ 的无理性的证明被哈代[①]视为数学中优美而意义重大的结果的两个范例之一。确实，该证明是如此的简洁、纯粹，其结论拥有如此丰富、深刻的后果，以至于任何渴望获得打开科学大门之钥匙的心灵，都能从中得到满足。

如果我们考察数学中实际用到的无理数或实数，很容易就会发现，我们的论域是逐步扩张的。$\sqrt{2}$ 属于这样一类数，它们对应着可用尺规作图法从单位元构造出来的线段。考虑这一整类数而不仅仅是 $\sqrt{2}$ 这个特定的数，是很自然的事。希腊人确实研究了很多这种类型的无理数，但他们似乎没有意识到还可能有别的类型的无理数。我们知道，这些数实际上是代数数亦即整系数方程的实根的特例。因为有些代数数不能用尺规构造法从单位元构造出来，所以下一步自然的扩
73 张是将所有代数数包括进来。$e$ 和 $\pi$ 不是任何代数方程的根的证明告诉我们，实数域甚至比代数数域还要宽广。

应该如何定义实数的论域，使得它不仅包括在数学中已经发现和使用的实数，还包括将来可能找到的实数？

这个问题具有哲学意义，因为它追问的是定义实数的所有可能方法，它是一个关于不同抽象思想方式的一般问题。为了对这个问题的性质有一个大致的了解，让我们简单地审视一下实数的无穷小数表

---

① *A mathematician's apology*.

示。确定这些小数的可能的法则或定义是什么？

我们可以对比一下“自然的”定义和“生造的”定义。自然的定义是从数学的实际发展中产生的，它们通常与我们知识的主体部分有着有机的联系，从而使我们对由它们定义的实数具有一些没有被定义直接蕴涵的信息。相较而言，生造的定义则可以通过玩弄符号系统或实际情况的偶然特征来制造，其结果是，除了定义中明显包含的内容，我们对这些实数实际上一无所知。

因此，$e$、$\pi$、$e\pi$、$e^{\sqrt{2}}$、$\pi^{e}$ 等，都是自然的实数，而用费马猜想或它将来被解决的时间或日月食在不同时间的有无等等定义的一个小数展开式，则是一个生造的实数。我们不妨把注意力限制在那些在数学中有机会考虑的实数上。这可以作为一般实数理论应该满足的一个最低要求。

为连续统设计一个恰当的理论这个问题，还可以从另一个角度来看待。根据戴德金，在科学中任何能够被证明的东西都不应该在没有证明的情况下被接受。但一个命题是否能够被证明，一个可接受的证明到底由什么构成，却并非总是清楚的。例如，1799 年，高斯在未给出证明的情况下使用了如下命题：如果我们从一条直线的一侧画一条连续的曲线到该直线的另一侧，那么该连续曲线与该直线必相交于某一点。直观上，这是显然的。1817 年，鲍尔查诺[①]试图为该命题提供一个严格的“算术”证明。在他的证明中，鲍尔查诺使用了一个辅助命题，它断言每个有上界的实数集都有最小上界。也就是说，在比给定集合中的每个数都大的数中有一个最小的。很容易证明，这样
的数不可能多于一个。但要证明这样的数确实存在，则复杂得多。实 74

① *Rein analytischer Beweis des Lehrsatzes, dass zwischen je zwei Werten, die ein entgegengesetztes Resultat gewahren, wenigstens eine reelle Wurzel der Gleichung liege*, Prague, 1817.

际上，鲍尔查诺仅仅证明了，这样的界限并非不可能存在，即存在这样的界限不会导致自相矛盾。很奇怪的是，他竟然仅仅从可能性的证明就得出了实际存在的结论。

如果我们更仔细地看这件事，就会发现，这不只是一个粗心导致的疏漏，而是一个严重的困难，只有通过一个正面告诉我们什么样的实数存在的一般理论，才能消除它。为了知道一个特定的定义能否确定一个实数，我们需要了解什么样的定义一般地能确定实数。

希腊人，以及柯西，诉诸我们的几何直觉来确保这种界限或极限存在。与希望将实数建立在几何学基础上的希腊人不同，魏尔斯特拉斯、戴德金和康托对分析和几何的算术化感兴趣。这些精密的理论基本上归结为这样一种观点：每个有界的有理数集都有最小上界，这应该被当作一条公设或公理。因此，每个有界的实数集也有最小上界。一个有理数集，如果小于该集合任何元素的有理数都属于它，我们称之为“穷举的”。实数和有理数的穷举有界集之间存在一一对应（假设我们按惯例不允许它们包含最大元）。

将实数等同于它所对应的有界有理数集是方便的。根据罗素所言[①]，如此处理的一个优点是，它让实数的存在不再有疑问，因为集合显然存在。即使我们不考虑对集合的任何彻底怀疑论，这也是有问题的。如果我们想确保这些有理数的集合存在，就必须使用这样一个集合理论，在其中那些有理数的集合被假定存在。在许多方面，假定这些集合存在和假定它们对应的实数存在一样是一条假设。因此，将它们等同并不能使实数的存在更为确定。推荐这一等同的主要理由，毋宁说是这样的：为了发展该理论，或者如果我们想在一个综合性的集合论中发展数学，即便不考虑实数定义问题，我们也很可能需要有

① *Principles of mathematics*, op. cit., last page of the preface.

理数的集合。因此，等同保证了经济性。

很明显，这样的理论涉及很高程度的抽象，因为，对于定义穷举有界有理数集的方法或法则，它们未施加任何限制。结果是，既不可能定义一个实数，它不是这些集合中的一员，也不可能发展一个形式 75
系统，它能范畴性地固定所有这些集合。无论我们是否将实数等同于它们对应的有界有理数集，关于实数的存在问题依然在那里。

戴德金认为，一个切割是这样一个划分，它将全部有理数（或实数）分成两个集合 $A$ 和 $B$，使得 $A$ 中的每个元素都小于 $B$ 中的每个元素。形式发展的下一步是假定有理数上的每个切割决定一个唯一的实数。但对它的核证似乎是按相反方向进行的。被当作连续性的公理或定义的是这个原则：直线上的每个切割决定一个唯一的点。[①] “我完全无法举出任何证据证明它的正确性，别人也不能。关于直线有这个性质的假设不过是一条公理，通过它，我们将连续性归给直线，或在直线中发现连续性。”通过把实数与直线上的点相联系，实数上的每个切割决定一个实数。这样一来，如果剔除切割中的所有无理数，我们就能得到所有有理数切割，每个这样的切割也决定一个唯一的实数（注意有理数在实数中是稠密的）。形式化中从有理数上的切割开始，其优点是我们可以从有理数及其集合构造实数。

戴德金没有明确地给出一个对实数的公理刻画，尽管他说有理数构成了一个域，并暗示我们只需再添上序公理和切割原则。他的想法

① *Stetigkeit und irrationale Zahlen*, Braunschweig, 1872。参见第三节的最后一段。所得的点可能是 $B$ 中最小的元素或 $A$ 中最大的元素。我们不区分确定同一点的两个切割，或者，我们可以约定将这样的点总是归入 $B$。

很接近现行的刻画①，即实数构成一个连续有序域 $F$。由于有序域的公理不成问题，我们只考虑**连续性公理**，它基本上就是切割原则，但也可以用上界语言来方便地陈述。

每个（上方）有界的实数集 $K$（$F$ 的一个子集），都有一个最小上界。

值得一提的是，这也是一个二阶系统，因为上述公理不仅谈及实数，还谈及实数的任意集合 $K$。这一特征使该公理系统足够强，以至于是范畴性的，对其范畴性的通常证明也极大地依赖于这一非形式方面。如果我们改用一阶系统，即不再考虑上述公理中的任意集合 $K$，而只考虑由符号系统｛0，1，+，·，<，变元和逻辑符号｝可表达的那些集合，那么已经知道，所得的初等理论是完全的和可判定的②，但不再是范畴性的。这里的情形和自然数的皮亚诺公理很像。实数的二阶系统如我们所希望的那样强大，但它不是完全形式的；实
76 数的初等理论如我们所希望的那样清澈，但它甚至不能近似地达到我们想要的丰富性，比如，从这个系统中甚至无法分离出自然数集。通常所说的分析或实数理论，其更好的形式化近似物有两个，一是同时处理自然数和它们的集合的形式系统，这里的自然数的集合可当作实数看；二是现行的集合论形式系统（一般称为 $ZF$），去掉幂集公理。连续有序域的一阶公理界定的是初等代数或几何的领域，而不是分析的领域。

如果我们把实数等同于任意的自然数集或有理数的穷举有界集，

---

① 另一个熟悉的描述是，实数就是一个有切割性质的序集，它包含一个稠密的可数子集，并且没有端点。对实数的第一个公理刻画似乎可追溯到 D. Hilbert, 'Ueber den Zahlbegriff', *Jahresber. deuts. Math.-Verein*, vol. 8, 1900, pp. 180–184。E. V. Huntington, *The fundamental propositions of algebra*, 1911 和 Alfred Tarski, *Introduction to logic*, 1941 中含有大量讨论。

② 参见 Alfred Tarski, *A decision method for elementary algebra and geometry*, 1948。

那么刻画连续统的问题就被转化成了刻画任意自然数集的问题。戴德金、康托等人的著名的实数理论还不够明确，因为在集合如何被引入这个问题上，他们只是预设了一个理论，而没有给出它。在这方面，回忆一下康托的那个证明是有益的：给定实数的任意枚举，我们总能找到一个实数，它在该枚举中不出现。这个证明的更广泛的含义是，没有完全显式的刻画能穷尽所有实数。特别地，没有形式系统能包含所有实数。然而，康托定理在某些形式系统中有对应物。这里我们遇到了这种情况，一个形式系统的实数在一种解释下是可数的，在另一种解释下又是不可数的。

既然康托的证明确立了，给定实数的任何枚举，都有实数不在其中，我们似乎可以推论，所有实数的全体是不可数的。但是，第二句话与第一句话的意思完全相同吗？这里的情形与如下论证很相似：既然对每个时刻，我们总能想象在它之前和在它之后的时刻，时间因此就是无穷的。可是说时间是无穷的是什么意思，这并不容易理解：它仅仅是指，对每个时刻我们总能设想其前、后时刻，还是意味更多的东西？康德和其他一些人探讨过这个问题。

对于实数全集的不可数性的意义，我们遇到的情况非常微妙并更为精确。如果我们仅仅说，给定任意实数序列，我们都能找到一个实数不在该序列中，那么一切都很简单。在此情况下，给定任何能生成一个序列的定义或法则，只需应用对角线法，定义一个不在该序列中的实数。根据这种解释，所证明的不是一个单个的定理，而是一个模 77
式，对于每个给定的枚举，它产生一个确定的定理。另一方面，说一个集合绝对不可数，这是什么意思，并非对每个人都是清楚的。对于一个不太熟悉集合的经典概念的人，这里的情况可类比于空间或时间是否有界的问题。模仿康德评论他的第一个二律背反的话，可以这么说：现在如果我问自然数集的所有子集构成的那个集合的数量大小，就我所有的概念而言，宣称它是可数的或是不可数的，是同样不可能的。这两个断言都不能被包含在心灵构造中，因为，构造一个绝对不可数的集合或一个无法继续扩展的、封闭的可数集合，都是不可能的；它们仅仅是一些观念。

更具体地说，如果我们想从对角线论证中提取更多信息，从而得到一个单一的定理，我们必须使用一个间接的论证和一些非直谓的定义。其操作如下。假设有一个对全体实数的枚举，那么我们可以利用这个总体定义一个实数，它不可能出现在该枚举中。在此论证中，因为我们假定，与事实相反，所有实数都在该序列中，我们必须使用一个非直谓的定义来得到一个不在该序列中的实数。对这个实数的定义是非直谓的，因为在定义它时我们指称了所有实数，它本身也是其中之一。一般地，一个定义是非直谓的，如果它包含对其所定义对象从属的一个总体的指称。

类似的情况也发生在有界实数集的最小上界的构造中。仍然用有理数的集合充当实数，一个实数集 $K$ 的最小上界是所有这样的有理数 $r$ 的集合：存在 $K$ 中的某个实数 $s$，使得 $r$ 属于 $s$。在这个定义中，我们指称了所有实数的总体，借以断定 $K$ 中存在某个实数。要避免非直谓定义，我们可以把实数和集合区分为不同的阶。例如，给定任意 $n$ 阶实数集，其最小上界的阶是 $n+1$。以这种方式，我们可以避免非直谓定义，因为新定义的实数落在给定的实数总体之外。然而，仍然存在同时指称所有实数的难题。人们只能指称一个给定的阶的所有实数。这一简单的障碍似乎是罗素在试图恪守恶性循环原则时一再宣称的所有困难中最真实的一个。这也可以被看作罗素引入可归约性公理
78 的最实质的理由，尽管他开始时似乎没有意识到这个特定的困难，而是全神贯注于那些容易解决的伪障碍上。没有必要深入可归约性公理的细节，只需指出，它发挥了一种双重否定的作用，即完全撤销了恶

性循环原则对非直谓定义的拒斥。结果是，就原初的构造性进路而言，可归约性公理毫无用处。

罗素未能认识到的一个事实是，不使用可归约性公理，人们也可以达到同时谈论所有阶的实数的目的。只需用如下方法：引入一种新的变元，其取值范围为所有有穷阶的集合和实数。由于每个一般实数集必定具有某个有穷的阶 $n$，其最小上界的阶为 $n+1$，它也是有穷的，因此该最小上界是一个落在一般实数变元取值范围之内的实数。这样，我们就可以在不使用非直谓定义的前提下，陈述并证明这个一般定理：每个有界实数集都有一个最小上界。

非直谓定义的复杂之处在于，我们无法追溯新集合是如何被引入的。要核证其合理性，我们须得假定集合或多或少已经在那里，定义的作用只是描述已在之物的特定性质，而不是创造被定义的集合。或者，用更技术性的术语说，我们常常难以看出，一个非直谓定义是否或如何被满足。当我们已经定义了一个集合论域，用非直谓定义引入一个新集合，会扰乱原初论域的大小和秩序，而直谓定义则不然。

让我用一个非常简单的例子来说明我的意思。首先，假定我们想定义一个单个的自然数集，使得它满足这个条件：$m$ 属于这个集合，当且仅当存在一个集合，$m$ 不属于它。由于它声明某单个集合存在，试图给出一个满足该条件的单个集合就是自然的。令该集合为 $K$。1 属于 $K$ 吗？如果它不属于 $K$，那么根据定义，它属于每个集合，特别是 $K$，矛盾。因此，它属于 $K$。但如果它属于 $K$，根据定义，则存在某个集合，1 不属于它，因此必定存在 $K$ 之外的集合。这样，尽管原命题只断定了一个单个集合的存在，但只有当存在其他集合填充空隙的时候，它才能成立。

一个更复杂的例子如下。假设一个由自然数的集合构成的论域 $\{a_1, a_2, \cdots\}$ 已经被给定。我们现在定义一个新集合 $K$。一个自然

79 数 $m$ 属于$K$，当且仅当存在一个集合 $a$，使得一个给定的关系 $R$ 在 $a$ 和 $m$ 之间成立：$m \in K \equiv (\exists a)Ram$。如果有人问，1 是否属于 $K$，他须得先确定，在原初给定的论域中是否有某个 $a_i$ 使得 $Ra_i1$ 成立。如果答案是否定的，那么 $1 \in K$ 仅在 $K$ 和 1 之间有关系 $R$ 时才成立。但是关系 $RK1$ 很容易以这样一种方式包含短语 $1 \in K$：只有当 $1 \in K$ 为假时，$RK1$ 才为真。结果是，为了让 $K$ 能够满足规定的条件，我们不得不引入另外一个辅助集。要找更复杂的例子，十分容易。

到目前为止，正是在为非直谓定义寻找直观上清晰的解释时所遭遇的这种困难，阻碍我们获得任何关于非直谓定义之一致性的有价值的证明。

文献中提到的非直谓定义的一个比较自然的数学例子如下。一个自然数 $n$ 属于 $K$，如果可以将自然数全集 $N$ 划分为 $n$ 个两两不交的集合，并使得它们中的每一个都不包含任意长的算术级数。比如说，为了确定是否有 $3 \in K$，我们必须考虑所有那些将 $N$ 分成 3 个集合的划分，包括用 $K$ 自身定义的可能的划分。

从经典观点看，经典分析的非直谓的阐述方式可由所谓的准组合原则核证。这有赖于从有穷集情形到无穷集的一个自然但放肆的推广。$\{1, 2, 3\}$ 有 8 或 $2^3$ 个子集，因为它的子集可以包含或不包含 1，包含或不包含 2，包含或不包含 3。类似地，一个自然数集可以包含或不包含 1，包含或不包含 2，等等，因此必定有 $2^{\aleph_0}$ 个可能的自然数集，其中包括所有在任意形式集合论中可定义的自然数集。这为连续统提供了一种不可达的模型，但它没有说明该如何显式地规定实数（或自然数集）。

避免非直谓定义的愿望提示了发展某种形式的直谓分析（或直谓集合论）的可能性，其中一个候选者是超算术集合论。它们不同于严格的构造性进路，后者主张，构造方法对存在是必要的。根据这个论题，要求每个实数通过一个有理数或自然数的序列构造性地被给出，似乎是自然的。然而，布劳威尔却有一个更微妙的理论，它将自由选择序列也算作实数，其目的是保留我们对连续统的一种直觉，根
据这种直觉，连续统是一个无穷二叉树。最近，毕萨普[1]广泛地发展 80
了对实数的那种比较简单的（或“非唯心主义的”）构造性解释。另外还有各种各样的发展递归分析的尝试。

在发展构造性或直谓分析的研究项目中，偏爱形式系统的人和拒斥形式系统的人之间还存在一种对比。当一个形式系统被选定后，经常会出现一种令人不快的两难。或者该系统过强，从而不能在给定的观点（比如一种特定形式的构造主义）下得到充分核证。或者该系统确实能被核证，但通过一种对角线论证可表明，它允许进一步的、与给定的观点不冲突的扩张。这一两难困境似乎是内在的，因为，我们的构造性方法的概念不是严格定义的，更不是用构造性术语定义的。人们还可以争辩说，即便我们不能期望对所有的构造性方法有一个满意的构造性刻画，给出一个包含我们实际使用的（例如，限制在原始递归函数[2]论域内，或非构造性地刻画的全体递归函数的论域内）所有构造性方法的形式系统，仍然是可取的。一个人是否选择给出这样一个形式系统，似乎在很大程度上依赖于个人的审美品位。

在经典数论和分析的案例中，我们已经看到，二阶系统能提供对自然数和连续统的更充分的刻画。这使我们想到准形式系统的概念，后者几乎和形式系统一样，只是在某一点上为我们的直觉留下一些自由发挥的空间。在提到的两个例子中，我们允许对自然数和实数的任意集合做非形式的考虑。还有其他一些选择，比如通过以下方式来扩

---

① Erret Bishop, *Foundations of constructive analysis*, 1967.

② Kurt Gödel, ‘Ueber eine bisher noch nicht benutzte Erweiterung des finites Standpunktes’, *Dialectica*, vol. 12, 1958, pp. 280–287.

张初等数论（一阶系统）：允许对自然数的任意原始递归良序做超穷归纳，只要我们恰好非形式地认识到了所涉关系确实是一个良序。或者，我们还可以把无穷序数留作一种指征用，借以标示（直谓的）定义的复杂度。这样一来，给定任何固定的序数，相对于该序数都可以组建一个确定的形式系统，但该序数本身的发现和引入则依赖于好运气和创造力。

对待连续统的数字，还有一种可能，即采取一种更为模式化的进路，避免承诺任何特定的观点和形式或准形式系统。有一个惊人的事实是，在不同强度的各种系统中，我们都可以证明关于实数的所有常规定理的对应物。这说明任何系统中的任何证明都不能准确地形式化
81 那个真正的数学结果。任何特殊的系统都不能完全捕获我们对实数的直观。如果我们代之以寻找那个证明（以及相应的系统）的类，其中的每个证明都能表征那个给定的直观证明，我们能得到一个更好的近似。这样，每个直观证明都对应一类证明，或者更确切地说，一类部分解释，我们可以根据直观定理在其中可以被自然地表征的系统的类，来对直观定理进行分类。这一进路可以避免关于哪种观点为是的争论。它还能更充分地揭示普通非形式数学证明的直观内容。

## 3 机械程序

人们普遍认为，数理逻辑中用一般递归或图灵可计算性对机械程序的定义十分重要。用哥德尔[①]的话说：

---

① Kurt Gödel, 'Remarks before the Princeton Bicentennial Conference, 1946', *The undecidable*, ed. Martin Davis, 1965, p. 84。关于对所选用的形式系统的独立性，哥德尔加了一个脚注："更准确地说：一个整数函数在任意含算术的形式系统中是可计算的，当且仅当它在算术中是可计算的，其中一个函数 $f$ 被称为在 $S$ 中可计算的，如果在 $S$ 中有一个可计算的项表示 $f$。"

> 在我看来，这种重要性很大程度上是因为，凭借此概念，人们第一次成功地给出了一个有趣的认识论概念的绝对定义，即不依赖于所选的形式系统的定义。在之前处理的所有其他情形中，如可证性或可定义性的情形中，人们只能相对于一个给定的语言定义它们，而对每个个别的语言来说，这样得到的定义显然不是人们原来想要的。可计算性概念的情况却不同，尽管它只是一种特殊的可证性或可定义性。犹如奇迹一般，它不需要区分阶，也不能借对角线方法超出被定义的概念。我认为，这应该能鼓舞人们期望，同样的事情在其他情形（如可证性或可定义性）中也是可能的。

有系统化的程序或机械的程序来处理某些特定的问题。比如这个问题，一个给定的自然数是不是某个自然数的平方？我们有一套系统化的程序，通过它，对于每个自然数 $n$，我们都可以判定 $n$ 是不是一个平方数。我们如何才能将系统化程序的概念形式化，即赋予它一种更明晰的形式？从一个模糊的直观概念出发，我们如何才能找到一个更明晰的概念忠实地对应它？

彻底的忠实常常是不必要的。只要主干得到保留，细枝末节上的修剪完全可以接受。形式化概念的固定性使得我们在仅仅使用直观概念不足以做出决断的情况下可以做出决断。例如，只有在引入曲线的精确定义之后，我们才能确定存在填充空间的曲线。这种东西既是一 82
种进步，也是一种扭曲。为了某些特定的目的，消除边界情形可能是有用的，但为原本不需要回答的问题制造答案，一般来说是不可取的。

概念明晰化的另一种方式是将概念的组分归约为较少的几个，或对每个单独的方面进行简化。比如，如果某些性质可从另一些导出，那么在概念的定义中，我们只需研究后者而忽略前者。

经常发生这种情况，我们能把所有不确定性逼进一角，从而无须再在每个方面为模糊性担心。从概念上讲，这可能是巨大的成就。它很可能是直观概念形式化的最重要的作用。

将概念形式化有什么好处？我们如何知道一个形式化是否与它涉及的那个直观概念精确对应？人们或许认为，判定一个形式化的价值的最安全方法是看它获得的接受度。（根据“价值”这个词的某种用法，这可能是同义反复。）但正如哥德尔指出的，这个“民主”标准依赖于人们生活的时代。一个时代有可能被偏见统治。哥德尔认为，当前时代倒还没有那么糟糕，这个标准还不至于完全不可靠。

在实际应用中，我们经常发现直观概念用起来更容易，比如在面对某条不太奇特的曲线是否是连续的这个问题时。一旦接受了一个概念的某种形式化，我们通常会发现更容易清楚地表达我们对这个概念的想法。面对追问，我们感到更有能力为自己的回答辩护。将概念形式化使我们能证明一些原来只能暗示的东西。

有一种说法是，一个形式化是可接受的，当且仅当它与我们的直观概念在所有情形中都一致。这种说法过于简单了。更恰当的提法是将“所有情形”代之以“所有已知且有趣的情形”。然而，要判断什么已知和什么未知，并不容易。而要判断什么是有趣的或有意义的，则更加困难。我们可能不得不只要求保留基本特征。一个概念的基本或本质特征是什么，在很大程度上取决于我们对这个概念的使用。

历史上，很多有趣的问题都是在关键的概念（如“连续性”“面积”“尺规作图”“定理”“集合”等）被形式化后才得到解答，或
83 至少是得到澄清。例如，存在没有导数的连续函数。不能仅用尺规三等分一个任意的角。在每个适当丰富的形式系统中，都存在一些句子，它们和它们的否定都不可证。最后面这个结果澄清了（绝对）可证性的概念，至少在如下意义上：任何给定的形式系统中的可证性

都无法完全抓住可证性的直观概念。关于常见集合论形式系统的独立性结果（例如关于连续统假设的结果），增进了我们对那些被证明为独立的命题的理解，并引发了对集合论新公理的探索。

机械程序的概念在形式系统的刻画中会涉及。追问什么是机械可解问题或可计算函数，似乎是自然的。它与一个相当流行的问题有关：机器能思考吗？机器能模仿人类心灵吗？人们经常听说，数理逻辑中已经发展出一个明晰的概念，它精确地对应于我们关于可计算性的模糊的直观概念。但一个明晰的概念如何能精确地对应于一个模糊的概念？更仔细的考察表明，这个通常被指为递归性或图灵可计算性的明晰概念，实际上并没有初看起来那么明晰。粗略地讲，在此明晰概念的定义中，人们使用了如下条件："对每个自然数 $m$，存在一个自然数 $n$，使得某个确定的关系 $R$ 在 $m$ 和 $n$ 之间成立。"并且这里只要求该条件为真，用来确立其为真的方法则悬而未决，也就是说，求解与给定之数 $m$ 相对应的数 $n$ 的方法是悬而未决的。

前几页里，我讨论了直观概念的明晰化和形式化的一般问题，但未明确表态，留下了许多不确定的东西。我没有排除内在模糊的概念，比如贫穷这个概念。我没有排除那些相对新的概念，比如群和域的概念，它们只是换了新衣的老朋友，但初次现身时，我们好像认不出。我还为澄清一个概念的多种方式留下了空间。我没有排除概念因内在的稳定性和广泛的应用而演变成为清晰有趣的这种模糊的想法。我没有排除过度膨胀的柏拉图主义的可能性，它允许坏概念和好概念并存，只用一些外在的相对标准区分它们。我回避了有关概念"存在"的问题，并且没有提供任何理论来说明这个问题可以一直被回避，甚或是赋予这个问题一个令人满意的含义。出于这些理由，我决定保留前面的几页文字，并且在接下来的几页中，我只是引述哥德尔的评论，而不是根据哥德尔的观点——目前我对它们知道得还很

84 少——试着对前面的几页进行修订。

## 3.1 哥德尔论机械程序和对概念的感知

哥德尔指出，机械程序的精确概念是由产生部分而非一般递归函数的图灵机清晰地展示出来的。换句话说，我们的直观概念并不要求机械程序总是会终止或成功。一个有时不成功的程序，如果是被明晰地定义的，仍然是一个程序，即一种完全确定的行进方式。这样，我们得到了如下情况的一个精彩案例：经过缜密的反思，一个起初显得不那么清晰的概念最终变得清晰了。由此产生的定义，即用“可由图灵机执行”这个明晰的概念对机械概念的定义，既是正确的，也是唯一的。与“恒有终止的机械程序”这个更复杂的概念不同，现在看得很清楚的、不加限制的机械程序概念，对直觉主义者和古典主义者有着相同的意义。而且，任何人只要理解这个问题，知晓图灵的定义，就绝不会主张一个不同的概念。

有人可能争辩说，不要求普遍成功的程序在数学上是无趣的，并且因此是不自然的。哥德尔则强调，至少有一个非常有趣的概念，它由不加限制的图灵机概念而获得精确化，即形式系统只不过是产生定理的机械程序。形式系统的概念要求，推理应由对公式的“机械操作”完全取代，而这里的“机械操作”的意义正是由图灵机阐明的。更确切地说，一个形式系统不过是一个多值图灵机，它允许在特定的步骤进行预定范围内的选择。操纵图灵机的人可以根据自己的选择在某些步骤设置控制杆。这正是人们在一个形式系统中证明定理时所做的。事实上，形式系统的概念在 1931 年还完全不清楚。否则，哥德尔就会以一种更一般的形式证明他的不完全性结果。需要注意的是，引入多值图灵机只是为了与数学家的实际工作保持一致。单值图灵机可以给出完全等价的形式系统概念。

“如果我们是从一个模糊的直观概念开始，我们如何能找到一个明晰的概念忠实地对应于它？”哥德尔的回答是，那个明晰的概念一直就在那里，只是开始时我们没有明晰地感知到它。这就像我们由远 85
及近地感知一个动物。在图灵以前，我们未能明晰地感知到机械程序这个明晰的概念，是图灵把我们引向了正确的视角。之后我们便清晰地感知到了那个明晰的概念。在感官知觉和对概念的感知之间，相似性多于差异性。事实上，与概念相比，物理对象是以更间接的方式被感知的。对不同但逻辑上等价的概念的感知，可类比于从不同的角度感知感官对象。如果一开始就没有明晰的东西，那么就很难理解，何以在许多情况下一个模糊的概念能唯一地决定一个明晰的概念，而不容许**最微小的**选择自由。“尝试更清晰地看（理解）一个概念”是表达那个被模糊地描述为“考察一个语词的意义”的现象的正确方式。哥德尔猜测，为了使抽象印象（对比于感觉印象）的处理得以可能，某种物理器官的参与是必要的，因为我们在处理抽象印象时表现出一些弱点，它们可通过将抽象印象与感觉印象对比或结合起来看得到弥补。这样的一个感性器官必定与语言神经中枢密切相关。但我们现在知道得还不够多，现阶段关于此类问题的初步理论可能与德谟克利特版本的原子论不相上下。作为一个精确理论的哲学应该对形而上学做的，就如同牛顿对物理学所做的。哥德尔认为，这样的哲学理论完全有可能在未来一百年甚至更短的时间内被发展出来。

哥德尔提到，在概念适用的情形下直观的速度观念所意指的精确概念显然是 $ds/dt$，“大小”（与“形状”相对）——例如一块场地的大小——所意指的精确概念显然等价于皮亚诺度量。在这些例子中，所给出的解**无疑**是唯一的，因为只有它们满足特定的公理，经过仔细检查，我们发现这些公理不可否认地为我们的概念所蕴涵。比如，全等图形面积相等，部分不能大于整体，等等。

有些情况下，我们把两个或更多个精确概念杂糅在一个直观概念中，并因此得出了似乎矛盾的结果。连续性的概念就是一个例子。我们先前对它的直观在光滑曲线和连续运动这两个含义之间摇摆不定。在这种直观中，我们并不执着于这两个含义中的任何一个。在连续运动的意义上，一条曲线可以在每个时间间隔内都有振动，同时还是连续的，并且这里的时间间隔可以任意小，只要当时间间隔趋于0时，振幅也趋于0。但这样的曲线不再是光滑的。通过可微性这个精确概
86 念，光滑曲线的概念可以被明晰地看到。空间填充连续曲线让我们感到困扰，因为我们直观上觉得，在光滑的意义上，一条连续的曲线是无法填满空间的。当我们认识到，我们的直观概念中杂糅了两个不同的明晰概念，悖论就消失了。这与感官知觉的情况很相似。我们无法区分遥远距离外的两颗相邻的恒星。但在望远镜的帮助下，我们可以看到确实有两颗恒星。

沿着同一思路，还有另一个例子是我们关于点的直观概念。在集合论中，我们把点设想为连续统的部分，因为线就是线上之点的集合（称之为关于点的“集合论概念”）。但在空间直观中，我们认为空间是一种精细物质，每个点都没有重量，不是物质的一部分（而只是部分之间的界限）。请注意，不可能在同一点或面 $P$ 上用两种方式切割一条物质的线段或一根木棍，使得 $P$ 一次落在左侧，一次落在右侧，因为在这两个完全对称的部分之间，没有任何东西。根据这一直观概念，把所有点合起来，我们仍然得不到线，毋宁说，这些点只是线上的某种脚手架。我们能轻易地把区间设想成线的部分，并赋予它们长度。通过组合区间，我们还可以将长度赋予可测集，并且在这里，如果两个可测集的差别只是一些测度为零的集合，我们必须视它们为表征连续统的相同部分。但当我们使用关于点的集合论概念，并试图将长度赋予线上的任意点集，我们就与上述直观概念失去了联

系。这也解决了这样一个悖论：从集合论的角度讲，人们可以把一个球体分解成有穷多个部分，并把它们重新组装成一个较小的球体。根据前面所说的，这仅仅意味着，我们可以将那些点所构成的脚手架撕成几部分，然后将它们重新组装到一起，使得它们都处在一个较小的空间内，并且没有重叠。这一结果仅适用于关于点的集合论概念，而只有从关于点的直观概念看，它才是反直观的。

## 3.2　一般递归函数

回到对机械程序的考虑上来。在大多数情况下，我不会特别注意部分递归函数，而是把自己限制在与终止问题无关的方面，以及特别与恒有终止程序这个同样有趣且在数学上更为人们所熟悉的概念相关的方面，后者用一般递归性或图灵可计算性来解释。精确地说，这是
因为，正如哥德尔观察到的，没有终止要求的机械程序的概念是直观 87
概念明晰化的一个范例，在这个概念中不存在需要详细而专门的阐述的本质性歧义。

虽然对机械程序的最令人信服的定义是通过图灵的抽象机器的概念得到的，与之等价的递归函数概念却是在历史上出现得最早的，它差不多可以说是将加法和乘法的简单递归定义推广到极点的产物。例如，对压缩加法为乘法的过程进行迭代是自然的，这样我们就可以得到：$f_1(m, n) = m + n$，$f_2(m, n) = mn$，$f_3(m, 1) = m$，$f_3(m, n+1) = f_2(f_3(m, n), n)$，以及一般地，对于每个 $k$，$f_{k+1}(m, 1) = m$，

$f_{k+1}(m, n+1)=f_k(f_{k+1}(m, n), n)$ 。这提示了原始递归函数类。[①] 不难同意，所有这些函数都是机械可计算的。通过把序列 $f_1$，$f_2$，… 结合成一个单一的三元函数，我们得到一个新的可计算函数，借助一种对角线证法，阿克曼表明它不再是原始递归的。[②] 这不仅证明，我们不能说所有可计算函数都是原始递归的，还意味着，任何比较简单的类很可能都是不充分的，因为有可能借助对角化找到一个新的可计算函数。

关于递归函数之一般定义的最早提议似乎见于艾尔布朗的私人信件，哥德尔[③] 1934 年引述了它。“假设 $\varphi$ 指称一个未知函数，$\psi_1$，…，$\psi_k$ 是已知函数，并且假设诸 $\psi$ 和 $\varphi$ 以最一般的方式相互代入后所得的一些表达式的对可以构成等式，那么，如果所得的函数等式组对 $\varphi$ 有唯一的解，$\varphi$ 就是一个递归函数。”应当强调的是，这里是在直觉主义的意义上说存在 $\varphi$ 的一个解。如果是在经典意义上理解它，我们已经知道，该定义决定了一个比一般递归函数更广泛的类。比如，假设 $g$ 是一个给定的函数，$f(m, n)=g(m, n, f(m, n+1))$ 满

---

① 对原始递归函数的首次系统使用见于 Th. Skolem, ‘Begrundung der elementaren Arithmetik durch die rekurrierende Denkweise’, *Videnskap. skr. I. Mat. Nat. Kl.*, vol. 6, 1923, pp. 3–38。对原始递归函数类的一个更精确的刻画，是由哥德尔于 1931 年在其论不可判定命题的著名论文中给出的，在该文中哥德尔广泛运用了原始递归函数。略言之，它们就是可通过代入（复合）和 $f(0, x, \cdots, y)=g(x, \cdots, y)$，$f(n+1, x, \cdots, y)=h(n, x, \cdots, y, f(n, x, \cdots, y))$ 模式定义的函数，其中 $g$ 和 $f$ 是给定的。

② 参见 W. Ackermann, ‘Zum Hilberstchen Aufbau der reellen Zahlen’, *Math. Annalen*, vol. 99, 1928, pp. 118–133。这里的例子已经简化为一个二元函数。$f(0, n)=n+1$，$f(m+1, 0)=f(m, 1)$，$f(m+1, n+1)=f(m, f(m+1, n))$。对于这一点和其他有关原始递归函数及其扩张的问题，参见 R. Péter, *Rekursive Funktionen*, 1951 and 1957。

③ 参见 *The undecidable*, op. cit., pp. 70–73。

足经典解释，但对于一个适当递归的 $g$，它能产生一个非递归的 $f$。[①] 注意，作为一个计算程序，上述等式涉及一种无穷倒退，因为 $f(m, n)$ 的值依赖于 $f(m, n+1)$ 的值。

艾尔布朗在他最后的出版物中给出了一个相关的概念。[②] “我们还可以引入任意多的函数 $f_i(x_1, x_2, \cdots, x_{n_i})$，以及满足如下条件的一些假设：(a) 这些假设不包含表面变元；(b) 直觉主义地看，它们使得实际计算 $f_i(x_1, x_2, \cdots, x_{n_i})$ 对每组给定的数都是可能的，并且可以直觉主义地证明，我们得到了一个确定的结果。”在其他地 88
方，艾尔布朗还说，极端形式的直觉主义“只允许处理整数（或可用整数实际编号的对象）的参数，并且它们须得满足如下条件：引入的所有函数必须对其参数的所有取值都是实际可计算的，并且计算的操作方法事先得到完备的描述。”为了将这两个定义联系起来，哥德尔提出，作为一个直觉主义者的艾尔布朗要求第一个定义中 $\varphi$ 的存在唯一性有一个构造性的证明，并且他很可能相信，这样一个证明只能通过展示一个计算程序给出。然而，艾尔布朗并没有真正给出任何这样的程序，而没有明确的计算规则相伴，这个定义就是循环而无用的。哥德尔通过引入导出等式修改了这个定义，规定对所有的可计算函数，计算都按完全相同的简单规则进行。

---

① 事实上，如此确定的类与超算术函数类一致，可称之为能行可定义（而非可计算）函数。比如，可参阅 *J. symbolic logic*, vol. 23, 1958, pp. 199−201 对于函数，令为或，具体取决于是否存在一个数满足，其中为人们熟悉的、用来计算全体递归函数的谓词。

② 参见 J. Herbrand, ‘Sur la non-contradiction de l’ arithmétique’, *J. reine u. angew. Math.*, vol. 166, 1931, pp. 1−8, § 2 中的公理。该文以英文的形式重印于 *From Frege to Gödel*, ed. J. van Heijenoort, 1967，其中第 619 页还有对艾尔布朗的另一个引证，以及来自哥德尔的一段引文，本段后面会用到。

根据哥德尔[①]，“在直觉主义数学中，艾尔布朗的两个定义是平凡地等价的……艾尔布朗的第二个概念是否等价于一般递归性，这在很大程度上是一个认识论问题，至今尚未得到解答。”显然，哥德尔这里所说的“一般递归性”是指直觉主义可证的一般递归性。

通过严格化艾尔布朗的第一个定义，哥德尔给出了一般递归函数的首个定义。通过引入导出等式的一般概念，克林尼简化了这个定义，从而产生了现在通用的一般递归函数定义。粗略地说[②]，导出等式是通过用数字代换函数表达式的变元和函数值得到的，一组等式定义一个一般递归函数，当且仅当对于每组固定的主目值 $m_1$，…，$m_n$，存在唯一的数字 $k$，使得 $\varphi(m_1, \cdots, m_n) = k$ 是一个导出等式。这一要求等价于这个条件：可以如此安排 $\varphi$ 的所有可能的参数组（$m_1$，…，$m_n$），使得对于任意给定的主目组（$m_1$，…，$m_n$），通过给定的等式对 $\varphi$ 的值的计算只需要关于（$m_1$，…，$m_n$）之前的主目组所对应的 $\varphi$ 的值的知识，并且无论以何种方式来做这件事，所得到的 $\varphi$ 的值是不变的。它赋予艾尔布朗关于唯一解的要求一个更明确的形式，并且从经典意义上说，相比于艾尔布朗的定义，它定义了一个更

① *The undecidable*, op cit., pp. 70, 72–73。或许值得一提的是，直觉上，存在一个更广泛的问题，即可计算性（不一定由艾尔布朗定义中的那些方程来描述）与一般递归性之间的关系问题。

② 关于递归性的精确表述，有许多细节问题。今天使用的一般递归性定义的精确形式，归功于克林尼（S. C. Kleene），他引入了哥德尔的定义的等价变体，它们虽不那么直观，但比哥德尔的更容易陈述和使用。参见克林尼重印于 *The undecidable* 中的两篇论文，尤其是第一篇（原刊于 *Math. Annalen*, vol. 112, 1936）的 § 1 和第二篇（原刊于 *Trans. Am. Math. Soc.*, vol. 53, 1943）的 § 8。一般地，每个方程都具有 $s = t$ 的形式，其中 $s$ 和 $t$ 是项，而项的递归定义如下：0 是项；变元是项；如果 $t$ 是项，$t'$（$t$ 的后继）也是项；如果 $s$，…，$t$ 是项，$f$ 是一个函数符号，那么 $f(s, \cdots, t)$ 也是项。关于本段和下一段的讨论，可对照 S. C. Kleene, *Introduction to metamathematics*, 1952, § 54 and § 55（尤其是第 274 页）。我们注意到，克林尼还有另外一个关于一般递归函数的（导出）定义，使用特殊的定义模式（其中几个对应原始递归，另有一个充当最小数算子），该定义更容易描述，通常用起来也很方便（参见上引书，pp. 279, 289）。

狭窄的类。

如果我们考察用原始递归、多重递归等方式所做的常见递归定义，并尝试找出一个合适的一般概念，我们会发现两个引人注目的特征。(a) 它们都是由具有第 102 页脚注②所规定的一般形式的等式(的有穷集) 给出的。(b) 存在一个归纳或递归的计算方向，使得对 89
于给定的主目值，其函数值的确定可以还原为对应于“更早的”主目值的函数值的确定，并且这个过程总是会结束（没有无穷倒退)。一般递归性定义的最惊人之处是，(b) 被替换成一个甫看之下似乎完全不同类型的要求，即对于每组固定的 $(m_1, \cdots, m_n)$，有且只有一个导出等式 $\varphi(m_1, \cdots, m_n) = k$。这一“外部的”条件使我们能允许特征（a）以其最大的普遍性成立而不再引发进一步的直接扩张。对导出等式的存在唯一性要求的作用是，我们摒弃了预先刻画直观的归纳原则会以何种形式表现在每个一般递归定义中的所有尝试。应当注意的是，由于这个原因，对角线论证无法产生一个超出所有一般递归函数范围的新的可计算函数。这样，尽管我们可以能行地枚举所有有穷的等式集，我们也不能从中挑出那些确实定义了一般递归函数的项。因此，用对角线程序构造的一个函数将不再是直观意义上可计算的。

一般递归性产生了对机械程序的一个恰当定义这个事实本质上依赖于它等价于图灵可计算性这个事实。一般认为，图灵可计算性的动机为我们将我们的直观概念等同于数学概念提供了最令人信服的论证。因此，忽略关于一般递归性与图灵可计算性等价的简单技术性结果，把我们的注意力集中在图灵的概念及其论证[①]上，这么做是合适的。眼下我们注意到一个经常被忽视的区分。得到充分阐明的是机械程序或算法或有穷组合过程的计算程序的直观概念。与之相关的能行程序或构造性程序的概念，它意指能在最一般意义上被执行的程序，则让人想到一些不同的东西，它们与心灵过程和机械过程之间的差别有关，也与一台图灵机或一组等式如何被看作定义了一个图灵可计算函数或一般递归函数这个问题有关。换句话说，已经确立的是，从经典的观点看，图灵可计算性为机械过程提供了一个准确的分析。但从构造性的观点看，这个概念并不是完全确定的，实际上，作为显明构造性方法是什么的一种方式，它是循环的，因为该定义同样涉及一个
90 需用一个函数来解释的存在量词。另一个不同的问题是实际可行性的问题。我们稍后会回到这两个问题。首先，我们来考虑一下图灵的概念。

## 3.3 图灵机

一个算法就是一个有穷的规则集，它精确地告诉我们，对于给定

---

① A. M. Turing, 'On computable numbers', *Proc. London Math*. Soc., vol. 42, 1936, pp. 230–265; 重印于 *The undecidable*。

图灵机的定义如下。每台图灵机可以处于一个固定、有穷的状态表中的任何一个状态。它配有一张双向（潜在地）无穷的长纸带。纸带划分为一个个方格，每个方格可记写一个符号，不失一般性，可以规定方格只有空白和有标记（一次性固定下来）两种内容样态。纸带会在图灵机前经过，每个时刻，图灵机只能扫描一个方格，并处于一个给定的状态。每个时刻图灵机所扫描方格的内容（空白或有标记）和机器所处的状态，决定了该图灵机的当前配置。当前配置则决定机器要做出（或执行）什么动作（或原子行为）：改变被扫描方格的内容，或变换被扫描方格为其左侧或右侧的相邻方格（通过移动纸带或机器实现），或转变机器的当前状态为另一状态，或停机。机器从任意初始的状态和被扫描的方格开始；初始的纸带（输入）可以包含任意有标记方格和空白方格的组合，尽管通常我们假定初始纸带只包含有穷多的有标记方格。一旦启动，机器应根据其在每个阶段的当前配置进行动作。如果它一直没有机会做出“停机”的动作，它就得一直运行下去。如果机器停机了，那时纸带的内容一般称为输出。

的一类问题，这一刻到下一刻该做什么。给定一个用来求解 $K$ 类问题的算法和属于 $K$ 的一个问题，任何人都能够求解这个问题，只要他能执行该算法所要求的操作，准确地遵守那些给定的规则。例如，一个小学生可以正确地学习欧几里得算法，而不知道为什么它能给出我们想要的答案。在实践中，当一个人在计算时，他同时也在设计一些小的算法。但为了简化问题，我们不妨说，设计活动不算是他的计算活动的一部分。

这样，在执行一个算法时，人类计算者使用一些数据，包括该算法的指令，这些数据部分地储存在他的记忆中，但更多地是写在纸上或印在参考图表上。简言之，有（a）某种存储装置来储存初始数据和居间结果。其次，他还要执行（b）某些基本运算，如乘法或积分。再次，他（c）通过查阅指令来决定下一步做什么，从而控制步骤序列。

在这三个要素中，（b）是最易于机械化的，至少当运算足够基本时是如此。台式计算器的引入已经将这方面工作的很大一部分交给了机器。自动（排序）计算机所做的是，增加（1）一个存储单元以存储信息，以及（3）一个控制单元以根据作为算法之实现的一个程序来执行指令。此外，台式计算器被（2）一个运算单元取代，它与（1）和（3）集成在一起。起初，程序是由外部提供的（通过插接板），因此无法指示机器对程序进行修改以增加灵活性。但很快，机器就开始拥有“存储式程序”，使得程序成为初始数据的一部分，并且可以巧妙地编写一个程序来指示机器自动完成多个程序的工作。

以上概述着重于数字计算。但众所周知，非数字算法也常常可以在现有机器上实现，因为，举例来说，英文字母可由数字表示。

上面的描述以最粗略的方式概括介绍了现行计算机背后的概念。91
它既没有提到制造和改进实际的计算机所需的海量的工程研发，也未对计算和算法的基本概念做精细的分析。

算法的直观概念是相当模糊的。比如，什么是规则？我们希望规则是机械地可解释的，即机器能理解这个规则（指令）并执行它。换句话说，我们需要一种用来描述算法的语言，这种语言要足够通用，可以描述所有机械程序，又要足够简单，可以被机器理解。这样，作为定义算法这一个问题的替换，我们被引向了两个同样困难的问题，即定义机器语言和机器。我们好像是在兜圈子。有人可能建议，我们应该收集大量的算法样本，对它们进行分析，从而找出其共同特征。但如果没有合适的、强有力的构思，很难看出这种密尔（J. S. Mill）式归纳方法如何能产生一个令人满意的抽象。

图灵所做的是分析人类的计算行为，并得出了一些简单的操作，这些操作在本质上显然是机械的，但可以证明，它们能被组合起来执行任意复杂的机械操作。算法复杂度的质的增长被执行算法所需的存储空间和时间的量的增长取代了。不仅如此，一旦这样一个简单的机器概念被给出，设计一种机器语言的问题也很容易地得到了解决。

如果我们考虑一个人在一张纸——不妨假设它被划分成一些方格——上做计算，我们会发现该过程涉及如下几件事：（1）一种存储媒介，即那张纸；（2）一种语言，它具有表示数字和方向的符号，为简单起见，我们可以假定它们被写在了那张纸上；（3）被察看区域，即每个时刻被观察的一些方格；（4）“心灵状态”，即那名计算者在每个阶段都记录计算到达的阶段，并决定下一步做什么；（5）进行下一步计算的行为，它可能涉及（a）通过写下或擦除（划掉）一些符号而进行的符号上的改变，（b）被察看区域的改变，（c）“心灵状态”的改变。

是什么使得该过程是机械的，即能被一台机器执行，或以机械的（非创造性的）方式被一个人执行？其原因可以概括为如下两个原则。

**A**　确定性原则。 92

**B**　有穷性原则。

根据第一个原则，在决定下一步做什么时，唯一相关的信息是当前在被察看区域观察到的符号和当前的“心灵状态”。在根据明确算法进行的计算中，针对计算中可能出现的所有情况，算法都应该指定接下来要做什么。但是，对于做计算的那个人来说，能在每个时刻为其提供当前情况的唯一方式是通过他当前的经验，亦即他当前观察到的符号（在纸上）和所处的“心灵状态”。

“心灵状态”是一个比较模糊的概念，需要进一步研究。从某种意义上说，当前被观察到的符号，作为被观察到的东西，是那个人的当前经验的一部分，但将它们分离为一个独立的单元，能让事情变得更精确。当前的“心灵状态”可能包含很多无关紧要的因素，人类天性如此。重要的、需要考虑的因素主要是心灵根据算法指令和计算执行的程度对当前所观察到的符号的反应。在一个正常的人类计算过程中，对目前已做之事的记忆可能有助于决定下一步做什么。不过，我们相信，只要人们足够仔细，这一模糊元素可以被精确化并写在纸上。这样，我们就可以把当前“心灵状态”设想为一种严格的、有条件的态度，即准备好做出某些特定的行为，这些行为是什么，完全取决于当前在纸上所观察到的符号是什么。这与我们的精确算法概念一致，即算法应明确规定，在每一阶段，根据当前可用的数据，要执行哪些不同的特定动作。“心灵状态”不过是要跟踪当前是处于整个计算过程中的哪个阶段。

根据有穷性原则，心灵在每个时刻只能储存和感知有穷多不同的项；事实上，这些项的数量有固定的有穷上界。每个时刻可感知项数的上界非常小，而可存储项数的上界则十分大，但相信存在这种上界仍然是合理的。由这一原则立即可得，计算者在每个时刻只能察看有穷多的方格。如果计算者想观察更多，他就必须做连续多次的观察。

93 此外，需要考虑的心灵状态的数量也是有穷的，因为这些状态必须以某种方式存储在心灵中，以便随时接受访问。为有穷性原则的这一应用辩护的另一种方式是指出，既然作为一个物理对象的大脑是有穷的，要存储无穷多不同的状态，表征它们的某些物理现象就必须彼此“任意地”接近并在结构上相似。这就要求一种无限的辨别力，与今日的基本物理原理相悖。一个密切相关的事实是，从任何有穷大小的物理系统可恢复的信息量是有限的。①

作为B 原则的第三个应用，我们还可以假定，可打印符号的数目也是有限的。无穷多不同的符号无法存储于人类心灵中，尽管我们似乎觉得，理论上我们能用少量给定的符号制造任意长的组合。我们区分单个符号和复合符号的标准是，必须能一眼观察到一个单个符号。给定我们一眼能观察到的区域的一个有穷界限，无穷多符号必须包含一些差别无限小的项，要把它们认作不同的符号，就必须有能力做出任意细微的区分。无论如何，恰当使用无穷多的符号都需要无限复杂的心灵状态。我们能够驳斥单个心灵状态无限复杂的假设，其理由与对心灵状态无穷多论题的反驳大致相同。

B 原则的第四个应用是针对计算在每一步所执行的操作。正如我们先前指出的，这些操作涉及三类变化：心灵状态，写在计算表上的符号，以及观察区域。在不改变符号和观察区域的情况下，引入一个状态并改变它似乎相当无聊。但是，因为操作是由状态和观察到的符

① 哥德尔指出，本段中的论证，就像图灵的有关论证一样，依赖于一些特定的假设，它们与心灵是否超过机器这个更广泛的问题直接相关。这些假设是：（1）不存在独立于物质的心灵或精神；（2）物理学不会发生本质变化，因为它将永远处于有限的精度范围内。想了解更多哥德尔对此问题和其他相关问题的观点，可参阅本书第 10 章的最后一节。

号共同决定的，当不同的符号被观察到时，同样的状态可能引起不同的改变。事实上，甚至一个始终只引起状态上的变化的状态，也是有用的，因为观察到的符号的差别可能引起向不同的状态的条件式转换。出于大致相同的原因，有可能在做出他种类型的改变时却保持状态不变。因此，我们可以这样设想每次操作，它可以是三类型中的一类发生变化，也可以是状态和其他二因素中的一个发生变化，还可以是所有三项都发生变化。根据选择的不同，人们会得到对这种抽象机器的不同但等价的表述。但对于我们眼下的目的，选择哪一个没有影响，因此我们暂时假定，每次操作只进行这三种改变中的一种。 94

在每个计算问题中，状态数 $N$ 是一个固定的有穷数，因此，可能的状态变化数不超过 $N(N-1)$。类似地，每个时刻可察看的方格数也有一个固定、有穷的界 $B$，并且只有有穷多个不同的符号，因此，不同的可观察区域的数量是有穷的，这些区域的可能变化也是有穷的。鉴于这一事实，我们可以用单个符号表征每个可能的区域（例如，纸上 $n^2$ 个相连的正方形，其中“空格”也算作一个符号），以便每次只有一个符号被观察和改变；或者，我们可以不增加可用符号的总数，但每次只观察或改变一个符号。其他观察和改变可分解为这种简单的类型。这种简化一般意味着状态数增加。但没关系。

还要考虑从观察纸上的一个区域到观察另一个区域的变化。新区域必须是计算者可直接识别的。一个看起来合理的假定是，相继被观察的两个区域之间的距离不超过一个固定的量，比如 $L$ 个单元。如果我们假设，就像我们刚才辩护的那样，每次只察看一个方格，情况还可得到些许简化，因为我们可以很容易地在以当前所察看方格为中心的 $(2L+1)^2$ 个方格的区域中刻画下一个可能被观察到的单元。和以前一样，通过将一次移动分解为多个单位步骤，我们可以将 $L$ 缩减为 1，其可能的代价是增加状态数。

还有相对次要的一点是，我们默许地假设了，存储（和工作）空间——那张纸——是二维的。改用一维媒介可以简化对抽象机器的描述，并且不会产生理论上的差别。随着我们长大成人，我们往往会抛弃儿时所做的那种二维计算，并相信一条一维的纸带就足够了，只要它够长。不仅如此，随着一维模型被进一步发展，高维媒介不会增加理论上可计算的范围这一点会变得很清楚，因为任何使用那个媒介的计算都可以由一条一维纸带上的计算来模拟。

现在我们可以绘制在一个给定的算法下的计算的一个机械模型。每个心灵状态对应着机器的一种“配置”或状态。机器在每个时刻
95 扫描 $B$ 个方格。在每次操作中，机器可以改变其配置，或在另一个方格里改变符号，或改变所扫描区域到 $L$ 个方格以内的另一个区域。正如我们已经观察到的，把 $B$ 和 $L$ 限制为 1 并让机器在一条线状纸带上工作，无损于一般性。因此，仅有的可变要素是可用符号数（字母表的大小）和状态数。使用较大的字母表，我们可以在一个给定的状态中包含更多的信息，这就使得以下做法成为可能：通过扩充字母表来减少状态数，通过增加状态数来缩小字母表。

以上我们回顾了支持如下结论的那些理由：图灵机以及与之一起的一般递归函数提供了对经典意义下的机械程序的一个恰当分析。下面我们转向关于构造性和实际可行性的问题。

## 3.4 构造性和实际可行性

让我们查阅第 104 页脚注①中对图灵机的精确描述并回忆如下定义：自然数上的一个函数 $\varphi$ 是图灵可计算的，当且仅当它可由一台图灵机计算。而函数 $\varphi$ 可由一台图灵机计算，当且仅当从任何给定的主目值（$m_1$，…，$m_n$）在初始纸带上的表征出发，这台机器最终会停止运行并输出对数字 $k$ 的表征，其中 $k$ 是 $\varphi(m_1, \cdots, m_n)$ 的值。在此定

义中，正如在对一般递归函数的定义中，有两个存在性断言：存在一台图灵机（或一组等式）；对于每组给定的主目值，存在纸带的一个最终状态（或一个导出等式），它表征一个数字（输出）。如果我们假设一台图灵机或一组等式 $E$ 已经给定，并追问它是否定义了自然数上的一个函数，那么我们只需面对第二个存在性断言。由于情况完全类似，简便起见，我们可以只考虑这两个概念中的一个。

为了当前的目的，我们将把注意力限制在一组给定的等式 $E$ 是否
定义了一个一般递归函数这个问题上，尤其是那个存在性条件，即对
于任何主目值 $(m_1, \cdots, m_n)$，存在 $E$ 的一个（唯一的）导出等式，
它形如 $\varphi(m_1, \cdots, m_n) = k$。写成算术形式，我们可以将该条件简要
概括为 $\forall m \exists n(g_E(m, n) = 0)$，其中 $n$ 是从 $E$ 到一个主目值为 $m$ 且
具有所要求的形式的等式的最短推导（的哥德尔数），$g_E$ 是一个合适
的原始递归函数。说我们得到了关于机械程序的一个明晰的定义，其
原因之一是我们愿意忽视如下问题：上述条件应如何确立？从经典的
观点看，它说得过去，因为我们觉得我们知道说该条件为真是什么意 96
思。$\forall m \exists n(g_E(m, n) = 0)$ 是真的，当且仅当对每个数字 $m$，存在一
个数字 $n$ 使得 $g_E(m, n) = 0$ 是可验证的（仅用数值计算即可证明）。
但如果我们接受一种构造主义的立场，我们对该条件的解释就变得十
分不同，而如果一般递归性被视为对构造性的分析，我们就陷入一种
循环，因为该条件的意义要求存在一个构造性的函数 $f$，使得对所有
的 $m$ 都有 $g_E(m, f(m)) = 0$。

在这两个截然不同的问题上似乎存在着普遍的模棱两可。丘奇论题的官方表述提议将一般递归函数等同于能行可计算函数。事实上，

对于存在性条件如何确立这个问题，丘奇①似乎是关心的。

> 读者也许会反驳说，此算法无法用来能行地计算所要求的 $\varphi$ 的特定的值，除非所要求的等式 $\varphi(m_1, \cdots, m_n) = k$ 最终会被找到的证明是构造性的。但这仅仅表示，他应该在一种构造性意义上理解出现于我们对一组递归等式的定义中的那个存在量词。构造性的标准是什么，这由读者决定。

我们面临着两个彼此不相排斥的选项：（a）忽视能行程序（或能行可计算函数）和机械程序（或算法）之间的表面的语义差别；（b）主张丘奇所关心的是分析一个与机械程序概念根本有别的直观概念。上面的引文似乎表明，选项（b）才是实情，因为否则的话，引入构造性证明的问题就变得不切题了。但另一方面，丘奇同时又说，一个函数在他所说的意义上是能行可计算的，当且仅当存在一个可用来计算其值的算法。这样，选项（a）似乎也是成立的。一个更合适的解释是，丘奇刻意允许人们对他的论题做经典和构造主义的两种解读。无论如何，追问关于存在性条件的问题是自然的，在当前语境中，我们将区分机械程序和能行程序，并且明白，对我们中的大多数人来说，这些问题只能合适地指向能行程序。

如果在构造性意义上理解存在性条件，我们就必须预设一种构造性证明的意义。如果我们试图以熟悉的方式解释构造性证明的概念，
97 说一个存在性陈述 $\forall m \exists n Rmn$ 的证明应该给出一个方法，通过它，

① 参见 Alonzo Church, 'An unsolvable problem of elementary number theory', *Am. j. math.*, vol. 58, 1936, pp. 345-363，第 79 页脚注①和 § 7。顺便说一句，在第 86 页脚注②，丘奇谈道："能行可计算性与递归性之间的关系问题（这里提议通过将这两个概念识别为同一个来回答该问题）是由哥德尔在与作者对话时提出的。" 鉴于哥德尔对图灵的工作的反复强调（参见 *The undecidable*, pp. 71-72 和 *From Frege to Gödel*, p. 616），情况似乎是，哥德尔不认为丘奇为其论题所做的论证有充分的说服力。

人们原则上能为每个 $m$ 找到一个 $n$，使得 $Rmn$，那么我们似乎就会陷入一种循环。我们并不确切知道什么样的方法是可接受的。就我们关心的情况而言，我们确有一种方法，为给定的（$m_1$，…，$m_n$）找到相应的等式。这个方法就是枚举 $E$ 的所有导出等式，直至遇到这样的一个，其左边是 $\varphi(m_1, \cdots, m_n)$，右边是一个数字。实际上，无论我们是怎样得到那个存在断言的，在迟早会找到那个等式这个意义上，此方法总是适用的，因为那个等式确实存在于导出等式的无穷序列之中。如果我们觉得这种方法可接受，那个存在断言是否是以构造性的方式被证明的这个问题就不再重要。或者，更可能的情况是，我们觉得这种方法不可接受，因为我们想要的是能行方法，而在我们看来，枚举导出等式这种方法并不总是寻找所欲等式的能行方法。要在这两个选项之间进行抉择，我们需要一个关于能行性概念的更精确的解释。

抛开与构造性有关的问题不谈，我们还想明了在每种情况下一个能行程序多久会终止。正是在一般递归函数通过一次大清扫拥有强闭包性质从而获得其最大力量的地方，我们倾向于要求一个更有序的结构，为这些函数提供某种层级划分。这与我们对实际可行性的兴趣有关但又有别。在两种情况中，我们都是对寻找不同计算的复杂性的某种度量感兴趣。但是，举例来说，无界的指数迭代对所有实际目的而言都不再是可行的，但在得到一个有序结构的意义上，我们能够轻易地理解如此简单的原始递归函数。有人试图通过计数——比如说——所需要的加法和乘法运算的数量来获得关于实际可判定性的某种自然概念，从而使得——比如说——“旅行推销员问题”可以被证明是实际不可判定的。我们将避免讨论此种宽泛的实际可行性问题，而是将注意力集中在不那么实际的、有序结构的问题上。

我们确有寻找一种比一般递归更能行的过程的自然冲动，这一点可由一些熟悉的例子来说明。其中一个是图灵的如下结果：每个完全的形式系统（指每个句子或其否定是系统的定理）都是可判定的。由于是完全的，我们能够用一个一般递归函数枚举它的所有定理，并且也能以相同的方式枚举所有非定理（定理的否定，因为完全性）。这样，每个句子都会在这两个一般递归枚举中的一个中出现，并且我
98 们可以在有穷时间内确定它究竟是在哪个枚举中出现。在形式化后，这为判定每个句子是否是一条定理提供了一个一般递归程序。但面对这个论证，我们却常常有这种模糊的感觉：该程序并不是足够能行的。另一个例子是彼得（R. Péter）对使用“如此这般的最小的数”这个算子的反对。她假定存在某个具有给定的递归性质的数，并继续说道①：“人们无法从所有自然数中能行地搜索具有给定性质的最小的数。”这与将能行性等同于一般递归性的做法相矛盾，但却似乎很符合常识。

我们注意到，并非所有一般递归定义的存在性条件 $\forall x \exists y(g_E(x, y)=0)$ 都可以在一个单一的形式系统中得到证明。在任意给定的形式系统中可证明为一般递归的函数可以以一种一般递归的方式被枚举，然后应用对角线论证就可以得到一个新的一般递归函数。此外，对于每个形式系统 $S$，算术命题 $Con(S)$ 等价于某个一般递归函数②的存在条件。因此，根据哥德尔定理，该存在条件在 $S$ 中

---

① R. Péter, *Rekursive Funktionen*, 1951, foot of p. 9.

② 令 $B(m, n)$ 为表达如下关系的原始递归谓词：$m$ 是 $S$ 的一个末行哥德尔数为 $n$ 的证明的哥德尔数。令 $Con(S)$ 为这样一个陈述，它表示不存在 $m$ 使 $B(m, n_0)$ 成立，其中 $n_0$ 是语句“$p$ 且非 $p$”的哥德尔数。令 $g(m, n)$ 为这样一个句子序列的哥德尔数，该句子序列是由哥德尔数为 $m$ 的证明加上“如果 $p$ 且非 $p$，则 $q_n$”和“$q_n$”这两个句子得到的，其中 $q_n$ 指哥德尔数为 $n$ 的那个公式。令 $neg(k)$ 表示以 $k$ 为哥德尔数的句子的否定的哥德尔数，$G(m, n)$ 是表达内容如下的原始递归谓词：$B[g(m, n), n]$ 且 $B\{g[m, neg(n)], neg(n)\}$。

那么，$Con(S)$ 等价于：$1 \forall m \exists n[\neg G(m, n)]$。如果 $Con(S)$，则取 $q_n$ 为“$0=1$”。如果并非 $Con(S)$，则存在 $m_1$ 使得 $B(m_1, m_0)$，并且我们有：$\neg \forall n G(m_1, n)$。

是不可证的。这使我们想到，可以通过寻找一个由愈来愈强的形式系统构成的层级谱系来赋予一般递归函数一种有序的结构。但这种想法前景似乎并不乐观。

另一种想法是使用“速度函数”。相应于每个定义了一个一般递归函数 $f(m)$ 的等式集 $E$，选择一个速度函数 $f_s(n)$，对于每个常数 $n_0$，它给出从 $E$ 得到 $f(n_0)$ 的值所需要的步骤数的一个上界。这将是有用的，如果速度函数 $f_s$ 在某种意义上一般地比 $f$ 更简单，但明显的定义速度函数的方式都没有我们想要的这个性质。① 在文献中，通过将考虑因素细化到包括数字表示的记法方面，人们得到了对实际可行性有数学意义的一些东西。比如，$n$ 的二进制表示在长度上比 $n$ 短得多。但当我们从简单递归函数向更复杂的迈进时，这种考虑走不了多远，因为，举例来说，二进制或十进制都和幂运算捆绑在一起，对增长速度更快的函数没多大作用。

要得到一个有序的结构，最流行的做法是考虑“序数递归”。对于原始递归函数，我们采用自然数上的通常顺序，从每个数移向其后继。我们可以自然地将其推广，不仅将对 $f(n)$ 的计算还原到对 $f(n-1)$ 的计算，还直接还原到对 $f(k)$ 的计算，其中 $k$ 可以是任何比 $n$ 小 99
的数。我们已经知道，这一推广不会产生任何新函数。但还有一种更广泛的推广。我们可以重新安排自然数的顺序（比如，奇数在前，偶数在后），并考虑那些遵循向较小的（在新的顺序中）参数值还原这一原则的定义。我们现在可以得到自然数的、序型不同的（对应于康托第二数类中的不同序数）良序，以及对应相同序数但又十分不同的良序。对于每个良序 $<$，我们都可以引入序数递归的模式

① 参见‘A variant of Turing's theory’, *J. Assoc. Computing Machinery*, vol. 4, 1957, pp. 63-92, end of §3。

$f(m, n) = g(m, f(h(m), n), n)$，其中 $g$ 和 $h$ 是给定的函数，且满足限制条件 $h(m) < m$。

这里的想法是，通过对良序进行分类，我们或许能得到全体一般递归函数的一个有序结构。不难证明，如果 $<$ 是一般递归的，则如此定义的所有函数也都是一般递归的。事实上，这为人所熟知：如果我们从一个给定的序数出发，向着越来越小的序数前进，我们必定会在有穷步内停止。相反地，我们也知道，任何一般递归函数都可以这样来定义，即使我们将 $<$ 限制为原始递归的或具有序型 $\omega$[①]，等等。现在的问题是，如何按适当的标准对良序进行分类。刚刚提到的已知结果表明，诸如序的序型或原始递归性之类的“外延”性质，本身不足以提供有价值的划分。我们可能需要考虑，它们是如何被证明是良序的。我们似乎又回到了对证明进行分类的老问题上，只不过这一次证明涉及的是确立某些给定的递归关系为良序。这或许也是一种收获，但为所有一般递归函数寻得一种有价值的有序结构，其前景似乎依旧渺茫。

从数学上讲，将机械程序等同于图灵可计算性或一般递归性的经典论题是卓有成效的，因为它使一系列不同的机械不可解性结果得以可能。相比之下，在带来重要的数学结果这方面，为能行程序寻找一种有序结构的努力，其回报远没有这么丰厚。

---

① 参见 John Myhill, ‘A stumbling block in constructive mathematics’, *J. symbolic logic*, vol. 18, 1953, pp. 190–191 和 N. A. Routledge, ‘Ordinal recursion’, *Proc. Cambridge Philos. Soc.*, vol. 49, 1953, pp. 175–182。

# 第 3 章

# 罗素的逻辑和几个一般问题

## 1 《数学的原则》（1903）

罗素在逻辑和基础方面的第一部主要著作无疑是他的《数学的原则》，而该书中最为有趣的可能是第一部分和附录 B。此外，在第二版（1937）的“导言”中，罗素还对三十四年间他自己和别人所做的、与其最初兴趣有关的工作进行了总结和评价。鉴于 1937 年之后他在这个领域再无建树，用这本书作为讨论其逻辑工作①的一个初步指南，似乎是合理的。

这本书首先对纯数学作了一个大胆的定义，将其定义为所有形式为“$p$ 蕴涵 $q$”的命题的类，其中 $p$ 和 $q$ 是包含一个或多个变元的命题，二者所含变元一致，且 $p$ 和 $q$ 都不包含逻辑常项以外的常项。在 1937 版中，这个定义被修订为也包括蕴涵之外的其他真值函项。然而，尽管条件句实际只是众多真值函项中的一个，并不比其他真值函

① *Principles of mathematics*, 1903 and 1937。提到的三个部分分别是 pp. 1−108，523−528，v−xiv，共 124 页。

项更重要，仍然有理由说，蕴涵占据着一个特殊的位置，这可以从肯定前件式和演绎定理的重要性看出。罗素没有考虑这个问题。但逻辑常项是他一再讨论的话题。

这本书的基本论点是，数学和逻辑是同一的（数学可还原为逻辑）。这是罗素至死不渝的立场。第三个全局性问题是关于类的实在论和构造主义的问题。在《原则》中，实在论的立场十分明显，如序言中说，将各种数定义为类，也就不能怀疑那些存在性定理，即存
104 在被谈及的那类实体。这与罗素后来对逻辑构造的强调截然不同。另一个哲学家们钟爱的问题——分析与综合的区分——没有引起罗素的兴趣，尽管在论康德的一章中，有一则关于它的孤零零的评论（第457页），其大意是说，由于数学显然是综合的，这种还原表明逻辑也是综合的。最后，保持哲学一般性的高水平不变，我们引用一段原文，它表现出作者对语言和语法的兴趣（第42页）：“总体而言，与时下哲学家们的意见相比，语法似乎使我们更接近正确的逻辑；在接下来的讨论中，语法虽然不是我们的主人，但却将被当作我们的向导。”

在更容易处理的层面上，罗素勾勒了一个符号逻辑系统，并暗示某种类型论是解决集合论悖论的方法。该系统包含三部分，有七个不

可定义项和十九个前提。①

形式蕴涵和命题函项似乎是相关的，且二者都十分复杂。在分析它们时，罗素碰到了新的不可定义概念，如**每个项**(第 40 页）和**变元**，它们又导向**指称**、**任意的项**(第 80 页)，以及由命题函项所定义的命题的类（第 93 页)。此外，在论指称的一章，我们还遇到了**所有的**、**每个**、**任意的**、**一个**、**一些**、**这个**（**the**）："我们发现这类概念在数学中是基本的，它们使我们能用有限复杂的命题处理无穷类"(第 106 页)。

不消说，对于提出这些构造时所使用的那种欠精确的方法，今天的逻辑学家们不会满意。但不太清楚的是，这些原始的尝试是否可能包含一些有发展潜力的萌芽，它们被我们今天所拥有的更清楚的逻辑系统遗漏在外了。

在讨论类和悖论时，罗素首先证明了，对于所有的 $R$，不可能有这样的 $a$，它使得对所有的 $w$，$wRa \equiv \neg wRw$。因此，我们必须或者放弃 $x \in \hat{x}\varphi x \equiv \varphi x$ 这条公理，或者放弃每个类都可充作一个项这个原

---

① 参见 pp. 13-26。

命题演算有三个不可定义项和十个前提：(a)（实质）蕴涵，(b) 形式蕴涵，(c) 真；前提 (1) (2) (3) 本质上说命题是由 $p$，$q$ 等通过 $\supset$ 构造而成，(4) 肯定前件式，(5) $pq \supset p$，(6) $(p \supset q)(q \supset r) \supset (p \supset r)$，(7) $(p \supset (q \supset r)) \supset (pq \supset r)$，(8) $(pq \supset r) \supset ((p \supset q) \supset r)$，(9) $(p \supset q)(p \supset r) \supset (p \supset qr)$，(10) $((p \supset q) \supset p) \supset p$。"$p$ 是一个命题" 由 "$p \supset p$" 来定义，$pq$ 由 $(r)((p \supset (q \supset r)) \supset r)$ 来定义，$p \vee q$ 由 $(p \supset q) \supset q$ 来定义，$\neg p$ 由 $(r)(p \supset r)$ 来定义。

类演算使用了额外的三个不可定义项，即 (d) $\in$，(e) 如此这般的，(f) 命题函项，以及如下前提：(11) $x \in \hat{x}\varphi x \supset \varphi x$($\supset$ 很可能应该是 $\equiv$)，(12) $(x)(\varphi x \equiv \psi x) \supset \hat{x}\varphi x = \hat{x}\psi x$ 和 "$x = y$" 由 "$(u)(x \in u \supset y \in u)$" 来定义。关系演算则增加了一个不可定义项 (g) 关系和七个新前提：$xRy$ 是一个命题，蕴涵和 $\in$ 是关系，一个关系的补是关系，一个关系类的逻辑积是关系，两个关系的相对积是关系，任意两个项之间存在一个在其他任意两个项之间不存在的关系 (结果似乎就是这两个项所构成的有序对)。关系是被内涵地理解，因此两个关系可能有相同的外延但不是同一个关系。将蕴涵也混入关系里有点奇怪。

则。在此关头，罗素提出要区分作为多的类和作为一的类（第104—105页和第76页）：

> 我们说，一个类作为一是一个与这个类的项同类型的对象；这就是说，对于任何命题函项 $\varphi x$，如果用这个类的项替换 $x$ 是有意义的，用这个类本身替换 $x$ 也是有意义的。但作为一的类并不总是存在，而作为多的类则与它的项属于不同的类型……根据这种观点，一个类作为多也可以是一个逻辑主词，但却只能出现在与这个类的项为主词的命题在类型上不同的命题中。

105 听起来像是换了个话题，罗素这时抛出了所有的和任意的之间的一个对比："因此，形式真理的正确陈述需要**任意的**项或**每个**项的概念，但不需要**所有的**项这个集体概念。"

尽管作为一的类和作为多的类的区分表面听来很像是康托和冯·诺依曼对集合和类的分别，罗素却没有采用这个关键的标准：只有当它不是太大时，一个作为多的类才同时是一个作为一的类。这里的一般论点毋宁说是，$a \in \hat{x}\varphi x$ 有时是没有意义的，虽然在 $a \in \hat{x}\varphi x$ 有意义时 $a \in \hat{x}\varphi x \equiv \varphi a$ 总是真的。这个原则在附录B中有进一步的阐述。应当注意的是，在与悖论的解决有关的讨论中，罗素谈到了"真正的解决办法"（第522页）和"走向真理的第一步"（第523页）。他显然没有设想这样一种可能性：存在不同的解决办法，其中没有一个是在每个方面都占优的统一理论。这让人想起爱因斯坦和玻尔（Niels Bohr）之间关于物理学基础的争论。

附录B更详细地阐述了类型学说。它基本上包含了简单类型论，尽管这里讨论的一些困难甚至在更成熟的版本中似乎也未得到正视。其想法并不奇怪，如果我们记得那个熟悉的例子——"美德是三角形的"这个命题既非真也非假，而是无意义的。两个基本假设被明确地陈述如下（第 523 页）：

T1　除了真域（range of truth），每个命题函项 $\varphi x$ 还有一个意义域（range of significance），无论是真是假，$\varphi x$ 要成为一个命题，$x$ 首先必须位于该域内。

T2　意义域构成类型，这就是说，如果 $x$ 属于 $\varphi x$ 的意义域，那么就存在一类对象，亦即 $x$ 的类型，所有这些对象必须也都属于 $\varphi x$ 的意义域，无论 $\varphi$ 如何变化。

在这两个假设的基础上，罗素讨论了类、关系、命题和数的类型。最下面的是个体：一个个体是任何一个不是域的对象；这是最低类型的对象。有一个基本的困难是关于数和命题的，因为所有数被视为一个类型，所有命题也被视为一个类型（因为它们都可以被有意义地说成是真的或假的）。所有数的类型要求考虑类型和域的总体，因为所有域都有数目。所有命题的类型会产生矛盾，这可以通过考虑所有的命题类和所有命题的类 $k$[①]看出来：根据类型结构，对于每个命题类 $m$，有一个命题 $p_m$ ——“$m$ 中的每个命题都为真”——不属于 $m$。因此，$p_k$ 属于且不属于 $k$。

在《数学原理》一书所陈述的更成熟的版本中，每个数以无穷 106
多复本的形式在不同的水平上实现，真概念也借助恶性循环原则被区分出不同的阶，避免了上述困难。但语义概念如真会带来其他问题，我们稍后会再讨论。

还有其他一些困难，它们在罗素后来的著作中似乎被不同程度地忽略了。罗素从未考虑过这样一种可能——保留 T1 但舍弃 T2，从而允许重叠类型。尽管 T2 排除了重叠类型，罗素确实曾提议，“任何数量的极小类型合起来是一个类型，即某些命题函项的意义域”（第

① 原文用大写字母 K，但根据后文似宜用小写 k——译者注。

525 页）。这似乎允许一个不那么僵化的类型论，虽然如何实现它还不清楚。此外，是否存在无穷阶类型的问题也被提出了："所有域当然构成一个类型，因为每个域都有一个数目；所有对象也是如此，因为每个对象与其自身等同……但所有域的域当然是一个无穷阶的类型"（第 525 页）。

## 2 《数学原理》之序曲（1903—1910）

1902 年，弗雷格讨论了悖论并考虑了这种可能性——或许有些概念不对应任何类。[①] 但他决定采取一种温和的补救办法，仅排除少数"奇点"。修改后的系统后来被多人证明是不一致的。事实上，在他的晚年，弗雷格抛弃了数学可还原为逻辑的信念，而是研究起了我们对连续统的几何直观及其他一些东西。

与此同时，罗素正专注于寻找悖论的解决方法。用他自己的话说[②]，"从 1903 到 1904 的两年里，我几乎完全致力于这个问题，但却毫无成功的迹象。我的第一个成果是摹状词理论，在 1905 年春天……它后来被普遍接受了，并被认为是我对逻辑的最重要的贡献"。尽管这一分析对待语言之日常用法的方式有些粗暴（比如，摩尔指出[③]，它不适用于"鲸鱼是哺乳动物"），它已成为逻辑教材的标准段落。事实上，艾耶尔——追随拉姆齐——曾称其为哲学分析的典范。[④] 在形式上，它与一个更古老的案例——用极限概念消除无穷小量——相似。无论如何，摹状词理论已然得到了超额的关注，这里

① G. Frege, *Grundgesetze der Arithmetic* vol. 2, postscript.

② B. Russell, *My philosophical development*, 1959, p. 83.

③ *Philosophy of Bertrand Russell*, cd. P. A. Schilpp, 1944, pp. 175–226.

④ A. J. Ayer, Language, *truth and logic*, 1936, chapter III.

无须再加以详述。

1906 年，罗素借答复霍布森（E. W. Hobson）的一篇论文的机会 107
阐述了自己对悖论的看法。[①] 他认为，有些命题函项（通则、属性）并不决定任何类，问题是要给出一些准则，将这些并非谓述性的通则与其他通则区分开。他讨论了三种可选方案：（A）Z 形理论（the zigzag theory）；（B）大小限制理论；（C）无类理论（第 37 页）。这篇文章的接收时间为 1905 年 11 月 24 日，而在 1906 年 2 月 5 日增加的一条注释中，罗素写道："通过进一步的研究，我现在几乎毫不怀疑地相信，无类理论能够完全解决论文第一节所述的所有困难。"

在 Z 形理论中，"我们从这样一个提议开始：比较简单的命题函项总能决定类，只有当它们是复杂晦涩的时候，它们才不能决定类……在 Z 形理论中，一个谓述性命题函项的否定总是谓述性的。"蒯因的分层理论[②]似乎可以很好地满足这里的要求，尽管罗素未必乐意提出一个概念动机如此之少的系统。有一句附带性的评论似乎很难与无类理论相容："当一个新的实体被引入，霍布森博士认为它是由心灵活动所创造，而我认为它只是被**辨别**出来。"（第 41 页）

罗素指出，在大小限制理论中，没有集合可以有补集。此外，他还对布拉里-福蒂悖论（the Burali-Forti paradox）做了推广[③]，并继续写道：

---

① *Proc. London Math. Soc.*, vol. 4, 1906, pp. 29-53.

② W. V. Quine, *Am. Math. Monthly*, vol. 44, 1937, pp. 70-80.

③ 一个性质 $\varphi$ 不能定义一个类，如果存在一个函数 $f$ 对任意的类 $u$ 都有：如果 $(x)(x \in u \supset \varphi x)$，则 $f(u)$ 存在，且 $\varphi(f(u))$，且 $f(u)$ 不是 $u$ 的成员（p. 35）。这样，如果 $\varphi$ 定义了 $w$，我们就会得到 $\varphi(f(w))$ 和 $\neg\varphi(f(w))$。如果取 $\varphi$ 为"是一个序数"，$f(u)$ 为"$u$ 的序数"，我们就会得到布拉里-福蒂悖论。如果取 $\varphi$ 为"是一个基数"，$f(u)$ 为"$u$ 中最大的基数的幂集的基数"，我们就会得到康托悖论。如果取 $\varphi$ 为"不属于自己"，$f(u)$ 为 $u$ 本身，我们就会得到罗素悖论。

> 鉴于所有已知悖论的上述一般形式，如果可以证明 $\varphi$ 是一个非谓述的属性，那么很可能我们就可以实际地构造一个序列，它在序关系上类似于全体序数的序列，并完全由具有属性 $\varphi$ 的项构成。因此，如果满足 $\varphi$ 的项可以被排列成这样一个序列，其序关系与序数序列的一个片段相似，那么就可以推断，假定 $\varphi$ 是一个谓述的属性不会产生任何矛盾。不过，在我们知道序数序列的长度以前，这个命题用处不大。（第 36 页）

替换公理和冯·诺依曼公理排除了和全类一样大的类，它们似乎就是这些想法在字面上的实现。

罗素在这篇文章中关于无类理论的评论非常隐晦，但他暗示将类当作“不完全符号”，把一个类 $u$ 与一个开语句 $Fx$ 相关联，从而使“$u$ 只有一个成员”变成了 $(\exists b)(x)(x = b \equiv Fx)$。

当此之时，庞加莱介入了对这个问题的讨论。1905 年，理查德（J. Richard）通过考虑所有可用有穷多语词定义的十进制小数的集合，开启了关于语义悖论的研究。[①] 理查德解决这个悖论的想法是，
108 不应把可用有穷多语词定义的小数的集合理解为包含任何只能通过指称该集合本身才可定义的小数。庞加莱 1906 年评论刚刚谈到的罗素的那篇文章时，继承了这个想法。[②] 庞加莱提议将并非谓述性的通则等同于包含理查德悖论所展示的那种恶性循环的通则。这已经成为一个公认的概念，用术语“非直谓定义”表示。从上下文可以清楚地看出，庞加莱的异议主要是针对较高的无穷，他无意让诸如数学归纳法之类的基本原理接受直谓性检验。

罗素迅速做了答复[③]，他表示同意庞加莱的建议，提出了恶性循

---

① J. Richard, *Rev. générale des sci. pures et appl.*, vol. 16, 1905, p. 541.

② H. Poincaré, *Rev. metaph. mor.*, vol. 14, 1906, pp. 196–207, 866–868.

③ B. Russell, *Rev. metaph. mor.*, vol. 14, 1906, pp. 627–650.

环原则，指出恶性循环与古老的埃匹门尼德（Epimenides）悖论相似，并捍卫了康托的无穷学说。罗素同时指出，还有一件重要的任务有待完成，即在恶性循环原则的基础上构造一个理论，因为，我们需要的是建造一个正面的结构，而不只是负面地断言什么是不允许的。罗素抗拒以根本不同的方式对待有穷类和无穷类，这与他想将逻辑和数学相等同的愿望密切相关。鉴于无穷在数学中的核心地位，一个将悖论归咎于无穷类的特殊性的理论，会让人对“逻辑包含数学的全部丰富性”这个论断产生怀疑。

罗素类型论的第一个完整说明出现于 1908 年，同年发表的还有策梅洛论集合论基础的文章和布劳威尔论逻辑原则的不可靠性的文章。① 关于类型论的那篇文章本质上包含了《原理》的基本框架，对后者的详尽阐述见于《原理》第一卷（1910）的前 200 页。这两部作品最好放在一起考察。事实上，由于后来的处理很大程度上取代了先前的处理，我们将主要关注《原理》这部书。

庞加莱 1909 年对罗素 1908 年的文章进行了评论，指出类型论的描述预设了序数。② 作为回应，罗素发表了《原理》第 37—60 页的法文译本③并增加了一条注释，辩解称，人们可以用一种学究气十足的方式来回避谈论类型的阶，即代之以谈论 $\varphi!\,x$，$f!\,(\varphi!\,x)$，等等。由于类型论的一般理论提到了每个有穷的阶，这个辩解似乎很难说是可接受的。

另一个比较小的问题是**任意的**与真实变元和**所有的**与表面变元之间的区分，部分归功于皮亚诺。毫无疑问，它与自由变元和约束变元

① B. Russell, *Am. j. math.*, vol. 30, 1908, pp. 222-262; E. Zermelo, *Math. Annalen*, vol. 65, 1908, pp. 261-81; L. E. J. Brouwer, *Tijdschrift v. Wijsbegeerte*, vol. 2, 1908, pp. 152-158.

② H. Poincaré, *Rev. metaph. mor.*, vol. 17, 1909, pp. 461-482.

③ *Rev. metaph. mor.*, vol. 18, 1910, pp. 263-301.

之间的对比相应。在《原理》第二版（1925）中，这个区分被完全
109 废除。在非形式的讨论中，自由变元和模式字母（交流符号）似乎被搅在一起。这样，比如根据哥德尔的构造，在通常的系统中存在一个谓词 $Px$，使得对任意的 $m$，$Pm$ 是定理，而 $(x)Px$ 或 $Pa$（$a$ 是自由变元）不是定理。因此，在**所有的**和模式意义上的**任意的**之间当然存在区别。至于自由变元和约束变元之间的区分，德国学派今天仍用不同的字母表示它们。在一种意义上，自由变元似乎对应于在证明过程中保持不变的参数，因此，例如归纳变元不应被看作自由变元。在另一种意义上，自由变元是不被任何存在量词管辖的全称量化变元，在考虑量化模式的有效性时，它们表现得就像常项。正如司寇伦观察到的①，自由变元系统极其明晰易懂，至少当人们只用可判定的谓词和能行的函数时是这样。

虽然形式蕴涵表现得没有《原理》中那么突出，但第 21 页确曾提到，闭语句之间的蕴涵：

> 没有发挥蕴涵的首要用途，即让我们通过推演得知之前不知道的结论。相比之下，形式蕴涵则起到了这个作用，这源于如下心理事实：我们常常知道 $(x)(\varphi x \supset \psi x)$ 和 $\varphi y$，而 $\psi y$（它是前两者的后承）却不易被直接认识到。

这个区分不是很严格；特别地，蒯因从闭语句的特例推导出形式蕴涵的**肯定前件式**。②

---

① Th. Skolem, *Videnskap. skr. I. Mat-Nat.* Kl., vol. 6, 1923.

② W. V. Quine, *Mathematical logic*, 1940 and 1951, § 17.

## 3 《数学原理》

为了避免不必要的复杂化，我们将把注意力限制在类上而忽略关系，后者可借助有序对添加，其中有序对既可以是另一种初始符号，如皮亚诺所做的那样，也可以通过合适的定义来引入。同时，我们将暂时远离诸如真和指称之类的语义概念。

类型层级的底部是个体对象和一些可应用于个体对象的谓词。这样，我们得到一类原子命题，从它们出发，借助真值函项联结词，我们得到其他命题。存在一些在个体域上取值的变元 $x$ 等。对这些变元进行量化，我们得到一阶命题函项。引入变元 $\varphi$ 等（更可取的说法是
$\varphi_1$ 等），它们在这些命题函项上取值，而这里的命题函项可理解为一 110
个开语句 $Px$，或抽象表达式 $P\hat{x}$，或后者所指称的属性。使用这些变元，我们从 $\cdots Px\cdots$ 可得到如下一些结果：$(\varphi_1)\cdots\varphi_1 x\cdots$，$(\varphi_1)\cdots\varphi_1\hat{x}\cdots$，$(x)\cdots\varphi_1 x\cdots$，$(x)\cdots\hat{\varphi}_1 x\cdots$。它们的阶都是（第三个除外）2。一个命题函项的阶是大于该函项中出现的所有约束变元——包括量化变元和上方带“^”的变元——的阶的最小的整数。因此，一个开语句 $F\varphi$ 的阶由它里面出现的约束变元的阶决定，一个抽象式 $F\hat{\varphi}$（表达式）及其所命名的属性的阶由开语句 $F\varphi$ 的阶和作为抽象化变元的 $\varphi$ 的阶决定。一个变元（表达式）的阶则继而由作为该变元的值的那些属性的唯一的阶决定。

一个属性的阶必须高于具有该属性的事物的阶，例如，$\varphi_1 x$ 是个体对象（阶为 0 的事物）的一个属性，其阶为 1，而 $(\varphi_1)\cdots\varphi_1 x\cdots$ 的阶则为 2。一属性的阶若比具有该属性的事物（用命题函项术语说，即它们的主目）的阶恰高一阶，罗素称之为**直谓的**（第 53 页），这个

用法可追溯到他与庞加莱的讨论；但通过可归约性公理，罗素引进了一些区别（参见下面）。有人或许认为，比方说，对于每个 $m$，我们都需要为比如说个体的 $m$ 阶属性引入变元，并且对于每个正整数对 $(m, n)$，我们都需要使用 $m$ 阶 $n$ 级的变元。但根据罗素，这是不必要的（第 54 页）。事实上，他只为直谓函项引入了变元，因此，如果不考虑关系，所需的变元构成一个简单的无穷层谱：$x$，$y$，…；$\varphi_1$，…；$\varphi_2$，…；等等。

利用可归约性公理，这一简化程序可以发挥与使用两个层级结构相同的作用。该公理断言，对于每个开语句 $F\varphi_n$，我们有：

$(\exists\varphi_{n+1})(\varphi_n)(\varphi_{n+1}\varphi_n \equiv F\varphi_n)$

这意味着，即使我们为了表达具有某给定的阶和级的对象的属性而让语言包含了无穷多种变元，借助这条公理，它们也可以由罗素所使用的更小的类中的变元来取代。

然而，一旦实现这一点，罗素的理论与简单类型论的现代版之间的区别，本质上就变成了属性与满足外延公理的类之间的区别。事实上，不用太费力就能把那个隐藏的形式系统揭示出来。特别地，我们可以说，每个变元或抽象式都具有某个类型 $\iota(i = 0, 1, \cdots)$。

111 ### 3.1 形式系统 PM

**P1** 系统的字母表包含以下这些符号：个体对象变元 $x$、$y$ 等（或记为 $\varphi_0$ 等），以个体对象的命题函项为取值对象的变元 $\varphi_1$ 等，以及一般地，对于每个正整数 $n$，有变元 $\varphi_n$ 等；$\vee$，$\neg$；全称量化符号；可能有一些作为固定类型的个体和属性的名字的常项符号，这里我们从略。原子公式是任何形为 $\varphi_{n+1}\varphi_n$ 的表达式；一般公式则是以常见方

法由给定公式通过 ¬ 、 ∨ 和全称量化复合得到。⊃、 ≡、 ∧ [①]、(∃) 等常项是以通常的方式由 ¬ 、 ∨、(#) 定义。在下文中, $p$、$q$、$F$ 等理解为模式字母是自然的。

**P2 命题演算**

$*1.1$　如果 $p$ 并且 $p \supset q$，那么 $q$。

$*1.2$　$(p \vee p) \supset p$

$*1.3$　$q \supset (p \vee q)$

$*1.4$　$(p \vee q) \supset (q \vee p)$

$*1.5$　$(p \vee (q \vee r)) \supset (q \vee (p \vee r))$（贝奈斯表明，这条是多余的）[②]

$*1.6$　$(q \supset r) \supset ((p \vee q) \supset (p \vee r))$

**P3 量化理论**　在下列各条中, $x$、$y$ 是同类型的任意变元，且 $x$ 在 $p$ 中不是自由的。

$*10.1$ $(x)Fx \supset Fy$

$*10.11$ 如果 $Fy$，那么 $(x)Fx$。

$*10.12$ $(x)(p \vee Fx) \supset (p \vee (x)Fx)$

**P4 可归约性公理**

$*12.1$　$(\exists \varphi_{n+1})(\varphi_n)(F\varphi_n \equiv \varphi_{n+1}\varphi_n)$

**P5 同一性**

$*13.01$　$(\varphi_n = \psi_n) = (\varphi_{n+1})(\varphi_{n+1}\varphi_n \supset \varphi_{n+1}\psi_n) Df$

**P6 无穷公理**

**P7 选择公理**

作为系统 *PM* 的不可或缺的一部分，类是以“不完全符号”的形

① 原文为 ∨，但根据上下文似应改为合取符号。——译者注

② P. Bernays, *Math. Zeitschrift*, vol. 25, 1926, pp. 305–320.

式被引入的。用于属性的、局部带弯折符的烦琐记号 $\varphi\hat{x}$，现在被用于类抽象的一个相关但更方便的记号 $\hat{x}\varphi x$ 取代。在 ∗20 中，我们发现如下内容：

> 一个函项 $\varphi$ 出现于其中的命题的真值可能依赖于那个特殊的
> 函项 $\varphi$，也可能只依赖于 $\varphi$ 的**外延**。在前一种情况中，我们称所
> 112 涉的命题是 $\varphi$ 的一个**内涵**函项；在后一种情况中，称之为 $\varphi$ 的一
> 个外延函项……数学所特别关注的函项之函项，全都是外延性
> 的。如果一个函项 $\varphi ! z$ 是外延性的，则可以视其为一个关于
> $\varphi ! z$ 所决定的那个类的函项，因为只要那个类不变，该函项的
> 真值就保持不变。

类的语境定义如下：

∗20.01 $G(\hat{\varphi}_n F\varphi_n) = (\exists\varphi_{n+1})((\varphi_n)(\varphi_{n+1}\varphi_n \equiv F\varphi_n) \wedge G\varphi_{n+1}) Df$

在类上取值的变元 $\alpha$ 等也是以语境定义的方式被引入：

∗20.07 $(\alpha_{n+1})F\alpha_{n+1} = (\varphi_{n+1})F(\hat{\varphi}_n(\varphi_{n+1}\varphi_n)) Df$

∗20.071 $(\exists\alpha_{n+1})F\alpha_{n+1} = (\exists\varphi_{n+1})F(\hat{\varphi}_n(\varphi_{n+1}\varphi_n)) Df$

在这些定义的基础上，外延公理可作为一个定理被导出：

∗20.43 $(\varphi_n)(\varphi_n \in \alpha_{n+1} \equiv \varphi_n \in \beta_{n+1}) \supset \alpha_{n+1} = \beta_{n+1}$

对于 $n > 0$，我们还可以推导出：

$(\gamma_n)(\gamma_n \in \alpha_{n+1} \equiv \gamma_n \in \beta_{n+1}) \supset \alpha_{n+1} = \beta_{n+1}$

从上面的讨论可以清楚地看到，无类理论所做的就是将类还原为属性。这一还原比罗素最初想要的要少得多：可归约性公理所带来的差别比属性与类之间的差别还要多。事实上，在《原理》第二版（1925）的导言中，命题函项与类之间的区分被抛弃了，理由是我们只对外延函项感兴趣。可归约性公理也被删除，而由相同阶成员所构

成的不同阶的类，则被加以区分，从而使变元既有上标也有下标。

继续我们对第一版的考察，我们回到先前刻意忽略的几个特征。

在实践中，类型标记通过**系统模糊性**的约定完全被隐藏了。这个约定实际相当于说，我们可以用任何想象的方式添加这些标记，只要它们满足“类的类型标记恰比其成员的高一层”（“层次化”）这个限制。这使得其结果与蒯因的《新基础》十分相似，只是 PM 的量化理论部分较弱，因为在蒯因的系统①中，层次化的要求没有被强加到量化部分上。

通过希尔伯特和阿克曼②，某种像系统 PM 加上外延公理——直 113
接应用于命题函项变元——的东西被保存下来，文献中称之为高阶谓词或函项演算。

语义悖论和数学悖论的混杂造成了更严重的困难。希望发展一种更综合的逻辑，语义概念直接出现在其中，这并非没有道理。事实上，即便在今天，这种发展看起来也很有吸引力，并有待人们去恰当地实现。但是，为了发展这样一个理论，我们不得不面对使用与提及和符号与其意义之间的区分。因此，在《原理》中，还有一个命题（闭语句）的层级结构。然而，由命题与命题函项之间的相互作用所造成的巨大复杂性，完全没有得到认真对待。例如，假设 $A$ 表示“被埃匹门尼德断定”，$T$ 表示真，即使我们有 $(p_n)(Ap_n \supset \neg T_n p_n)$，简记为 $q$，又有 $Aq$，我们也不能就此推导出 $\neg T_n q$，因为 $q$ 的阶是 $n+1$。为了显式地给出这样一个理论，我们至少得纳入 $p_n \equiv T_n p_n$ 这样的公理，并允许命题变元扮演双重角色，分别以名词和句子的身份出现。当然，还需要允许用命题替换命题变元的规则，这或许可以认为已隐

---

① 参见第 123 页脚注②。

② D. Hilbert and W. Ackermann, *Grundzüge der theoretischen Logik*, 2nd edition, 1938.

含在 ∗10.1 中了。

虽然发展一个这样的统一理论看起来十分可能，对于罗素的目的而言，这显然不是根本的。后来在多个地方，罗素都表示同意将他理论中与语义概念有关的部分去掉。

有一个关于量化理论的哲学想法很有技术价值。这个想法是，统摄量化表达式的真值函项必须用其真值函项不统摄量化表达式的命题来解释。在 ∗9 和第二版的 ∗8 和新导言——那里描述了取代 ∗10 的可选方案——中，下述思想得到了详细阐述：真值函项理论起初只为无量词语句而设，再加上量词以前束范式形式出现的公式。量词的其他出现由定义引入。

∗9 所暗示的系统基本如下：

∗1.1–∗1.6 无量词真值函项定理

∗9.01–∗9.06 例如，$\neg(\exists x)Fx = (x)\neg Fx Df$；$(x)Fx \vee p = (x)(Fx \vee p) Df$。

∗9.1 $Fx \supset (\exists y)Fy$

∗9.2 $Fx \vee Fy \supset (\exists z)Fz$

∗9.12 如果 $p$ 并且 $p \supset q$，那么 $q$（$p$，$q$ 可能含有量词）。

∗9.13 如果 $Fx$，那么 $(x)Fy$。

初始概念为 $\vee$，$\neg$，$(x)$，$(\exists y)$。这与艾尔布朗学位论文[①]中
114 的系统几乎相同，只是这里的系统被假定为同时对所有不同的类型成立，而艾尔布朗的系统只是对一个类型。定义 ∗9.01 到 ∗9.06 的恰当解释是允许重复应用，从而使 $Fx$ 和 $p$ 可以含有量词。罗素没有充分地认识到这一点，因为那时定理与元定理之间的区别还未为人熟悉："数学归纳法是一个还不能应用的证明方法，直到包含表面变元

① J. Herbrand, *Recherches sur la théorie de la démonstration*, 1930.

的命题理论确立以前，（正如将要显示的那样）它不能被自由地使用”（第 130 页）。

与单独挑出量词移位规则的想法相关，出于某些目的，使用窄辖域形式的公式（量词尽可能向里）而非前束公式，甚至完全不进行大量的量词移位，也很方便。在这种情况下，使用一些规则允许在公式内部而不只是在一开始时引入量词，是很自然的。有些人觉得方便好用的一个简单实例是：以 $\wedge$、$\vee$、$\neg$、$(x)$、$(\exists y)$ 为初始符号，只考虑正公式，即否定符仅作用在原子公式上的公式。如此我们得到一个形式上十分简单的系统，它只有三条规则：

Q1 真值函项重言式（可能带量词）都是定理。

Q2 如果 $\cdots Fx\cdots$ 是一个定理，并且 $x$ 在别处不是自由的，那么 $\cdots(x)Fx\cdots$ 也是一个定理。

Q3 如果 $\cdots((\exists x)Fxy \vee Fyy)\cdots$ 是一个定理，那么 $\cdots(\exists x)Fxy\cdots$ 也是一个定理。

要扩充这个系统以包含正公式以外的公式，我们必须添上：

Q4 在任何语境中，$\neg(\exists x)Fx$ 和 $\neg(x)Gx$ 可分别由 $(x)\neg Fx$ 和 $(\exists x)\neg Gx$ 替代；$\neg(p \wedge q)$，$\neg(p \vee q)$，$\neg\neg p$ 可分别由 $(\neg p \vee \neg q)$，$(\neg p \wedge \neg q)$，$p$ 替代；反之亦然。

如果我们用艾尔布朗的一般量词和受限量词的概念取代 Q2 和 Q3 中的 $(x)$ 和 $(\exists x)$，我们就可以完全抛弃 Q4。

## 4　维特根斯坦和拉姆齐

到目前为止，我们基本没有涉及《原理》中的哲学段落，特别是第 37—59 页。作者仍然记得，1940 年自己还是大学一年级学生的 115
时候，长时间地对着这些段落苦思冥想，却收效甚微。维特根斯坦、拉姆齐和哥德尔的一些著作，都与罗素的逻辑哲学特别有关。[①]

在第 1 节中，我们提到了原则 T1 和 T2。从 1908 年开始，一条新的原则变得引人注目，即 T3：恶性循环原则。

原则 T2 排除了混合类型的可能性。这条原则被十分明确地陈述为 ＊1.11（第 95 页）。三条原则一起基本决定了某种形式的分枝类型论，尽管仍然存在允许什么序数作为阶的标记的问题。特别地，从这些原则我们可以推得：

T3a 没有类与其成员可以具有相同的类型。

由 T1、T2、T3a，我们得到简单类型论。

从 T3 到 T3a 的推导是被明确地给出的（第 40 页）：

> 给定一个函项 $\varphi\hat{x}$，它的值都是形为 $\varphi x$ 的命题。这意味着，不存在形为 $\varphi x$ 的命题，其中的 $x$ 有涉及 $\varphi\hat{x}$ 的值。（否则，在函项确定以前，它的值将不都是确定的，然而我们发现，除非其值先已确定，函项不会是确定的。）……事实上，$\varphi(\varphi\hat{x})$ 一定是一个不表达任何东西的符号：因此我们可以说，它是无意义的。

还有一种观点是，“主目为 $\widehat{\varphi z}$ 时，$\widehat{\varphi z}$ 的值是真的”这句话不是无意义的，而是假的，因为这样的值不存在。

由于简单类型论不需要 T3 之全力，一个自然的问题是，T3a 是否可以从其他方面导出。事实上，罗素通过一个直接的考虑提供了另一个论证（第 47—48 页）：那个命题函项是含混的，不能用作主词。这里，对作为属性的命题函项和作为开语句的命题函项的混淆，似乎特别明显。含混的、有待确定的东西是开语句，它不能作为主目出现；而对于“$\varphi\hat{x}$ 是人”，人们会说，$\varphi x$ 中的含混性已经被弯折符消

---

① L. Wittgenstein, *Tractatus*, 1921, 1922, 1961。F. P. Ramsey, *Foundations of mathematics*, 1931。K. Gödel, ‘Russell's mathematical logic’，见于第 122 页脚注③中所引书。

掉了。

如果我们完全抛弃 T3a，就没有什么能阻止我们得到这样一个属性，具有该属性的是所有满足 $\neg \varphi\varphi$ 的属性 $\varphi$，或得到 $\hat{x}(x \notin x)$。另一方面，可以想象，我们能用更弱的原则替换 T3a，比如：没有任何给定类型的类可以和那个类型的所有序数的类一样大。

在《原理》第二版中，罗素借用了维特根斯坦的一条外延原则（见下面），并试图摆脱可归约性公理。第一个改动的结果本质上是 116
将所有属性外延化，从而使属性与类无异，但由于第二个改动，只有直谓的类才被允许。罗素增加了几页说明，论证“$A$ 相信 $p$”和“$p$ 是关于 $A$ 的”都不是外延原则的真正的反例。

抛弃可归约性公理至少有四种后果。首先，同一性的定义不再可行。不过，这可由外延原则 $(x)(\varphi x \equiv \psi x) \supset (F(\varphi) \equiv F(\psi))$ 替代。有关高等无穷的概念和结果，如康托定理，不再能得到；但这倒没有引起多大遗憾。古典分析，如最小上界定理，也丢失了，这却令人痛惜。最后，数学归纳法也存在困难。

没有可归约性公理，不仅存在不同类型的整数，在每个高于 1 的类型内，还存在分属无穷多不同阶的整数，因为整数属于每个（固定阶的）归纳类——包含 0 并在后继运算下封闭的类。在附录 B 中，罗素提出了一个证明，对于任意的 $n > 5$，阶为 5 的整数的类不比阶为 $n$ 的整数的类大。这意味着，可以将整数的类定义为所有阶为 5 的归纳类的交。这似乎与如下事实矛盾：我们可以使用高阶归纳证明低阶归纳系统的一致性，并因此消去更多的非标准整数。正如哥德尔指出的，$*89.16$的证明不是结论性的。[①]

维特根斯坦在《逻辑哲学论》中对逻辑和数学哲学提出了一些

① 参见上一条脚注所引歌德尔文章中的脚注 38。

挑衅性的观点。粗略地说，存在简单对象和原子事实。原子命题——如果为真——描绘原子事实（“意义的图像理论”）。量词被归约为合取和析取。每个简单对象有一个唯一的名字，因此，在最终的分析中，等词是不必要的，尽管维特根斯坦不否认，它对数学是有用的，甚至实际上是根本的——在数学中，我们主要的兴趣就在于确定两个不同的摹状词是否有相同的指称。此外，外延原则（5.54）被应用到所有复合命题上：“在命题的一般形式中，命题只作为真值运算的基础出现在其他命题中。”从这些一般断言出发，我们得到命题的一般形式，它通过重复地应用一个推广的竖杠函数（否定任意给定集合中的所有命题；比较一下隐含在肖芬克尔（Moses Schönfinkel）的记号 $fx \mid {}^{x}gx$ 中的相关思想）①到全体原子命题的类上，产生所有命
117 题。整个理论忽视了有穷域和无穷域之间的区别，因此对数学基础而言是无关紧要的。数被明智地按不同思路做了处理：“数是一种运算的幂”（6.021）。

最基本的原则或许是原子性原则，它肯定了终极分析的可能性。关于简单对象，维特根斯坦说得不多，它们更像是物质对象，而非罗素和逻辑实证主义者所提倡的感觉材料。对于这种“逻辑原子主义”立场的提出，摹状词理论似乎是一个重要影响因素，根据后者，无指称的词项可以被消去。

只有当简单对象存在，我们从而可以设想它们被重新安排时，“一把剑被折断了”才是有意义的。这假定了，意义必须通过指称来表达，并且指称对象必须是物质对象。或许可以不是物质对象，但无论如何须是简单对象。

逻辑必须在所有可能世界中为真。但我们该如何设想可能世界

---

① M. Schönfinkel, *Math. Annalen*, vol. 92, 1924, pp. 305-316.

呢？不同的可能性产生于对相同的基本之物的重新安排。

我们都很熟悉："那位英国总统" 似乎有一个虚构的指称，而摹状词理论使得超出实在的对象看起来不必要。为什么不在所有情形中都这样做呢？分析应当导向简单记号和简单对象。简单记号若是有意义，那么这意义只能是它们的指称。如果一个简单记号的意义不是一个对象，那么进一步的分析就是可能的。事实上，一个名字是否有意义，总是要取决于某物是否真实。换言之，如果我们只有摹状词，它们从哪里获得意义？除非在某个地方命题直接触及实在，否则不可能有解释任何命题之真假的基础。我们也许不知道原子命题是什么，但必定存在这种命题。

确定的意义和不确定的意义之间的对比引入了一个要素，它让人们想起在各种限定条件下表述的同一律。有一种感觉是，只要不惮劳苦，一个命题最终只能有一个确定的意义：没有确定的意义等于无意义。

如果我们从未经分析的命题开始，通过逻辑运算产生更复杂的命题，我们就必须在逻辑常项的不同意义之间做出选择，并决定是否允许没有确定真值的句子。

对一个给定的有穷对象域作数学处理是容易的，因为我们可以计数所有对象并赋予每个对象一个唯一的记号。固定的谓词和函数可以外延地定义，比如用表格。很明显，外延地看，一个有穷的论域上只
能有有穷多的可能的谓词和函数。$\wedge$、$\vee$、$\neg$、( )、($\exists$) 等逻辑常 118
项也能以自然的方式解释，按照这种解释，常见逻辑定律能够被验证为真。我们不好期望这些定律对这种解释是完备的，因为对于这种给定的小世界，存在一些陈述一般地为真，但它们只是偶然地如此，而不是逻辑地为真。例如，在一个只有两个对象的世界中，$(x)(y)(z)(x=y \vee x=z \vee y=z)$ 就是一个这样的真理。由此再进一小

步，我们就能得到这样的结论：在命题序列 $(\exists x_1)\cdots(\exists x_n)(x_1 \neq x_2 \wedge \cdots \wedge x_{n-1} \neq x_n)$ 中，我们从一些重言式——当 $n$ 不大于简单对象的总数时——开始，最终走向矛盾式。①

在他 1930—1933 年的演讲②中，大概是受布劳威尔的影响，维特根斯坦开始认识到《逻辑哲学论》中的两个基本错误。第一个错误是关于原子命题。“他说，他和罗素都认为非原子命题可以被‘分析’为原子命题，但我们却不知道这样的分析是什么样的……他现在的观点是，谈论‘最终的分析’是无意义的。”他愿意在任何语境中将未分析的（而不是不可分析的）命题当作原子的。第二个重要错误是他将一般命题分析为合取式。“他说他先前被 $(x)Fx$ 可由 $Fa \wedge Fb \wedge Fc \wedge \cdots$ 替代的事实误导了，没有认识到后一表达式并非总是一个逻辑积，只有当那些点是他所谓的‘偷懒的点’时，它才是一个逻辑积。”

受维特根斯坦的影响，拉姆齐在他 1926 年的一篇文章③中重新解释了简单类型论。他列出了《原理》中的三个基本错误。首先，这个理论等于说，每个类都有一个可用来定义它的属性。“此错误的造成，不是由于该理论包含了一个断言所有类都可定义的初始命题，而是因为它对类下了一个只适用于可定义类的定义，这使得所有关于某些或全体类的数学命题都被曲解了。”众所周知，在每个形式语言中都有不可定义的类。拉姆齐似乎暗示，绝对不可定义的类也是可能的。“不可定义类是否存在，这是一个经验问题；两种可能都是完全

---

① 参见 Ramsey, op. cit., pp. 59–61。

② G. E. Moore, Mind, vol. 64, 1955, pp. 1–4.

③ Ramsey, op. cit., pp. 1–61。本段中引文见于 pp. 22–24。关于绝对可定义性问题，可对照哥德尔在 *The undecidable*, ed. M. Davis, pp. 84–88 中的演讲。与这里意欲达到的概念最接近的，是哥德尔的序数可定义性概念。

可设想的。即使事实上所有类都可定义，我们也无法在我们的逻辑中将类等同于可定义类而不破坏逻辑的先验性和必然性，后二者是逻辑的本质。”其次，《原理》未能区分语义悖论和数学悖论。第三，对等同的处理是一种曲解，因为它没有界定等同符号被实际使用的意义。在为拉姆齐的文集所写的书评①中，罗素说：“就我而言，我承认这些缺陷中的第一个和第二个，并认为拉姆齐在这些方面的工作价值 119
巨大……但关于等同，我不太信服。”

拉姆齐的观点是实在论的，一视同仁地对待有穷集和无穷集。特别地，在他看来，所有数学真理都是（真值函项的）重言式，虽然有时是关于无穷多命题的。

> 个体的**直谓函项**是这样的真值函项，其主目——无论有穷多还是无穷多——都或者是个体的原子函项或者是原子命题……接受主目数量可以无穷多，意味着我们不把函项的范围限制在那些能够以某种方式构造的函项上，而是通过描述其意义来确定它们。(拉姆齐文集，第39页)

按照拉姆齐的说法，我们不能写出无穷长的命题，这在逻辑上只是一个偶然（第41页）。从这样的观点看，可归约性公理变得不再必要，取而代之的是概括公理，后者在形式上与前者十分相似，但在关于类或无穷真值函项的实在论立场下，它是真的。相比之下，依照《原理》的解释，可归约性公理既不是矛盾式（它可能为真），也不是重言式（它可能为假）。选择公理在两种解释下的表现也类似。它在实在论解释下是一个重言式，这得自如下事实：所有的限定都能确定一个（属于某给定类型的）类，因为我们在每个类型中都设想所有可能的对象类。有一种反驳是，如果选择公理为真，它就应该是可

① B. Russell, *Mind*, vol. 40, 1931, pp. 476-482.

证的。对此，拉姆齐回答说，“但在我看来，这样的情形绝非完全不可能：存在一个重言式，它可以用有穷多的词项表述，但其证明却无限复杂，并因此是我们无法达到的”（第 59 页）。仍然比较麻烦的是无穷公理，因为它专注于“个体”，并且拒绝赋予数或递归构造一个独立的地位。

拉姆齐的评论在数学上的意义不大，因为他没有告诉我们如何用有穷方法证明概括公理是一致的（当存在无穷多属于某给定类型的对象时），也没有告诉我们如何解决选择公理相对于（非无限复杂的）证明的独立性问题。至于公理在构造性理论中的情况，我们实际可以观察到可归约性公理为假（因为存在高阶的类不与低阶的类等外延），选择公理为真（因为论域是可数的，相应的直观模型通过阶数足够高的类保证了选择的可能性）。

120 拉姆齐对语义悖论的处理揭示了《原理》中的一些晦涩之处。以格雷林悖论（Grelling's paradox）“ $w$ 是非自谓的（heterological）”为例。如果我们令 $w$ 的取值对象为表示属性的符号，$R$ 表示命名关系，则该谓词可由下式给出：

$$Hw \equiv (\exists \varphi)(wR(\varphi\hat{x}) \wedge \neg \varphi w)$$

特别地，$H'H' \equiv (\exists \varphi)('H'R(\varphi\hat{x}) \wedge \neg \varphi'H')$。

现在，我们也许想说，根据可归约性公理，存在一个（《原理》意义上的）直谓函项 $F$，使得 $Fw \equiv Hw$。又由于 $'H'RH$，我们能得到 $F'H' \equiv \neg H'H'$，并进而得到 $H'H' \equiv \neg H'H'$。这样看来，可归约性公理似乎重新带来了语义矛盾。类型论在这里既没有排除用 $'H'$ 替换 $w$，也没有排除用 $H$ 替换 $F$，而是对这类话语保持沉默。这表明，如果我们想对数学和语义学做统一的处理，我们就必须明确地引入语义概念和支配其用法的规则。

在随后不久发表的一篇通俗演讲中，拉姆齐表达了他对无穷公理的一些疑虑，并这样评价自己的理论："不可能把它看作完全令人满意的"（第 81 页）。根据其文集编者的说法，"他在 1929 年转向了一种有穷主义的观点，拒斥任何实无穷集合的存在，他后期的一些注释暗示了这一点"（第 xii 页）。

## 5　逻辑真及其他哲学问题

《原则》第二版（1937 年）的导言可以看作是罗素的逻辑哲学观点的一个总结。其中心主题是逻辑真和逻辑常项，而主要的结论则是——他尚未找到一个对逻辑的适当定义。

（1）**对直觉主义和有穷主义的批评**　这些批评都相当肤浅。例如，对有穷主义的评论未能理解该理论中的理想化元素；对这个学说的激烈反对似乎仅仅是在玩弄"有穷主义者"这个字眼。"如果有穷主义者的原则被接受，我们就不能对通过其属性而非实际枚举其全体元素定义的集合做**任何**一般的论断。"但众所周知，根据有穷主义的观点，递归定义和所有（原始）递归算术定律都是完全可接受的。

（2）**数学等同于逻辑**　罗素的基本观点似乎是，无论我们怎样更精确地定义逻辑和数学，只要定义是合理正确的，逻辑和数学都是等同的。抽象地看，这样的观点也可以接受，因为有时我们确实知道某 $A$ 和某 $B$ 是相同的，同时又没有对它们的精确定义；比如，复数和实数的有序对，上帝和全能者。然而，在当前的例子中，罗素如此坚持自己的信念——与弗雷格、拉姆齐和维特根斯坦形成对比，同时又不寻求对那许多遗留难题的解决——他不可能没有觉察到这些难题，却是十分令人费解的。特别地，作为数学之核心的无穷概念在逻辑中的地位，应该得到更多的关注，在这之前，"还原论"立场的一个清晰**表述**甚至无法适当地做出。比如，一种可能的理论是采纳拉姆齐的 121

早期立场，对其漠视有穷和无穷之间差别的做法可以做这样的补充：用诸如所有可能的“＊”串之类的构造物为无穷公理作辩护。这样一种观点需要假定，对有穷集为真的逻辑也自动适用于无穷集。这个理论与罗素的构造主义观点大相径庭。

（3）**逻辑构造和柏拉图主义** 罗素最初的柏拉图主义思想，特别是关于类的柏拉图主义思想，经过如下一些发展被抛弃了：摹状词理论；废除类（赞成属性）；按怀特海的方式用事件类定义空间、时间和物质。这种持续演进的构造主义哲学与罗素对拉姆齐的原初理论的显然的认可有些不协调，后者的非构造特征不比任何一种数学哲学弱。

（4）**逻辑真和逻辑常项** 这是一个核心问题，需要更深入的讨论。

罗素认为，逻辑命题必须具有完全的普遍性，并基于其形式为真。在逻辑命题的语言或符号表达式中，除逻辑常项之外，没有任何常项出现。例如，我们可以考虑一下经过轻微改动的如下传统三段论：“如果所有快乐都是短暂的，并且永生是一种快乐，那么永生是短暂的。”罗素认为，这个命题基于形式为真，但却不是完全普遍的，因为它包含了语词“快乐”“短暂的”和“永生”。如果我们用适当的变元替换这些词，我们会得到如下陈述：“不管 $S$、$P$ 和 $M$ 取什么可能的值，如果所有的 $M$ 都是 $P$，并且 $S$ 是一个 $M$，那么 $S$ 是 $P$”。对罗素来说，这表征了一个逻辑命题。

这里至少有两个问题需要讨论：什么是逻辑常项？常项全部为逻辑常项的真（或者更确切地说，有效的）语句都是逻辑真理吗？

122 根据罗素的说法，“在尽最大努力缩减逻辑演算中的未定义项之后，我们会发现还剩下（至少）两项是不可或缺的：其一是不相容性；其二是命题函项的所有值都为真这个概念”（第 xi 页）。换言之，这两项是不相容析取和全称概括。类成员关系没有被包括在内，它可能被合理地认为不属于逻辑的范畴。然而，罗素很可能认为，谓述关系——用相连的符号表示，因此我们有 $yx$ 来代替 $x \in y$ ——不必被看作额外的初始项，但它发挥了类成员关系的作用。这样一种观点具有误导性，因为我们确实需要关于谓述的特殊公理，而不相容析取和全称概括就其本质而言并未对它们做出要求。

不管怎样，看来需要某种标准区分逻辑常项和非逻辑常项。罗素曾说，逻辑常项在命题的语言或符号表达式中是这样一种东西，当命题的所有**成分**都发生改变时，它们仍然保持不变。他还说，基本的逻辑常项是许多语句中共有的一种东西，这些语句中的任何一个都能通过**词项**替换由另一个得到。罗素的这些论述只是把问题转换成了一个同样复杂的问题，即命题的词项或成分是什么这个问题。

《逻辑哲学论》中提到，在适当的记法（一种理想语言）下，逻辑常项就像标点符号或括号一样（4. 441，5. 4，5. 4611，5. 474）。因此很清楚，没有任何成分（对象或对象的复合）与它们对应；不存在“逻辑对象”。这个提法有助于逻辑常项的选取，但前提是存在记法适当与否的独立标准。否则，任何选取都能被合理化，只需作如下**特设**：一种记法是适当的，当且仅当它用类似于标点符号或括号的记号表示那些被选中的语词。

倘若我们假定第一个问题已经以某种方式得到解答，第二个问题也将仍然存在。早在 1919 年[①]，罗素就已经开始察觉到，不包含非逻辑常项这一点虽然是逻辑命题的必要条件，但不构成逻辑命题的充分条件。拉姆齐给出的反例是：“任何两个东西都至少有三十种不同之处。”如果我们不要求逻辑真理具有任何另外的属性，我们就会被迫

① B. Russell, *Introduction to mathematical philosophy*.

接受蒯因[1]曾表达过的一种观点，即任何陈述只要例示了一个有效的陈述形式，并且不包含非逻辑常项，就逻辑地为真。其结果是，我们将不得不接受这样一些陈述为逻辑真理，它们之为真，依赖于相关论域的大小。

123 如果我们不愿接受这一结果，就需要一个另外的属性，根据早期维特根斯坦和拉姆齐，这个属性是“**重言的**”，还有很多人则认为，它是“**分析的**”。对“重言的”这个概念的自然理解是“在所有可能世界中为真”。以此为基础，《逻辑哲学论》中发展了一个相当吸引人的理论，它看起来能很好地解释带等词的量化理论的定律。但当触及类理论时，一如我们先前提到的，拉姆齐再次引入了与无穷公理相联系的论域大小的问题。

罗素和早期的拉姆齐似乎都相信，要得到普通数学，我们不仅需要假定个体对象在世界中存在，还需要假定它们有无穷多。由于我们感到很确定，无论物理世界中有多少事物，$n$ 总归是与 $n+1$ 不同，得到的自然结论就是，一个将这一点依赖于关于世界的经验假设的理论一定是错的。无穷一定来自别的某个地方。事实上，正是由于难以用严格的逻辑概念恰当地解释无穷，罗素将逻辑与数学相等同的论题才显得高度可疑。

## 6 直谓定义和恶性循环原则

（1）**恶性循环原则的表述问题** 较之于核证该原则，正确而清晰地表述它，在复杂程度上一点也不低。假如我们的目的是确定关于类存在的所有可接受的原则，我们就必须决定是要排除所有违背恶性

---

① W. V. Quine, *Mind*, vol. 62, 1953, p. 436.

循环原则的定义，还是要容许其中一些，它们可由普遍接受的基础加以核证。理想情况下，将该原则作为我们唯一的向导是最好的，或者至少将所有可由该原则单独核证的定义分离出来。后一项任务并不容易，特别是因为该原则在本质上是消极的：它直说的内容只是什么样的定义应当作为非法的被排除在外。因此，在实践中，该原则何时适用并不总是清楚的。

在《原理》一书中，该原则的表述基本如下（第 37 页）："（1a）恶性循环原则。没有总体能够包含只有借助该总体才能定义的成员；只有用一个集合的全体才能定义的东西，必不是该集合的成员。"这一表述是高度歧义的。其中一些歧义可通过检查罗素的正面学说来消解，另外一些则需要不同程度的进一步的分析。

固定有穷的对象域不会带来任何严重的理论困难。对数学来说，124
第一个有趣的概念是有穷性的一般概念。

（2）**有穷性的概念**　罗素的分枝类型论以多种方式预设了这个概念。（i）在该理论的语法描述中，我们需要谈论所有的有穷阶 $n$，在每个阶之内，我们需要设想可通过真值函项和量化得到的所有有穷组合。（ii）后继函数的定义预设了任意有穷数量的重复应用。（iii）即使是用物理世界解释的无穷公理，也必须预设有穷性的概念是有意义的。

事实上，通过个体（而非某种形式的抽象理想化）谈论无穷看来是误入歧途了。罗素似乎想把对有穷性的一般概念的理解和对无穷多个对象的存在的假定区分开来。如果我们考虑的是物理对象，这完全合理。然而，试图在这样的基础上发展数学，却是徒劳无益的。实际上，将算术还原为逻辑这项计划，如果按罗素所设想和实施的情况看，无疑是失败了。

罗素不同意对以如下方式得到的所有类取并集：从空类 0 开始，

不停地对已给定的类 $x$ 取单元类 $\{x\}$。理由是，这会涉及不纯的类型，并有使用全集的问题。对于一个与罗素系统的其他可分离方面相脱离的分枝类型理论，这样的反驳是无效的。例如，我们可以从 $*$ 开始，考虑这样的类 $A$：(i) $* \in A$；(ii) $x \in A \supset x* \in A$。

这里的困难在于变元 $x$。我们可能愿意说，$x$ 的取值范围是这样的一个类 (a)，它恰好由 $*$ 及所有可通过附加**有穷**多个 $*$ 到 $*$ 上得到的符号串构成。但这就预设了有穷性的概念。或者，我们也许会说，存在很多满足条件 (i) 和 (ii) 的类，因为没有什么可用来排除无关的多余之物。为了得到一个定义，我们可以改成说满足条件 (i) 和 (ii) 的最小的类。但这样一来，定义就不再是直谓的。另一方面，如果我们愿意把有穷性的概念当作给定之物，我们就可以用 (a) 作为 $A$ 的定义。

如果我们把困难转移给形成规则，我们可以说：(i) $*$ 是一个项；(ii) 如果 $x$ 是一个项，$x*$ 也是一个项。我们还可以将如下真陈述用作公理：(iii) $x* = y* \supset x = y$；(iv) $x* \neq *$。然后我们就可以用类似这样的条件来定义类：(v) $** \in B$；(vi) $x \in B \supset x** \in B$。

关于递归定义的可接受性，恶性循环原则未做明确陈述。一方面，我们可以辩解说，既然我们无论如何都理解有穷性和递归定义，
125 它们就是可接受的且不违反恶性循环原则。另一方面，人们可能会指出，$x \in B$ 的一个显定义将形如 $(A)((** \in A \wedge (z)(z \in A \supset z** \in A)) \supset x \in A)$，它显然是非直谓的。如果我们把 $z \in A$ 换成 $(z \in A \wedge z \neq x)$，我们会得到些许安慰，因为这时变元 $A$ 可以被限制为只在有穷类上取值，因此不必包含 $B$ 这个无穷的类。

如果我们抛开关于混合类型的禁令——它与恶性循环原则无关，罗素似乎愿意接受一种有穷类理论。由于我们知道在这样的基础上发

展算术是可能的，我们可以推广这种方法从而至少得到递归的数集。

核心的问题在于以直谓的方式达到取值范围为（全体）有穷类或自然数的变元。如果我们同意 0 是一个项，以及当 $x$ 和 $y$ 都是项时，$j(x, y)$ 也是一个项，并将 $x \in 0 \equiv x \neq x$ 和 $z \in j(x, y) \equiv (z \in x \vee z = y)$ 用作公理，那么我们似乎就可以确信，这里的变元的取值范围 $R$ 包含了从 0 构造起来的所有有穷类。我们有理由认为所有这些有穷类的集合 $C$ 不是一个非法的总体吗？

原则（1a）似乎不能为这个问题提供一个明确的答案，尽管罗素很可能并未为 $R$ 可能大于 $C$ 这件事担心。非预期解释或非标准模型的问题与我们的问题并不显然相关。但是，排除这些解释的常见方式使用了非直谓的定义，这让我们对 $C$ 的合法性产生怀疑。我们不禁要问，是否有任何方法可以在不违背恶性循环原则的情况下引入一个无穷总体。

无论解决办法是什么，我们当然希望使用一个无穷总体作为进一步构造的基础。而像 $C$ 这样的一个总体当然是可接受的，即使它应该被视为违背了（1a），因为我们确实理解有穷性的概念。鉴于我们可以通过这个概念达到总体 $C$ 和数集 $N$，我们不必选择恰巧违背（1a）的特殊方式引入这些总体。我们得到的结论是，$C$ 和 $N$ 是合法总体，在它们的基础上，我们可以设计进一步的直谓定义。

那些拒绝接受这一结论的人将不得不谈论相对于自然数的直谓性。对于一般的归纳定义，也存在类似的问题（见下文）。

还有一个有趣的枝节问题，它看起来并不与直谓性问题特别相关。一旦我们有了 $C$ 或 $N$，我们就能用量词和少量简单的初始谓词得
到所有算术谓词的直谓定义。然而，递归定义和全部自由变元算术都 126
可以用模式字母（代替变元）建立起来，这使得非标准模型不会影响它们的解释，只要谓词只应用于标准的数。之所以会这样，是因为

等词使每个数字的指称都是唯一的，非自然的数无法造成干扰。这对于一般的算术谓词是不成立的，因为非自然的数会搅乱量词的解释，比如，3 可能在一个模型中满足某个定义条件，但在另一个模型中却不满足。这样，我们得到递归定义的一个有趣的区分特征，也许可以称之为“只预设潜无穷的总体”。不过，这个更精细的区分似乎与直谓性问题无关，根据后者，一旦一个总体是可获得的，我们就可以自由地使用在这个总体上取值的约束变元。认为非标准模型中的变化会影响一个算术谓词 $A$ 的解释并因而使得 $A$ 不是直谓地定义的，这未免有些牵强。毋宁说，用极小或标准模型作为变元的值域，这在一个直谓理论的构造中是被假定的，仅有的不良影响是那些会迫使我们改变原来的值域的影响，这使得我们不能再固守任何极小模型。形式上，考虑对某个数集的一个只包含作用于数上的量词的定义，将其与一个包含作用于任意数集上的量词的界定（specification）进行对比，二者之间的区别是明显的。

（3）**定义及其顺序** 相关的定义概念不是指使用缩写，后者的全部要求是一个能用来唯一地消去被定义表达式的机械程序。区别之一是，这样的缩写不关心我们从哪里开始，通常也不允许有无穷多先在的缩写。我们这里考虑的定义概念比界定的一般范畴要窄，后者对于我们想保留的构造性特征没有倾向。一方面，如果咬文嚼字一点，我们愿意说，数集的非直谓定义并不是定义，而是相对于一个预想的实在主义模型的界定。另一方面，假如我们已经有了“房间里的人”这个类和数的类，我们就不会反对“房间里最高的人”或“最小的完美数”。我们愿意说，这些表达是对对象的非直谓界定，而那些对象则预先以直谓的方式被定义好了。

从一种经典的观点看，人们或许愿意说，我们在这里也只是对界定感兴趣，而恶性循环原则只是将一种类型的界定与其他类型区分开。然而，我们要求直谓定义构成一种良序，使得每个类由这样一个成员条件定义，该条件中所有变元的值都只能是由那个良序中更早出现的定义引入的东西。这意味着，在后的定义不会干扰在先的定义；如果一个定义 $A$ 包含这样的约束变元，其值域含有有待于 $B$ 来定义的东西，那么 $A$ 所确定的分类就必须由 $B$ 所确定的分类来调整，更一般地说，存在同时满足一组条件的复杂问题。例如，按照罗素的说法，在根据整数的英文名称所做的分类中，“不能用少于十九个音节命名的最小的整数（the least integer not nameable in fewer than nineteen syllables）”指称 111777，但上面这个名字只包含十八个音节。 127

这里的顺序不能字面地理解为时间顺序，具有核心重要性的是序数。

如果一开始就假定任意的序数，人们甚至可以得到整个集合论的模型，如哥德尔所做的那样。当然，至少据我们目前所知，对于较高的序数，非直谓性是内在的。为了得到直谓的集合论，我们只用较低的序数，从自然数开始。

一旦我们愿意在语形和概念层面上假定自然数——罗素实际就是这么做的（只是不承认），数学归纳法的问题就不再困难了。至于实数，我们也能通过在极限序数处取并集得到标准定理，如最小上界（戴德金切割）定理。

给定一类序数和一个初始理论（比如有穷类或自然数的理论），存在借助超穷归纳构建直谓集合论的标准程序：在后继序数处有直接的直谓扩张，在极限序数处则取并。

还剩下可接受序数、可定义性与可证性以及归纳定义等问题。

（4）**可接受序数；自动扩张；真理和知识**　为了得到序数，我们必须有一个理论，这个理论反过来又依赖于序数。1954 年，以下建议被提出①，我们取在一个给定系统中**可定义的**所有序数，然后用这些序数制造新的系统。这种“自力自为的（boot strapping）”想法有一定的概念上的吸引力。它设想了序数和系统之间的一种交替的自动扩张。“可定义”序数这个模糊的表达被用来指在系统中出现的恰好为良序的任意谓词的序型。1955 年，斯佩克特（C. Spector）② 证明了一个结果，它意味着，上述扩张过程在一种确定的意义上止步于递归序数和超算术集。用形式术语说，人们可以通过轻微改动贝奈斯集合
128 论得到编码上述理论的一个形式系统。所需的改动是，确保公理中避免使用一般的约束集合变元，只保留那些以先前确定的集合为取值对象的变元。

这个简单的想法现在已经被精炼为这样一个要求：一个序数要是可接受的，其对应的良序须得被识别（证明）为给定的直谓系统中的一个良序。这自然地引出如下问题：一个直谓系统，既然不包含可取任意序数集为值的变元，如何能真实地表达“是一个良序”这个性质。但实际上，在许多情况下，不受限制的良序定理在经典意义上为真，如果其受限形式在给定的直谓系统中可证。舒特和费弗曼③分别独立地得到了这方面的一些结果，但用“自主前进（autonomous progressions）”的名字称呼它们。

一个更一般的问题是，在对直谓定义的刻画中，我们是否应该在为真之上再加上知识方面的要求。与之平行但与递归定义相联系的一个问题是：我们是否应该要求递归性构造性地可证。对于这两个问

---

① *J. symbolic logic*, vol. 19, 1954, p. 261.

② C. Spector, *J. symbolic logic*, vol. 20, 1955, pp. 151–163.

③ K. Schiitte, ‘Predicative well-orderings’, *Formal systems and recursive functions*, eds J. N. *Crossley and M. Dummett*, 1963 和 *Arch. math. Logik u. Grundl.*, vol. 7, 1965, pp. 45–60.S. Feferman, *J. symbolic logic*, vol. 29, 1964, pp. 1–30.

题，合理的回答似乎都是同时发展两种解释。在直谓定义的例子中，人们至少可以争辩说，可定义性问题主要是一个真假问题，应当与可识别性问题分离。无论如何，发展一个与可证性要求相分离的直谓定义概念是可能的。

在识别一个归纳定义是否确实是一个定义时，也有同样的问题。

（5）**归纳定义**　在一个一般的归纳定义中，允许使用已经获得的量词（例如作用在自然数上的量词）。人们很想说，这些是可接受的，因为唯一缺失的部分是“没有更多”这个极限条款，而它是我们能很好地理解的。这里，标准做法——取所有满足所涉的归纳条件的类的最小元（交）——又一次使我们陷入完全的非直谓性。

正如全体有穷类的情况一样，我们可以——举个例子——使用变
域恰好为所有超算术类的变元给出递归序数类的一个显定义。这引出
原则（1a）的另一个模糊之处。考虑到我们能够直谓地定义每一个
超算术（或有穷）类，我们是否有理由引入以它们全体为变域的变
元？这看起来是可接受的，因为全体超算术集的类 *HC* 的每一个成员
都可以在不使用 *HC* 这个总体的前提下得到定义，尽管“是 *HC* 的一
个成员”这个抽象属性无法在不使用 *HC* 自身的前提下定义。既然 129
*HC* 不包含任何只有用 *HC* 才可定义的成员，原则（1a）就没有被
违反。

与归纳定义一起再次出现的一个问题是，如何确认一个具有归纳定义之形式的定义确实具有极小模型。尝试找出充分的（最好同时也是必要的）语法条件，使满足它们的公式都提供归纳定义，是件有价值的事。但是，我们依然可以分离真假问题和可识别性问题，并允许这种情况出现：如果一个公式恰巧是一个归纳定义，那么它是直谓地可接受的，虽然我们可能没有办法识别出它确实是一个归纳定义。

（6）**恶性循环原则的核证** 如果人们假定类从一开始就在那里，由其他理由如一种半组合性的（semi-combinatorial）直觉核证，那么这个原则的作用就只是区分出类的一个有趣的类型，就好比是数中的素数。哥德尔论证了①，客观上说，这个原则是假的。

从一种构造主义的观点或认为名字是按某种顺序（虽然序数可能比名字多）被引入的唯名论的立场看，人们可能认为这个原则已然得到确立，因为我们没有超越它的构造性方法。不过，如何容纳布劳威尔的自由选择序列这个问题或许向我们表明，这个原则是不充分的。

---

① 参见第134页脚注①所引的哥德尔的论文。

# 第4章

# 逻辑真

## 1　亚里士多德逻辑的预设

从外延的角度描述逻辑并不难，只需列举逻辑常项并给出一个公理系统。当然，我们也对更实质性的问题感兴趣，比如什么是逻辑独有的概念特征（一个例子是逻辑对所有可能世界为真这个说法），以及与之相关的逻辑的起源问题——不是作为一些历史偶然事件的组合，而是作为人类知识不断演进的整体图景的一部分。

一个比较自然的讨论起点似乎是亚里士多德。由于我们主要关心的并不是哲学史，我们不会广泛地考察逻辑在亚里士多德的一般哲学中的地位。相反，我们将把注意力集中在亚里士多德逻辑概念的这样一些方面，它们本质上包含了当今逻辑学研究的许多根本假设。对于诸如语词和事物之间的混淆使用之类的问题，我们不予细究。

亚里士多德论我们现在称之为逻辑的东西的文章，在他死后才被编成文集，题曰《工具论》（*Organon*），或者说普遍工具。大致说来，《范畴篇》（*Categories*）是关于词项的理论，《解释篇》（*On interpretation*）是关于判断的理论，《前分析篇》（*Prior analytics*）是关于正确推理（三段论）的理论。《后分析篇》（*Posterior analytics*）处理需要真前提的科学推理（证明），并给出了一门科学的初始命题（公理）必须满足的条件和一个关于定义的理论。《论辩篇》（*Topics*）讨论辩证推理，并从赢得论辩的实践兴趣引向对正确推理的理论兴趣。[①]

132

## 1.1 逻辑和本体论

“绝对非复合的表达式表示实体、数量、性质、关系、位置、时间、状态、施动或受动”（*Categories*，4）。这反映了一种包含三类存在的本体论：个体（第一实体），类（第二实体），属性（另外九个范畴）。首先可做出的一个评论是，从这样的观点看，逻辑常项如“是”“所有的”“有些”“并且”“非”等，不属于这些范畴中的任何一个。作为一个初步的近似，我们或许想说，所遗漏的都是逻辑常项。当然，像“可能的”、“必然的”、定冠词“the”以及介词等其他很多语词，也未包括在内。其部分解释是，表达式是诸如名词短语和动词短语之类的单元，因此介词可以忽略。另外，有些模态逻辑概念在亚里士多德那里得到了初步的探讨。

“当一事物被用来谓述另一事物时，所有可用来谓述谓词的事物也可用来谓述主词。”这向我们暗示，“可谓述”关系更多地对应于

---

① 本节用到的参考文献如下：

（1）1. *The works of Aristotle*, translated into English under the editorship of W. D. Ross, 1928。（尤其是第 1 卷 The organon 和第 8 卷 Metaphysics）。2. *Aristotle*, W. D. Ross, 1923。3. *Aristotle's syllogistic*, Jan Lukasiewicz, 1951 and 1957.

（2）I. M. Bochénski, *A history of formal logic*, 1961.

（3）W. and M. Kneale, *The development of logic*, 1962.

（4）Heinrich Scholz, *Concise history of logic*, 1931 and 1961.

（5）Wilhelm Windelband, *A history of philosophy*, 1901 and 1958.

类包含关系，而不是类成员关系。但更仔细地观察会揭示出一种贴近唯名主义本体论的混合物，这种本体论不承认与物理实在无直接接触的——不以个体为成员的——较高层次的类（或属性）。一个第一实体可以属于一个类（或落在一个对其真实的属性之下），但一个类（或属性）只能包含于另一个类（或属性）。因此，“人”只在如下意义上可以谓述“希腊人”：所有希腊人都是人。用成员关系的术语说，我们只有两个层次，即第一实体的层次和谓词（类和属性）层次。不存在更高层次的类或属性。虽然如此，亚里士多德的观点却不是彻底唯名主义的，因为当 *A* 和 *B* 对同一组个体为真时，它们并没有被视为等同的。根据唯名论者（在这里所设想的意义上）的看法，一个共相的真实内容由其所涵盖的个体穷尽。

在处理三段论时，将单称词项排除在外会让理论变得更整齐，因为那样一来，每个词项都可以被不加限制地用作主词和谓词。

> 谓述过程还有一个上限……对于这些终极谓词，不可能用另
> 一个谓词来谓述它们——个人看法问题除外，但它们可被用来谓
> 述其他事物。个体不能谓述其他事物，尽管其他事物可以谓述个
> 体。在这两个极限之间的东西，则可以以两种方式被使用：它们
> 既可以用来述说他物，也可以被他物述说。一般来说，论证和探 133
> 究关心的正是这些东西。(*Prior analytics*，I，27)

实际上，亚里士多德所要求的仅仅是，在每个三段论中，至少有一个词项可以时而为主词，时而为谓词。他在三段论中确实有使用专名，例如人名（47b, 15-38，70a, 1-28）、天体名（89b, 17，93a, 37）和“这个”（67a，36）。

### 1.2 命题和主谓形式

逻辑学研究推理，而推理所指向的事情之一，是把握命题之间的

必然联系。“推理是一种论证，在此过程中，某些东西被规定下来，另一些东西则从它们必然地得出。”（*Topics*，Ⅰ，1）“因为论证始于‘命题’，而推理的主题则是‘问题’。每个命题和每个问题都指示……性质或定义或属或偶性。”（*Topics*，Ⅰ，4）

命题被想当然地假定为具有主谓形式。比如，亚里士多德认为有必要论证一个更强的论点（*Topics*，Ⅰ，8），这个论点是：所有命题都是由主词后面跟着上述四类谓词中的一种构成。从语法的角度看，这对应于把每个句子分析为一个名词短语和一个动词短语。“每个肯定和否定都将由一个名词和一个动词构成”（*On interpretation*，10，19b，10）。吉奇（Peter Geach）指出，在这个语境中，亚里士多德要求名词和动词是简单记号，不包含任何起独立表示作用的部分（16a，20f，16b，6f）。“名词”和“动词”以互斥的方式定义：动词总是谓述性的（16b，10f）。而在《前分析篇》中，关于谓述的说明则忽略了名词和动词的差别。对词项的简单性，也没做要求。

亚里士多德在谈论语法表达式时，明确地将自己的注意力集中在陈述句上。

> 每个句子都有意义，不是作为实现某种身体官能的自然手段，而是——正如我们已经说过的——基于约定。但并非每个句子都是命题；只有那些自身有真假的句子才是命题。如此，祈祷是句子，但既不真也不假。因此，让我们抛开命题之外的所有其他类型的句子，我们当前的探究只关心命题。（*On interpretation*，4）

对亚里士多德来说，一个简单命题就是一个主谓命题，它被肯定或否定（质），是全称的或特称的（量）。因此，它与我们今天所称
134 的原子命题十分不同。“简单命题是关于某物在主词中出现或不出现的有意义的陈述。”（*On interpretation*，5，17a，23）

> 一个肯定句或否定句是单称的，如果它表达关于一个事物的一件事；重要的不是主词是否为全称，或该陈述是否具有全称的特征……另一方面，如果一个语词有两个不能合并为一的意思，那么该肯定句就不是单称的。(*On interpretation*，8)

除了质和量，亚里士多德还考虑了命题的模态（例如，*Prior analytics*，29b，29-40b，16）。但这方面没有在他那里得到最后的确定处理，因此我们略去不谈。

说到歧义命题，会让我们想起逻辑学研究中的另一个假定，它也是由亚里士多德明确地提出来的：在进行逻辑推理之前，须先消除一切歧义（比如，*Topics*，Ⅱ，3）。

在其他地方，亚里士多德还提到并摒弃了不定（indefinite）命题。

> 命题（或直言命题）就是肯定或否定某事物适于另一事物的句子。它或者是全称的，或者是特称的，或者是不定的。所谓全称命题，我指的是某一事物适于或不适于另一事物之全体的陈述；所谓特称命题，是指一事物适于另一事物的某些部分，或不适于另一事物的某些部分，或不适于另一事物之全体的陈述；所谓不定命题，是指一事物适于或不适于另一事物，并且没有任何用于表明为全称或特称的标志的陈述[①]。(*Prior analytics*，Ⅰ，1)

不定命题被排除在逻辑学的精确发展之外，因为它们有歧义，需要额外的信息以将它们归结为全称命题或特称命题；亚里士多德经常将它们解释为特称命题（例如，*Topics*，Ⅲ，6）。

《解释篇》§7 十分明白地介绍了我们熟悉的 A（全称肯定）、E

① 原文如此。——译者注

（全称否定）、I（特称肯定）、O（特称否定）对当方阵。这就为精确地研究有关这些基本形式的命题的逻辑推理奠定了基础。

我们注意到，亚里士多德没有尝试用量词的概念对“所有的”和“有些”进行分析（从而使“所有的 $A$ 都是 $B$”变成“对所有的 $x$，如果 $x$ 是 $A$，那么 $x$ 是 $B$”）。因此也就无从考虑量词的嵌套使用。实际上，对于一种认可第一实体之特殊地位的观点，像上面提到的这类分析是十分自然的。亚里士多德似乎已经隐含地假定了这样的分析。“我们说一个词项谓述另一个词项，只要找不到主词的任何实
135 例，不能用另一词项述说它；‘不能谓述任何东西’，也必须以同样的方式来理解。”（*Prior analytics*，Ⅰ，1，24b，28）

另一方面，亚里士多德也没有尝试系统地研究命题逻辑，尽管对三段论的精确处理似乎需要某种蕴涵逻辑作为基础。

## 1.3 属性和关系

众所周知，现代逻辑除了讨论属性，还讨论关系，并在这一点上超越了传统逻辑。鉴于亚里士多德的确也接受关系范畴，一个自然的问题是，他是如何将关系陈述同化掉的。粗略地说，关系似乎可以这样还原为关系项：我们不说 $aRb$，而代之以说 $a = R\text{‘}b$ 或 $a \in R\text{‘‘}b$（$a$ 是那个与 $b$ 有 $R$ 关系的对象，或 $a$ 属于与 $b$ 有 $R$ 关系的事物的集合）。（对照 *Categories*，7。）用关系项语言发展一种关系逻辑，这或许不便当，却诚然是可能的，但事实是，所提议的这种还原的确会导致对关系的忽视。对于一个三元关系 $Sabc$，为了实现向关系项的还原，我们可能不得不引入多个特设的二元关系。当然，集合论中关系到集合的还原又是另一回事，为了方便，它使用有序对之类的手段。

有人可能会尝试用更复杂的方法把关系还原为属性。例如，从一个等价关系可以得到一个属性，它为该关系前域（及后域）中的全

部成员所共有。或者，如果所考虑的关系只是简单地说两个项不同，那么人们可以说，存在某个属性不为二者所共有。但对于不那么简单的关系，我们就不再能找到这种特别的还原。比如，如果我们说集合 *A* 比集合 *B* 大，我们可能希望将此还原为，*A* 的数目是 *m* 并且 *B* 的数目是 *n*，但之后我们依然需要“ *m* 比 *n* 大”这样一个关系陈述。

对亚里士多德逻辑欠缺关系推理的这一常见批评，戏剧性地表现在耶方斯（William Stanley Jevons）的一段引述（《科学的原则》，第一章）中：“我记得已故的德 · 摩根教授说过，亚里士多德的所有逻辑都无法证明‘因为马是动物，所以马的头是动物的头’。”毫无疑问，亚里士多德会承认这样的推理是正确的。这可以从亚里士多德举的一个相关的（虽然不是严格平行的）论证实例看出来：“同样，如果知识是一种理解，那么知识的对象也是理解的对象；如果视觉是一种感觉，那么视觉的对象也是感觉的对象”（*Topics*，Ⅱ，8）。亚里士多德还讨论了关于大和小的规则：“此外，还有来自较大和较小的度（degree）的论证。有四个常见的规则与较大的度相关。其一是，看 136
谓词的一个较大的度是否能从主词的一个较大的度得到……”（*Topics*，Ⅱ，10）。但事实依然是，亚里士多德没有系统地发展任何关系逻辑，无论是以直接的方式，还是作为三段论推理的结果。

### 1.4　逻辑形式和模式字母的使用

以下是亚里士多德给出的一些三段论的例子。皮塔库斯是慷慨的，因为有雄心的人是慷慨的而皮塔库斯是有雄心的（70a，25）。这个（动物）是不育的，因为这是一头骡子，而所有骡子都是不育的（67a，36）。通常会使用变元或模式字母。例如：“如果 *A* 谓述所有的 *B*，*B* 谓述所有的 *C*，那么 *A* 必定谓述所有的 *C* 。”（*Prior analytics*，Ⅰ，25b，37）有些地方，“必定”这个词被省去：“如果 *A* 适合所有的

*B*，*C* 适合所有的 *A*，那么 *C* 适合所有的 *B* 。”（*Prior analytics*，Ⅱ，11，61b，34）“必定”这个词可以最自然地解释为表示该推理对所有的 *A*、*B*、*C* 为真。就亚里士多德的用法而言，将下述形式定理归给他是适当的：

（1）如果所有 *B* 是 *A* 且所有 *C* 是 B，那么所有 *C* 是 *A*。

这清楚地展示了逻辑形式的概念，因为我们可以很容易地想到（1）的实例，并将每个实例的成分分析为两类，我们视为变元的成分归入第一类，我们视为固定和不变的成分归入第二类。固定不变者就是逻辑常项。

模式字母的使用当然是普遍性的一种方便标记，表示结论总是可由前提得出，无论我们选用什么样的词项。它揭示了，我们不是根据前提的内容，而是根据其形式得到结论。这种普遍性给出了必然性的一种典型意义，而那些字母则可以按照我们的选择理解为自由变元或哑变元。

人们广泛讨论了亚里士多德对其三段论系统的公理化。所达成的共识似乎是，其结果基本正确，但他以直觉的方式应用了命题逻辑的某些部分，既没有将它们公理化，甚至也没有一贯地明确陈述它们。不仅如此，亚里士多德的公理，即便被适当地重新解释，也是不完全的，其中“完全的”是指能证明三段论系统中的所有真表达式并拒斥它的所有假表达式。

137 亚里士多德的某些论断可以看作他的系统的元定理。“再者，在每个三段论中，必有一个前提是肯定的，也必须出现全称命题。”（*Prior analytics*，Ⅰ，24）“所以很清楚，每个证明和每个三段论都只通过三个词项进行。这一点明确了，则显然，三段论的结论是由两个而非多于两个前提得出的（*Prior analytics*，Ⅰ，25，42a，31）。

有些论述似乎是关于同一关系的性质的。不可分辨者的同一性：

"因为普遍一致的看法是，只有不可分辨且本质为一的事物才有完全相同的属性。"（*On sophistical refutation*, 24, 179a, 37）关于同一性的规则：

> 再者，检查一下，当其中一个与某物相同时，另一个是否也与之相同：因为，如果它们不是都与同一物相同，则显然它们也不能彼此相同。此外，考察它们的偶性或以它们为偶性的事物：因为，任何属于其中一个的偶性也必属于另一个，而如果其中一个是某物的偶性，另一个必定也是。如果在这些方面中的任何一方面有乖离，则显然它们不是同一物。（*Topics*, Ⅶ, 1, 152a, 31）

同一律"所有 $A$ 是 $A$"在亚里士多德著作中没有得到明确表述，只在证明中被用到一次（*Prior analytics*, Ⅱ, 22, 68a, 19）。

### 1.5 几点评注

使用今天熟悉的术语，我们可以说，三段论处理的是类和它们之间的两种关系：包含（$\subseteq$）和交（$I$）。它所涉及的四种基本命题形式为：

A：$A \neq 0 \wedge A \subseteq B$，E：$\neg AIB$，I：$AIB$，O：$A = 0 \vee \neg A \subseteq B$

这有别于普通布尔代数，不仅是因为它赋予了空类一个特殊的位置，还尤其是因为它不允许用布尔运算由给定的类构成新的类。事实上，其基本任务局限于一个非常特殊的问题：用三个词项构成三个命题，每个命题都属于给定形式中的一个，每个词项都恰好出现在两个命题中，然后问其中一个命题是否可从另外两个逻辑地推出。

当我们以这种方式看待三段论时，会十分惊讶有人竟然挑出这样一个片段来研究，而更令我们惊讶的是，他竟然还认为这是逻辑的全部或至少是最重要的部分。我们已经尝试说明，为什么这么做对亚里士多德是自然的，但很明显，这个问题没有确定的答案。

138 如果一切事物或者是个体，或者是类（或属性），并且科学不直接处理个体，那么只研究类（或属性）之间的关系就是顺理成章之事。如果所有的类同时还处在同一个层次上，那么它们之间的一般关系在种类上就将十分有限。例如，两个类是否具有相同的基数会被认为是一个过于专门化的关系。人们可能觉得，只有包含和互斥（以及它们的否定）是类之间完全一般的关系。

在几个主要方面，亚里士多德逻辑在自身中已经包含了解放自身的种子。关系被看作至少和属性一样重要；一旦我们认识到从关系到关系项的还原有缺陷，探究一种关系逻辑就变得十分自然。个体不应被排除在外，因为尽管科学通常不对任何特定的个体对象感兴趣，但它却对类与其成员之间的关系一般地感兴趣；因此，应当以显式的方式使用量词对“$A \subseteq B$”进行分析。被隐含地使用的命题逻辑也应系统地加以发展。一旦我们想到蕴涵的某些重复应用（例如，如果 $p \supset q$，那么 $r$），我们就会自然地被引向对真值函项和量词的无限制迭代。顺便说一句，在一个较早的阶段——只将合取和析取重复地应用于某些简单命题及其否定——就停下来，或许是自然的；蕴涵和量词的迭代似乎是进了一大步。最后一点，一旦我们开始显式地设想“$x \in A$”，设想类的类并建立某种将类或属性分层的集合论，就是顺理成章之事。

到此为止对亚里士多德的讨论，我得益于吉奇的评论，改正了早期草稿中的几处错误。

## 1.6 证明、 公理及定义

正确推理的前提不必为真，这是今人熟知的一个观点，在亚里士多德那里似乎已经被提到。“我所说的证明是指产生科学知识的三段论。……知识的前提必须是真的、基本的和直接的，与结论相比，它们被更好地了解，并且在先，结论之于前提，就像结果之于原因……三段论则完全可以不满足这些条件。”（*Posterior analytics*，Ⅰ，2，71b，18）

但仅从这些话或其他类似评论判断，我们不完全清楚三段论的前提是否不必为真，还是它们必须为真但却不必具有诸如“基本的”等所有其他性质。无论如何，不知其前提为真与否的三段论无疑是允许的。

对亚里士多德来说，所有的纯科学知识都是必然的，并且其中每 139
一条要么是基本真理，要么是通过证明从已有的科学知识得到。基本真理要么是公理，要么是论题（thesis），论题则要么是假设，要么是定义。

> 由于纯科学知识的对象不能是它自身以外的样子，通过证明性知识得到的真就是必然的。又由于证明性知识只在我们拥有一个证明时才出现，所以证明就是从必然的前提出发做出的推理。（*Posterior analytics*，Ⅰ，4）
>
> 我们自己的观点是，并非所有知识都是证明性的：恰恰相反，对直接前提的知识就不依赖于证明。（这一点的必要性是显然的；因为我们必须知道证明所由以引出的、在先的前提，倒退必止于直接真理，这些真理必定是不可证明的。）（*Posterior analytics*，Ⅰ，3，72b，18）
>
> 我称三段论的一条直接基本真理为“论题”，如果——尽管老师无法证明它——对它的无知不会完全阻碍学生进行下去：学生若想学到任何东西都必须知道的真理，是公理……如果一个论题假定了所阐述内容的某个部分，即断言了一个主词的存在或不存在，则它是一个假设；如果没有做这样的断言，则它是一个定

> 义。（*Posterior analytics*, Ⅰ, 2, 72a, 14）

公理包括对任何事物都为真的命题，如矛盾律和排中律，也包括适用范围更受限的命题，如“等量减等量还是等量”，后者只用于数量。公理似乎与欧几里得的“普遍概念”相呼应。假设则似乎——在一定程度上——与欧几里得的“公设”相呼应。

必然命题以这样一种方式将谓词归给主词，使得谓词是一个满足如下条件的属性：（1）对主词的每个实例为真；（2）是本质属性；（3）相称的和普遍的（*Posterior analytics*, Ⅰ, 4, 5）。

对亚里士多德来说，定义是一种客观的东西，任何被提出的定义都或者是正确的，或者是不正确的。给出“一个名字的意义”，只不过是在给出一个名义的定义，这种定义相对来说不重要，并且与三类实质的定义根本有别。

> 由于定义被认为是关于事物之本质的陈述，对一个名字或一
> 140 个等价的名称表达式的意义的陈述显然是一种定义……这是定义定义的一种方法……我们的结论是，定义是（a）关于本质性质的一个不可证明的陈述，或（b）关于本质性质的一个在语法形式上有别于证明的三段论，或（c）一个给出本质性质的证明的结论。（*Posterior analytics*, Ⅱ, 10）

虽然解释这些区分并不容易，但看起来比较清楚的一点是，定义之对象是一个给定的名字所涵盖的众多个体的某种普遍的或共有的性质。

> 因此，证明并不必然蕴涵形式（Forms）或多外之一（a One beside a Many）的存在，但它确实蕴涵着，可以用一真实地述说多；因为如果这不可能，我们就无法保全共相，而一旦共相丢失，中项就会随之而亡，证明也就变得不可能。所以，我们的结

> 论是，必定存在一个可明确地用来谓述众多个体的单一、不变的词项。(*Posterior analytics*，Ⅰ，11)

最初的前提，特别是定义，是如何被知道的？在《后分析篇》结尾（Ⅱ，19，对照《形而上学》，A，1）有一段著名的讨论，给出了丰富的提示。对第一前提的知识既不能是天赋的，也不能是习得的。

> 如果说我们从一出生就拥有它们，那未免有些奇怪；因为这意味着，我们拥有一些比证明更准确的理解，但却未注意到它们。但另一方面，如果我们是习得而非先前就拥有它们，没有先在知识作为基础，我们又是如何能够理解和学习的呢？

因此，我们必定拥有某种能力，由之可发展出那些基本知识。我们发现这一能力就是感官知觉，它发展成记忆，于人又进一步发展为“经验”。

> 这至少是所有动物的一个明显特征，因为它们拥有一种先天的辨别能力，称为感官知觉。但尽管感官知觉能力内在于所有动物，有些动物的感觉印象可以持续存在，另一些则不能……当这种持存频繁重复，一个进一步的区分立即会出现，即有些动物从感觉印象的持存中发展出一种将它们系统化的能力，另一些则没有。所以，从感官知觉发展出我们所说的记忆，从对同一事物的频繁重复的记忆发展出经验；因为多个记忆构成一个单一的经
> 验。又从经验——从现在完全稳定在灵魂中的共相，那个作为多 141
> 物中的单一共有物的多外之一——产生出匠人的技艺和科学人的知识。

因此，作为重复性记忆的经验创造了（或者就是）概念。这看起来当然是对概念形成的一个不充分的说明。

> 当许多逻辑上不可区分的殊相中的一个固定下来时，最初的共相就在灵魂中出现了：因为尽管感官知觉的活动是特殊的，其内容却是普遍的——例如是人，而非卡利亚斯这个人。在这些初步的共相中又产生新的固定，这个过程一直持续下去，直到不可分割的概念、真正的共相［范畴］得到确立：例如，如此这般的一个动物物种是通向动物的属的一个步骤，后者基于同样的过程又是通向更高的普遍化的一个步骤。

无论是对于概念还是对于前提，从殊相到隐含于其中的共相的通路，据说都是由**归纳**实现的。对第一前提的把握是通过**直观**。

> 因此很明显，我们必定是通过归纳认识到那些前提的；因为，甚至感官知觉借以植入共相的方法都是归纳的……从这些考虑可以推知，不会有对基本前提的科学知识，又由于除了直观，没有什么可以比科学知识更真实，所以领会基本前提的将是直观。

因为这种直观能直接把握必然（因而也是普遍的）真理，所以它是一种理智直观。我们不清楚亚里士多德是如何得出这个结论的，即存在这样一种创造性的科学源泉，它能把握原初的基本前提。他的讨论听起来像是一个先验论证：由于科学知识的存在是事实，且只有存在那种直观时它才是可能的，所以必定存在那种直观。

## 1.7 真与符合，思维规律

我们之前提到，亚里士多德没有对同一律做明确陈述。但他的确明确地陈述了矛盾律和排中律。此外，他还明确地陈述了一个人们熟悉但有点空洞的真理标准：$p$ 当且仅当 $p$ 是真的。

142 因为一个凡稍有理解力者都必然会掌握的原理，不能是一个

> 假设；并且那些凡稍有知识者都必然知道的东西，必定在人们开始专门的研究之前就已经被掌握。所以很明显，这样一个原理是最确定的；至于它究竟是何原理，让我们继续来阐明。这个原理是，同一属性不能在同一时间和同一个方面属于又不属于同一个主词；为了防止辩证的反驳，我们必须预设一切可增加的其他条件。这一原理就是所有原理中最确定的，因为它满足我们上面给的定义。(*Metaphysics*, Γ, 3, 1005b, 15)
>
> 但另一方面，在彼此矛盾的两项间不能有居间者，对于任何一个谓词，我们必须要么肯定要么否定地将它归给主词。首先，这是清楚的，如果我们对真和假作如下定义。说是者不是，或说不是者是，就是假，而说是者是，不是者不是，就是真；所以一个人说任何事物是或不是，都是说了或真或假的东西。(*Metaphysics*, Γ, 7)

经常有人说，矛盾律和排中律只是命题演算的诸多同样基本的定律中的两个。然而，看待它们的更自然的方式是将它们视为元逻辑原理，这些原理规定了我们使用二值逻辑。例如，如果我们这样考虑制定命题演算的任务，追问支配“非”“或者”“并且”“如果”等联结词的定理，排中律把可能的值限制到两个，而矛盾律则要求联结词是真值函项（复合命题具有一个完全由其成分的真值决定的唯一的真值）。对“非”的解释完全由这些定律决定，而更多用法和方便性上的考虑则决定究竟哪些真值函项与其他联结词对应。

## 1.8 逻辑和发展的哲学

亚里士多德哲学的两大支柱可以说是他的逻辑和他的发展体系（例如，比较一下文德尔班）。他的逻辑并不直接适用于他的发展体系，而是仅仅适用于将变化过程凝结为静态命题的科学知识。逻辑预先假定所有词项都是“单义的”，也就是说，它们是每次使用时都保持其意义的语词。

143 没有必然的理由告诉我们，不可能有一种变化的逻辑。黑格尔、恩格斯和马克思的辩证逻辑正是作为这样一种发展的逻辑被提出的。并且形式逻辑还被称作辩证逻辑的一种限制性的特例。然而，大家都很清楚，形式逻辑和辩证逻辑之间绝少共通之处。

## 2 逻辑常项和逻辑真理

一阶或受限的谓词演算（量化理论）有许多吸引人的性质，这鼓励我们方便地将它与一阶逻辑或纯逻辑或逻辑自身相等同。接受了这一等同，我们就可以将逻辑真理的领域确定为该演算的定理（或这些定理的代入实例）。追问这样的等同如何能够得到辩护，是自然的。但对于这个问题，人们难以期望任何最终的答案。这个问题可以分成两部分：我们如何选择逻辑常项（更准确地说，逻辑语法），以及在选定逻辑常项之后，我们如何确定逻辑真理的领域。一旦第一部分得到回答，我们就有各种相互关联而令人信服的方法回答第二部分。

### 2.1 基于现行逻辑常项的逻辑真理

现在，让我们假设，我们已经选定了量化逻辑现行语法的各种可能形式中的一种。(a) 词汇或其片段：个体变元 $x$、$y$ 等（的范畴）；(一元的、二元的等）谓词或谓词字母（或变元①）或二者兼有（的

① 我们注意到，当允许谓词变项时，不对它们进行存在量化具有本质重要性。它们基本只作为自由变项或哑变项起作用。否则，所用的逻辑就不再是一阶的。

范畴)；可能有名字和函数符号（的范畴）。(b）构造性小品词或逻辑常项：真值函项性联结词；量词；可能还有一个表示谓述关系的符号。句子（或合式公式）可按熟悉的方式定义，它与（a）和（b）一起构成我们的逻辑语法。句子的语法结构由逻辑常项的位置决定。比如，我们可以把常项限定为否定、合取和存在量词，这样的一个句子可以是 $\exists x(Px \land \neg Qx)$。

有了这一架构，我们有数种熟悉的方式来刻画那些逻辑地为真（或有效）的句子。一个句子逻辑地为真，如果所有具有相同语法（或逻辑）结构的句子都为真；或者等价地说，无法通过词语代换将 144
它变成假的。如果我们不使用名字、函数符号和谓词字母（或变元），我们就可以更简单地说，逻辑真理在所有合适的（在一种可精确界定的意义上）谓词变换下都保持为真。如果我们不使用任何固定解释的名字（及函数符号）和谓词，那么我们可以说，一个句子（或模式或句子形式）是（逻辑）有效的，如果它在所有模型中为真，这里一个模型可以变动对变元（及模式字母）的解释，但不可以变动对（逻辑）常项的解释。或者，如果我们允许上面提到的所有记号，我们还可以说，一个句子逻辑地为真，如果它为真且不包含逻辑常项以外的任何常项；这种情况下，仅有的其他基本要素是变元，它们在自由出现时被视作全称量化的。

如果我们不够仔细，这些显然等价的表述可以是不同的。例如，如果我们只考虑从一个给定的列表中更换谓词，我们似乎就能得到一种明晰性，因为这样做就不用考虑对谓词字母的所有可能解释，从而使我们假定更少的东西。但我们并不总能得到想要的那个概念，因为那个给定的列表中的谓词不一定能穷尽句子中出现的谓词的所有可能的解释。表述逻辑真理的一个自然的方法是通过逻辑有效性，它意指在所有解释下（在所有可能世界中）保持为真。事实上，数理逻辑有一个意义重大的结果是，只要当我们在特定受限的类中变动谓词时它总是保持为真，一个量化句子就是在我们期望的意义上有效的。我们所想到的是如下技术性结果[①]：只要这样的一个句子有模型，它就有算术模型（实际上是两个量词形式都在算术层谱中的模型）。因此，只要这样的一个句子是对所有算术谓词有效的，它就是无条件有效的。因此，只要我们在选择基本谓词和句子时足够小心，用语法结构和谓词替换所做的更易懂也明显更弱的刻画就是恰当的。事实上，表达（自然数的）相等、加法和乘法的谓词以及它们的逻辑组合，就是我们所需要的全部。因此，如果我们按照惯例同意将逻辑组合自动视为（派生的）谓词，一个有穷的基本谓词清单就足够了，只要关于相等、加法和乘法的那三个熟悉的谓词由之可以得到即可。[②]

应该强调的是，不应对由此实现的那种令人愉快的经济性和语法显明性评价过高。得到这个结果依赖于对任意集合或模型（或结构或可能世界）这个高度非语法概念的使用，它是逻辑有效性概念必然涉及的。换言之，无论我们想把什么不确定性罪名归给任意集合的
145 概念，逻辑有效性的概念同样都得负担它。例如，在“刺激意义”的基础上为逻辑有效性概念提供一个令人满意的解释，似乎是完全不可能的。这里不是一个我们可以“过河拆桥”的地方。

到目前为止，我们尝试了非形式地刻画逻辑真理的领域，而其假定是，我们已经选定了现行逻辑推荐给我们的那些逻辑常项。更仔细地研究这个假言问题和那个先于它的问题——我们是如何达到我们现在所使用的逻辑常项的清单的——是很自然的。为了这两个目的，一

---

① 参见 D. Hilbert and P. Bernays, *Grundlagen der Mathematik*, vol. 2, 1939 and 1970, pp. 252-253 以及 S. C. Kleene, *Introduction to metamathematics*, 1952, p. 394。

② 对于上面几段中概要介绍的著名思想，不熟悉逻辑的哲学家可能想要一个更为循序渐进的阐述。他们可以在 W. V. Quine, *Philosophy of logic*, 1970 第 4 章中找到一个极具吸引力的说明。

个自然的起点是考虑鲍尔查诺对逻辑的有效性和完全性的经典说明。

## 2.2 纯逻辑的完全性和鲍尔查诺对逻辑有效性的定义

早在1837年，鲍尔查诺就对（逻辑的）完全性、有效性和逻辑真的现行定义有所预见。① 鲍尔查诺称一个命题相对于它的成分 $i$、$j$ 等是有效的，如果随意改变这些成分所得的结果都是真的。他称这些命题是广义分析（分析地为真）命题。他接着将狭义分析命题定义为那些其不变部分都属于逻辑的广义分析命题。因此，我们在这里有一个对逻辑真的现代概念的相当明确的定义，只要我们选择一个合适的逻辑常项清单。事实上，鲍尔查诺意识到了这个选择问题，他接着说："这一区分当然有模糊之处，因为属于逻辑的概念范围并非如此明确地被定义，以至永远不会引起争议。"在这方面，我们可以回忆一下弗雷格和戴德金在什么应被视为属于逻辑这个问题上的分歧。

根据鲍尔查诺，"一些命题 $A$、$B$、$C$、$D$ 等和 $M$、$N$、$O$ 等是相容的，特别是相对于概念 $i$、$j$ 等"，如果"存在一些概念，当它们被置于 $i$、$j$ 等位置上时，能使所有这些命题为真"。如果我们把那些固定

---

① B. Bolzano, *Wissenschaftslehre*, 1837; 1929—1931年再版。本段和后续段落中的引文出自§ 148和§ 155。一个句子是否是逻辑真理，严重依赖于哪些东西被认为是逻辑常项（以及它们如何被解释从而使特定句子在这些解释下为真），哪些东西是组成成分。鲍尔查诺提出（vol. 2, p. 199）了一个有趣的对比，以说明真正的逻辑论证与虚假的逻辑论证之间的差别：只有通过其他条件，例如语境，人们才能猜测说话者心中是否有确定的概念——所要表达的推演关系是关于这些概念的，或者，说话者是否只是想暗示有这样的概念。因此，举个例子，从命题"如果卡尤斯是人，并且所有人都会死，那么卡尤斯也会死"可以很容易知道，这里要说的是，命题"卡尤斯会死"可以从"卡尤斯是人"和"所有人都会死"这两个命题推演出，它是关于卡尤斯、人和会死的一个推理。而下面这段话："如果所有人都对永恒有一种不可抗拒的渴望；如果品德最高尚的人一想到他有一天会死也必感到悲伤；那么，我们期望上帝无限仁慈、不会将我们毁于死亡，就不是错的"，则会招致极端晦涩的批评，因为它的意义不是说那几个命题处于一种推演关系中，其中这些命题的一些概念（具体仍有待查明）被当作了变项。这样一段话只是想说，那些保证从前件为真可推得后件为真的概念已经有了；但它还没有告诉我们，这些概念究竟是哪些。

不变的部分看作逻辑常项，把 $i$、$j$ 等看作变化的部分（谓词和变元的变域等），我们在这里所拥有的差不多就是现代的模型概念。鲍尔查诺继续引入了一个可推演性概念："说命题 $M$、$N$、$O$ 等是相对于 $i$、$j$ 等变项由命题 $A$、$B$、$C$、$D$ 等可推演的，如果 $i$、$j$ 等位置上的使 $A$、
146 $B$、$C$、$D$ 等命题为真的每组概念，也使 $M$、$N$、$O$ 等命题为真。" 用现代术语说，这表示一个句子集 $X$（逻辑地）蕴涵一个句子 $p$，当且仅当 $p$ 在 $X$ 的每个模型中为真。鲍尔查诺的可推演性概念为形式逻辑系统的充分性提供了一个标准：一个形式系统是完全的（或充分的），当且仅当该系统中的形式可推演性和鲍尔查诺意义上的可推演性是等外延的。

为了说得更明确一点，让我们考虑一下句子 $\exists x(Px \land \neg Qx)$。这个句子的一个模型可以是（$D$，$A$，$B$），其中 $D$ 表示此房间中书籍的集合，$A$ 指那些红封书籍的集合，$B$ 指那些红色软封书籍的集合。三元组（$D$，$A$，$B$）满足那个句子（或是那个句子的一个模型），因为房间中恰巧有一些书籍是红色硬封的，并且我们接受对 $\exists$、$\land$ 和 $\neg$ 这些逻辑常项的普通解释。为了某些目的，一个方便的做法是区分结构和模型，称三元组（$D$，$A$，$B$）为结构而非模型。但无论怎样，三元组（$D$，$A$，$B$）不同于满足（或是……的模型）关系，后者一般用符号 $\models$ 表示。因此我们有，$(D, A, B) \models \exists x(Px \land \neg Qx)$。结构预设了任意的集合，因为它们是任意集合的三元组；满足关系既预设了结构，也预设了对逻辑常项的那些先定的解释。当我们谈论模型概念时，我们通常是指满足（是……的模型）关系。

所以，模型概念预设并决定逻辑常项与那些可变成分之间的某种区分。我们假定逻辑常项有固定的解释，而其他成分的解释可以在一些固定的范围（如个体、集合、关系）内任意变动。一旦我们确定了模型的概念，我们也就确定了逻辑常项的选择。因此，一般地说，

对于不同逻辑概念的形式化这个问题，鲍尔查诺的可推演性概念暗示了一种普遍的看待方式。这样一来，给定一个句子（或合式公式）的概念和一个模型的概念，我们可以一般地定义逻辑蕴涵关系和强完全性的概念。令 $X$ 为一个句子集，$p$ 为单个语句。

（LI）$X$ 逻辑蕴涵 $p$ 当且仅当 $p$ 在 $X$ 的每个模型中为真，亦即对于每个结构 $M$，如果 $M \models X$，则有 $M \models p$。特别地，称 $p$ 是有效的，如果空集逻辑蕴涵 $p$，即每个（合适形式的）结构都满足 $p$。

（LC）在给定的句子概念之下的一个形式系统 $S$ 是强完全的，当
且仅当由逻辑蕴涵可推得 $S$ 中的形式可推演性（也就是说，如果 $X$ 逻 147
辑蕴涵 $p$，则有 $X \vdash_S p$）。普通（弱）完全性则只要求每个有效的句
子 $p$ 在 $S$ 中是可证的。

现代逻辑的一个基本结果是，常见的一阶逻辑形式系统，相对于一个看起来十分自然的模型概念，在上述意义上确实是强完全的。我们简要回顾一下这方面的历史。

众所周知，弗雷格在 1879 年提出了第一个一阶逻辑形式系统，后者于 1930 年被证明在每个有效句皆可证的意义上是完全的。弗雷格还将函数的概念推广到了真值函项和命题函项上，并第一次给出了现代的量化形式。关于第一点，我们引用如下段落：[①]

> 特别地，我相信用**主目**和**函项**分别取代**主词**和**谓词**的概念经得起时间的考验。
>
> 让我们假定氢比二氧化碳轻的事实在我们的形式语言中得到了表达；我们可以用表示氧或氮的符号替换表示氢的符号。这改变了原句的意思，“氧”或“氮”进入了原本由“氢”承担的关系。如果我们想象一个表达式可以这样被改变，那么该表达式就

① G. Frege, *Begriffschrift*, 1879, preface, § 9, and § 5.

> 可分解为两部分，其中一部分是稳定的，表示关系的总体，另一部分则是可替换的，表示具有那些关系的对象。前者我们称之为一个函项，后者则是它的主目。
>
> 假设 $A$ 和 $B$ 所表示的内容是可判断的，则存在如下几种可能：(1) $A$ 被肯定并且 $B$ 被肯定；(2) $A$ 被肯定并且 $B$ 被否定；(3) $A$ 被否定并且 $B$ 被肯定；(4) $A$ 被否定并且 $B$ 被否定。

不言而喻，弗雷格所发明的量化理论具有核心重要性。但很奇怪的是，这一发明尤为原创的一面似乎在于选用了一种合适的一般记法。比如，在评论弗雷格记法的一个变种时，维特根斯坦说：[1]

> 如果我们想通过在“$fx$”前面加标记——比如写成“Gen. $fx$”——来表达我们现在用“$(x) \cdot fx$”表达的意思，那将是不充分的：我们不知道所概括的是什么。如果我们想用一个下标
> 148 “$g$”来表示它——比如写成“$f(x_g)$”，那也将是不充分的：我们不知道概括符号的辖域是什么。如果我们想通过在主目位置引入一个记号来做这件事——比如写成“$(G, G) \cdot F(G, G)$”，那仍将是不充分的：我们将无法确立变元的同一性，等等。

如若我们尝试将一些包含若干量词的句子转换成日常语言，我们会对弗雷格量词记法的力量和灵活性有一个直观的感受。

弗雷格用命题联结词的真值表，或真值可能性的列表，来解释他使用的两个初始概念，即实质蕴涵和否定，同时也为其公理做辩护。1885 年，皮尔斯[2]更广泛地使用了真值表，并暗示了命题演算中有效性的一般概念：“要确定一个公式是否必然地为真，只需对 $f$ 和 $v$ 做一些转换，看看是否有任何赋值能使其为假。”这直接导向关于命题演

---

① L. Wittgenstein, *Tractatus*, 4.0411.

② C. S. Peirce, *Collected papers*, vol. 3, § 387.

算形式系统的完全性概念：一个系统是完全的，如果每个有效句都是定理。常见命题演算系统完全性的明确证明由贝奈斯和波斯特①在 1918 年和 1920 年给出。如果我们记得命题演算与含有两个元素的布尔代数之间的那种为人熟知的紧密联系②，那么从已有的范式结果——布尔很久以前就知道它了——可以十分容易地得到一个完全性证明。

谓词演算的完全性是一个更为复杂的问题，因为一开始的有效性和完全性概念是模糊的，甚至当它们有了明确的数学定义之后，对于那些倾向于某种形式的构造主义的人来说，它们依旧是十分可疑的。关于前一方面，我们初时所有的是一个难以控制的、非形式的（逻辑）有效性概念，要考察所有有效句（即便只是相对于一个给定的一阶语言）并证明它们都是某个给定的形式系统——比如弗雷格的系统（记为 $S$ ）——的定理，这看起来是件很无望的事。后来的实际发展表明，我们可以利用它的某些特殊用法来把握这个非形式的有效性概念。这一现象很有启发性，它说明了好的主意如何能为某些概念提供一个精确的或至少比较精确的解释，那些概念原本是令人绝望地非形式的。

我们不难说服自己相信，（例如）系统 $S$ 的所有定理实际上都是
有效的，即使我们的有效性概念不够精确。换言之，我们能用我们的 149
非形式概念 $V_i$ 说服自己相信：（a）如果 $\vdash A$，那么 $V_i(A)$。如前所
述，我们还有一个十分精确的、数学的模型或有效性概念 $V_s$，它是
用任意的集合论结构定义的。既然 $V_i$ 指称所有可能的解释，这些结
构作为特别的一种必然也包含在内。因此，无论 $V_i$ 的确切涵义是什

① P. Bernays, *Math. Zeitschrift*, vol. 25, 1926, pp. 305–20，内容与其 1918 年的授课资格论文基本一样。E. L. Post, *Am. j. math.*, vol. 43, 1921, pp. 63–185。

② 比如可参考 C. I. Lewis, *A survey of symbolic logic*, 1918 and 1960, p. 286。

么，我们都可以断定：（b）如果 $V_i(A)$，那么 $V_s(A)$。现在，（弱）完全性的证明没有使用非形式的概念，而是数学地给出的：（c）如果 $V_s(A)$，那么 $\vdash A$。将（a）、（b）、（c）合在一起，我们得到一个惊人的结论：$V_i$、$V_s$ 和 $\vdash$ 三者是等外延的。也就是说，我们不仅得到了"S 的所有有效语句（$V_s$ 意义上的）都是 S 的定理"这个数学结果，还得到了一个看起来不太精确的定理，即 S 的所有非形式有效句也都是 S 的定理。这或许没有看起来那么令人惊讶，因为任意结构的概念本身是一个丰富的概念，例如，无法用形式系统完全刻画它。并且，即使不经过（a）、（b）、（c）的迂回过程，我们中的很多人也愿意接受 $V_s$ 为 $V_i$ 的一个合理的解释。这也是为什么我们之前用 $V_s$ 解释鲍尔查诺的想法。我们将继续使用 $V_s$ 并忘掉 $V_i$。

关于 $V_s$，由于各种构造性倾向的影响，围绕它出现了一些困惑和反对的声音。这里简单回顾一下完全性定理的发现史①，可能在哲学上是有益的。1922 年，司寇伦在不使用选择公理的情况下给出了一个对勒文海姆定理的证明。哥德尔对 S 之类的系统所做的完全性证明，其数学内核已经包含在司寇伦的证明之中。不仅如此，在 1928 年，司寇伦甚至还为一个不同的形式系统 P 陈述过一个完全性定理。只是他所提议的证明混淆了"可满足的"和"一致的"，有窃取论题之嫌。其想法很明显是假定一个非形式的逻辑证明概念，它被认为是完全的，因为人们相信，在纯逻辑领域中除矛盾外没有别的障碍。因此，完全性将意味着，对于同一个结论，只要存在一个非形式的逻辑证明，就存在一个 P 中的证明。我们如何才能使这里想要的非形式证明概念变得足够明确，从而实行司寇伦草绘的纲要？要看清这一点，

① 一个更详细的讨论参见'A survey of Skolem's work in logic'，尤其是 pp. 18–29，该文载于 *Selected works in logic*, ed. J. E. Fenstad, 1970。

并不容易。

希尔伯特和阿克曼①于 1928 年重新发现了鲍尔查诺关于逻辑系统完全性的一般标准，并将其应用到一个与弗雷格的系统 $S$ 相似但更为精确的具体系统上（选用的逻辑常项与现行形式一致）。该系统的完全性问题被作为一个待解问题提了出来。

> 这个公理系统是否至少在以下意义上是完全的，即所有对全部的个体域都有效的（richtig）逻辑公式都在事实上是可推演
> 的，这仍然是一个未解的问题。我们只能从经验上说，这个公理 150
> 系统对其全部应用是充分的。
>
> 所有在每个个体域中皆有效的公式实例都可以由我们所建立的函项演算的公理证明。我们猜想，（不仅是这些实例）所有这种有效公式在所给定的系统中都是可证的。

我们前面说过，“从数学上讲，完全性定理实际上几乎是司寇伦 1922 年的工作的一个直接结果”。完全性问题如此被提出后，却未被当作一个习题应用司寇伦的工作予以解决，因此是很可怪的。但事实就是，在哥德尔②以前，没有人（包括司寇伦自己）做出这个推论。这一惊人的失误或许可归咎于“那个时代普遍缺乏的、对待元数学和非有穷性推理的必要的认识论态度”。司寇伦在他早期对勒文海姆定理的改进中确实使用了非有穷性推理，但这不能否证上面的解释。“完全不涉及证明概念的纯粹模型论处于数学和元数学的分界线上，而它对特殊系统的应用实际上属于数学，至少大多数情况下是如

---

① D. Hilbert and W. Ackermann, *Grundzüge der theoretischen Logik*, first edition, 1928。下面的两处引用见于 p. 68 和 p. 80。

② Kurt Gödel, ‘Die Vollständigkeit der Axiome des logischen Funktionenkalküls’, *Monatsh. Math. Physik*, vol. 37, 1930, pp. 173–198 以及 Über die Vollständigkeit des Logikkalküls, *thesis*, University of Vienna, 1930.

此。”司寇伦无疑认为，在完全性的证明中，人们需要谈论更具体可触的东西。这导致他没有想到他自己在 1922 年所做的论证，以及他提供一个语法证明的失败尝试。

在这方面，值得一提的是，就在哥德尔的证明出现前不久，希尔伯特①提出了一个对完全性概念的新表述，它使用有穷论语言。结果证明这个提议不能令人满意，因为希尔伯特将一个句子 $A$ 的有效性等同于其全体算术实例在一个特定的数论形式系统 $Z$ 中的可证性。换言之，所允许的不是任意结构，而只是那些其集合和关系在系统 $Z$ 中可表达的结构；更具限制性的是，不是要求 $A$ 的实例为真，而是要求它们在 $Z$ 中可证。相对于那个时代的知识状况，该提案并非显然有误。但有了哥德尔后来的不可完全性结果，我们可以轻易证明，有些在希尔伯特有穷论意义上有效的语句不是有效的（在我们所期望的意义上）。

实际上，完全性定理不仅表明由 $V_s(A)$ 可推得 $\vdash A$。它还表明，一种较弱意义上的有效性，亦即自然数论域上的有效性，足以保证在
151 标准谓词逻辑系统中的可推演性。这也就是说，如果 $V_n(A)$，那么 $\vdash A$。事实上，有可能得到完全性定理的一个算术版的推广，它只限于使用语法概念。② 如此一来，令 $Con(T)$ 为一个以算术形式表达某个一阶形式系统 $T$ 的一致性的普通公式。在由通常的数论形式系统加上作为一条新公理的 $Con(T)$ 得到的形式系统中，我们可以证明 $T$ 的所有定理的算术翻译。

到目前为止，我们只强调了（弱）完全性问题。实际上，逻辑蕴涵还有另一个性质，即紧致性，它对于把握完全性的全部内容也很

① D. Hilbert, ‘Probleme der Grundlegung der Mathematik’, *Math. Annalen*, vol. 102, 1930, pp. 1-9.

② 参见 *Methodos*, vol. 3, 1951, pp. 217-232。

重要。我们回忆一下强完全性的定义（LC）：如果 $X$ 逻辑蕴涵 $p$，则有 $X \vdash p$。假如 $S$ 是一个完全的谓词逻辑系统，当 $X$ 是空集时，我们就能得到作为一种特殊情况的弱完全性。实际上，只要 $X$ 是有穷的，我们就可以通过合取将其转化为一个单个的句子 $B$。此时，$X$ 逻辑蕴涵 $p$ 当且仅当 $B \supset p$ 是有效的。这样凭借弱完全性，我们就能得到 $\vdash B \supset p$，从而有 $X \vdash p$。只有当 $X$ 是无穷集时，我们才需要系统 $S$ 具有紧致性：系统 $S$ 的语言下的一个无穷语句集 $X$ 有模型，当且仅当 $X$ 的每个有穷子集有模型。事实表明，常见逻辑系统完全性的通常证明，可以很容易地被扩展为一个紧致性证明。给定了紧致性，我们可以通过将无穷情形归约为有穷情形得到强完全性。① 关键在于，证明总是有穷的对象，因此一个无穷集 $X \vdash p$ 只能意味着，存在 $X$ 的一个有穷子集 $X_1$，使得 $X_1 \vdash p$。紧致性定理使我们能从无穷情形移向有穷情形，从而间接地确立是由某个无穷的假设集可证的。

我们因此得出结论，给定一阶逻辑的语言和与之相伴的模型（或满足关系）概念，人们习用的形式系统 $S$（如弗雷格的）是强完全的。也就是说，一旦我们选定了现行的逻辑常项清单，我们就的确拥有对逻辑蕴涵关系的一个十分成功的阐释（通过一个形式系统）。

在这方面，我们还要指出的是，我们所熟悉的对否定、蕴涵、存在和全称量词等逻辑常项的经典解释，并不是唯一可能的解释。一个广为人知的不同解释包含在直觉主义谓词演算中。但我们不会考察这些非经典的择代逻辑（alternative logics）。认识到还有这种意义上"选择逻辑常项"的不同方式是有趣的。它与下面这个平凡的事实无

---

① 这样，如果 $X$ 是无穷的并且 $X$ l. e. $p$，则 $X$ 加 $\neg p$ 没有模型。因此，根据紧致性，存在扩张所得的集合的某个有穷子集 $X_1$ 没有模型。如果 $X_1$ 包含 $\neg p$，则 $X_1 - \{\neg p\}$ l. e. $p$，且根据完全性，$X_1 - \{\neg p\} \cdot p$，$X \cdot p$。如果 $X_1$ 不包含 $\neg p$，则 $X_1$ 中句子之合取的否定 $B_1$ 是有效式，且根据完全性在 $S$ 中可证。因此，$\vdash B_1 \supset p$，$B_1 \vdash p$，并且 $X \vdash p$。

关：对于同一个概念，我们有时在不同场合会使用不同的符号来表示
152 (例如 &、·、∧ 用作合取符号)。毋宁说，在日常和数学话语中(比如在处理模糊性概念或无穷集时)，像存在、析取和蕴涵之类的概念并不是完全固定的。我们可以说直觉主义者选择了相同的逻辑常项但赋予它们不同的解释，也可以说他们使用了不同的逻辑常项。

## 2.3 更多常项及其他逻辑系统

是否应将等同符号或等词算作逻辑常项，这是人们熟知的一个问题。一方面，等同符号表示的是一种普遍关系，当我们允许涵义不同但指称相同的词项——例如“3”和“2 + 1”，“托尔斯泰”和“《战争与和平》的作者”——存在时，它很有用。不仅如此，我们有这样一些形式系统，它们由谓词逻辑加上等同符号扩充而来，并且继承了完全性和强完全性的性质。但另一方面，如果我们把等同符号算作逻辑常项，我们就不能再说，那些为真且所包含常项都是逻辑常项的句子是逻辑真理；因为那个时候，会有一些真语句，如“存在至少 25 个对象”，它们只包含逻辑常项，但似乎不应被视为逻辑地为真。另一个显然的后果是，我们也不能再说，用谓词替换谓词总是保持逻辑真，因为，比如“$x = x$”，它在含等词的逻辑系统中算是逻辑真理，但“$x < x$”或“$x$ 是他自己的守护者”显然不是逻辑真理。当然，这并不奇怪，因为要不要把任何谓词认作逻辑常项这个问题，与另一个问题自然地相关，即是否应在逻辑上平等地对待所有谓词。

人们熟悉的一个事实是，在谓词逻辑中，当我们只关心有限数量的谓词时，我们可以用其他谓词来定义等词。例如，假设 $Rxy$ 是唯一的谓词（特别地，它可以是类成员关系），我们有 $\forall z(Rxz \equiv Ryz) \wedge \forall w(Rwx \equiv Rwy)$ 作为 $x = y$ 的定义。究竟要在逻辑中保留还是驱逐等同符号，似乎没有判决性的实质理由。我们将一般地采取一种模棱两

可的态度，甚至在不同语境下做出不同的选择。

最近出现了一些人们不太熟悉的数学考虑，与核证我们对特定逻
辑常项（比如否定、合取和存在量词）的实际选择有关。一方面，
我们有林德斯特罗姆[①]的一个定理，根据这个定理，在一些相当普遍
的条件下，一阶逻辑是唯一可能的逻辑。另一方面，存在完全、紧致
但本质上不同于一阶逻辑的形式系统：特别地，有一个这样的系 153
统[②]，它有一个附加的“逻辑”常项 $Q$，表示“存在不可数多的”。

完全且紧致的形式系统 $L(Q)$ 通过添加需要固定解释的逻辑常项 $Q$ 扩充了一阶逻辑。这样一来，我们得到一个不同的语言和一个不同的模型概念。根据定义，“不可数的”出现在模型中，所以勒文海姆定理不能为真。例如，“ $Qx(x = x)$ ”这个句子没有可数模型。过去有人认为，二阶逻辑之所以不令人满意，是因为它无法被形式公理化。同样的论证不再适用于 $L(Q)$。我们似乎被迫更直接地面对逻辑常项的刻画问题。一种诱人的说法是，“不可数的”和 $Q$ 不是逻辑概念。比如，在集合论的一般发展中，我们不把“不可数的”当作一个初始概念，而是用别的概念来定义它。不仅如此，很多人还觉得，不可数性是一个晦涩难解的（且高度非构造性的）概念。

然而，不可否认的是，$L(Q)$ 使我们怀疑是否该将逻辑等同于一阶逻辑，尤其是怀疑基于这样一个假设的许多大胆的哲学论题：比如用一阶形式化解释本体论承诺，以及从一阶真定义建构意义理论。如果人们想强调构造性方法，那么直觉主义逻辑是一个有力的竞争者。但如果人们选择采取更经典的立场，那么就没有明显的理由拒绝相信 $L(Q)$ 是一种可能的逻辑，特别是考虑到集合论概念在传统上被与逻

---

① Per Lindström, ‘On extensions of elementary logic’, *Theoria*, vol. 35, 1969, pp. 1–11.

② 关于这方面结果的一个系统介绍见于 H. J. Keisler, ‘Logic with the quantifier “there exist uncountably many”’, *Annals of math. logic*, vol. 1, 1970, pp. 1–93。

辑相联系。当然，说 $L(Q)$ 的定理逻辑地为真（或有效的）不同于说集合论的定理为真，这从如下事实可以看出：$L(Q)$ 在一种与一阶逻辑类似的意义上是完全的（所有有效句都是可证的），而集合论的形式系统在理论的意义（并非每个陈述都或者可证或者可否证）上是不完全的。

系统 $L(Q)$ 要求进一步的扩张。一旦我们接受不可数性为逻辑概念，就没有什么能阻止我们把更高的无穷也算作逻辑常项。因此，与一阶逻辑系统相比，$L(Q)$ 没有提供一个自然的终点，似乎少了一些吸引力。另一方面，在我们的基本逻辑中渴望一种开放性，并非不自然的。有人可能因此愿意相信，虽然 $L(Q)$ 本身不能产生一种确定的逻辑，但它指明了通往一个更大极限的道路，这个极限是真正的逻辑，并且很可能是不可形式公理化的。尽管不可否认，一阶逻辑是一
154 个十分吸引人且稳定的领域，我们却没有判决性的理由表明它是唯一可能的逻辑。

林德斯特罗姆的定理既表明了一阶逻辑的高度稳定性，也表明了它的局限性。它给出了一个关于逻辑的一般概念，并断言一阶逻辑系统的明显扩张最终都等同于这个系统本身，只要它们满足勒文海姆定理（任何句子只要有模型就有可数模型），并且或者具有紧致性或者是形式可公理化的。当我们感兴趣的是集合论或经典分析时，勒文海姆定理通常被看作一阶逻辑的一种缺陷（经常被认为是不可避免的）。因此，所证明的不是一阶逻辑是唯一可能的逻辑，而是这样一个命题：当我们在某种意义上否认不可数性概念的实在性，并要求（这个条件争议少一些）逻辑证明是形式地可检查的（关于可公理化或紧致性的要求）时，一阶逻辑是唯一可能的逻辑。

广义逻辑概念是有趣的，因为它使用了高度的抽象。在一阶逻辑中，每个可满足的句子 $p$ 都有很多模型，因此我们可以将一个模型类

$M(p)$ 与 $p$ 相联系。特别地，如果 $p$ 是不可满足的，那么 $M(p)$ 就是空的。通过这种方式，我们能得到一个集族 $C = \{A \mid A = M(p)$，对于某个 $p\}$。这个集族 $C$ 由一阶逻辑决定，反过来也能决定一阶逻辑。我们现在可以抽象地考虑具有特定自然而普遍的性质的集族 $C_L$，比如：如果 $M(p)$ 和 $M(q)$ 属于 $C_L$，那么 $M(\neg p)$ 和 $M(p \wedge q)$ 也属于它。这些集族被认为是（或决定）广义逻辑系统。紧致性和勒文海姆定理所对应的性质也可以用这些集族表达。因此，到这个阶段为止，我们甚至不需要考虑在每个广义逻辑系统中的语言和句子究竟是什么。当我们引入可公理化这个性质时，我们确实需要考虑句子，但关于它们的条件仍然非常一般。结果是，广义逻辑系统的类非常广泛，包含了我们在数理逻辑中所考虑的大多数语言：无穷语言，新的量词，等等。

人们觉得，或许可以用一个更基本的条件来替换勒文海姆定理的假设，这个条件抓住了隐藏在该定理的直接证明——使用选择公理——背后的思想。有一种模糊的感觉是，不可数性涉及巨大的跳跃，某种普遍的思维形式从未超出可数的领域。特别地，如果给定有穷多的对象，只需要有穷多的新对象就能满足一个给定的关系，那么我们当然会达到一个具有可数多对象的闭包。例如，对于每个偶数，
都有一个比它更大的偶数，这个条件在 $\omega$ 阶段显然是满足的。类似这 155
样的东西，对于很多数学思想和很多关于语言的考虑，似乎都是足用的。人们或许能以某种宜人的方式刻画所谓的一阶思想。随后的愿望是表明，对于一阶思想来说，唯一可能的逻辑是一阶逻辑。

## 2.4　逻辑的哲学基础

如果我们抛开对逻辑常项的异常解释（如直觉主义解释和量子论解释）不谈，或者将它们视为派生性的，定义逻辑并为之做辩护

的问题可以等同于对逻辑常项的选择问题，特别是关于如下事实的辩护问题：命题联结词和量词被选作了逻辑常项。如果我们能给出一个对逻辑的自然定义，并表明这个定义导向这一选择，那么我们也会有一种答案。

有人提议通过简单地枚举逻辑常项的特殊清单来定义逻辑。它的好处是给出了一个明确的答案，但只是在回避问题。这让人想起普罗泰戈拉[①]，他通过列举正义、节制、神圣、勇敢和智慧来定义美德，据说正如嘴巴、鼻子、眼睛和耳朵是脸的部分，这些品质是美德的部分。

可能更可人的一个答案是，诉诸量、质、关系和模态等传统范畴。我们或许可以说，一元谓词逻辑处理量，命题逻辑处理质，多元谓词逻辑处理关系，模态逻辑处理模态。还可以进一步论证说，仅就数学和科学而言，模态逻辑是不必要的，因为模态概念的出现并非不可或缺，可以用其他逻辑和元逻辑概念将它们解释掉。

我们可以从语法方面寻求帮助。在每种自然语言中，要得到一个基本符号（字母或音素）的列表，相对来说不成问题。一般来讲，我们愿意假定一个更大单元的列表，即词汇表或语词列表。语法学家的主要任务是确定哪些语词组合构成（合乎语法的）句子。一种自然而便利的倾向是允许任意长的句子并使用无限制的构造原则（递归和迭代）。例如，在故事《杰克所造的房子》中出现的迭代向我们表明，对于这样的迭代能持续多远，没有自然的有穷界限。来自语法
156 的另一个有益启示是，不同的句子可以具有相同的形式或结构。比如，在将某些句子分析为主语和谓语（或名词短语和动词短语）时，我们得到了范畴和谓述关系的概念。

---

① Plato，*Protagoras*，349.

如果我们争辩说，在科学语言中我们关心的主要是陈述句，并且我们对细致分析名词短语和动词短语以得到更小的部分不太感兴趣，那么我们似乎就可以十分自然地达到逻辑语法中原子语句的概念。如果我们这时再引入如下观点，即一个句子最重要的一般属性在于其为真或为假，那么我们似乎就有理由赋予命题联结词一个显著的地位。而对于同时处理具有相同形式的多个语句，量词是最便利的工具。之后，我们可以这样为摒弃命题态度和模态的做法辩护：它们在科学结果的任何确定表述中都是不必要的。

以上论证思路并不能令我们相信，语法研究的持续加深可以导向一种作为理性终点的逻辑语法。我们无法否认，在历史上，我们所钟爱的逻辑常项并没有在语法研究的发展中发挥任何显著作用。事实上，近年来流行的将逻辑和语法相融合的方法，更多地源自逻辑对语法的影响，而非反过来。最近几年，一门被称作数学语言学的新学科已经出现，它至少部分地是受数理逻辑的启迪。这门学科的主要任务是达成对有意义的或（非等价地）合乎语法的句子的一种形式刻画。该目标尚未实现，并且很多人相信它不可能实现。据霍凯特[①]讲，其根本争议在于，语言是否类似于下棋。

逻辑常项问题是所谓“哲学逻辑”的核心问题。它可以用几种方式表述：查明逻辑形式和逻辑常项真正的特征；给出一个对逻辑小品词概念的一般的、易懂的说明；在人类知识的整体视野中为逻辑寻找一个自然的位置；从对命题观念的反思中提炼逻辑。

我们用语词区分事物。每个语词可与一个圆圈相联系，用圆圈的内部和外部表示该语词所对应的区分。语词对圆圈内的对象为真，对圆圈外的对象为假。或者，为了描述世界中事物的状态，我们通过规

① Charles F. Hockett, *The state of the art*, 1968, p. 85.

定一般类型和个体实例来进行断言。或者，经验知识依赖于这一事实：我们既有一般概念，又有特殊直观。或者，如果我们把命题设想
157 为以真、假为值的函项，那么我们需要函项和主目。断言就是排除；如果没有排除任何东西，也就没有断言任何东西。从上述的每一条途径，我们都能得到为真和为假这两个互斥的选项。称一个命题 *B* 是命题 *A* 的（逻辑）后承或由 *A*（逻辑地）可推演，如果每当 *A* 为真，*B* 也为真，或者说，在每个可能的世界中都有，*A* 真则 *B* 真。这表示，我们应该探寻一个关于可能世界或解释或模型的自然概念。

我们似乎可以合理假定，在科学语言中有句子，每个句子或真或假且二者只居其一。还可以合理地相信，应该存在一些词项和包含这些词项的句子，这些句子是如此简单，其真假只取决于其所描述事态的有无，而不依赖于其他句子的真假。这里我们有未分析语句和不可分析语句之间的对比。就我们的知识而言，不可分析语句是否存在这一点尚且不清楚，更遑论有无这样的不可分析语句，它们能在逻辑常项的辅助下为一切知识提供一个恰当的基础。但与此同时，一种根深蒂固的科学思维方式又不断迫使我们使用未分析的句子。

众所周知，《逻辑哲学论》论证了不可分析（称为“基本的”）命题的必要性。“显然，对命题的分析必然会将我们带向基本命题，它们由名字的直接组合构成。”（4.221）“要求简单记号是可能的就是要求涵义是确定的。”（3.23）“名字无法由定义解剖。”（3.261）“如果世界中不存在实体，一个命题是否有意义就会依赖于另一个命题是否为真。在这种情况下，我们无法勾画出任何世界图像（真的或假的）。”（2.0211，2.02212）这些想法无视关于知识的事实，而是预设我们必定有一种特殊的世界图像（真的或假的）。在算术中，从简单的数量命题开始是自然的，尽管理解它们是一件复杂的事情。“如果我不能先天地给出一份基本命题的清单，试图给出一份清单就

必然会导向显然的无意义。”（5.5571）这样一份清单尚未给出，并且很可能无法给出。因此，避免诉诸认识论意义上的不可分析命题似乎是可取的，而认识论意义正是我们感兴趣的意义。

在某些语境中，我们的确会使用未分析的命题，并且在这些情况下存在多种命题是事实。考虑到这一点以及每个命题或真或假，我们自然会有这样的想法：根据其所含命题的真值为一个命题集分配真值，这可以有不同的方式。对于任意有穷命题集，我们可以先考虑命 158
题对，然后重叠运用这种配对运算。因此，我们只需要作用在一个和两个命题上的真值函项。事实证明，很多真值函项可由别的真值函项得到；比如，否定加合取足以表达所有真值函项。每个人都或为男性或为女性，并且我们对依性别划分不同的情侣组合感兴趣，但我们通常不会为每个人群组指派一个性别，因为人的组合本身不是人。所以我们还需要这样的想法：命题的真值函项性组合仍是命题。也许应将其比作金属结合为合金。

假设我们有一个命题集，它在数量上可能有穷也可能无穷，我们可以说集合中的所有命题都为真，或者都为假，或者有些真，或者有些假。对命题进行分组的最常见方式是将相同结构的命题放到一起；比如，将所有这样的命题放到一起，它们唯一的区别在于某相同位置处的名字不同，如“马克思是马克思主义者”，“列宁是马克思主义者”，“凯恩斯是马克思主义者”，等等。把名字换成变元并添加量词，我们就得到 $\forall xFx$ 和 $\exists xFx$，它们分别断定所有形为 $Fa$ 的命题的合取和析取。如此一来，“如果 $\forall xFx$，则 $Fa$”和“如果 $Fa$，则 $\exists xFx$”之类的逻辑原则就变成了重言式，它们涉及有穷或无穷多个命题。

或者考虑这个想法：我们将一个函项（一般概念，谓词）应用到一个主目（个例，主词）上以产生一个真值。它伴随着一个命题域，该命题域由所有函项相同但主目有别的命题构成。如果我们把这一想法当作全称量化的来源，并结合以否定的基本运算，我们就能通过一些自然的约定得到我们熟悉的那些逻辑常项。① 这与维特根斯坦的一般命题形式相关但又不同。后者的一个特征是允许我们断言一个给定集合中的所有命题为假。当存在无穷多命题的时候，这将太过一般化，因为我们会有不可数多的命题集。这似乎是维特根斯坦无差别对待无穷和有穷的例证之一。②

维特根斯坦还有另一个诱人的论断，它给人以这种印象：仅仅通过反思（一般形式的）命题的概念，我们就能达到那些熟悉的逻辑常项。

> 很清楚的一点是，关于所有命题的形式，无论我们**预先**能说些什么，我们必定能**一次性说全**。事实上，基本命题本身包含了
> 159 全部逻辑运算。因为“$fa$”和“$\exists x(fx \wedge x = a)$”说的是相同的东西。每当有复合，就会有主目和函项，而只要它们出现，我们就已经有了所有的逻辑常项。人们可能会说，仅有的逻辑常项是**所有**命题依其本性共同具有的东西。但那正是命题的一般形式(5.47)。

---

① 更确切地说，肖芬克尔用初始记号 $Fx \mid * Gx$ 表示 $\forall x \neg (Fx \wedge Gx)$。然后 $\neg p$ 可定义为 $p \mid * p$，$\forall x Fx$ 可定义为 $\neg Fx \mid * \neg Fx$，$p \wedge q$ 可定义为 $\neg (p \mid * q)$。

② 6.126 和 6.1262 中的断言似乎暗示，逻辑是可判定的，此想法与后来的数学结果不符。但如果认为有穷情形和无穷情形之间没有本质区别，人们就完全可以期待逻辑是可判定的。如果他的断言不蕴涵任何判定程序，那么这里提到的逻辑的独特特征就为每一个形式系统所共有。

引文中的例子表明，存在量化、合取乃至等同①，都已经隐含在了简单命题的概念中。我们大概还可以说，否定也包含在命题的概念中，因为一个命题总是或真或假，两种可能性我们都考虑。

一般命题和它所对应的逻辑积在意义上并不相同。（1）我们并不总能写出那个逻辑积。（2）当我们能写出时，我们也应该添加一个子句说明该逻辑积包含所有实例。（3）我们能够理解一个一般命题而不必听说其全部实例。（4）一个一般命题意在指涉一个对象总体（例如自然数的总体），它与其全部实例之逻辑积的等价性依赖于这一假定：该总体中的每个对象都有一个（标准的）名字。换言之，量词的预期解释谈论的是一个对象的领域。我们总能用其实例逼近它这一点绝非显然，尤其当我们为了明确起见视它们为一些句子（语法对象）。

对于数理逻辑研究来说，通过考虑句子，我们确实在明确性上提高不少，而在代入性解释和指称性解释之间，也确实显示出需要一种区分，因为我们没有足够多的名字。但有些人认为，我们可以想象不可数多的名字，并且在具有良序论域的一阶系统中，存在可数的子模型，其中每个对象都有一个名字。更基本的问题是在代入性解释中以某种方式保留量词的指称性方面。例如，在处理自然数时，我们可以引入一种数和名字之间的指称关系，并确保每个自然数有一个名字。然后，我们就可以通过添加单个公理（它可以是多个公理的合取）来定义关于一阶数论中所有句子的真概念。但关于原子语句的条款以

---

①《逻辑哲学论》中对同一性的处理非常特别。它提出了“一个符号，一个对象”的观点。“我用符号的同一性，而不是通过使用一个同一性符号，来表达对象的同一性。我用符号的不同来表达对象的不同。”（5.53）这大概是因为，作者认为，一个真正的（基本）命题必须说出某种关于实在的东西。如果我们允许两个符号表示同一对象，我们就会得到一些看起来像命题，却没有说出任何关于实在的东西（而只说出一些关于表达式的东西）的等式。这会导致各种各样不同寻常的后果，罗列于 5.531、5.532、5.534 和 6.2 等条目下。

一种指称性的方式使用了量词。[1] 真概念的定义问题，被认为是裁定代入性解释是否恰当的一个更严格的标准，因为，为了理解量词，追问含有量词的语句在什么条件下为真看起来是很自然的。

160 为一个（一阶）理论定义真概念这个问题与何为逻辑真这个问题也有关，因为逻辑地为真的句子正是在所有理论中为真的句子，或者说，在对谓词和变元的所有解释中为真的句子。正如我们以前提到的，模型或解释的概念与我们对逻辑常项的选择相关，所以，从真转向有效性，更多地是在我们选定逻辑常项之后帮助我们定义逻辑真，而不是为了核证我们对逻辑常项的特定选择。类似地，给定我们已选好的特殊的逻辑常项，如果我们假定了一个合适的可能世界概念或一个合适的、关于可能性的模态概念，我们也会得到一个自然的逻辑真概念。

在定义纯逻辑的语句及其有效性时，我们使用了递归方法，并设想有无穷多的实例。在考虑模型时，我们也允许无穷模型的存在。这样一来，无穷便进入了逻辑，如果不是以直接的方式，至少也是以间接的方式。这将我们引向《逻辑哲学论》中以形式概念和形式序列的名义讨论的东西。我们也找到了从一阶逻辑到数理逻辑的自然过渡。

逻辑对世界无所断言。逻辑真不应该依赖于世界中有多少个体。逻辑是否要求或预设一个非空的世界，这或许可争论，但绝无可能逻辑地证明世界上至少有两个或一百个个体。实际上，我们会认为，即使在一个空无一物的世界中，逻辑仍然是真的。现行逻辑预设一个非空的论域，更多是出于方便而非必须：我们感兴趣的论域一般是非空的。因此，在构建逻辑和数学时，我们必须不假设任何个体或其名字。然而，罗素和拉姆齐都相信，要得到普通数学，我们不但需要假

---

① 更多细节可对照下一章。也可参考 John Wallace, *Synthese*, vol. 22, 1970, p. 128。

设个体存在，还要假设有无穷多的个体存在。换言之，他们相信数学只有借助无穷公理才能建立起来，后者被认为是一个关于世界的经验命题，并因此可真可假。

这导致各种荒谬的结论，比如[1]，如果世界上只有 $n-1$ 个个体，那么自然数 $n$ 就会等同于自然数 $n+1$。由于我们十分确信，无论有多少个体，$n$ 总归是不同于 $n+1$ 的，所以自然的推论是，罗素和拉姆齐关于逻辑和数的哲学肯定是错误的。无穷应当来自别的地方。

戴德金曾提出这样来确立无穷类的存在：考虑一个对象，关于这个对象的观念，这个对象的观念的观念，如此等等。鲍尔查诺在这之 161
前及罗素在这之后都提到过类似的论证。罗素的论证是关于类的：如果无物存在，则存在一个类，即空类，继而可产生 2 个类，继而可产生 4 个类，如此等等。把所有这些放到一起，我们就得到一个无穷类。但罗素认为，这个论证涉及一种类型混合。在《逻辑哲学论》中，维特根斯坦观察到，应用真值函项联结词形成新句子的操作可以无限制地重复下去，而自然数可以作为重复次数的指示物被引入。

所有这些想法的要点在于这一事实：我们能够根据自己的意愿重复某些操作任意多次。这一事实对于我们的直观是如此清楚，以至于在构建逻辑和数学时，我们有充分的理由把它当作理所当然的。混合类型是不必要的。比如，我们可以轻松地写下一个星号“ * ”，并思考所有星号串的总体，这些星号串是通过在给定的星号串后重复添加星号得到的。或者，即使在罗素的例子中，我们也能轻松安排我们的类型，使得他所考虑的所有类都属于同一个类型。我们在数学中当然思考无穷，或至少思考潜无穷，与这个世界是有穷还是无穷无关。

作为一种逻辑可能性，我们可以假想如下的自然史：我们从构造

---

① B. Russell, *Introduction to mathematical philosophy*, 1919, p. 132.

一阶逻辑（一种空逻辑）开始，它是我们描述世界的一般语言的一部分，但不预设任何特定数量的事物在世界上存在。反思这个语言和如此构造的这个系统，我们发现我们可以无限制地重复以某些特定的方式从给定表达式得到新表达式的过程。当我们试图描述这一可能性，我们被引导去建立一些无穷系统，如任意长的星号串。它们可被视为对正整数的一种自然表征，或者如《逻辑哲学论》中所言，视为"运算指数"（6. 021）。

一旦我们有了一个星号，以及向给定星号串添加一个星号的运算，我们能很容易地得到这些串之间的相等和不等关系。然后我们就可以引入以这些串为变域的变元，形成一般命题，以及那些通过运用普通真值函项联结词得到的命题。

现在的问题是，我们该如何引入这些串的类或正整数的集合？我们考虑一个任意的语句形式，它包含一个在正整数上取值的自由变元。或者用罗素的术语说，我们考虑一个命题函项 $Fx$，其中 $x$ 是一个取值为正整数的变元。每个这样的语句形式或命题函项都以如下方
162 式定义了一个类：对每个整数 $n$，$Fn$ 或真或假；如果 $Fn$ 为真，则把 $n$ 放入该类中，否则将其弃置一边。当我们在假想中对每个正整数都做完这件事时，那些没有被我们扔掉的正整数便构成了所要的类。用这种方式，我们从正整数的每个定义性质得到一个类。我们还得出一个原理："给定任何语句形式 $Fx$，我们能够找到一个正整数的类 $K$，使得对于每个正整数 $x$，都有 $x$ 属于 $K$ 当且仅当 $Fx$ 为真。"

之后为正整数的类引入变元就是自然之事，这使定义语句形式 $Fx$ 扩展为包括这些变元，它们或是自由的或是约束的。如果我们不加限制地重复这一过程到任意的 $n$，并增加外延公理和选择公理，我们就到达了通常的简单类型论。没有决定性的理由显示，我们应该停留在有穷类型范围内。如果我们继续扩张到超穷域，我们就进入通常

所说的公理集合论，在后者那里，不同的类型在记法上的区别被方便地取消了，尽管概念上的类型区分仍然保留。

最后，我们简要评论一下试图用模态概念来处理逻辑和数学基础问题的最新尝试。普特南（H. Putnam）[①]、克里普克（S. A. Kripke）、欣提卡（J. Hintikka）、斯洛特（M. Slote）及其他一些人，提倡这一进路。根据他们的观点，避免使用直接让人想到模型和集合论解释的可能世界概念，转而强调与命题（及它们之间的蕴涵关系）、倾向、定律和条件联系更为紧密的可能性（可能是、可设想的、可想象的）概念，是更可取的做法。这种回避对象的倾向与后期维特根斯坦对“能够想象”这个模糊概念的提倡不无相似。例如他写道[②]：

> 为何牛顿定律不是数学公理？因为我们完全可以想象事物不是那样。但——我想说——这只不过是将某一个而非另一个相反的角色分配给那些命题。这就是说，当我们这样说一个命题：“可以想象不是这样”，或“我们也能想象相反的情况”，我们就把经验命题的角色归给了它。

“数和集合存在吗”，这不是一个很清楚的问题。我们感兴趣的不是特定的具体对象，而是满足特定条件的任何对象，因此彼此同构的结构是同等可接受的。与其问是否存在数，人们可以问关于数的所有条件是否可能被同时满足。如果人们区分可能对象和现实对象，存在就能变成一个谓词，而我们就可以追问某些可能对象是否满足该谓词。但这听起来很像是那个关于存在和持存的臭名昭著的区分。因 163
此，与可能世界和可能对象相比，可能性更受人偏爱。

一个数学陈述为真可以这样来理解：满足基本条件（例如公理）

① H. Putnam, ‘Mathematics without foundations’, *J. philosophy*, vol. 64, 1967, pp. 5–22.

② L. Wittgenstein, *Remarks on the foundations of mathematics*, 1956, p. 114.

却不满足该陈述的解释是不可能的。这里有一种模态解释和集合论解释之间的对偶。如果我们还记得，除了那些源自它们在数序列中的位置顺序的性质之外，数没有别的性质，那么模态解释是很有吸引力的。形式系统不完全的事实并不能表明存在绝对不可判定的命题。但如果我们问费马猜想或连续统假设是否为真，我们似乎确实无法采取那种纯逻辑的解释，根据这种解释，一个假设为真的意思是：该假设被某些预先选定的公理蕴涵这一点是必然的或有效的。

因此，为了给集合论中的真提供一个恰当的模态说明，我们被自然地引向如下任务：用模态术语解释标准模型（例如集合论的标准模型）。这方面的尝试已经出现，比如利用类成员关系的树结构，但目前它们仍处于未完成的状态。

笼统来说，我们期望一种模态说明在某些方面有益。但我们保守的本能又使我们倾向于预期，在这种重述有了充分的进展之后，旧的困难会以新的形式再次出现。

模态进路的另一个优点是，与哲学家所发明的持存和分析性等概念不同，可能性和必然性是更自然的概念。一个与此相关的好处是，它们不仅关乎数学，也关乎一般形而上学。这个优点似乎同时意味着一个缺点，因为，恰恰由于它们广泛的可应用性，它们不必专系于数学。如此一来，模态概念于我们似乎就有一种基本的歧义性：物理上可能的、自然意义上可能的、逻辑上可能的、几何学上可能的、数学上可能的、概念上可能的，等等。

对模态的强调在一定程度上与“对一个概念为真”（与“对一个对象为真”形成对比）这个想法有关。我们希望把数学和小说区分开来，在后者那里，我们也力求忠实于某些概念或人物性格。虽然数学中有更少的任意性这一点显而易见，但我们的确会再次面对刻画逻辑和数学概念之特征的任务。

166

# 第 5 章

# 元逻辑

## 1 形式语言和形式系统

### 1.1 语法和语义

元逻辑可定义为对形式语言和形式系统之语法和语义的研究。它与对自然语言的形式化处理有关，但并不包含后者。一个形式语言一般要求一组形成规则，即对何为合式公式（语句或有意义的表达式）的一套机械而完备的规定。这种规定一般包含三部分：机械地给出一个初始符号的列表，机械地挑出这些符号的某些组合作为原子语句，然后用若干归纳条款规定，语句在逻辑联结词（命题联结词和量词）下的自然组合仍然是语句。“机械”是指机器可以检查候选者是否满足要求。由于这些规定只关涉符号及其组合，我们这里处理的就是语言的语法。

形式语言的解释由一个对象域和对原子语句的解释（哪些常项指称哪些对象，哪些谓词和函数符号指称哪些关系和函数）决定。有了它们，每个句子的真值（真或假）都将由逻辑联结词的标准解释得到确定。例如，$p \wedge q$ 是真的当且仅当 $p$ 和 $q$ 都是真的。这样，给定对一个形式语言的任何解释，我们都能得到一个形式的真概念。真、意义和指称是语义概念。

167 如果我们在一个形式语言下引入一个形式系统，我们还会遇到公理、推演规则和定理等语法概念。某些句子被机械地挑选出来当作公理。公理是（基本）定理。然后有一些归纳条款，它们断定：如果某些句子是定理，那么以一种合适的方式与它们相关的另一个句子也是定理。比如，如果 $p$ 和 $\neg p \vee q$ 是定理，则 $q$ 也是定理。

哥德尔 1931 年做出的一个基本发现是，在大多数有趣的形式系统中，并非所有真句子都是定理。① 这意味着语义不能归约为语法，我们经常得区分与证明论密切相关的语法和与模型论密切相关的语义。粗略地说，语法是数论的分支，语义则是集合论的分支。

### 1.2　一个形式系统的例子

为了澄清这些抽象的概念，我们给出一个形式系统 $N$ 作为例示。

**A** 形成规则

1. 初始符号：$\neg$，$\vee$，$\forall$，(，)，=，函数符号 +，·，常项 0，1，以及变元 $x$，$y$，$z$，…；

2. 项：常项是项，变元是项，如果 $a$ 和 $b$ 是项，则 $a+b$ 和 $a \cdot b$ 也是项；

3. 原子语句：如果 $a$ 和 $b$ 是项，那么 $a=b$ 是一个语句；

4. 其他语句：如果 $A$ 和 $B$ 是语句，$v$ 是一个变元，那么 $\neg A$，$A \vee B$，$\forall vA$ 都是语句。

**B** 公理和推演规则

---

① Kurt Gödel, *Monatsh. Math. Physik*, vol. 38, 1931, pp. 173–198。这一基础论文以英译的形式至少重印于三部书中。

1. （一阶）谓词演算（包括命题演算）的公理。

2. $N$ 的公理：$\neg(x+1=0)$，$\neg(x+1=y+1) \vee x=y$，$x+0=x$，$x+(y+1)=(x+y)+1$，$x \cdot 0=0$，$x \cdot (y+1)=(x \cdot y)+x$。

3. 推演规则：如果 $A(0)$ 和 $\forall x(\neg A(x) \vee A(x+1))$ 是定理，那么 $\forall xA(x)$ 也是定理。(数学归纳法原理)

由**A** 和**B** 所规定的系统 $N$ 在如下意义上是一个形式系统：给定初始符号的任意组合，我们能机械地检验它是否是 $N$ 的一个句子，给定一个有穷的句子序列，我们能机械地检验它是否是 $N$ 中的一个（正确的）证明，即是否该序列中的每个句子或者是一条公理或者是通过一条推演规则由序列中在先的句子得到。如是观之，一个句子 $A$ 是 168
定理当且仅当存在一个以 $A$ 为末句的证明。应当注意的是，我们不要求形式系统满足这一点：能够机械地判定一个给定的句子是否是定理。事实上，众所周知的一个结果是，不存在机械的方法来判定 $N$ 的一个句子 $A$ 是否是 $N$ 的定理。

## 1.3　上述语言的真定义

根据哥德尔和司寇伦的一些结果，形式系统 $N$ 允许不同的解释。[①] 预期解释或标准解释用普通非负整数作论域，符号 0 和 1 指称零和一，符号 + 和 · 表示普通加法和乘法。相对于这个解释，我们可以为 $N$ 的语言给出一个真定义。

区分开语句和闭语句是必要的。比如，$x=1$ 是一个开语句，它可真可假，取决于 $x$ 的取值是什么；$0=1$ 和 $\forall x(x=0)$ 则是闭语句（在预期解释下二者皆为假）。

---

① Gödel, op. cit.，以及 Th. Skolem, *Norsk matematisk forenings skrifter*, series 2, no. 10, 1933, pp. 150–161.

1. 一个原子闭语句是真的当且仅当它在直观意义上是真的。例如，0 = 0 是真的，0 + 1 = 0 是假的。这一界定就其本身而言不是语法的，但仔细一点，我们能够给出一个明确、机械的界定，它告诉我们哪些原子闭语句在直观意义上是真的。[①]

2. 闭语句 $\neg A$ 是真的当且仅当 $A$ 不是真的。

3. 闭语句 $A \vee B$ 是真的当且仅当 $A$ 或 $B$ 是真的。

4. 闭语句 $\forall vA(v)$ 是真的当且仅当 $A(0)$，$A(1)$，$A(1+1)$，…，都是真的。

上述真定义不是一个显式定义，而是一个归纳定义。使用集合论概念，我们可以得到一个显式的定义，它产生的句子集恰由全体真语句构成。如果我们使用哥德尔的方法，用数来表征符号和句子，那么我们就能在集合论中得到一个自然数的集合，其元素恰为 $N$ 的真语句的哥德尔数。

我们注意到在一种明确的意义上，在一个语言自身中为该语言定义真是不可能的。这可以借助说谎者悖论证明。考虑“我在说谎”

---

① 关于该真定义的一个精确处理，可参考 D. Hilbert and P. Bernays, *Grundlagen der Mathematik*, vol. 2, 1939 and 1970。更确切地说，条件 1 的自然解读不足以导出真模式的所有情形，其中 $P$ 为：$G_p$（$p$ 的哥德尔数）是真的当且仅当 $p$。我们已经知道，$P$ 无法由 $N$ 加上这里的四个条件作为公理推导出。直观上的理由是，在 $N$ 加这四个条件的非标准模型中，$P$ 对于某些带量词的语句可能为假。在 $N$ 的预期模型中，这四个条件确实能使 $P$ 对于如此规定的真谓词为真。希尔伯特和贝奈斯对条件 1 的精确表述使用了一个指称关系 $d(x) = y$，意思是哥德尔数为 $x$ 的整数指称 $y$。这样一来，$\forall y \exists x d(x) = y$，即每个数有一个名字，就是 $N$ 的一个定理。然后我们用全称量词来说，例如：对于所有的 $u$，$v$，$w$，用 $u$，$v$，$w$ 替换句子“$x + y = z$”中的 $x$，$y$，$z$ 所得的结果是真的，当且仅当 $d(u) + d(v) = d(w)$。对于形为 $m + n = k$ 的数量等式，这显然给了我们所想要的一切，因为我们可以规定 $u$，$v$，$w$ 为哥德尔数（或名字）或具体的整数 $m$，$n$，$k$。但此外，我们也可以——比如说——从“$\forall x(x + x = x)$”为真的假设推导出 $\forall x(x + x = x)$。后者断言，对于所有的 $u$，用 $u$ 替换“$x + x = x$”中的“$x$”所得的结果为真，并因而有 $\forall u(d(u) + d(u) = d(u))$。由于 $\forall x \exists u(d(u) = x)$，$\forall x(x + x = x)$ 随之成立。这方面的更多细节，可参阅 Hilbert and Bernays, pp. 344, 348。

这个句子或：(1) 这个句子不是真的。由于 (1) 就是“这个句子”，
如果 (1) 为真，则 (1) 是假的。另一方面，如果 (1) 为假，则
(1) 是真的。假设 *N* 语句的真概念在 *N* 本身中是可定义的，用哥德
尔发明的方法，我们可以在 *N* 中得到一个相当于 (1) 的句子，因而 169
生成一个矛盾。塔斯基和哥德尔在他们的著作中最早强调了这
一点。①

## 2　元逻辑的起源和影响

从历史上看，随着逻辑和公理系统变得越来越精确，为了更清楚明了，出现了这样一种趋势，即更多地关注所用语言的语法特征，而不是专注于直观意义。这样，逻辑、公理方法和符号学就向着元逻辑聚拢。

### 2.1　公理方法

最著名的公理系统无疑是欧几里得的几何学公理系统。公理方法以一种线性方式进行，它从一组初始的概念和命题开始，逐步定义或推导出理论中的其他所有概念和命题。19 世纪各种不同的可能的几何学的出现使人们产生这种愿望：将抽象数学与空间直观相分离。结果之一是，很多欧几里得几何中隐藏的公理被揭示了出来。在希尔伯特 1899 年的名著《几何基础》中，这些发现被组织成一个更严格的公理系统。但是，在这个以及与之相关的系统中，逻辑联结词却被视为当然之物，它们的性质仍然隐而未显。如果我们用谓词演算作为那

① 见于其 1933 和 1934 年的文章；相关历史文献可对照 *The undecidable*, ed. M. Davis, 1965, p. 64。

些公理系统的逻辑，我们就会得到前面讨论的那种形式系统。

一旦我们达到这种形式系统，就有可能把一些语义问题转换成更明晰的语法问题。比如，有人论证各种非欧几何是一致的，理由是它们在欧氏几何中有模型，而后者又在实数理论中有模型。但我们怎么知道实数理论是一致的？很明显，模型方法只能确立相对一致性，它必须在某个地方结束。有了形式系统（比如关于实数的）后，我们得到的是一个具有组合特征的、严格语法化的一致性问题：考虑所有可能的证明（作为语法对象），有没有一个是以（比如说）$0 = 1$ 为末句？

或者，考虑另一个例子。我们感兴趣的一个问题是系统有没有范
170 畴性，即在同构的意义上唯一地决定一个解释。这在一定程度上可以替换为一个相关的语法完全性问题：是否存在系统的一个闭语句 $A$，使得 $A$ 和 $\neg A$ 都不是系统的定理。尽管我们现在知道这两个概念是不同的，但它们都能使那个原始、模糊的恰当性要求得到澄清。希尔伯特强调了像一致性和完全性这种清晰的语法问题，并于 1920 年左右称关于这些问题的研究为元数学（或证明论）。

## 2.2 逻辑和元逻辑

从某种意义上说，逻辑可等同于带或不带等词的（一阶）谓词演算。在这个意义上，弗雷格早在 1879 年就实现了一个逻辑形式演算。有时逻辑也被解释成包括高阶谓词演算，但那样一来逻辑离吞并集合论就只有一步之遥。事实上，公理集合论经常被视为逻辑的一部分。对于我们当前的目的而言，限定在第一种意义的逻辑上更为合适。

很难将逻辑中的重要结果与元逻辑区分开，因为逻辑学家感兴趣的定理都是关于逻辑的，因而属于元逻辑。每个数学定理 $p$，包括关

于逻辑的，都可以转换成一个逻辑定理"$\neg P \vee p$"，其中 $P$ 是用来证明 p 的数学公理的合取。但记住这一点是重要的：我们不是通过实际执行逻辑所形式化的所有步骤来做数学的。对公理的选择和直观把握于数学和元数学而言是重要的。逻辑系统中的实际推演，如怀特海和罗素所做的那些，对逻辑学家来说只具有很小的内在价值。这可能使引入"元逻辑"这个术语显得多余。现行的分类是让元逻辑不只处理关于逻辑演算的结果，还包括关于形式系统和形式语言的一般研究。

普通形式系统与逻辑演算的不同之处在于，前者一般有一个预期解释，而后者则刻意让解释保持开放。例如，对于形式系统中的句子，我们谈真假，而对于逻辑演算中的句子，我们则谈有效性（在所有解释或所有可能世界中为真）和可满足性（或具有一个模型，亦即在某个解释中为真）。因此，逻辑演算的完全性和形式系统的完全性意义十分不同：前者允许很多闭语句 $A$ 满足"$A$ 和 $\neg A$ 都不是定理"；只要求每一个有效语句都是定理。

## 2.3　符号学 171

最初，"符号学（semiotic）"这个词意指关于症状的医学理论。洛克用它表示关于符号和意义的一门科学。其现行用法特别得到卡尔纳普的提倡。[①] 根据这种用法，符号学是关于符号和语言的一般科学，由语用学（其中要提到语言的使用者）、语义学（把说话者抽象掉，只分析表达式及其意义）和语法学（把意义也抽象掉，只研究表达式之间的关系）三部分构成。

起初，卡尔纳普只强调语法。渐渐地，他意识到语义学的重要

---

① 参见 R. Carnap, *Introduction to semantics*, 1942，以及那里对 C. W. Morris 的征引。

性，通向许多困难的哲学问题的大门被重新打开。语用学目前还是个有点空泛的名称，涵盖了广泛的关于语言的科学研究：生理学的、心理学的、人种学的和社会学的。由于它显然无法形式化地处理，一般不被看作元逻辑的一部分。

在一种通常被冠以逻辑实证主义之名的全新哲学方法的建立过程中，元逻辑的某些方面发挥了重要作用。在《逻辑哲学论》中，维特根斯坦给出了关于逻辑真理的一个吸引人的解释，即解释为在所有可能世界中为真的句子。例如，或者下雨了或者没有下雨。在每个可能世界中都有一个析取支为真。基于这一观察和逻辑学更广泛的发展，卡尔纳普试图对科学和哲学做形式化的处理。

于是，每个被赋予一种形式语言，其中有些句子基于逻辑为真，有些句子基于事实为真。前者的逻辑值域是普遍的，后者的逻辑值域则更受限制。粗略地说，一个句子的逻辑值域就是所有它在其中为真的可能世界的集合。人们觉得，元逻辑对数学学科的成功可以扩展到物理学甚至生物学和心理学领域。

针对这些学科，人们还提出了一种解决意义问题的形式方案。给定一门科学的形式语言，我们或多或少可以像对 $N$ 的语言所做的那样为它定义一个真概念。这样的一个真定义为每个语句确定真值条件，亦即使其为真的充分必要条件。语句的意义则被等同于其真值条件，[①]“因为要理解一个语句，知道它断定了什么，无非就是知道在什么条件下它是真的”。“知道一个语句的真值条件（在大多数情况下）离知道其真值还差很远，但却是确认其真值的必要基础。”

172

## 2.4　其他方面的影响

近年来，元逻辑在递归论、模型论和公理集合论（特别是独立

---

① Carnap, op. cit., p. 22。还可对照 *Tractatus*, 4.024, 4.46。

性结果）中引发了大量数学性质的工作。

在另一个方向上，用图灵机解释机械过程的做法引发了对理想化计算机的研究，并在有穷自动机理论和数学语言学中产生了一些后果。

就语言哲学而言，有一个普遍的趋势是强调逻辑哲学。例如，人们思考内涵概念和外延概念之间的对比，尝试在真值条件的意义上研究自然语言中的意义，经常讨论形式逻辑和自然逻辑（自然语言的逻辑）之间的关系，也经常讨论本体论和量词的使用之间的关系，等等。

还有一些人致力于为物理学、生物学乃至心理学等经验科学建立形式系统。总体而言，这些努力是否产生了任何出人意料的成果值得怀疑。

## 3　关于形式数学系统的精确结果

### 3.1　概况

关于完全性和一致性这两个核心问题，哥德尔（1931）为那些最有趣的形式系统提供了强有力的结果。（1）如果它们是 $\omega$ 一致的（参见后文），它们就不可能是完全的。（2）如果一个形式系统是一致的，那么断言其一致性——在系统中易于表达——的陈述本身在该系统中是不可证的。

不久之后[①]，在对艾尔布朗的一个提议稍作修改的基础上，哥德尔引入了递归函数的一般概念。1936 年，图灵、丘奇和波斯特为这一概念和与之等价的概念做了辩护，从而得出一个关于机械或可计算

① 见于其 1934 年的文章；参见 *The undecidable*, op. cit., pp. 69–71。

的或递归的或形式的过程的精确概念，它为我们提供了一个关于机械过程的直观概念的精妙解释。作为结果，我们不仅能证明某些问题类是机械可解的（对于这种证明，严格的普遍概念是不必要的），还能证明某些问题是机械不可解的（或绝对不可解的）。最著名的例子是下面这个结果[1]：不存在能求解所有丢番图方程的算法，或者说，希尔伯特第十问题的解是否定的。

173 用这种方式，我们最终获得了明晰的形式公理系统概念，因为我们的“机械”概念不再是一个模糊的非数学概念。同样用这种方式，我们还获得了明晰的可判定性概念。在一种意义上，可判定性是（语句的）集合的一种性质：能否找到一个机械方法，判定给定的一个形式系统（比如说 $N$）的任意一个闭语句是否为真（或另一个问题，是否是定理）。可判定性还有另一种意义，它指向单个的闭语句 $A$：$A$ 在一个形式系统中是不可判定的，如果 $A$ 和 $\neg A$ 都不是该系统的定理。使用这个概念，哥德尔的不完全性结果有时这样表述：每个有趣的形式系统都有不可判定的语句。在这些发展的基础上，很容易推广哥德尔的结果以表明：（3）有趣的形式系统如 $N$ 是不可判定的（无论是在定理的意义上，还是在真语句的意义上）。丘奇首先证明了这一点。[2]

## 3.2 两个不完全性定理

第一个也是最核心的结果是：像 $N$ 这样的系统是不完全的，并且由于这个定理适用于任何合理且适当丰富的系统，它们还是不可完全的。该结果的证明可视作说谎者悖论的一种改进，后者导致真在相关

① Ju. V. Matijasevicz, ‘Enumerable sets are Diophantine’, *Soviet Math. Dokl.*, vol. 11, 1970, pp. 354–358.

② *Alonzo Church in The undecidable*, pp. 89–107.

语言自身中是不可定义的。由于一个形式系统 $S$ 中的可证性往往可以在 $S$ 自身中得到表达，我们被引向另一个结论。

考虑如下语句：

(1) 这个句子在 $S$ 中是不可证的。

特别地，我们可以把 $N$ 当作系统 $S$。用数表征表达式并使用一个巧妙的替换函数，哥德尔成功地在 $S$ 中找到了一个句子 $p$，它可以被看作表达了（1）。

一旦有了这样的一个句子 $p$，我们会得到一些强有力的推论就很明显了。假如 $S$ 是完全的，那么或者 $p$ 是 $S$ 的一个定理，或者 $\neg p$ 是 $S$ 的一个定理。如果 $p$ 是定理，那么直观上 $p$ 或者说语句（1）是假的，从而在某种意义上 $S$ 有一个假的定理。类似地，如果 $\neg p$ 是定理，它断言并非（1），或者说 $p$ 在 $S$ 中是可证的。因为 $\neg p$ 是定理，它应该是真的，这样我们似乎就得到两个相互冲突但都为真的句子：$p$ 在 $S$ 中是可证的，并且 $\neg p$ 在 $S$ 中是可证的。只有在 $S$ 不一致时，这才可能成立。

仔细研究一下这条不太精确的推理链条，我们就能得到哥德尔精确版本的定理，它断言，如果 $S$ 是适度丰富且 $\omega$ 一致的，那么 $p$ 在 $S$ 中就是不可判定的。$\omega$ 一致性是一个比一致性稍强的概念，但它是一个很合理的条件，因为它仅仅是要求，我们不能在 $S$ 中同时证明
$\exists x \neg A(x)$ 和 $A(0)$，$A(1)$，…全体（某个数没有性质 $A$ 但同时每个 174
个别的数又都有性质 $A$）。罗瑟[1]成功地将这个条件削弱为单纯的一致性，代价是原来的句子（1）变得更复杂。

更确切地说，哥德尔证明了：如果 $S$ 是一致的，则 $p$ 是不可证的；如果 $S$ 是 $\omega$ 一致的，则 $\neg p$ 是不可证的。前半部分导向哥德尔关

---

① J. B. Rosser in *The undecidable*, pp. 231–235.

于一致性证明的定理：如果 $S$ 是一致的，则表达 $S$ 一致性的算术语句在 $S$ 中是不可证的。它经常被简单地表述为：没有有趣的系统能证明自身的一致性，或不存在可以在 $S$ 中形式化的 $S$ 的一致性证明。该定理之证明的本质部分是“如果 $S$ 是一致的，则 $p$ 是不可证的”这个命题的算术版证明在算术中的一种形式化。换言之，它主要在于构造一个数论中的推演，该推演从表达 $S$ 一致性的算术语句 Con（$S$）导向 $p$ 本身。这就意味着，如果 Con（$S$）是可证的，则 $p$ 也是可证的，与前面的结果矛盾。哥德尔仅仅简要勾画了这个证明。但希尔伯特和贝奈斯的著作中给出了相关证明细节。[①]

另外值得一提的是，不可判定句具有相对简单的形式：$\forall xA(x)$，其中 $A$ 是一个递归的——事实上是原始递归的——谓词。

## 3.3 可判定性和不可判定性

第一不完全性定理的一个直接推论是，该定理所适用的系统 $S$（比如 $N$）中的真是不可判定的。假如它是可判定的，所有真语句就会形成一个递归的集合，我们可以将它们作为形式系统的公理，而此系统将是完全的。这依赖于一个合理且被广泛接受的假设：我们对形式系统之公理的唯一要求是，我们能够能行地判定一个给定的语句是不是一个公理。

或者，我们也可以避免这一假设，只需引用一个熟悉的引理：所有递归或可计算的函数和关系在 $S$（例如 $N$）中都是可表示的。由于 $S$ 语言中的真本身在 $S$ 中并不是可表示的（可定义的），根据上述引理，它不可能是递归的（可判定的）。

同一引理还能推出 $S$ 类系统的定理集也是不可判定的。因为，假

① Op. cit.。还可对照 J. R. Shoenfield, *Mathematical logic*, 1967。

如存在这种判定程序，就有一个可计算的函数 $f$ 满足：$f(i)=1$，如果第 $i$ 个语句是系统的定理；否则，$f(i)=0$。但 $f(i)=0$ 所说的正是第 $i$ 个语句是不可证的。这样一来，使用哥德尔的方法，我们再次得到一个语句（比如说第 $t$ 个语句）说它自己是不可证的。由于 $f$ 在 $S$ 中是 175
可表示的，如果 $f(t)=0$ 为真，则它必是 $S$ 的一个定理。但因为 $f(t)=0$ 就是（等价于）第 $t$ 个语句，所以 $f(t)=1$ 也为真并因而是在 $S$ 中可证的。因此，假如 $S$ 一致，它的定理集就是不可判定的。

尽管系统 $N$ 是不可完全的和不可判定的，只有加法或乘法的算术却是可判定的（就真而言的），并因而拥有完全的形式系统。这些结果归功于普莱斯伯格[①]和司寇伦[②]。另一个著名的正面结果是塔斯基给出的初等几何和初等代数判定程序。[③]

## 3.4 一致性证明

最著名的一致性证明，是根岑（G. Gentzen）为古典数论系统 $N$ 所做的一致性证明。[④] 该证明使用了延至第一个 $\varepsilon$ 数（$\omega$，$\omega^{\omega}$，$\omega^{\omega^{\omega}}$，… 的极限）的超穷归纳，后者不能在 $N$ 中形式化。该证明有多种变体，开辟了一个广阔的领域。

沿着一条不同的路线，人们还研究了古典数论和直觉主义数论之间的关系。这种研究被认为是有意义的，因为人们相信，后一种数论具有更强的构造性和显明性。1933 年，哥德尔发现了古典数论在直觉主义理论中的一个解释（贝奈斯和根岑也独立地发现了它）。1958 年，哥德尔推广了这一结果，以原始递归函数的形式给出了对古典数

---

① M. Presburger, *Comptes rend. du I Congrès des Math. des Pays Slaves, Warsaw*, 1930, pp. 92–101.

② Th. Skolem, *Videnskap. Skr. I. Mat.-Nat. Kl.*, vol. 7, 1930.

③ A. Tarski, *A decision method for elementary algebra and geometry*, 1948 and 1951.

④ G. Gentzen, *Math. Annalen*, vol. 112, 1936, pp. 493–565，以及 Neue Fassung, 1938。

论语句的构造性解释。[①]

最近，有人试图将根岑的结果推广到分枝类型论和古典分析的片段上去，也有人试图推广哥德尔的解释以将古典分析与直觉主义分析相关联。此外，与这些一致性证明相关，还有为康托第二数类之片段的序数提供构造性表达的各种提议。大量的讨论致力于阐明这些一致性证明和相对解释的认识论意义。

## 4 关于逻辑演算的精确结果

### 4.1 命题演算

我们假定对命题演算的一个描述已经以某种熟悉的方式给出。不
176 难证明，这个演算在如下意义上是完全的：每个有效的语句，亦即重言式或在所有可能世界（所有解释）中皆为真的语句，都是一个定理。例如，$p \vee \neg p$ 总为真，因为 $p$ 或为真或为假。如果是前者，$p \vee \neg p$ 当为真，因为 $p$ 为真；如果是后者，$p \vee \neg p$ 也当为真，因为 $\neg p$ 为真。证明完全性的一种方法是注意到如下事实：命题演算足以将每个语句化归为一个合取范式，后者是若干析取式的合取，那些析取式的析取支都是单个的命题符号或命题符号的否定。任何一个这样的合取范式是有效的，当且仅当它的每个合取支是有效的。而它的一个合取支有效当且仅当该合取支包含某个命题符号 $p$ 和 $\neg p$ 作为其整个析取式的组成部分。完全性随之可得，因为这样的合取支在命题演算中皆可证，而如果这些合取支是定理，整个合取式也就是定理。

一致性多少可说是显然的，因为很容易验证所有公理是有效的，

---

① K. Gödel in *The undecidable*, pp. 75–81。为了阐述，可对照 Hilbert-Bernays, op. cit.和 Gödel in Dialectica, vol. 12, 1958, pp. 280–287。

并且推理规则从有效的语句导向有效的语句。而矛盾式并非有效的。事实上，这里的结论比一致性还要强：只有有效的语句才可证。

命题演算还是易于判定的。由于所有且只有有效语句是定理，我们可以通过为一个句子中的每个命题符号指派真值的方式机械地检验句子是否是定理。如果句子中有 $n$ 个命题符号，则有 $2^n$ 种可能的代换。一个语句是定理当且仅当在所有 $2^n$ 种可能代换下它都是真的。

公理的独立性通常通过使用两个以上的真值来证明：要被证明为独立的公理，可以有某种我们不想要的值，而不使用该公理即可证明的那些定理却总有所欲的值。这是对多值逻辑的最早暗示。

## 4.2　（一阶）谓词演算

我们假定演算的描述是以熟悉的方式给出。命题演算作为一部分被包括在内。可以选择包括或不包括等词。在当前的语境下，我们不对这两个选项中的任何一个做明确的承诺。谓词演算是逻辑的核心领域，有很多重要的问题和结果。

一致性问题相对简单。假设只有一个对象 $a$。在此情况下，$\forall xA(x)$ 和 $\exists xA(x)$ 二者都变为 $A(a)$，所有的量词都可消去。容易验证，完成这种消去后，演算的全部定理都会变为重言式（命题演算的定理）。但是，举例来说，句子 $\forall xF(x) \wedge \neg \forall xF(x)$ 被还原为 $F(a) \wedge \neg F(a)$[1]，后者并不是一个重言式；因此，原来的句子不是定理，并且由此可以知道，没有矛盾可以是定理。事实上，可以相当直接地证明，谓词演算不仅是一致的，其定理还全都是有效的。 177

谓词演算的完全性和不可判定性结果则深刻得多。前者归功于哥

① 原文公式符号似有误，据前后文改。——译者注

德尔（1930）。后者由丘奇和图灵用十分不同的方法于1936年分别确立[1]；考虑到1936年前的总体发展情况，这个结果也可以用另一种方式由哥德尔1931年论文中的定理X推得。

完全性结果断言，每个有效的语句都是定理。这意味着，如果$\neg A$不是定理，则$\neg A$不是有效的，并且因此$A$是可满足的。但说$A$是一致的无非就是说$\neg A$不是定理。因此，由完全性可推得，如果$A$是一致的，则$A$是可满足的（有一个模型）。由此可见，语义概念有效性和可满足性与语法概念可推演性和一致性是重合的。

与完全性定理紧密相关的一个结果是勒文海姆-司寇伦定理[2]，它断言一个语句（或形式系统）若有模型则有可数模型。证明这个定理的最直接的方法，为模型论以及集合论中关于相对一致性和独立性的研究提供了非常有用的工具。

## 4.3 勒文海姆-司寇伦定理

谓词演算中有一些还原或范式定理。其中一个有用的例子是前束范式：每个语句都可还原为一个等价的前束形式的语句，即所有量词都出现在前端的语句。这一形式对于呈示勒文海姆-司寇伦定理的某些证明的核心思想尤为有用。

作为说明，让我们考虑一个简单的前束形式的语句模式：

（i）$\forall x \exists y Mxy$。假设（i）具有一个论域（非空）为$D$的模型。根据选择公理，存在一个函数$f$，它为每个$x$选出一个对应的$y$。因此，我们有：

---

① 参见 *The undecidable*, pp. 108–15 and pp. 145–154。

② 参见 L. Löwenheim, *Math. Annalen*, vol. 76, 1915, pp. 447–470; Th. Skolem, *Videnskap. Skr. I. Mat.-Nat. Kl.*, vol. 4, 1920。

（ⅱ）$\forall xMxfx$。

令 $a$ 为 $D$ 中任意一个对象，则可数子论域 $\{a, f(a), f(f(a)), \cdots\}$ 已经包含了足够多的对象来满足（ⅱ），并且因而也满足（ⅰ）。因此，只要（ⅰ）有一个模型，它就有一个可数模型，后者实际上是前者的一个“子模型”。

为了避免援引选择公理，司寇伦①还给出了另一种证明，结果表明它对于确立完全性结果也是有用的。我们可以任意地用 1 来指称
$a$，而不使用由选择公理给出的函数 $f$。由于（ⅰ）为真，必定存在 178
某个对象 $y$ 使得 $M1y$，称这样的一个 $y$ 为 2。我们可以不受限制地重复这一过程，并由此得到：

（ⅲ）$M12$，$M12 \wedge M23$，$M12 \wedge M23 \wedge M34$，$\cdots$

它们在给定的模型中都为真。选择公理用不到，因为在每一步，我们仅仅是根据 $\exists yMny$ 来“令这样的一个 $y$ 为 $n+1$”。这意味着，（ⅲ）中的每一项都在某个模型中为真。由此就有可能推断出（ⅲ）中的所有项在某个模型中同时为真，即存在一种给所有原子公式赋值的方式，使得（ⅲ）中的所有项都为真。因此，（ⅰ）在某个可数模型中是真的。

## 4.4　完全性定理

哥德尔对完全性定理的原始证明与上面的第二个证明密切相关。我们还是以（ⅲ）中的句子为例，它们不包含更多的量词。如果它们都是可满足的，那么和之前一样，它们可以同时被满足，（ⅰ）有模型。因此，假如（ⅰ）没有模型，则它们中必有一个——比方说

① T. Skolem, *Selected works in logic*, ed. J. E. Fenstad, 1970, pp. 137–152。更多细节可参考该卷中的综述文章。

$M12 \land \cdots \land M34$——是不可满足的，也就是说，其否定是一个重言式（命题演算的定理）。即使将 1，2，…，9 替换为变元，这仍是真的。因此，作为通常的谓词演算中表达的一个重言式，$\neg Mrs \lor \cdots \lor \neg Myz$ 是谓词演算中的一个定理。接下来则不难用谓词演算的常用规则推演出 $\exists x \forall y Mxy$。换言之，（ⅰ）的否定是谓词演算的定理。因此，如果一个句子是有效的（其否定没有模型），则它是谓词演算的定理。

## 4.5　不可判定性定理和还原类

完全性定理意味着，判定任意一个句子是不是谓词演算的定理等价于判定任意一个句子是不是有效，或判定任意一个句子是否可满足。

图灵证明该问题类不可判定的方法尤其具有启发性。一旦机械程序的概念被明确化，找到绝对不可解问题就相对容易了。比如，停机问题就是这样的一个问题，它询问每台图灵机是否会停机。这里假定图灵机是从一个空的纸带开始。图灵证明，对于每个个别的图灵机 $T$，该问题总可以用谓词演算的一个个别语句 $F$ 来表达，使得 $T$ 会停
179 机当且仅当 $F$ 是不可满足的。因此，假如有一个判定程序能判定谓词演算全部语句的有效性（或可满足性），停机问题就是可解的。

近些年来①，图灵的结果已经被改进到这个地步：我们需要的全部语句都具有相对简单的形式 $\forall x \exists y \forall z Mxyz$，其中 $M$ 不含任何量词。因此，甚至对于谓词演算的 $\forall \exists \forall$ 语句构成的这个简单的类，判定问题也是不可解的。此外，证明这一点的方法还产生了一个程

① Proc. Nat. A cad. Sci. U. S. A., vol. 48, 1962, pp. 365–77; Proc. of symposium on math. theory of automata, 1963, pp. 23–52.

序，它使我们可以将谓词演算的每一个语句与一个那种简单形式语句相关联。这样，∀ ∃ ∀ 语句就构成一个“还原类”。还存在其他多种还原类。

181

# 第 6 章

# 集合的概念

## 1 集合的（最大化）迭代概念

一个集合就是一些已经给定的对象的一个聚合；如果对于每个给定的对象 $x$，$x$ 是否属于这个集合已经确定，这个集合本身也就确定了。属于这个集合的那些对象就是这个集合的元素，而这个集合则是将这些元素聚合到一起形成的一个单一的对象。集合的元素可以是任何种类的对象：植物、动物、质子、数、函数、集合，等等。

根据集合的迭代概念，集合就是能通过重复应用“……的集合”这个运算从某些基本的对象（如空集、整数、个体事物或其他某种良定义的基元）得到的东西，其中运算“……的集合”极为宽容，它允许把“给定的”对象（特别是集合）的任意复多或任意部分聚合为一个集合。这个过程包括了超穷迭代。例如，通过有穷迭代得到的所有集合的复多本身也被认为是一个集合。

我们对这一集合概念有充分的理解。经过一番思索后——有时可能是大量的思索，我们能够看出集合论的常用公理对（或相对于）这个概念为真，我们还能提出一些新的公理来扩充常用公理，并认识到新公理中的某些对（或相对于）这个概念也为真。集合的迭代概念至少涉及四个困难的想法:“给定的”“聚合到一起”、“部分”或“子集”，以及“迭代”。“迭代”意味着继续到任意阶段（由一个预先给定的序数标记）的潜力[①]，它为“给定的”增添了一个归纳因素(在任何给定的阶段或之前得到的所有集合，也被视为给定的)。基元的概念对集合论来说并没有什么困难，因为在此语境中我们对 182
“个体是什么”这个问题不感兴趣，而是抱以存而不论的态度。我们并不试图确定什么是正确的基元。

有很多东西存在，这是实在的一个基本特征。当多个给定的对象可以被聚合到一起时，我们就得到一个集合。例如，这个房间里有两张桌子。我们既能把它们视为分别给定的，也能把它们当作一个统一体视为给定的。证明这一点的方法是，我们可以一前一后地或同时指向或看向或思想它们。将某些给定的对象视为一体暗示，在我们的直观中有一种松散的关系把那些对象捆绑在一起，或者有一个可变对象，它可以是它们中的任何一个。为了使我们的心灵能更轻松、坚定地将注意力集中在这个可变对象上，我们——可以这么想——将松散关联的对象堆具体化或实体化，并思考那个更确定的变域。但随后，我们似乎为这种实体化的惊人成功所迫，不得不承认在我们表面获得的直观背后有一些客观的根据。值得注意的是，康托在谈到从潜无穷

① 不熟悉集合论的技术性概念的读者可参考相关的标准教材，如 E. Kamke, *Theory o f sets*, 1950 (original German editions 1928 and 1947); A. A. Fraenkel, *Abstract set theory*, 1953。对于更专业的概念和结果，读者可参考 F. Hausdorff, *Set theory*, 1957 (from the 1937 edition in German); K. Godel, *Consistency of the continuum hypothesis*, 1940; P. Bernays, *Axiomatic set theory*, 1958; P. J. Cohen, *Set theory and the continuum hypothesis*, 1966。

到实无穷的转变时，简要讨论过同样的现象。①

只有当一个复多的变域在某种意义上是直观的时，我们才能从此复多得到一个集合。这是判定一个复多是否为我们形成一个集合的标准。获得这种直观的变域的自然方式是使用直观概念（定义属性）。与抽象概念如精神疾病的概念或可微流形的概念不同，直观概念使我们能在一种理想化的意义上统观（或通观或遍历或聚合起来）一个复多中的所有对象——它们构成这个直观概念的外延，并且在这种统观中，哪些对象落在概念之下毫无意外之处。因此，每个直观的概念决定一个直观的变域，进而决定一个集合。

对无穷对象域的统观预设一种无穷直观，它是一种理想化。严格说来，我们只能遍历有穷之域（且可能仅限于那些很小的有穷域）。这种理想化在自身中包含了生长的种子。例如，我们不仅把无穷多的整数视作给定的，还把从所有整数的总体中选择整数的过程视作给定的，从而也把在此过程中将某些整数排除在外的所有可能方式视作给定的。我们由此得到一个新的直观的理想化（所有整数集的集合），然后继续前进。

“所有子集”这个概念经常被认为是晦涩不明的，因为我们在设想所有的可能性，而不顾是否可以用语词明确规定它们中的每一个；
183 比如，正如一个元素数为 10 的集合有 $2^{10}$ 个子集一样，我们设想一个元素数为 $a$ 的集合有 $2^a$ 个子集，其中 $a$ 是一个无穷基数。特别地，我

---

① G. Cantor, *Gesammelte Abhandlungen*, 1932。本章对康托的引用全部出自其文集的这一卷。

如果我们毫无疑问不能没有潜无穷意义上的可变的量，那么实无穷的必要性也可证明如下：为了在数学思考中使用这样的可变量，严格说来，其变化“域”必须通过一个定义被预先知道；但这个“域”本身不能是某种可变的东西，否则就没有一个坚实的思考基础；所以这个“域”是某个现实的值的集合。因此，任何潜无穷要在数学上被严格地使用，都预设一个实无穷。这些“变域”是分析以及算术的基础，因而本身值得被当作研究的主题，正如我在“集合论”（théorie des ensembles）中所做的那样。（1886, pp. 410–411）

们不关心一个集合是如何定义的，比如它的定义是不是非直谓的。也正是在这种意义上，我们说迭代的各个步骤是“最大化的”。通过限制进入下一阶段的运算，可以得到别的迭代概念，一个熟悉的例子是用构造性的集合。贝奈斯①曾以柏拉图主义的名义讨论过这个“最大化”迭代概念。

> 最弱的“柏拉图主义”假设由算术引入，它断言全体整数存在。……但分析不满足于这种温和的柏拉图主义；它在以下这些概念上将它推向更远：整数集合，整数序列，以及整数函数。它抽象掉了为集合、序列和函数下定义的可能性。这些概念在一种“准组合”的意义上被使用，我的意思是说，它们将无穷类比于有穷。……康托理论中的柏拉图主义概念在范围和强度上远超过实数理论。此乃通过迭代使用准组合的函数概念和增加集合的形成手段实现。这也正是著名的集合论方法。

在每个阶段什么是给定的，取决于迭代的一种有序方式。因此，序数的概念对迭代概念至关重要：我们用序数标记迭代的各个阶段。这样，当我们根据集合迭代概念生成越来越多的集合时，我们会在所生成的集合中遇到一些良序的集合。这些良序集的序型决定了可用来标记（更高的）迭代阶段的序数。给定集合生成运算的一个总体，我们还可以盘点由这些运算所能获得的所有序数，并引入新的序数。一般地，对于任意序数 $\alpha$，无论它是以何种方式给出，我们都获许可将迭代过程推进到第 $\alpha$ 阶段，并将直到第 $\alpha$ 阶段（包括第 $\alpha$ 阶段本身）生成的所有集合视为给定的，然后继续前进。

基元的问题涉及集合（或一般数学对象）与其他对象之间的比

① P. Bernays, ‘Sur le platonisme’, *L’enseignement math.*, vol. 34, 1935, pp. 52–69。以英译的形式重印于 *Philosophy of mathematics*, ed. P. Benacerraf and H. Putnam, 1964；参见 pp. 275–276。

较。哲学上重要的一点是要认识到，我们所面临的是一个完全普遍的境况，我们可以从任何一些可聚合的东西开始，把它们当作基元。在最初的迭代概念中，没有任何东西能排除不同类型的基元。例如，我们可以把所有物理对象当作基元，也可以把所有基本粒子或所有动物
184 或所有整数等当作基元。在每种情况下，只要我们能将这些基元聚合为一个集合 $x$，我们就能从 $x$ 开始执行迭代过程（或设想一个以 $x$ 为基底的超穷类型的层谱结构）。然而，由于从一个初始的基元集 $x$ 出发生成更多集合的过程是一致的，即无论我们选用什么样的初始集 $x$，之后的过程都是一样的，只考虑一种典范的一般情况就是合理的，正如我们在对集合迭代概念的最初解释中所做的那样。

此外，就关于集合的抽象研究而言，完全忽略非集合似乎是方便的。这被证明是可行的，因为即使我们从无（既非基元也非集合）开始，我们也能得到空集 0。使用基元之空集的这一生造特例，我们能达到一种便利的纯粹性。事实上，在关于集合的数学研究中，要求集合的所有元素是集合已成惯例。此条件排除了桌子的集合和大象的集合，但不排斥数和函数的集合，其中数和函数都被等同于特定的集合。在这样的限制下，我们说集合就是给定的集合的任何聚合。

以我们对集合（最大化）迭代概念的上述解释为基础，我们能够看出，普通集合论公理（通常称为 ZF 或 ZFC）对这个概念为真。

**外延公理**(AE)　集合完全由其元素决定；即两个不同的集合不可能具有完全相同的元素。如果 $x$ 和 $y$ 元素相同，则 $x = y$。

这可视为集合（与性质对照）的定义特征。

**子集形成公理**(AS)　如果一个复多 $A$ 包含于一个集合 $x$，则 $A$ 是一个集合。

由于 $x$ 是一个给定的集合，所以我们可以遍历 $x$ 的所有元素，并且我们可以在这么做时任意地漏掉一些。特别地，我们可以在一种理

想化的意义上对照 $A$ 进行检查，去掉那些不在 $A$ 中的 $x$ 的元素。以这样的方式，我们得到对 $A$ 中所有对象的一个统观，并将 $A$ 识别为一个集合。

**幂集公理**(AP)　一个集合的所有子集可聚合为一个集合。

因为，如果 $x$ 是给定的，则 $x$ 的所有子集都可由 AS 个别地给出。此外，我们对有遗漏的遍历有一个直观的观念。这个普遍概念在层次上高于它对包含于 $x$ 的每个复多 $A$ 的应用，并为我们提供了一个对 AS 应用到 $x$ 上的所有实例的统观。而这个统观正是我们得以实施聚合行为并得到 $x$ 之幂集的基础。

在之前关于基元的讨论中，我们得出结论，对于集合论的抽象发展，我们可以方便地忽略基元的多样性，并且实际上可以完全摒弃非 185
集合，使用一个空的基元集。现在，既然我们核证了对于任意一个给定的集合，可形成其幂集，我们就可以在另一个方向上整理迭代过程。幂集形成运算消除了从一个给定的集合 $x$ 进行分叉的必要：存在形成 $x$ 之子集的不同方式；我们原本需要对 $x$ 之子集的不同类型进行区分，使 $x$ 的某些子集聚合为一个新的集合，另一些子集聚合为另一个新的集合，等等。通过使用 $x$ 的幂集，我们得以把 $x$ 的所有子集放到一起，在一个单一的新集合即 $x$ 的幂集中概括 $x$ 的所有可能子集之形成。这样，对于“……的集合”这个宽容的运算的所有单个应用——它们针对任意给定的对象之任意给定的总体，我们就有了一个标准的表征。也再无障碍阻止我们以秩或类型或阶段的更严格的形式来理解集合迭代概念：每个集合都可以在某个阶段 $\alpha$（一个序数）得到，每个阶段 $R_\alpha$ 都可通过迭代应用“……的集合”运算从（基元的）空集得到，其中当 $\alpha = \beta + 1$ 时，运算“……的集合”产生的是 $R_\beta$ 的幂集中的全部元素，当 $\alpha$ 是一个极限序数时，则将先前阶段得到的所有集合聚合到一起。换言之，如果 $R_\alpha$ 是在第 $\alpha$ 阶段之前的阶段所得到的所有集合的总体，则 $R_{\alpha+1}$ 由 $R_{\alpha}$ 的所有子集构成。例如 $R_0 = 0$，$R_1 = \{0\}$，$R_2 = \{0, \{0\}\}$，$R_3 = \{0, \{0\}, \{\{0\}\}, \{0, \{0\}\}\}$，如此等等。

迭代概念意味着，我们总是尽可能地继续往上迭代；特别地，它意味着对任何给定的序数 $\alpha$，都存在一个第 $\alpha$ 阶段。这就产生一个问题，即如何得到标记这些阶段的序数。例如，我们想当然地认为，我们拥有有穷序数作为起点。然后我们被引向作为有穷序数（自然数）之极限的 $\omega$，正如在康托那里所发生的那样，然后是 $\omega + 1$，如此等等。

这样，对于每个自然数 $n$，我们有一个阶段 $R_n$。但没有理由就此停住。所以我们又有了下一阶段 $R_{\omega}$，它将所有有穷阶段聚合为一，然后是 $R_{\omega+1}$ 阶段，如此等等。从这些阶段的获得方式可以看出，对于我们所得到的每一个集合，都有一个它首次出现的阶段，而如果存在至少一个阶段拥有某个性质，则必存在具有此性质的第一个阶段。

**基础公理**(AF)　每个集合都可以在某个阶段得到；或者说，每个非空的集合（甚或集合的复多）都有一个极小元，即这样的一个元素 $x$，$x$ 的任何元素都不属于那个集合。

因为存在该集合的一个元素 $x$，它出现的阶段不晚于该集合的任何其他元素。但 $x$ 的所有元素都在比 $x$ 更早的阶段得到，因此它们不能属于该集合。

186 **无穷公理**(AI)　存在一个无穷集（例如，$R_{\omega}$）。

**选择公理**(AC)　给定任何一个非空集合的集合 $x$，存在一个集合 $y$，对于 $x$ 的每个元素 $z$，$y$ 恰好含有 $z$ 的一个元素。

由于 $x$ 的每个元素都是在比 $x$ 更早的阶段得到，所以 $x$ 的所有元素的元素也都是在更早的阶段得到，任意选取它们中的一些可以聚合为一个集合。

**替换公理**(AR)　如果相应于集合 $y$ 的每个元素 $x$ 有一个集合 $b_x$，则所有这些 $b_x$ 的并包含于一个集合。

AR 的这一形式与更为常见的形式有两点小区别：一是使用了并的概念，二是把“是一个集合”弱化为“包含于一个集合”。常见的形式是 SAR：如果 $b$ 是一个运算，并且对于集合 $y$ 的每个元素 $x$，$b_x$ 是一个集合，则所有这些 $b_x$ 构成一个集合。引入与此有别的那个形式是出于一些美学上的考虑，它们与我们在这里的主要兴趣不太相干。因此我们把对 AR 的一个简略的直接核证和对 AR 与 SAR 之间关系的解释放到注释中①，而在这里只把注意力集中在 SAR 上。

一旦我们采纳这样的观点——我们可以在一种理想化的意义上遍历一给定集合的所有元素，SAR 的核证就会变得很直接：如果对于此给定的集合的每个元素，我们都指派一个已经给定的对象，那么由此

---

① 使用十分粗糙的术语，我们可以按如下方式在迭代概念的基础上直接核证公理 AR：

一般地，给定任意集合 $y$，我们可以考虑所有阶段 $R_{\alpha(x)}$ 的复多，其中 $x$ 是 $y$ 的元素，而 $R_{\alpha(x)}$ 是 $x$ 出现的第一个阶段。延续这些阶段的一个合理原则是，对于每个给定的集合 $y$，允许将所有这些阶段聚合或合并为一个新的集合。如果我们不是用 $R_{\alpha(x)}$，而是代之以任意给定的集合 $b_x$，那么，将这些集合首次出现的阶段聚合或合并起来得到一个新的集合，是同样合理的。根据这一原则，如果 $b_x$ 出现于阶段 $R_{\beta(x)}$，则合并所有属于 $y$ 的 $x$ 所对应之阶段的结果就包含这些 $b_x$ 的并。

形成一个集合的并（合并一个集合的元素），是微不足道的附加程序，概念上是预期的迭代过程的一个结果，因为一个集合 $a$ 的所有成员的成员都在更早的阶段被给定，因而在 $a$ 出现的阶段之前就已经聚合为一个集合 $b$。集合论的形式系统中常常包含一个独立的关于并集形成的公理，因为用来定义的属性并不忠实反映预期的外延解释。将这一特征吸收进替换公理（如上所述)，旨在使其不那么显眼。这里的 *AR* 之表述形式的一个非本质特征是，它得到的是一个包含 $y$ 的象的集合，而不是直接得到 $y$ 的象本身。这类似于使用 $b_x$ 所对应的阶段 $R_{\beta(x)}$ 而非 $b_x$ 本身，这样，对于 $y$ 中的 $x$，所有 $b_x$ 集合的复多（并）就被包含在所有其对应阶段 $R_{\beta(x)}$ 的集合中。这可以帮助避免一个不太优美的情况出现，使更基本的概括公理不成为替换公理的一个结果。

或许应该指出，ESPFICR 这七条公理等价于其他更常被使用的、组成 ZF 的公理集。详细证明可参考 J. R. Shoenfield, *Mathematical logic*, 1967, pp. 240−243。构成该等价性证明的推演至少可追溯至 E. Zermelo (1930) 和 P. Bernays (1958)，请对照注释第 238 页脚注①和第 215 页脚注①中所列的文献。

得到的那个复多也是我们能遍历的。这样我们就有理由说，我们可以通过任意的替换形成新的集合。但假如人们没有“遍历一个给定的集合的所有元素”的观念，替换公理的核证就会复杂得多。

哥德尔指出，替换公理没有其他公理具有的那种**直接的**显明性（先于任何对集合迭代概念的仔细分析）。这从它没有被包括在策梅洛的原始公理系统中可以看出来。他建议，从启发的角度说，达到此公理的最佳途径如下：从集合的迭代概念本身可以推出，如果一个序数 $\alpha$ 已经得到，则幂集运算（$P$）迭代 $\alpha$ 次导向一个集合 $P^{\alpha}(0)$。但是，出于同样的理由，似乎也可以说，如果我们在类型层谱上以比 $P$ 更大的步伐跃进，比如把从 $x$ 到 $P^{|x|}(x)$ 的变换记为 $Q$，$Q^{\alpha}(0)$ 类似地也应是一个集合。而对任何可设想的跃进运算（甚至包括那些其定义指涉整个集合宇宙或用到选择函数的运算）都假定这一点，正等价于替换公理。[①]

ESPFICR 这七条公理将被视为构成普通集合论公理系统 ZF（或 ZFC）。关于这些公理的上述评论旨在表明，我们能够看出它们对集
187 合迭代概念为真。假定序数已经给定，我们还能以更为形式化的方式将得自迭代概念的集合层谱重述如下：

$R_0$ = 空集（有时也用整数的集合）。

$R_{\alpha+1}$ = $R_\alpha$ 的幂集，亦即 $R_\alpha$ 的所有子集的集合。

$R_\lambda$ = 所有 $R_\alpha$（$\alpha < \lambda$）的并，如果 $\lambda$ 是一个极限序数。

---

① 更明确地说，我愿意补充一点，一个众所周知的事实是，只要我们拥有可借以从序数集得到新序数集的替换公理，并允许每个被给定的序数 $\alpha$ 有一个对应的阶段 $R_\alpha$，我们就能得到完整的替换公理。并且不难看出，序数集替换（给定 $f(\alpha)$，$\alpha < \beta$，存在 $\gamma$，对于所有的 $\alpha < \beta$，$f(\alpha) < \gamma$，）可由跃进迭代（给定 $f$ 和 $\beta$，存在 $\gamma^{\alpha}$，对于所有的 $\alpha < \beta$，$f(0) < \gamma$）得到。

哥德尔对跃进运算的解释也可以被看作是对康托应用其第二生成原则之方式的一种推广，根据该原则，如果定义了一个序数的后继序列且无最大元，则存在一个新的数，它被定义为比这个序列中所有数都大的下一个数（1883，p. 196）。

V = 所有 $R_\alpha$ 的并，$\alpha$ 是任意序数。

也就是说，集合宇宙是由所有属于某个 $R_\alpha$ 的 $x$ 构成的，其中 $\alpha$ 是一个序数。使得 $x$ 属于 $R_\alpha$ 的最小的 $\alpha$ 一般称为 $x$ 的秩。在这一表述中，可以清楚地看到困难之处在于幂集和序数这两个概念。近年来，通过引入新的基数强化公理集合论，人们在寻找更多序数这方面做了大量工作。相比之下，在用新公理直接丰富幂集（例如整数集的幂集）这方面则进展甚微。两种努力都可视为使我们模糊的直观概念明确化的尝试。

集合迭代概念看起来接近康托的原始想法①，并以这样或那样的形式为米利曼诺夫（D. Mirimanoff）、冯·诺依曼、策梅洛、贝奈斯和哥德尔所发展和强调②。

这一迭代概念当然与关于集合的二分概念不同，后者认为集合是通过将所有事物的总体划分为两个范畴（具有某个属性的事物和不具有该属性的事物）而得到的。追随哥德尔，我们可以将这两个概念分别称为数学的和逻辑的。关于这一点，哥德尔写道③：

我相信，在其原初的全部范围和意义上，康托集合论有一个令人满意的基础，那就是以下面简要勾勒的方式所阐释的集合论公理。乍一看，集合论悖论似乎注定了这样一项事业的失败，但仔细研究表明，它们根本不会带来任何麻烦。它们是一个严重的问题，但不是对数学而言，而是对逻辑和认识论而言。

---

① 可对照后面的有关讨论（尤其是下面第 224 页脚注②、第 225 页脚注①②）。可以说，不仅仅使用"对象聚合为一个整体"这种术语进行的、著名的 1895 版定义，甚至连使用"一和多"进行的 1883 版定义也强烈暗示了集合迭代概念。

② 可分别参阅本章其他注释中提到的他们的论文：1917、1925、1930、1935、1947。

③ K. Gödel, 'What is Cantor's continuum problem ?' *Am. math, monthly*, vol. 54, 1947, pp. 515–525。增订后重印于贝纳塞拉夫和普特南合编的文集，pp. 258–273；参见 p. 262。后文中会有一些对这篇论文的征引。

很多人感到困惑，因为在早些时候论罗素的一篇文章中，哥德尔更认真地对待悖论。[①] “通过分析康托集合论所导致的悖论，他将它们从所有数学技术细节中解放出来，从而揭示出这样一个惊人的事实：我们的逻辑直觉（关于真、概念、是）、类等概念的直觉）是自
188 相矛盾的。”而根据哥德尔的解释，这里在强调上的不同是由于主题上的区别，论罗素的整篇文章关心的是逻辑而非数学。数学中没有使用关于类（真、概念、是等）的完整概念，对数学而言足用的迭代概念，可能是也可能不是关于类的完整概念。因此，那些逻辑概念存在困难并不与这一事实相矛盾：我们有一个令人满意的数学基础，它基于集合的迭代概念。至于与数学相对的逻辑，哥德尔相信，未解的难题主要在于内涵悖论（比如“不能应用于自身”这个概念）而非外延或语义悖论。使用下文要考虑的“破产”和“误解”这对概念，哥德尔的观点等于是说，数学——哥德尔将其等同于集合论——中的悖论是源于误解，而逻辑——就其真正的原理而言——则因内涵悖论而破产了。[②]

我们隐约可以感到，集合的迭代概念非常符合康托 1895 年对集合的“生成”定义[③]:“我们用‘集合’指任何一个这样的总体 $M$，它是由我们的直观或思想的一些确定的、不同的对象 $m$（它们将被称为 $M$ 的‘元素’）聚合而来。”对于康托的这个概念是如何发展的，以及它与迭代概念的关系，我们自然想了解更多。

康托在 1882 年解释说，元素的一个集合是**良定义的**，如果根据

---

① K. Gödel, paper of 1944 in the collection by Benacerraf and Putnam, pp. 215–216.

② 为了避免对这一评论产生任何误解，哥德尔教授建议增加下面的话：“这一评论绝不是要否认以下事实，即有些逻辑原则已经得到了十分令人满意的阐明，尤其是那些在逻辑对包括数学在内的科学的应用中被用到的原则，正如刚刚所定义的。”

③ “我们所谓的‘集合’是指在我们的直观或思想中任何一些区分良好的对象 $m$ 所聚合成的一个整体 $M$（称 $m$ 为 $M$ 的‘元素’）。”（1895, p. 282）

其定义和排中律，我们必须承认，任何正确类型的对象是否属于该集合是内在地确定的。[①] 人们可能倾向于认为，这段话中暗含的集合概念更接近那个逻辑的而非数学的概念。第二年，康托又征引柏拉图的理念概念和其他相关概念，把集合定义为“任何可思想为一的多，即任何可凭借一个法则联合为一个整体的一些元素的总体”[②]。

据弗兰克尔讲，不晚于 1895 年，亦即至少早于布拉里-福蒂的文章两年，康托就已经发现了所谓的布拉里-福蒂悖论，并且他于 1896 年向希尔伯特及其他一些人通报了这一点（参见康托《文集》，p. 470）。康托的这个发现可能与他著名的 1895 年定义中的“生成”元素有关。根据策梅洛的观点（p. 352 脚注 9），康托之所以在他 1895—1897 年的文章中广泛谈论第二数类而非所有基数，部分原因正是他意识到了“布拉里-福蒂悖论”。这或许也能解释为什么康托在他 1895 年的文章中说想要证明所有基数“在一种推广的意义上”（p. 295）构成一个良序集。一个具体的区分集合和类的提议出现在 189
康托 1899 年写给戴德金的信中（p. 443-444），直到 1932 年才出版。

在康托的观点和流行见解之间还有其他一些差别。但它们似乎更

① 我称属于任何概念领域的元素的一个复多（总体、集合）为良定义的，如果根据它们的定义和排中的逻辑原则，属于相同概念领域的任何一个对象是否作为元素属于这个想象的复多，以及属于该集合的任何两个对象——尽管在存在本性上有形式的差异——是否彼此等同，都必须被视作内在确定的。一般而言，在现有方法和能力条件下，这里涉及的判定实际不会是安全而精确的；但重要的根本不是这个，而是内在的确定性，在具体情况中，当我们的目的有要求时，它才需要通过完善其方法而发展为一个现实的（外在的）判定。（p. 150）

② “我一般地用‘复多’或‘集合’指任何一个可被思想为一的多，即任何特定元素的集体化身，这些元素可凭借一个法则统一为一个整体……”（p. 204）。在 1884（p. 387）和 1887（p. 411）中基数定义语境下出现的关于集合的附加解释，似乎未补充任何更多信息。

适合放到脚注中。①

关于为集合论建立公理（包括探寻新公理）这个任务，我们可以区分两个问题：（1）大体说来，我们是基于哪些原则引入这些公理；（2）这些原则的精确意义是什么，我们为何接受它们？第二个问题要困难得多。我的印象是，哥德尔提议通过现象学研究来回答它。

关于第一个问题，哥德尔对已经实际被用来建立公理的原则做了

---

① 康托确实考虑了点集（实数集）和整数集，以及点集函数。但在他的一般发展中，我们看到的更多地是一个超穷数理论而非集合论。他迅速从集合中甄选出基数和序数，并将其大部分注意力投放在这些无穷数上。给人的感觉是，他认为对象在种类上是如此庞杂，除基数和序数这样的基本概念所施加的之外，没有其他的整齐结构可再加诸所有集合之上。

对康托来说，基数和序数不是集合，而是从等基数的集合和同构的良序集中抽象出的普遍概念或共相。例如，一个集合 $x$ 的基数是所有与 $x$“等势”的集合所共有的东西（1879, p. 141; 1887, p. 387; 1895, p. 283; 1899, p. 444）。两个集合是等势的，如果它们之间存在一个一一对应。康托把数当作对象自由地加以处理，并用它们构成集合。例如，第一个无穷基数是全体有穷基数的集合。

另一方面，我们当然不能将数等同于其外延并把它当作我们的集合宇宙中的一个集合。例如，共相 1 的外延与所有对象（包括集合）的宇宙一样大，因为对于每个对象 $x$，$\{x\}$ 是一个基数为 1 的集合。既然对象的宇宙由集合和基元构成，而数是对象但不是集合，康托似乎是把它们当作了基元。这给集合迭代概念造成一些问题。我们如何为数分配秩？一个自然的建议是，令所有基元的秩为 0，集合的秩则按现行形式那样根据成员关系归纳地确定。但那样的话，作为一个集合的 $R_0$ 就会太大，包含康托所谓的不一致的复多。另一个方案是把数分散到不同的秩下。

实际上，有实现此方案的一种自然方式，正如米利曼诺夫（1917）、策梅洛（1915 年的未出版作品，参见 P. Bernays, *J. symbolic logic*, vol. 6 [1941], p. 6）和冯·诺依曼（1923）所做的那样。每个序数都被等同于代表它的一个典范集：0 的代表是空集，$\alpha + 1$ 的代表是 $\alpha \cup \{\alpha\}$，极限序数的代表是其所有前驱序数之代表的集合。康托自己没有做出这个方便的等同化处理。但情况看起来很可能是，康托设想有一个开放的对象域，里面的对象是一些非集合的东西，如物理对象、经验、共相、属性，诸如此类。因此，他不会考虑这样的想法：所有非集合对象或者可以放入 $R_0$，或者可以以一种自然的方式被赋予别的适当的秩。但尽管如此，只要我们将数与适当的集合相等同，康托把集合论发展为一门数学学科的努力就可以容纳于一个纯集合的框架中。

设想基元构成一个集合也许是自然的。另一方面，如果有人假定存在和基元一样多的集合（或数），他或许会这样来修改迭代模型：相对每个基元集 $a$ 定义 $R_\alpha(a)$，使 $R_0(a) = a$，但 $R_{\alpha+1}(a)$ 和 $R_\lambda(a)$ 的定义与前面的相同。

如下总结。不言而喻，同一公理可由不同的原则核证，这不影响这些不同的原则是不同的，因为它们是基于不同的思想；比如，不可达数可由下面的（2）或（3）核证。到目前为止的讨论以及下一节对新公理和可接受性标准的讨论，都可视为对下面五条原则的说明。

（1）存在这样的集合，它们表征可直观的变域，亦即在某种意义上可"统观"（参见上文）的复多。

（2）闭包原则：如果集合宇宙对某些运算封闭，则存在一个集合也对那些运算封闭。这意味着，比如说，存在不可达基数，并且存在与其下标相等的不可达基数。

（3）反射原则：集合宇宙不是结构地可定义的。这个陈述的一种可能的精确化如下：无法用 ∈ -关系在集合宇宙中的内在结构性质唯一地刻画集合宇宙（将它与它的所有真前段区别开），不论这个性质是在有穷逻辑中还是在无穷逻辑——包括任意基数的无穷逻辑——中可表达的。这个原则可看作（2）的一个推广。在最近的文献中，进一步的推广和其他方式的精确化正在形成。

（4）外延化：概括和替换等公理开始是针对定义性质和定义关系说的。后来它们被外延化为适用于任意的聚合或外延性关联。例如，只有当我们对替换公理作外延化理解时，我们才能由（2）得到不可达数。

（5）集合宇宙的齐一性（类比于自然界的齐一性）：当我们从较小的集合转向越来越大的集合或基数时，集合宇宙在性质上不会发生 190
根本的变化，也就是说，同样或相似的事态会反复发生（可能是以更复杂的形式）。在某些情况下，要看出相似的特点或性质是什么可能很难。但当性质简单且在某种意义上是"有意义的"时，很明显，除了该性质本身外别无相似之物。这个原则的一个应用实例是，它使强紧致基数的存在显得十分可信，因为关于普通布尔代数的斯通表示定理应该能推广到带无穷和及无穷积的布尔代数上。

## 2 破产（矛盾），还是误解（错误）？

弗雷格和康托对悖论的反应截然不同，可分别称之为破产论和误解论。毫无疑问，这种差异可完全归因于他们不同的集合概念（逻辑概念 v. s.数学概念）。而另一个相关的原因或许可描述为如下区别：从外部看集合（弗雷格）和实际从事集合论研究（康托）。在关于一门学科之基础的哲学讨论中，行内人和行外人在侧重点上一般总是有所不同。即便采纳了相同的陈述，其意图也可能大不相同。方法论陈述可以是如此不明确，以至于有时不易调和一个专家的言与行。

例如，康托、策梅洛、米利曼诺夫和冯·诺依曼看起来有基本相同的集合概念，至少对于隐含在现今熟悉的公理中的那些集合属性是这样。但他们说的话听起来十分不同。康托显然认为，悖论之为悖论只是因为集合的概念没有被正确地理解（比如参见他 1907 年的通信，p. 470）。而策梅洛则认为，悖论意味着必须对康托 1895 年的集合定义施加一些限制[①]：

> 然而，还没有一个同样简单且不会引起那些问题的定义成功取代它。在这样的条件下，我们目前别无选择，只能沿着相反的方向前进，从历史地给定的集合论出发，寻找为这门学科建立基础所需要的那些原则。在求解这一问题时，我们一方面必须充分限制这些原则以排除所有矛盾，另一方面又要将它们放得足够宽，从而保留集合论中所有有价值的东西。

---

① 参见 E. Zermelo, *Math. Annalen*, vol. 65, 1908, p. 261。

根据米利曼诺夫的观点[①]： 191

> 人们相信，而且这看起来是显然的，个体存在必然蕴涵着它们的集合存在；但布拉里-福蒂和罗素用不同的例子表明，即使个体存在，它们的集合也未必存在。由于我们无法接受这一新事实，我们不得不做出结论：那个我们觉得显然且信其永远为真的命题是不精确的，或者说，它只在特定的条件下为真。

在讨论公理化集合论的各种尝试时，冯·诺依曼强调指出了它们包含的一种任意性[②]：

> 自然，用这种方式永远不能证明悖论确实被排除了；并且公理总是带有很大的任意性。（可以肯定，这些公理能得到一定程度的辩护，因为当我们在康托的意义上理解“集合”这个在公理化意义上无意义的语词时，这些公理就变成了素朴集合论的显然的命题。但从素朴集合论去除的那些东西——为了避免悖论，去除一些东西是必不可少的——却是绝对任意的。）

在极端情况下，误解论的倡导者们提议揭露貌似正确的论证中隐藏的缺陷，而破产论者则认为我们的基本直觉已被证明是矛盾的，并试图尽量重建或挽救它们，必要时可用特设的手段。基本的直觉概念经常被称为素朴集合论，并被等同于对绝对概括原则的信念，后者认为每个属性都定义一个集合。弗雷格认真发展了一个接近此概念的概念，这一历史偶然事件经常被认为是我们确有这样一种矛盾的直觉的证据。这个原则，如果正确的话，确实像是那种属于逻辑领域的东西。因此，与其后继者们相比，弗雷格对数学可还原性论题的热衷更

---

① D. Mirimanoff, *L' enseignement math.*, vol. 19, 1917, p. 38.

② J. von Neumann, *J. reine u. angew. Math.*, vol. 154, 1925, pp. 219–240。重印于 *Collected works*, vol. 1, 1961（参见 p. 37）。

容易理解。但从康托所发展的集合论看，我们是否确有这样一种矛盾的直觉，根本不清楚。更恰当的说法似乎是，我们有一种不精确的直觉，当我们注意到其所包含的悖论和缺陷时，它就导向集合的迭代概念。因此，我们是否有那样一种直觉作为开端是有争议的。不过这很容易会退化为一种语词之争。

现在，一个更强的论断是，那个不一致的概念是我们拥有的关于集合的唯一直觉。因此，一旦它被认为是错的，进行前面策梅洛引文
192 所谈的那种重建工作就成为我们仅剩的任务。从字面上看，策梅洛给出的不可过窄和过宽这两个条件是相当弱的，许多彼此不相容的集合理论都可作为可能的解，从而为任意性留下了很大空间。此外，在决断哪些结果应被当作重建工作之素材时，还隐含着另一种任意性，因为“有价值的”这个概念（可能蕴涵着“可靠的”）显然是模糊有歧义的。假定我们对素材为何已经有了一个好主意，那么上面描述的任务听起来便很像是一个组合谜题，原则上可以有多种解。即使在经验科学中，这样的境况也不能令智识者满意。比如，关于基本粒子的八重道理论（the eightfold way theory）就有这个特点，大多数人或者试图拒斥它，或者试图找到可由以导出它的更基本的原则。有人会说，如果我们事实上没有关于集合的良好直觉，我们想为悖论找到一个稳定解的愿望就是徒然的。不难看出为何这种鼓吹破产的“硬心肠”立场对人们有一定的吸引力：它给人这样的印象，即它更“清晰”，对传统有一种蔑视，且不依赖于棘手的直觉。

但事实是，我的确得到了一个相当稳定的集合迭代概念，不管我们是否同意它是集合的唯一原始的直观概念。并且这个概念也隐含在策梅洛和冯·诺依曼的著作中，他们在前面的引文中表现为破产论者，但在建立公理系统时，他们使用了他们对集合的良好直觉。无论如何，即使我们同意我们的直觉确曾导致矛盾，这也不能证明每当我

们使用直觉时，我们就会冒很高自相矛盾的风险。引人注目的事实是，人们从事集合论研究时广泛诉诸他们的直觉，并且对于由此得到的研究结果正确不正确，人们在实践上有着普遍的共识。集合迭代概念是一个**直观**概念，并且这个直观概念没有导致任何矛盾。

这不是说，我们已经将迭代概念完全精确化和明确化：关于确定属性概念和一一对应概念的不确定性、我们可设想的序数的范围、公理方法的局限性等，仍然存在一些问题。我们甚至不否认，在这个框架内，可以对新公理进行试验，并对备选项之间的选择保持开放的态度。但是，以上对历史和概念问题的概述，已经使破产论显得不可信，根据那种观点，甚至在今天，关于集合论基础的基本问题也仍然是解决悖论。

有一个相关的区分是形式主义者和实在论者（客观主义者）之 193
间的区分。随着这些立场不断完善，在结果的正确性问题上有观点趋同的态势，尽管在选择研究哪些问题上存在差异，例如，形式主义者们更偏好可构成的集合和相对一致性结果，而非对非常大的基数进行猜测并由之进行推演。另一个不同之处在于工作习惯，这使得一个人可能是一个公开承认的实在论者却主要以形式主义的方式进行思考，而一个公开承认的形式主义者则可能在做集合论研究时极其高效地运用直觉，但依然宣称集合论只有一个形式主义的模型。无论如何，任何严肃的形式主义者都承认我们对整数具有完全可靠的直觉，虽然其中一些人可能还会说，直觉主义推理是最显明的。换言之，通过将集合论与其他确有超形式内容的领域（一般是更受限制的领域）相比较，一个关于集合的形式主义立场获得了更多的内容。人们还会想到可靠度问题。客观主义立场是对实在论的一种修正，目的是避免关于数学对象的一些额外的困难。

## 3 集合论中的客观主义和形式主义

无论所使用的与料同与不同，人们都可能走向不同的哲学立场。在与料相同时，分歧经常可能是表面的而非实质的。拥有较多（相干的）与料应该说是一个优点。但要确定什么是可接受的与料，却并不总是容易的。比如，在 ZF 中非形式地工作比在 NF 中容易[1]；在 ZF 中，尽管人们只是追求论证而不顾形式化，最终的结果却通常是正确的，并且如果人们愿意，可以将它们变成从公理出发的形式证明。这至少部分地是因为我们能通过直观模型而非形式公理进行思考。有人可能觉得 NF 的有穷公理化会相当直接地导向矛盾，但结果表明，对所有对象的枚举使用了一个无分层的公式。并且，使用作为 ZF 之标准模型的集合的能力——这是一个无法在 ZF 中形式地证明的假设，不仅给我们带来正确的结果，还极大促进了论证的产生。另一点是理论的趋同，这些理论一度被认为是基于根本不同的理念。

因此，不能说我们对某个集合理论优越性的信念只是一些社会学因素的结果，如熟悉感、保守性和对权威的尊重。我们已经接受了外
194 延、替换、选择和基础等公理，这看来没有疑问。可能稍显可疑的是，我们还接受了以下两点：可构成性假设是假的；我们应当悬置对可测基数假设之真假的判断。有时我们在一个公理被说出后立即就接受它，有时则要经过一段相当长的时间（例如选择公理），但最终我们还是能达成共识。我们没有两个势均力敌的阵营，其中一方接受一条公理而另一方拒绝它。并且，共识具有稳定性，也就是说，共同体在观点上不会不断摇摆。在何时应当悬置判断这一点上，我们也有一

[1] The system of W. V. Quine, *Am. math, monthly*, vol. 44, 1937, pp. 70–80.

种相当好的共识。根据经验归纳，我们预期未来会有类似的共识和类似的稳定性。

要给出一个公理被接受或拒绝的精确理由，通常并不容易。而且，被接受的东西不一定总是忠实地反映在一个形式的公理（的陈述）中。因此，不排除进一步完善和修正的可能。为这些经验事实寻求更清楚的解释，并非毫无哲学价值。但这并不意味着，假如不能给出清楚的理由，这些惊人的共识和融贯现象就必须被视为幻象。这里我们就像是踩在一根钢丝绳上，它处在被动地接受时尚和反复无常的不敬之间。

如果数学研究的是对象，则似乎每个数学命题都或真或假。思考对象和模型，是人们的一种自然倾向。但另一方面，我们或许愿意说，后继和属于关系是更根本的东西，它们具有特定的性质。这并不会把我们限制在任何固定的形式系统上。首先，比如说，我们一般以非形式的方式对待归纳原则，换言之（这实际是一回事），把它当作一个二阶陈述。众所周知，这样一来我们就会得到所谓的标准模型。这很可能是不依赖对象而又维持客观主义的一种方式。其次，这不意味着我们预先知道所有性质。不排除这种可能，在研究这一主题的过程中，我们会发现并接受新的公理。这也许还为如下可能留下空间：存在某种尚未被发现的限制原则，它会向我们表明，例如，连续统假设在某种更强的意义上是不可判定的。最极端的情形是，在集合论中有一些绝对不可判定的命题。但没人知道如何处理绝对不可判定性这个概念。

一种迥然不同的立场是：连续统假设在 ZF 中是不可判定的，**因此**，其真值问题不再有意义。换句话说，公理和定理是真的，但不可
判定的命题既不真也不假。我们把这种折中的观点记为 M。比它更激 195
进或许也更自洽的一种观点是：谈论集合论命题（或者根据一种更

极端的观点，任何数学命题）的真值没有意义（或者说，它们不是真正的命题），公理和假设都一样。坚持这一激进论断，要么需要为“真”这个词提供一种特别的使用方式，要么需要接受这样的看法：我们根本没有任何关于集合的合理的直观概念。我们不打算在它上面花费更多的时间，而是把注意力集中在不那么激进的折中观点 M 上。

要以融贯的方式理解 M 并不容易。公理只有基于对所涉概念的一种解释才能是真的。为了使解释避免对不可判定命题下判断，公理必须完全地抓住“解释”。其余不论，这意味着我们不能自限于普通二值模型意义上的解释，因为在这种模型中，每个命题都或真或假。当然，就通常的数论和集合论公理而言，我们确实相信，它们没有完全抓住我们对那些核心概念的期望解释。

M 这个奇特立场的历史源起有些复杂。想要避免超自然的性质并尽可能地使用具体物质对象的愿望，使人们喜欢作为语法对象的形式系统。也许它是从关于意义的可疑的可证实性理论转移而来，其中集合论命题的可证实性和可证伪性被解释为形式系统中的可证性和可否证性。除了一般可证实性理论面临的困难，这一观点有它自身的问题：形式化的局限性，形式系统之公理和定理的内在有意义性的来源未得到解释。

为这种折中观点辩护的另一思路是，主张集合论命题没有独立的意义，而只是在派生的意义上从一个上层结构获得其意义。作为一种概括或出于思想的经济性，它可能是有用的，但不是基于直接的直觉，而是基于人们能多么高效地从中得到普通数学。从这样的观点看，我们对集合论形式系统的选择存在不小的任意性，而如果一个系统对普通数学是充分的，作为回报，系统的公理便从它们在更有意义的领域中的结果获得其意义。在形式系统中可导出且停留在上层结构中的集合论定理，继而从公理获得其意义。因此，不可判定的集合论命题无法具有意义，因为它们唯一可能的意义来源（可证性或可否证性）被堵住了。

这种观点不能解释相对稳定的集合迭代概念，使集合论命题的真 196
假问题成为完全相对的事情，它取决于人们选用哪个形式系统。例如，选择公理、全集和任意集合的补集不存在、$\omega$ 的任何只能用非层状公式定义的子集存在，这些命题中的每一个在 ZF 中都是真的，而在 NF 中则是假的。此外，对不同系统的随心所欲的比较研究也变得有些神秘，除非我们有一个直观的集合论，我们能使用它而同时不对形式化给予有意识的关注。

有一种实用主义的观点认为，我们接受一个公理是因为它的优美性（简单性）和力量（有用性），而可构成性假设则是被用来反对这种观点的一个最受人喜爱的例子。按照实用主义的观点，可构成性假设是应当被接受的，但事实上它没有被一般地接受为真。实际上，根据集合迭代概念，它很可能是假的。人们觉得，实用主义观点对直观似真性标准基本上是全然忽略的。可构成性假设本身不具有似真性，它的很多结果也不具有似真性。比如，它蕴涵着存在一个实数上的可定义良序，还蕴涵着存在一个相当简单但不具有任何完美子集的不可数集；这些结果很可疑——它们与普通数学的直觉矛盾。可构成性假设还意味着，关于投射集的归约定理有一种奇怪的模式。[①] 并且可构成性假设不是一个概念上纯粹的命题，因为它允许只能以非直谓方式定义或根本不可定义的序数，但又拒斥对非直谓定义的任何进一步使用。或许，反对可构成性假设的最核心的理由是，我们在本意上视集合为任意的复多，而不管它们如何或能否被定义。因此，本质上只是序数的可构成集极不可能为我们提供所有任意的集合。

---

① 比如，可参阅 D. A. Martin，*Bull. Am. Math. Soc.*，vol. 74，1968，pp. 687–689。

鉴于这种开端上的不似真性，人们可能倾向于赞成某些与可构成性假设矛盾的命题。特别地，可测基数的存在就是一个这样的命题，并且它蕴涵着只有可数多的可构成的整数集。基于对可构成性假设之高度限制性的先在信念，这一结果被视作可构成性假设为假的进一步证据，也被视作可测基数假设具有似真性的证据。

有人指出，有可能所有集合都是序数可定义的，因为我们有可能拥有如此多的序数，以至于序数可定义集的类已经足够丰富。以此为可构成性假设辩护时，我们会遇到一个困难：高阶层的序数并不能使
197 低阶层集合变多。例如，所有可构成的整数集都是在 $\omega_1$ 阶段得到的，并且没有任何大基数能改变这一点。这里，有人可能想说，存在大量的可数序数。如果实际上有足够多的可数序数使得"所有整数集是可构成的"为真，那么连续统假设当然也会为真。另一方面，有一些熟悉的方法来拒斥可构成性公理但保留连续统假设。这与我们的如下信念完全一致，即相对于我们现有的知识，我们更愿意拒绝可构成性假设而非连续统假设，这一点从连续统假设对可构成集为真得到进一步证实，虽然可能并不完全依赖于它。

除了认为在 ZF 中不可判定意味着无意义这种强硬的观点，以及相关地，认为 ZF 公理构成集合概念的隐定义，我们还有其他选择。其中一种选择是说，我们永远不会有充足的知识来确定连续统假设（或可构成性假设）是真是假。这种观点会允许扩张 ZF 以包括不可达基数和马洛基数，但不认为可以找到清楚的公理判定连续统假设。另一个稍许不同的选择是说，至少我们今天所拥有的观念，如大基数，是不可能导向对连续统假设的判定的。所有观点中最难以反驳的，可能是这种，它认为我们应当简单地悬置判断：诚然，随着时间的演进，我们能发现关于集合的新事实，我们能判定更多的命题；但就我们所知而言，我们可能永远不能判定连续统假设。如果这只是作

为一个经验预测被提出来，我们不会满意。我们还希望看到一些一般性的论据。比如，考虑到语言可能的生长方式的参差多态，我们也许会认为，关于集合我们潜在地能问出不可数多的问题。但我们当然无法回答不可数多的问题。因此，为什么连续统假设不能是不可回答的问题之一呢？要回答这一点，我们可以指出如下事实：即使我们不能回答所有的问题，我们却可以有能力回答任何作为特别关注对象被挑出的问题。

由于连续统问题在于确定整数子集的数量，若不考虑意外巧合，
我们有理由相信，只有在确定了要数的对象是哪些（允许哪些整数
子集）以及选择怎样的一一对应为基础（比较 Gödel, p. 266）之后，
我们才能解决这个问题。但这样一来我们似乎就陷入一个困境，因为
到目前为止，我们能用精确的公理给出的规定，都倾向于与我们对集 198
合和一一对应所期望的那种任意性相矛盾。例如，可构成集概念的情
况就是这样：我们不认为连续统假设已被证明为真，因为它是由可构
成性假设得到的。语言和形式系统的一般局限性也向我们表明，集合
论的任何合理可信的公理化都不大可能足够细致到确定连续统的确切
大小。情况可能是这样，可信的集合论公理既不能推出连续统假设，
也不能为连续统确定任何别的具体基数。不过，由于我们无法通研所
有正确的集合论公理，直接确立此命题的可能性微乎其微，更有希望
的做法是用零散的否定性结果来逼近它，如 $2^{\aleph_0} \neq \aleph_1$，$2^{\aleph_0} \neq \aleph_4$，
等等。

一些支持连续统假设为假的理由已经被提出，但人们普遍认为它们不够清楚。如果一个人相信连续统假设的否定为真，那么当然，任何只包含真公理且与连续统假设一致的形式系统都不能判定它。哥德尔曾将此作为相信连续统假设在 ZF 中不可判定的一个理由，这早于

科恩的证明。[①] 根据哥德尔（p. 267），连续统假设有一些不可信的推论。比如，有结果显示，存在不可数的集合，它们直观上看只含有很少元素，或是高度分散的（例如与任何完美集的交都是贫集）。但连续统假设却意味着，它们同连续统一样大。有人对这种证据感到不舒服，因为他们觉得，除了集合论的实际发展，大多数人对无穷集的大和小并没有发达的直觉。但另一方面，无法排除这种可能，即有人具有如此透彻的知识，以至于他能分辨出那些错误，它们源自对大小的前集合论直观概念的运用。关于直觉，哥德尔注意到，当前有一种反对运用它的风气，并因而缺乏有意识运用直觉的实践。他指出，直觉绝不是指心灵首先想到的东西，它是可以培养且应该培养的。

有些集合论学家断言，如果 $2^{\omega} = \omega_1$，则实数和可数序数之间必有一种惊人的微妙平衡。但如果用这种说法反对，比方说，$2^{\omega} = \omega_{17}$，会更有说服力。实际上，人们或可说，就我们所知而言，$2^{\omega}$ 可能是 $\omega_2$，或第一个不可达基数，或实值可测的，而 $\omega_1$ 是与这些中的任何一个都同样合理的候选项。

199 我们不是要论证任何鲜明尖锐的结论，而是试图运用所谓的辩证法来确定诸片面观点的局限性。例如，我们无法在任何一种清晰的意义上确立如下论题：集合论概念和定理描述某种确定的实在，在其中康托猜想必定或真或假。但是，集合论初始词项的那种有点不确定的意义——如在迭代概念中所解释的，被认为是合理的。根据哥德尔（p. 272）："存在一种足够清晰的直觉，它能产生集合论的公理及其扩张的一个开放的序列，仅凭这个心理学事实就足以使康托连续统假设之类命题的真假问题具有意义。"哥德尔用"使问题具有意义"这个

① 参见 Gödel（1947），前已引；P. J. Cohen 的书，前已引，以及他的文章 *Proc. Nat. Acad. Sci. U. S. A.*，vol. 50，1963，pp. 1143–1148 和 vol. 51，1964，pp. 105–110。

短语指，有很大机会找到问题的唯一解，它会被所有或大部分熟悉该问题的人接受。

辩证法的吸引力至少部分是源于这一事实：哲学中最有意义的不是普遍结论，而是他们的意义和限度。因此，我们通过辩证对话的方法达到这些普遍陈述的内容。例如，我们没有遇到矛盾这个事实，可能是由于相对于所有形式可能的证明，我们的活动范围很有限，并且我们倾向于给出可在不同框架中解释的证明。

对大多数数学家来说，处理对象和模型比处理公式和形式系统更自然。有人可能会说，这不过是一种简便的做事方法，集合论仍然只是一种基于类比和草率概括的形式游戏。这种看法的根本弱点在于，它显然无法解释纯形式的集合论何以能如此完美地结合在一起。

有人声称，基于对公式的考量，我们有一个非形式的集合论一致性证明。这一点可以通过考虑二阶算术来说明。让我们试着直接为这个形式系统找到一个可数模型。我们不必担心那些由只涉及整数的条件定义的固定的集合。现在我们考虑那些包含集合变元的可数多的公式。对于每个陈述 $m \in x$（$m \in \widehat{m}\varphi_n m$），我们都可以测试其为真和为假两种可能性，添加更多的集合项来满足 $\varphi_n$ 或 $\neg\varphi_n$ 中的非直谓条件。这样，我们将得到一个具有可数多结点的复杂图树。对于每个数字 $m$ 和集合项 $t$，我们都有一个公式 $m \in x$（一个结点）和对应此公式为真为假的两个分支。这可数多原子公式的真假以一种复杂的方式 200
相互作用。一致性问题就在于为这些原子公式选取一致的真值，即每个公式得到唯一真值，使得所有定义条件被满足。如是观之，并没有任何好的直觉理由使我们认为，这样的模型必存在。事实上，如果从这样一种形式主义公理观得到的组合事实竟然是真的，我们会感到十分惊讶。无论如何，使用这样一幅其结果显然不确定的图景为形式主义观点做辩护，看起来是不合理的。

另外，我们还可以追随根岑，尝试用超穷归纳来证明不会有矛盾。一般地说，一个公式 $m \in x$ 是否为真，取决于其他一些原子公式为真还是为假。如果我们能得到非直谓度的一个排序，我们就能让归纳进行下去。但非直谓定义中的循环要素似乎表明，我们只能以某种人为的方式得到这种排序，可能是通过假定我们想证的东西。事实上，情况似乎是这样，相比于增强我们对形式主义观点的信念，这类考虑更倾向于表明，柏拉图式图景是我们可依靠的唯一立足点，尽管它很模糊。

## 4 新公理和可接受性标准

首先考虑集合论中接受一个假设（选择公理、可测基数假设或某种适当限制的可决定性假设）为真的条件。两个基本的标准是内在的必然性和实用意义上的成功。前者与直觉似真性有关，但可能更清晰一点。后者则有各种各样的表现。一个条件是产生正确的低阶结果，包括已知的（确证）和未知的（预测），比如关于实数集、实数和整数的结果。另一个条件是提供求解问题的有力方法，包括将各种结果统一起来并超越它们的方法。此外，假设还应该易于陈述和理解。要言之，可罗列如下：确证、预测、力量、统一（因此还有“解释”）和简单性。力量和统一这两个要素还包含了优雅的成分。显然，这些条件既非必要也不充分，因为内在必然性这个复杂的概念须占主导地位，而且我们可能愿意接受只满足其中一些条件的假设为
201 真。同样显然的是，没有一组定量的指标，通过它我们可以计算每个假设在何等程度上符合这些标准。

有人可能希望将实用意义上的成功仅仅看作筛选候选公理的一种间接标准，并要求这些候选公理最终通过内在必然性的测试。但接下

来的问题是，内在必然性这个概念有多么恒定。不可否认，集合迭代概念并非十分清楚的。有些新公理可视为对我们的想法的精确化，而另一些则可能是在以某种自然的方式拓展或修正我们的概念。如果内在必然性是使一个假设升格为公理的唯一途径，那么将集合论与物理学相比较似乎就不再必要。但如果实用成功也能使一个命题为真，人们可能就会怀疑，“真”这个词的意义是不是被扭曲了。要回应这一点，我们似乎应该说：假如实用成功足以令物理假设为真，为何集合论假设就不能如此？

在被任意地选定为真的假设和迫使我们接受为真的公理之间，似乎存在着鲜明的对比。现在回过头看，说我们迄今接受的那些公理是迫使我们接受其为真，似乎是公允的。因此，似乎有理由期待，我们将来也只会在证据的强力迫使下，接受一个假设为真。这样的强迫将如何发生，我们现在还不清楚。此外，我们现有的公理似乎全都只基于内在必然性而得到辩护。这又一次提示我们，可以等到已有和未来的假设达到相对于我们的理解的内在必然状态后，再接受它们中的任何一些为公理。

同样的材料可用相反的方式解释。有人声称，选择公理之所以被提升到公理的位置，只是因为它曝光度高且人们心理上不能容忍一些核心命题不可判定。那样的话，人们就不得不说，概念辩护不过是一种特设的合理化。类似地，对象可以看作用来讨论公式和属性的方便的隐喻。

无论如何，称我们的选择是“任意的”看起来不合理，因为我们觉得我们有很好的理由做出特定的选择，在考虑过其他假设的人们中也有着惊人的一致度。两个严肃的立场似乎是：（1）通过接受一条新公理，我们改变或拓展了我们的集合概念（改变“集合”这个词的意义），新公理的意义和真值由改变后的概念决定；（2）我们的

集合概念始终如一，我们接受新公理是因为我们发现了关于集合的新
202 事实。一种十分诱人的做法是宣称，这里不存在真正的分歧，因为在通过改变意义改变知识和通过获得新信息改变知识之间，不存在严格的区分。

没有人否认，我们的集合直觉可以发展。如果出现了矛盾，或某些公理的内容因新的发现而变得更精确，人们应当乐于保持开放的心态，允许撤销或修正我们的公理。然而，我们不能无视我们迄今为止的经验，它似乎指示了一定程度的稳定性，为困难的选择留下了很小的空间。对于集合论所显示出的惊人的融贯一致程度，我们或许能或许不能成功给出满意的解释，但重要的是，我们不能基于先入为主的哲学思想而轻看这个事实。

内在必然性依赖于迭代模型的概念。一般地说，旨在丰富幂集（例如整数的）的内容或引入更多序数的假设符合该直观模型。我们相信序数的总体是很“长”的，并且每个（无穷集的）幂集都很“宽”。因此，任何有此等效果的公理都符合我们的直观概念。难点在于，为了做出增加长度和宽度的具体断言，我们一般需要使用蕴涵其他结论的命题。但这样一来，我们就不再能仅仅诉诸我们的（最大化）迭代概念来核证所有这些命题。特别地，没有任何已知的正面原则，能够指引我们寻找新的公理来丰富幂集。

比如，考虑“连续统基数是实值可测的”这个假设。它确实是关于 $\omega$ 的幂集的，并且能判定连续统假设。但没人愿意把它当作一条公理。它断言了原本以不同方式定义的基数之间存在一种特殊的关系，不属于那种人们愿视之为可直接由直观迭代概念核证的命题。另一个例子是被更深入研究的决定性公理（AD）。公理 AD 确实蕴涵着存在很多实数（以及相对而言较少的实数子集）。但就其本身而言，AD 是量词德·摩根律（例如 $\neg \forall x \exists y$ 等价于 $\exists x \forall y \neg$ ）在无穷情

形下的推广，它断定无穷游戏有制胜策略。

完全普遍形式的 AD 与选择公理矛盾。人们的注意力因而大都集中在 AD 的限制形式上。根据实用成功标准，限制在投射集上的 AD 表现得非常好。它以统一而优美的方式证明，所有投射集都是勒贝格 203
可测的且具有拜耳性质（the Baire property）；它产生了一些令人愉快的关于还原原则的新结果；它易于陈述和理解，等等。尽管如此，AD 却不是在如下意义上被当作公理：我们能从我们的直观概念直接看出它或它的特定受限形式是真的。毋宁说，它被普遍视为一个高效的假设，这个假设产生了优美的结果，并且其各种限制形式或许可由关于序数总体之长度的更直观的原则（各种“无穷公理”或大基数公理）导出。

如果我们已经以某种方式抓住了“真实的”整数幂集，CH 就应该已经具有了一个确定的真值，尽管我们可能不知道它究竟为何。我们不知道如何直接通过直观上显明的原则来丰富幂集，这是一个经验事实。因此，寻求新公理的当前努力（尤其是为了判定 CH）是围绕大基数公理展开。与关于 $\omega$ 幂集的宽度的不完美信息类似，我们关于可数序数的知识也很不完整。例如，使得 $M_\alpha$ 为 ZF 模型的最小的 $\alpha$ 是一个可数序数，在不援引 ZF 系统的条件下，关于它我们可说的很少。即使我们在尝试建造一个可数模型时直接观察 ZF，我们也不清楚假设 ZF 具有模型的循环性是否以及在多大程度上可以避免。

对无穷公理的迷恋引发如下反应：为何宝石只此一颗？这无疑与如下印象有关：我们能找到一些无穷公理，它们大都显得可由那个欠精确的集合迭代概念核证。比较直接的例证是，人们普遍相信，持续迭代的积极概念足以核证不可达数和马洛数。比如，说（强）不可达数存在，其大意不过是说，由 ZF 公理所蕴涵的集合形成程序得到的集合的全体本身又形成一个集合。因此，相同的程序适用于它，并从而产生其他新的集合。[①] 由于迭代概念允许无限扩张，引入这些新公理并不显得武断。另外，在一致性假定下，可以证明这些公理中的每一个都会产生新的数论定理。因此，它们既可以基于内在必然性得到辩护，也可以在一定程度上由实用成功来核证。

核证无穷公理的另一个方法是通过反射原则。迭代概念意味着集
204 合宇宙是非常大的。当我们表达出整个宇宙的某些性质，我们就能找到集合，它们已经拥有这些性质。换言之，反射原则推广了不可达数与 ZF 公理之间的那种关系。它断言，每当我们试图用我们肯定地拥有（或能表达）的东西来刻画整个宇宙时，我们都会失败，这种刻画会被某些（大）集合满足。这种原则已经被用来核证（推得）不可达数和马洛数的存在，以及几乎所有 ZF 公理。[②] 它们还被用来核证更大的基数。但是，举个例子，足以核证可测基数（通过 1-可扩展数）的各种形式的反射原则，看起来都不再由集合迭代概念清晰地蕴涵。

过去有一种糊涂的想法，即无穷公理无法拒斥可构成性假设(因而也更无法拒斥连续统假设)，因为 L 根据定义包含所有序数。例如，如果存在可测基数，则它们必定在 L 中。然而，它们在 L 中却不满足可测的条件。这不构成这些基数的缺陷，除非人们认为 L 就是真实的集合宇宙。众所周知，在非标准模型中会出现各种奇奇怪怪的现象。尽管如此，确实有一种感觉，可测基数这个性质不只是说大，虽然它蕴涵着大。人们常常感觉到，可测基数的存在比不可达数的存在更成问题，即使我们不考虑前者远大于后者这一点。事实上，存在引入大基数的多样方式。比如，有时我们这样引入大基数：首先挑选

① 参见 E. Zermelo, *Fund, math.*, vol. 16, 1930, pp. 29–47。

② 对照 A. Lévy, *Pacific jour. of math.*, vol. 10, 1960, pp. 223–38 和 P. Bernays, *Essays in the foundations of mathematics*, 1961, pp. 1–49。

出 $\omega$ 相对于较小序数的性质，然后断言存在大于 $\omega$ 且具有这些性质的基数。

然而，在关于集合的新公理候选者中，大基数假设确实占据着优先位置，因为在大多数情况下，我们期望能证明，它们只是明确表示，迭代模型包含相应于某些较大的 $\alpha$ 的秩 $R_\alpha$。这些假设中的很多可以在如下意义上排成线序：对于两个假设 $H_1$ 和 $H_2$，我们或者（1）可以在 ZF 中从 $H_2$ 导出 $H_1$，并找到（假定 $H_2$ 成立）一个满足 ZF 加 $H_1$ 但不满足 $H_2$ 的秩 $R_\alpha$，或者（2）可以对调 $H_1$ 和 $H_2$ 的顺序并得到相同的结果。

数学有许多不同的方面。在两种意义上，集合论不够抽象，不足以做数学的基础。有人可能会说，我们有实数作为基本材料，而关于实数的推理如何形式化不那么重要。另一方面，数学感兴趣的是群和域之类的抽象结构，它们虽然涉及集合概念，但却不依赖于我们的集 205
合论的详细结构。

现代数学范畴论让人们想到两个截然不同的问题。其一是，范畴的自我可应用性是否是本质的，从而使得在将范畴解释为集合或类（可能属于不同阶或类型）的情况下，数学上有趣的证明会过不去。其二是，这样的解释，即使在“实质”上成功了，作为对一种自然的数学实践的编码，会不会显得太造作。

## 5　与几何学和物理学的比较

集合论常被与几何学和物理学做比较。比较涉及若干不同的方面：这些学科的对象（本体论）、我们的知识的来源（知识论）、命题（公理或假设）及其真实性或可接受性（方法论）。

将连续统假设比作欧几里得第五公设有些牵强。没人提出把 CH

称作一条公理。有一种看法是，不仅平行公设是不显明的，其他公设也都是些我们没有足够清晰的直觉予以核证的假设（它们合起来构成一个隐定义）。另一方面，CH 的独立性却并未伴随着对 ZF 公理的可接受性的怀疑。有了平行公设或其替代者的几何学，在一种意义上是完全的，无论是作为一阶理论还是二阶理论（补充以不同的集合论域）。因此，即使人们认为其他公设是显明的或必然的，也没有太多理由去寻找能判定平行公设的新公理。

平行公设及其否定都是“绝对几何”（由剩余的几何公理决定）的弱意义（在可翻译性或相对可解释性的意义上）扩张（参见 Gödel, pp. 270-1）。这对 CH 同样为真，至少相对于 ZF 而言是如此。但无穷公理则产生一种更强意义的扩张，并且无穷公理与其否定之间存在一种不对称性。粗略地讲，一条无穷公理比它的否定更强、更富有成果。从知识论上说，当然还有一个区别是，几何学比集合论更直接地与物理世界相关。

看起来清楚的是，承认空间是直观的一种纯形式，并不必然要求
206 我们接受欧几里得几何的先天性。例如，我们愿意承认，作为我们的直观形式的一个结果，所有物理对象都具有广延，但接着就可以争辩说，这样的陈述是分析的。对平行公设的怀疑经常被归咎于设想直线无限延伸的困难。众所周知，有很多等价的陈述没有提及无限延伸，它们可由实验检验，但在测量连续的量时不可避免地存在不准确性。对于通过经验观察确定欧几里得几何真实性的尝试，可以给出两个回答。一个是庞加莱的“约定主义”。另一个是谈论一种必然满足欧氏几何的（局部的）“直观空间”。这第二种回答的确不能为经验所拒斥，只是很难给出一个令人信服的正面论证，证明我们确有这种精确直观，无论有或没有平行公设。也许像“存在三个不在一条直线上的点”这样的陈述是显明且必然的。

令人奇怪的是，在欧几里得那里，一些显然的事实得到了详细的证明，而另一些裂隙却被留白。一种可能的解释是，对点、线等的隐喻性定义被隐蔽地使用了。另一方面，很多重要的定理和证明被认为是得到了十分准确的证明，人们以相当的宽容度接受了这些基础。

另一个明显令人困惑的特征是第五公设与其他公设之间的关系。如果一个人怀疑第五公设，并且它被证明是独立的，那么自然的结论似乎应该是，第五公设不是先天的，但其他公设不受影响。然而事实是，人们开始质疑所有公设的必然性。这一历史事实可能是两个不同因素结合的结果。人们认识到，理解初始概念（或它们最初的定义）是有困难的。并且，存在一致的替代系统，这表明我们没有一个必然的“完备”系统，并且因此，我们很可能甚至没有足够的直觉来核证系统的部分。

将集合论与物理学相比较有什么好处？一个理由可能是使人们推测有数学对象。在这种比较中，集合论与算术十分不同，在算术那里，像数学归纳法这样的普遍规则是十足显明的，与物理学中的证据不同。

有人认为，正如物理对象对于组织我们的物理经验是自然且必要
的，数学对象对于组织我们的数学经验也是自然且必要的。物理对
象，而非仅仅感觉，被当下直接地给予我们，因为它们不只是感觉的
组合，并且我们的思维无法创造在质上为新的要素。或者，也许被给 207
予的不是物理对象，而仅仅是不同于感觉的某种东西，它从一个对象
的诸面向的多样性中产生出该对象的统一性。但这样一来，人们就会
倾向于认为这种东西是心灵的创造。“……的集合”这个运算无疑是
一种综合工具。但始终有个无穷问题潜藏在某处。就“……的集合”
这个运算显示了一种综合而言，我们似乎唤起这样一幅图景：运算可
以作用于无穷总体，甚至允许无限迭代。但想象一个给定无穷集

（比如说 $\omega$）的全部子集，似乎涉及一种特别大的跳跃。如果我们以某种方式已然拥有了这些子集，那么我们可以对它们应用“……的集合”这个运算。但要达到（比如说 $\omega$ 的）所有子集，我们似乎要使用某种像类比的东西。

也许，我们能操纵这样的总体（例如在康托的对角线证明中），并使用它们证明关于自然数的定理，这个事实可视为一种证据。但这样的与料有些含混，并且允许与直谓集合论相容的解释。似乎有理由断言，并非所有与料都需要与某种作用于我们的感觉器官的东西相联系。但唯一可能的其他来源似乎要么是心灵，要么是一种更微妙形式的客观实在，后者或者不同于物理世界（比如一个柏拉图式的世界），或者是相同的世界但却以不同的方式（可能通过一种“抽象知觉”）作用于我们。

接受以下这点是相对容易的：集合论公理强迫我们相信它们为真，甚至我们感到我们具有一种直觉，它不仅产生这些公理，还能产生这些公理的扩张的一个开序列。甚至假定所有这些可能的扩张会收敛，这很可能也是合理的。但说这些扩张最终会以某种意义产生一个唯一的模型，使得连续统假设在此模型中为真或为假，则似乎是一个较强的假定。

而说数学对象客观存在，甚至在某种不确定的意义上我们能“感知”它们，则更是强上加强。当然，如果这是真的，我们就有权使用谓词演算并得出结论，每个集合论陈述都是有意义的。就我们的知识而言，我们可能仍然存在识别一个陈述是否为真的问题。这或许正是人们可以采取如下做法的原因：相信这个强硬的观点，但同时不认为实用成功标准是完全多余的。

与物理学的比较告诉我们，应该通过后果间接寻找证据。虽然对于我们的理智创造，我们也未必就应该是全知的，但在识别新公理上

的困难，的确显得与数学对象独立于我们存在的观点更相容。应用此 208
等标准，似乎不可避免地会令数学公理失掉其“绝对确定性”。因为不可否认，成功有程度之分，而后果（尤其是低阶后果，它们对这个标准更重要）则根本不能以唯一的方式决定公理。这不必然会抹杀物理学与集合论（就像几何学的情况一样）之间的差异，至少在我们尚未考虑通过物理学后果检验集合论公理的现状下是这样。

我们或许还想将连续统假设与目前无法判定真假的物理学假设相比较。但这样的类比显然是不清楚的，因为后者不仅与物理定律（公理）有关，还依赖于大量经验数据。事实上，无论物理学中的不可判定命题意味着什么，它们都与形式数学系统中的不可判定命题在性质上根本不同。①

## 6　关于无界量化的题外话

集合迭代概念的核心问题是：（1）幂集运算（允许什么样的子集）；（2）序数（允许什么样的序数）。两者都涉及一种无法完全明确化的无限一般性。对子集形成原则和替换原则中的确定属性概念的一个解释，与对此一般性要素的近似有关。另外，存在一些序数生成原则，它们不只依赖于迭代，还依赖于类比和反射。

一些人质疑在定义新的集合时使用无界量词（论域为所有集合）的合法性，尽管他们接受对集合论的迭代解释。除了其他事情之外，他们指出，只有当我们将其与直觉主义谓词演算相结合时，我们才有理由使用 ZF 的全部公理。这导向一个精确的形式系统，以及关于这

---

① 哥德尔指出，可测基数假设可能蕴涵比常用一致性命题更有趣（在某种正面但尚待分析的意义上）的全称数论命题，比如 $p_n$（第 $n$ 个素数）等于某个简单可计算的函数。这类结果可以通过验证大数情况来证明。因此，其与膨胀宇宙假设的差别没有我们一开始会认为的那么大。

样一个系统的力量大小的数学问题。但这里争论的哲学要点是什么，却绝非同样清楚。

如果所有集合的总体是一个未完成的总体，无界量词在替换公理和逻辑推演中的使用就存在问题。无论如何，语句的逻辑概念与康托的概念十分不同，对语句生成原则和概念生成原则（不那么正确的
209 说法是，算术生成原则）进行比较是一个问题。

视 $\omega$ 为一个未完成的总体，同时又允许量词作用于 $\omega$ 的所有成员，并接受不加限制的排中律，这看起来并非不合理。这里很清楚的是，$\omega$ 的每个成员都可通过后继函数由 0 达到。类似地，假如我们考虑一个关于第二数类的理论，我们也会希望这样做，尽管我们无法明确给出生成新的可数序数的运算。从这个角度看，关于所有集合的宇宙 V 的当前实践似乎完全不矛盾。

有人可能会说，我们确实会超出 $\omega_1$，而 V 则是一种绝对的极限；$\omega_1$ 是一个集合，而 V 却不是。但如果我们只对可数序数感兴趣，并把 $\omega_1$ 当作我们的宇宙，情况就毫无二致。关键的一点是，对于 $\omega_1$ 或 V 的各种近似，我们不期望有不相容的扩张。尽管有逼近 $\omega_1$ 或 V 的不同方式，我们期望它们是趋同的。

生成因素是与视一个类为一和多的区分捆绑在一起的。不排除我们可以谈论所有集合，甚至借助施加于所有集合的条件形成类。只是当要把类视作一时，我们就必须自下而上地构造它。这对其成员提出了要求（它们必须是“给定的”），但对如何从所有给定的集合中选择集合以形成一个新的集合，没有要求。替换公理的情况是这方面的典型：我们确保新集合的所有成员都是集合，但选取它们的手段是任意的，包括使用无界量词。特别地，一个类只有作为一才可以是其他类或集合的成员。

未完成或主观上不可完成的总体的概念与如下想法不同：存在必

须与依据预先确定的生成运算可证的生成相一致。相反，它允许对量词的古典解释。我们还可以借助反射原则来论证，无界量词并非真的无界。我们倾向于说，我们在讨论关于所有集合的命题时接受经典逻辑是没有问题的。没有理由反对将这些命题看作决定了确定的性质。

如果我们采纳一种构造性进路，那么允许用无限制的量词来定义别的集合确实会有问题。但即使这个时候，接受排中律仍然是可能的。困难在于确立普遍的结论，因为我们无法考察所有允许的操作。

弗雷格考虑了个体、谓词、谓词的谓词，等等。他将集合等同于 210
谓词的外延，并将它们看作个体（与个体处在同一水平上）。这立即让人想到外延的一个类型层级结构，因为相比于个体，谓词的外延似乎与谓词更为相关。或者，我们可能希望将所有集合视作对象（个体），但把它们与谓词的外延区分开。那样的话，我们会被引向某种类似有穷类型论（也许是分枝的）的东西，它以现有集合论（一个关于个体的理论）为基础。但这样一个概念对于如何生成集合说不出多少积极的东西。

## 7 从康托的著作中提取集合论公理

像以前一样，我们参照康托的文集讨论他的观点。对康托关于超穷集的哲学玄思感到不满，这是比较容易的。我们可以这样安慰自己：没有必要严肃对待康托乞灵于神学的做法，尤其是因为我们现在拥有对集合论的更合理的辩护。

> 一个证明是从上帝的概念出发，首先从上帝本质的最高完满性得出，创造一个超穷序数是可能的。然后从上帝的神圣和荣光得出，实际、成功地造出超穷数是必要的。另一个证明是后验地指出，自然中存在超穷对象的假设比相反的假设能更好地解释一

> 些现象，特别是关于有机体和心理事实的现象。(1886, p. 400)
>
> 从某种意义上说，我们可以把整数当作实在的，因为凭借定义，它们在我们的理解中占据着完全确定的位置，既很好地区别于我们思维的其他要素，又与后者处于确定的关系之中，并因此以一种确定的方式改变我们精神的实质；我建议称数的这种实在性为**主体内的实在性**或**内在实在性**。然而，数还可以就如下这点被赋予实在性：它们必须被看作对外在于我们理智的、世界中的实践和关系的一种表达或图像，不同的数类Ⅰ、Ⅱ、Ⅲ等，都是实际出现在物理和精神自然中的基数的表征。我称这第二种实在
> 211 性为整数的**超主体的实在性**或**外在实在性**……两种实在性的这种融贯性有其恰当的根源，即**我们自己参与其中的万有之统一**。这里提到这种融贯性是为了导出一个在我看来很重要的、关乎数学的结果，即在发展数学观念时，我们**只需**说明所涉概念的**内在**实在性，而完全没有义务去检验它们的**外在**实在性。(1883, pp. 181-182)

数学的最后这个特殊性质，正是康托称数学为“自由”的理由。

在康托的例子中，哲学上更有意义的或许不是他的形而上学思辨，而是他的数学实践所揭示的概念框架。

康托使用复多（multiplicity）或杂多（manifold，德语词为Vielheit）作为一个初始概念，对应于现在使用的类。根据他的看法，有两种（确定的）复多：绝对无穷或不一致的复多（现在说的真类）和被称为集合的一致复多。然后他明确地陈述了三条公理（pp. 443-444）。

C1　两个等势的类要么都是集合，要么都是真类。（一一替换公理）①

C2　集合的子类还是集合。（子集形成公理）

C3　对于任何一个集合的集合，该集合中所有集合的元素可形成一个集合；换言之，一个集合的集合的并，还是一个集合。（并集公理）

毫无疑问，对康托来说，有些公理太过显然（而且可能也太累赘），不值得明确陈述。这样的公理当然可以加上，与康托的本意并不冲突。

像大多数数学家一样，康托隐含地使用了外延公理，例如在确立两个点集 $P$ 和 $Q$ 具有 $P = Q$ 的关系时（但注意比较一下 p. 145 引入的 $\equiv$ ）。顺便说一句，戴德金明确提到了这条公理。②

C4　如果两个类 $A$ 和 $B$ 具有相同的元素，那么 $A = B$（特别地，外延相同的两个集合相等）。（外延公理）

一个更有趣的例子是幂集公理。至少在两个方面，康托隐含地使用了某种像幂集公理的东西。在定义基数的幂时（pp. 287－289, 1895），康托考虑了从一个集合 $a$ 到一个集合 $b$ 上的函数的总体，并明确说该总体是一个集合。特别地，他证明了直线连续统的基数是 $2^{\aleph_0}$。在用他的对角线方法证明对任意的基数 $\lambda$ 都有 $2^{\lambda} > \lambda$ 时，相应于每个基数为 $\lambda$ 的集合 $a$（特别是全体实数的集合），他考虑了所有函数 $f(x)$ 的集合 $b$，其中 $f(x)$ 以 $a$（特别地，$a$ 可以由全体 $\geq 0$ 且 $\leq 1$ 的实数构成）为定义域，且只有 0 和 1 两个可能的函数值（pp. 279- 212
280, 1890－1891）。这里，$b$ 就相当于 $a$ 的幂集。

① 康托在他 1895 年的论文（p. 296）中的确看起来隐含地使用了替换公理从 $\omega$，$\omega_1$，… 得到 $\omega_\omega$。

② R. Dedekind, *Was sind und was sollen die Zahlen?* 1888, § 2.

C5 每个集合 $a$ 的所有子集构成一个集合。(幂集公理)

当然,康托绝不怀疑无穷集的存在。他自由地使用所有整数的集合、所有代数数的集合、所有实数的集合等(pp. 115, 126, 143)。更具体地说,他明确断言(p. 293, 1895),所有有穷基数的总体构成一个集合。

C6 存在一个集合,它包含 0, 1, 2…。(无穷公理)

上述公理中的一个基本不确定性在于 C1 中的等势或一一对应的概念:在规定一一对应时,什么语言形式是允许的?策梅洛对确定性质(它们想必与诗歌意象和神学描绘之类的东西不同)的讨论[①]是对这个问题的说明。人们预料康托会接受范围宽广的一一对应,比如,带有集合和类变项的二阶语言下的任何公式都会被允许;或者,也可以选择去掉约束的类变项。

据我所知,康托没有讨论良基集合。但我相信,他是在所有集合都是良基的这个假设下工作的。

众所周知,康托没有考虑选择公理,但经常隐含地使用它。例如,在 p. 293(1895),他"证明"了每个无穷集都包含一个基数为 $\aleph_0$ 的子集,但没有意识到这需要用到选择公理。

康托对如下形式的良序定理很感兴趣:(1)所有基数的总体可以良序化(p. 280, 1890-1891; p. 295, 1895),或(2)所有无穷基数都是阿列夫(p. 447, 1899)。或许值得一提的是,在 p. 280 和 p. 295,他以加引号的方式谈到所有基数的总体是一个"良序集"。毫无疑问,他后来对集合和类的区分是去掉这些引号的一种方式。实际上,在 p. 280,康托宣称自己在他 1883 年的论文(pp. 165-208)中已经证明了(1)。这一错误判断似乎是基于对(2)为显然或已证的

① E. Zermelo, 1908, op. cit., § 1.4, § 1.6.

隐蔽假定。在 p. 285（1895），康托也断言了任意两个基数的可比性，并承诺会回到对这一点的证明。

在 p. 447，康托试图通过论证每个集合的基数都是一个阿列夫来证明（2）。假设 $V$ 是一个不以某个阿列夫为基数的类。康托论证道，所有序数构成的良序类 $On$ 可投射到 $V$ 中，故必定存在 $V$ 的一个子类与 $On$ 等势。因此，根据 C1 和 C2，$V$ 必是一个真类。声称标记 $V$ 的不 213
同元素会用尽 $On$ 的所有元素，这一点需要用到某种形式的选择公理。

从上面的讨论来看，现今被称为 ZF 的东西或 ZF 的二阶理论，似乎是对康托的集合概念的一个合理的汇编。这依赖于如下假设：我们以现在熟悉的方式用特定集合表示序数和基数，并以更明确的方式规定一一对应。此外，策梅洛对选择公理的表述以及在良序定理的证明中对它的运用，较之于康托确然是一种进步。

引入秩层谱并观察到每个集合都有一个秩，看起来是相对容易之事。尽管如此，康托基本只考虑了数的层谱，而没有考虑全体集合的层谱。米利曼诺夫似乎是第一个明确用秩层谱表述集合迭代概念的人（1917）。

## 8　康托和米利曼诺夫的层谱

康托考虑了全体序数和全体无穷基数的良序类（p. 444）：A 0, 1，2，…，$\omega$，…；B $\aleph_0$，$\aleph_1$，$\aleph_2$，…，$\aleph_\omega$，…。根据现行做法，A 或 B 的每个成员都是一个集合，并且一般地，$\aleph_\alpha$ 被等同于 $\omega_\alpha$（$\aleph_0 = \omega$）。对无穷基数的幂（p. 288）和无穷集之幂集的基数（p. 280）的考虑，还提示了另一个良序类：C $\aleph_0$，$2^{\aleph_0}$，$2^{2^{\aleph_0}}$，…（$C_0 = \aleph_0$，$C_{\alpha+1} = 2^{C_\alpha}$，$C_\lambda = \cup C_\beta$，其中 $\lambda$ 是一个极限基数，$\beta < \lambda$）。

广义连续统假设实际上就是说，B 中的每项恰好与 C 中相应的项等同。连续统假设则断言，$2^{\aleph_0} = \aleph_1$。众所周知，康托引入了连续统假设并付出巨大努力试图证明它。早在 1878 年，康托就提出了这样一个问题，即如果我们根据其基数大小将所有无穷点集划分成不同的类，会得到多少类，并且他断言（p. 132）:“通过一种这里未加介绍的归纳程序，我们可以证明如下定理：根据该划分原则所得到的线性
214 点集类的数量是有穷的，事实上，它是 2。”然后在 1883 年，康托追问了连续统的基数并说（p. 192）:“我希望不久能严格地证明，所寻找的基数不是别的，正是我们的**第二数类**的基数。”此处有一个脚注（p. 207，脚注 10），实际等于是说，$2^{\aleph_1} = \aleph_2$。在他最重要的一篇论文（发表于 1879—1884）的末尾处，康托再次许诺（p. 244，1884），连续统假设“会在后续章节中得到证明”。

康托的连续统问题是对以下这个简单而有内在趣味的问题的一种严格的表述：直线上有多少点，或整数的子集有多少？引人注目的是，康托不仅将数（基数）的概念稳定地推广到了无穷集而未流于武断，还给出了所有阿列夫的良序类作为基数比较的基础。利用序数类和康托的数类概念，阿列夫的类得以从一个给定的阿列夫或由序数索引的阿列夫序列得到下一个阿列夫。所有无穷基数都是阿列夫这件事（良序定理的一种形式）依赖于选择公理。因此，考虑到要赋予全体基数的类一个确定的形状需要用到良序定理，康托对良序定理的浓厚兴趣就不难理解了。连续统问题的基础特征，以及康托在严格表述该问题上的惊人成就，也解释了康托对自己思想的组织，以及他对连续统假设的痴迷。对连续统问题的解决，原本可以成为他整个理智发展的顶点。

在布拉里-福蒂于 1897 年发表其结果至少两年前，康托就已经发现了布拉里-福蒂悖论，并于 1896 年告诉了希尔伯特（p. 470）。他显然没有为此现象感到震惊，他关于集合和不一致的复多的区分也没

有给人以特设性假设的印象，而更像是对一种不完全的直觉的明晰化，十分符合他的一般方法论精神。但不可否认，他对这个区分的描述是含混且过于简单的。“因为一个复多可能是这样的，假定其**全部**元素‘合在一起（being together）’会导致矛盾，从而不可能将这个复多设想为一个统一体、‘一个完成了的东西’。我称这样的复多为**绝对无穷**或**不一致的复多**。”（p. 443）写给戴德金的这些信直到 1932 年才出版。

1917 年，米利曼诺夫发表了两篇论文[①]，详细且更进一步地讨论了与康托近似的思想。

其中一些想法今天已为人熟知：良基集合的概念和秩函数一起被引入，并被用来证明（全出现在论文 M1 中），每个良基集都有一个 215
秩（迭代模型）。此外，通常与冯·诺依曼的名字相联系的序数表示方法在 M1 中被提出，并在 M2 中得到更广泛的发展。或许有些历史价值的一点是，冯·诺依曼在他 1925 年的文章中的确就良基集提到了 M1[②]，但他显然没有意识到它预见了他的序数定义。

M1 探讨的基本问题是（p. 38）：使得一个个体的集合存在的必要和充分条件是什么？存在的和不存在的集合之间的区分对应于集合和真类之间的区分。为了语言上的方便，我们会把米利曼诺夫的术语翻译为熟悉的术语。显示术语不同的另一个例子是，米利曼诺夫使用“普通集合”这个词，而不是现在常用的“良基类（或集合）”。

在论文 M1 中，每个类都与一个成员关系树相关联，该关系树从这个类走向它的所有成员，然后走向所有成员的成员，等等（p.

---

① D. Mirimanoff, *L' enseignement math.*, vol. 19, 1917, pp. 37–52; pp. 207–217; vol. 21, 1920, pp. 29–52。这些将分别被称为 M1，M2，M3。

② J. von Neumann, *Collected works*, vol. 1, p. 46, footnote。论文最早见于 *J. reine u. angew. Math.*, vol. 154, 1925, pp. 219–240。

41)。关系树中的路径称为下降链，称一个类是良基的，如果其关系树中的所有下降链都是有穷的（p. 42），关系树只会在不可分解的元素处停止，这些元素是所谓的“noyaux”（p. 43，核，基元）。特别地，空集被视为一个基元，用 $e$ 表示。关于不是自身元素的集合的悖论暗示了良基集的概念。很明显，全部良基集的类不是一个集合（p. 43）。这个方法揭示了罗素悖论和布拉里-福蒂悖论的一个共同特征。

这里没有假定，我们只对良基集感兴趣，毋宁说，我们只为良基集提出了一个解决基本问题的答案。M1 中陈述了六条公理：

P1 子集形成公理。集合的每个子类还是集合（这是“集合的一个远非显然的属性，但我认为它是真的，至少就我在本文中所考虑的集合而言是如此”，pp. 43-44）。

P2 与全体序数的类 On 等势的类不是集合（p. 45，根据 P1，任何包含与 On 等势的子类的类不是集合）。

P3 基元形成一个集合，它被当作给定的或已知的（p. 48）。

P4 幂集公理。对于每个良基集的集合 $a$，存在一个集合由 $a$ 的所有子集构成（p. 49）。

P5 并集公理。对于每个良基集的集合 $a$，存在一个集合由 $a$ 的所有成员的成员构成（p. 49）。

P6 一一替换公理。给定一个集合 a，以及从 $a$ 的成员到一些良基集的一个一一映射，存在一个这样的集合，其成员是 $a$ 的所有成员在那个映射下的象（p. 49）。

216 秩的概念被明确地引入（p. 51）：一个良基集的秩是比其成员之秩大的最小的序数。基元（特别是 $e$）之秩为 0。

紧接着证明了两个定理（p. 51）。

定理 1 每个良基集都有一个秩。首先被注意到的是，一个集合有秩，只要它的成员都有秩。这由一个引理得证，该引理相当于说，每个序数的集合都有一个秩。由于按照康托的观念，序数不是集合，所以冯·诺依曼序数被引入以表征它们，然后应用 P6 得到该引理（p. 50）。现在，假设一个良基集 $x$ 没有确定的秩，那么至少存在 $x$ 的一个成员 $x_1$ 也如此；类似地，$x_1$ 至少有一个成员 $x_2$ 没有确定的秩，如此等等。考虑到整个序列停止于某个秩为 0 的基元，这是荒谬的。

这一优美的证明隐含地使用了可数选择公理，今天已为人所熟知。

定理 2 对于每个 $\alpha$，所有秩为 $\alpha$ 的良基集的聚合构成一个集合。

首先，假如定理对所有 $\alpha < \pi$ 为真，则它对 $\pi$ 也为真。考虑所有 $\alpha < \pi$，令 $\Sigma$ 为所有 $R_\alpha$ 的并。根据 P6 和 P5，$\Sigma$ 是一个集合。但 $R_\pi$ 是 $\Sigma$ 的子集的一个聚合，因此根据 P4 和 P1 也是一个集合。然而全体序数的类是良序的，使得定理 2 为假的序数的类，如果非空，必定有一个最小的数。

这两个定理一起产生如下结果：存在一个关系 $S(\alpha, y) \equiv y = R_\alpha$，对于每个良基集 $x$，$\exists\alpha\exists y(S(\alpha, y) \wedge x \in y)$。令 $\mathrm{H} = \hat{x}(\exists\alpha)(S(\alpha, y) \wedge x \in y)$。

这样，在 M1 中得到的对基本问题的解如下（pp. 51–52）：良基集的一个聚合是集合，当且仅当其成员的秩有序数上界。

显然，如果我们假定基础公理（所有集合都是良基的），我们就可以将上述讨论中的良基性限定去掉，并得到集合宇宙等同于所有 $R_\alpha$ 之并的结论（简单说就是 $\mathrm{V} = \mathrm{H}$），从而达到第 1 节中所描绘的集合迭代概念。

直观上，以下这一点看起来很可能：既然我们聚合“给定的”对象以形成新的集合，应该存在充足的序数来索引这一迭代膨胀过程的诸阶段。基础公理使迭代的概念变得明晰。给定这个公理——它断言成员关系树中的每条路径都在有穷步内导向一个基元，下面这点变

217 得更可信：从全体基元的集合出发，我们能通过用序数索引的步骤达到每个集合。由基础公理推出 V=H 的可能性显然表明，没有任何强有力的新公理会与迭代概念相抵触，而不同时拒绝某些被普遍接受的基本公理。在这方面，V=H 与比之强得多的可构成性“公理”十分不同。

用来获得更大的集合的基本公理是替换公理和幂集公理。根据定义，幂集只能令秩增加 1，而替换也有此“局域”特征，因为每个序数集都有一个本身还是序数的上界。替换保证了象集成员的下标仍然构成一个集合。对此公理的一个辩护理由是，真类是如此巨大，以至于一一对应绝不能从一个集合引向一个真类。

一旦我们有了 V=H，看起来合理的一个做法是加强康托的公理 C1，使得它同时断言 C1$^*$：所有真类都与 V 等势。这样，给定任何一个类，要么其所有成员的秩有界，该类是一个集合，要么其所有成员的秩无界，该类是一个真类 $C$。假如我们用 $C$ 的成员一秩一秩地去数 V 的成员，我们将不能在任何 $R_\alpha$ 处停下，因为那样的话，我们就会得到真类 $C$ 和作为 $R_0$，…，$R_\alpha$ 之并的集合之间的一个一一对应。要实现这个论证，我们必须假定集合宇宙 V 可良序化这样一个全局选择公理，因为局域选择公理没有明确给出每个 $R_\alpha$ 的良序。给定 V=H，这似乎是对通常的局域选择公理的自然推广，根据局域选择公理，每个 $R_\alpha$ 可良序化。公理 C1$^*$ 由冯·诺依曼（1925）首先引入。冯·诺依曼（1925, 1929）以及策梅洛（1930）重新发现并更彻底地讨论了基础公理和秩模型。① 基础公理的一个尤为优美的表述是：如果一个类 $X$ 的每个子集都属于 $X$，则 $X = V$。

---

① J. von Neumann, op. cit.和 J. reine u. angew. *Math.*, vol. 160, 1929, pp. 227–241，以及 E. Zermelo, op. cit. in note 20。

在 M1 中，1、2、3 等序数由 $\{e\}$、$\{e$、$\{e\}\}$、$\{e, \{e\}, \{e, \{e\}\}\}$ 等来表示。得到它们的方法如下：令 $x$ 为一个良序集，$y$ 是其所有前段的集合，包括前段 $e$。将 $y$ 中的这些前段替换为这些前段的前段的集合，并对如此引入的前段应用类似的变换，并继续以此类推（p. 45）。一个不诉诸给定的良序集的定义也被给出了（p. 47）：On 的定义如下：一个集合 $x$ 表示一个序数，如果（1）$x$ 是一个基于基元 $e$ 的良基集；（2）如果 $y$ 和 $z$ 是 $x$ 的两个不同的元素，则 $y \in z$ 或 $z \in y$ [①]；（3）如果 $y \in x$，则 $y \subseteq x$（传递性）。

如果我们采纳基础公理，以上显然就导向现今流行的 On 定义， 218
后者通常被认为是对冯・诺依曼 1923 年的再发现的改进。[②] On 的更多性质在 M2 中被导出。在 M2 的结语部分，作者指出，On 可用来替代康托的序数以处理良序集。“我不知道这一间接方法是否有真正的优点。无论如何，康托的经典理论由此呈现出新的面貌。”（p. 217）

M3 中考虑了一个全新的集合论基础问题，即在表述子集形成和替换公理时隐晦使用的确定属性的性质问题。这些讨论远不如 M1 中的外延性考量那么确定无疑。[③]

关于康托建立集合论的起源问题，我们补充了一些历史记录，它们是对康托的一些集合论思想的预见或独立发现。众所周知，康托的数学生涯是从关于三角级数的研究开始的。[④] 在试图将三角级数表示唯一性定理推广到一些具有无穷多不连续点的函数时，康托遇到了在

---

① 原文有笔误，译者据文意做了修改。——译者注

② J. von Neumann, *Acta Univ. Hung., Section sci. math.*, vol. 1, 1923, pp. 199–208.

③ 相关历史细节，还可参阅司寇伦逻辑著作概述的第二部分：T. Skolem, *Selected works in logic*, ed. J. E. Fenstad, 1970, pp. 35–40。

④ 关于康托在这个领域的工作与其先行者们的关系，有长篇的讨论包含在 P. E. B. Jourdain 的系列论文中：‘The development of the theory of transfinite numbers,’ *Archiv der Math, und Phys.*, 1905–1914。

直线上挑出合适的无穷点集的问题。这将他引向了一个集合 $P$ 的导集 $P'$（$P$ 的极限点的集合）的概念，它不仅标志着康托的点集集合论研究的开始，也为他后来构造超穷序数铺平了道路。

1872 年，康托研究了导集运算的有穷迭代并注意到，存在这样的点集 $P$，对于每个 $n$，$P^{(n)}$ 都非空并因此是无穷的（p. 92）。1880 年（p. 145），康托引入无穷迭代到 $\infty$，$\infty+1$，$n_0\infty^m+\cdots+n_m$，$\infty^\infty$ 等。特别地，$P^{(\infty)}$ 被等同于 $P'$、$P^{(2)}$ 等的交。“我们在这里看到一种概念的辩证生成，它不断引向更远处，但却始终没有流于任意性，而是在自身中保持着必然和逻辑性。”（p. 148）随后就是 1883 年对超穷数的第一次广泛研究。康托认识到，他的研究的进一步发展，将依赖于对数概念的一种前所未有的扩张，没有对数概念的这种扩张：

> 我将不可能在集合论中自由前进一步；在这种情况下，也许可以为我在我的研究中引入明显奇怪的想法找到一个理由或借口——如果必要的话。这涉及将整数序列扩展或延续至无穷；无
> 219 论这看起来多么大胆，我依然坚定相信——而非仅仅希望——随着时间的推移，这一扩展会被认为是极其简单、适当和自然的。同时，我也没有向自己隐瞒如下事实：通过这一事业，我将自己置于这样的位置，它与关于数学无穷的流行观点和关于数之本质的常见意见形成某种对立。（p. 165）

在 1880 年的一篇文章[①]中，杜博伊斯-雷蒙德（P. du Bois-Reymond）声称对无穷阶导集的概念享有优先权。他研究了一个区间集 $D$，$D$ 中的区间这样分布在直线上，使得每个区间都包含 $D$ 的某个元素为一部分。然后他说：“当我们寻找阶为 $\infty$ 的聚点——其存在我几年前在信中告诉了哈雷大学的康托，我们就被引向这种区间分布，

① *Math*. Annalen, vol. 16, 1880, pp. 115-128。参见该文的最后部分。

关于它我有几个例子。”他还提到，在康托引入“处处稠密”概念之前，他就已经引入了与之等价的“潘塔奇（pentachic）”概念。

对康托的工作的一个更有趣的预见，是杜博伊斯-雷蒙德在其增长理论①中对对角线方法的运用，这比康托 1892 年发表他著名的对角线证明——所证定理为每个集合的子集数都比其元素数多——早了近 20 年。考虑具有一个实变量 $x$ 的递增函数，其中 $x > 0$。对于两个这样的函数 $f(x)$ 和 $g(x)$，杜博伊斯-雷蒙德规定，$f < g$，如果 $f(x)/g(x)$ 随着 $x$ 无限增加而趋于 0。以下定理被证明。令 $f_1$，$f_2$，… 为任意的递增函数序列并满足 $f_1 < f_2 < f_3 \cdots$，则存在一个递增函数 $f$，使得对任意的 $n$ 都有 $f_n < f$。他定义了一个新的函数序列 $g_1$，$g_2$，…，使得 $g_1 = f_1$，并且对于所有 $x$，$g_{n+1}(x) > g_n(x)$。这样，根据假设，存在 $x_1$ 使得对于 $x > x_1$，$f_2(x) > g_1(x)$。令 $g_2(x) = f_2(x)$，当 $x > x_1$ 时；$g_2(x) = g_1(x) + 1$，当 $x \leqslant x_1$ 时。类似地，$g_{n+1}(x) = f_{n+1}(x)$，当 $x > x_n$ 时；$g_{n+1}(x) = g_n(x) + 1$，当 $x \leqslant x_n$ 时。所求的函数 $f$ 可以这样来定义：对于每个 $n$，$f(n) = g_n(n)$，对于 $n < x < n + 1$，$f(x) = g_{n+1}(x)$。这个定理可类比于康托的如下定理：每个基本序数序列都定义了一个更大的序数。其中，对直接后继关系的模拟是满足 $g(x) = xf(x)$ 的 $f$ 到 $g$ 的关系。

---

① P. du Bois-Reymond 的相关论文有：J. reine u. angew. Math., vol. 70, 1869, pp. 10–45 (especially § 7), vol. 76, 1873, pp. 61–91 (especially the appendix); Math. Annalen, vol. 8, 1875, pp. 363–414, vol. 11, 1877, pp. 149–167。

224

# 第 7 章

# 数学的理论与实践

## 1　活动与可行性

在学习初等几何时，我们被要求证明等腰三角形的两底角相等并记住它。在上顶点和底边之间构造一条新线段的美妙想法，使我们能察觉新图形的各部分间存在的一些关系，从而证明该结论。或者，我们也可以直接通过观察空间中一种刚体运动的可能性——它交换三角形的两个下顶点——得到所要的结论。

我们被要求求出前 10000 个正整数的和，并灵机一动想到一个妙招，将所涉数字重新排列如下：

$$\begin{array}{cccc} 1 & 2 & \cdots & 5000 \\ 10000 & 9999 & \cdots & 5001 \end{array}$$。

我们注意到，这 5000 列数字中的每一列加起来都是 10001。

当工程师或物理学家请求数学家协助时，数学家会以更为理想化的方式重述相关问题，剔除他觉得不重要的所有事实细节。这种重述可能需要一位数学家和一位源学科从业者合作完成，有时也可以一身两任。新问题更加抽象，只保留原问题的骨架。它更加清晰明确，至少对受过良好训练的头脑来说是如此，后者经常能利用它得到问题的解决方法，无论是通过标准技术，还是通过发明新的数学。有时候，将这种方法应用于具体问题十分烦琐乏味，比如，可能必须借助计算机才能给出一个实际的解。

在每种情况下，都有模式表征（图解、图示，以及诸如数字、变
元、模式字母、逻辑和数学常项等大量的符号）和思想实验之间的 225
一种互动。我们感兴趣的是图式（schemata）或图解（diagram），而非图像或画像，因为我们不关心它们的所有事实细节，只关心它们的骨架和结构，它们的“形式事实”，它们所揭示的形式和模式。它们是我们的想象力在推理过程中的辅助物，并因此对数学至关重要。但这并不意味着，我们总是需要在纸上或黑板上画出图解，也不意味着，数学就是符号操纵。区分数学的不是对图解的物理制造，而是在探寻所求之必然联系的过程中，使用图解协助我们进行思想实验的可能性。

比如，在将一组数看作适当配对的从而产生一种新的统一性的过程中，心灵有积极地参与。这种“看作”使我们能一眼领会 5000 对数，它们全都具有相同的和 10001。在这方面，那些小圆点也不是“单纯的缩写”，因为它们或类似它们的某种东西对于一下子把握这组数是不可或缺的；它们体现了这一形式事实，即我们把这 5000 对数看作有着确定的开端、确定的终结和确定的延续方式的一整串。在进行这一计算时，人们可能会做一些（思想）实验，比如求和少量整数来寻找线索。但计算本身不是实验，因为一旦路径被找到，确定性就现身了。

要证明每个素数 $p$ 都有一个比之更大的素数，关键的构造显然在于函数 $p!+1$。把这个函数描述为由“看作”的活动得到，是不自然的。一般地，构造的类型是多样而异质的。一旦我们有了 $p!+$

1，我们就可以证明对任意的 $q < p$，$q$ 无法整除 $p!\ +1$，只需把 $p!$ 看作 $qP$，其中 $P$ 是所有小于 $p$ 且不等于 $q$ 的 $m$ 的积。

假设我们要证明在直角三角形中，$c^2 = a^2 +$
226 $b^2$，并被给定了如下图解：我们看到，大正方形的面积等于小正方形与四个直角三角形的面积之和。我们将这一点写下来：$(a+b)^2 = c^2 + 4(\frac{1}{2}ab)$。但这样一来，瞧，我们已经得到了 $c^2 = a^2 + b^2$。这里我们愿意说，为了证明所求的定理，找到上述图解是比其他事情远为重要的一步。

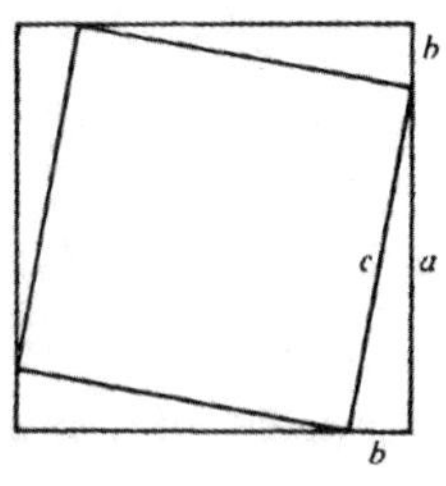


或者，要证明同一个定理，我们可能会很容易想到对应直角三角形的每条边画一个正方形。然后我们会模模糊糊地想到，如果我们就着三条边画出三个“相似的”图形，情况会是一样。特别地，我们可以选用三个分别为 $ACD$、$BCD$ 和 $ABC$ 之镜像的直角三角形，并注意到，由于 $ABC = BCD + ACD$，$c$ 边上的三角形面积显然等于 $a$ 边和 $b$ 边上三角形面积之和。因此，同样的关系在三个正方形之间也成立，从而有 $c^2 = a^2 + b^2$。许多人可能会觉得，这个证明按目前这个样子还不够确凿，但它可以扩展成一种更令人信服的形式。

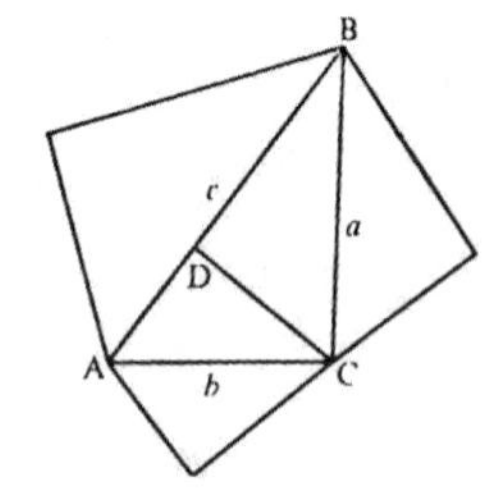


在寻找解决方案时，数学活动指向明确的目标。人们很容易会问，那些思想实验是如何被联系在一起的。关于解（“如何解决它”）的发现方法的技术性问题，不是数学哲学的问题，尽管它具有教学价值，并对数学活动的机械模拟具有核心重要性。但一旦推理被给出了，推理的性质和逻辑“必须”的强制性，则确实是哲学家所关心的。我们接受一串符号，事实上是作为某个规则——如肯定前件式——的一次应用。这里我们可以轻易闯入一处光滑难行的地带，那里有关于真的约定论、先天综合论和自明论。但更根本的基础是这一社会学事实，即它被如此接受。这个社会学事实涉及多种不同因素，其中包括生物学和生理学因素，它们可能是最终决定因素。

贝多芬失聪后继续创作出优秀的音乐，这对研究音乐创作活动是 227
重要的。同样，盲人数学家现象也应当有助于揭示数学活动的本质。一个引人注目的事实是，我们大多数人都会觉得，在头脑中计算三个 7 位数相乘，即使并非不可能，也是极为困难的。原因之一是，无纸笔之助，要记住问题都不容易。如果一个孩子请他的盲人父亲帮助做这样一个计算，这位盲人父亲很可能会让这个孩子做他的纸和笔，记录所求解的问题和中间结果。假如这样的协助被拒绝，想做复杂数值计算的盲人数学家就必须把自己训练成一个计算天才。

纸和笔对于复杂计算不可或缺，这当然是一个关于计算活动的重要事实。我们大多数人不会记住大量电话号码，但我们记得或者说知道查询它们的各种方法。我们学乘法表不是学到 100 × 100， 而只学到 9 × 9 或 12 × 12。 在更高级的数学活动中，数学家所知道的大部分事情都不是通过刻意记忆而来。相互联系不仅能增加记忆的数量，也能增加它们的持久性和品质。一些东西同时存储在大脑中，由它们可依序抽引出大量新东西。有着结构化记忆和倾向的大脑的这种抽引能力，决定了其从事思想实验和数学研究活动的能力。当人们说数学是纯智力活动时，人们并不是要否认感官知觉和记忆是其不可缺少的一部分，而是说，优秀的视力或记忆力不是优秀数学能力的显著特征。

一些问题求解是由实际需求推动的，另一些则由已有问题类比而来。并非所有的数学活动都是问题求解。审美需要和让事物系统化、整齐化的愿望，也会促进数学理论的发展和完善。数学对逻辑的可还原性论题就是这样的结果之一。正是沿着这一道路，人们被引向关于纯数学的这样一个定义——或许可称之为关于纯数学的图书馆员定义——把数学定义为不含非逻辑常项的条件命题的类。

“所有 A 都是 B，所有 B 都是 C；因此，所有 A 都是 C”乃是一个图解，传统逻辑是一种数学，正如井字游戏是一种桌面游戏。有人可能会觉得，如此粗俗低效的东西配不上数学的美名。但它与数理逻
228 辑的家族相似性，似乎使它有了一抹这方面的色彩。对于正确推理——我们的天赋能力已然很充分地涵盖了它——传统逻辑更多地是一种阻碍，而非帮助。这可从如下事实看出：一种活动纯理性程度越高，越不需要传统逻辑。数学最不需要它，而根据斯特宾（Susan Stebbing）的研究，选举政治最需要它。

数理逻辑在很大程度上遭受了同样的不幸。逻辑感兴趣的主要是将证明分析为尽可能多的不同步骤，而数学则关心能一下子产生深远后果或解开相关谜团的高效推理方法。举例来说，当逻辑的一个初等分支在机器制造方面得到实际应用时，它只是偶然地且违背自身意愿地做了这件事。这一应用之所以发生，是因为人们抛开了逻辑的基本关注点，把它当作一种简单的数学来探求。

将一个证明分解为大量小步骤是可取的，只要所有可能的小步骤的集合在复杂度上普遍低于数量少但幅度大的步骤的集合。后者似乎是显然的，因为构成一个大步骤的所有小步骤的集合，要比包含了这些简单步骤（可能重复出现）外加其特殊的组合模式的大步骤本身更简单些，并且有些小步骤往往在多个大步骤中出现。然而，却没有同样明显的理由解释，为什么这样的简化对于数学活动是可取的。事实上，由于我们对较大的步骤十分熟悉，人们不禁会想，使证明片段倍增的分解只会拖慢我们，并使我们更难领会一个证明。

很少有数学家会不辞辛劳地学习量词理论，他们也没有因为这方面的无知而变糟。当逻辑学家分解、重述了一个证明，使得机器都可

以检验其正确性，为这样的成就欢呼，听起来像是浪费时间。没有人，包括逻辑学家，会以这种方式检验一个复杂的数学证明，迄今为止，机器也尚未被用于检验证明。

三十年前看的话，人们一定认为，假如人类觉得这种证明检验方式烦琐讨厌，机器也不会做得更好，无论是在速度还是准确性上。大型机器的出现以及它们在速度和可靠性上的迅速改善，是历史上的意外事件，其后果难以预测。

然而，有一个清晰的可能是，逻辑的一种基于自身本质而非偶性的基本应用在这方面将被发现，即像进行计算一样高效地进行推理。 229
例如，一些初步的工作已经能使一台普通机器在几分钟内证明《原理》中带等词的量化理论的所有定理。

语法对于母语学习或文笔培养几乎毫无帮助。在学习说话时，我们也从不关心声波理论。语音学用处稍大一些，虽然很少有人能践行希金斯教授[1]的教导。假如数理逻辑不是那么纯粹，它或许能帮助数学家学习某个陌生的数学分支。但以其目前的超然形式，数理逻辑的训练既不必要，也不太可能促进人们对其他数学分支的探求。

另一方面，如果一台机器要做数学，就必须明确地吸收逻辑方法。这激励逻辑学家在判定问题和证明程序等方面做更多细致的工作。

此外，关于各种程序的实际可行性的考虑被推到了最前沿。这对于我们的基本关注点——数学证明应当是清晰的、可检查的或可理解的——是一个补充。效率问题的这两个方面是不同的。例如，效率低的证明程序一般更容易描述，证明其恰当性的论证一般也更容易把

① 萧伯纳讽刺戏剧《皮格马利翁》中的人物，该戏剧后被改编成好莱坞电影《窈窕淑女》。——译者注

握。另一方面，这两者合在一起为我们的大部分数学活动提供了说明和方向。为了强调程序可行和证明可检查这两个要求，我们也许可以创造一个新词:“实操主义（praximism）”。

在另一个方向上，数学机械化研究使我们关注证明发现方法的形式化问题。为了加快搜寻证明的速度，一些理论上不必要的方法和策略也会被包含进来。这里我们遇到一个迄今基本被忽视的领域，它可以用与数理逻辑更初等的部分相似的方法来处理。这些问题与关于数学发明的心理学研究不在同一水平上。我们或许能模拟出这样的外部环境条件，在其下庞加莱所谓的卓越潜意识可发挥作用。但设想我们能赋予一台机器潜意识——更不要说可媲美庞加莱的潜意识——看起来十分荒谬。

假设一台机器产生了关于费马猜想的一个一百万行长的证明，我们还有一个相对简单的任务，那就是让这个证明变得清晰易懂。在这种情形下，我们可以在一种清楚的意义上说，存在一个证明但没人理
230 解它。毫无疑问，有人会宁愿说，这里根本还没有证明，正如他会说，机器不能计算，不能证明，因为必须有一个最终的联系，它照亮整件事情，而只有人才能通过领会计算或证明的整个过程确立这一联系。

当有趣的数学问题可以通过机器解决时，我们的主要关注点就会转向证明方法及其编码问题。我们不想要长达 $10^6$ 行的代码。我们不断进步，不断进行综合和简写，以便将越来越多的信息压缩进作为一台有界的有穷机器的大脑。随着机械方法在力量上的增强，通过用一般方法替代特殊参数，我们能实现存储空间的节省。不是单个证明需要 $10^6$ 行代码，而是应当可以将我们所有的数学知识组织和包含在这么多行代码中。

定义通常会揭示事物的新方面，从而将我们的思维引入新的航

向。例如，考虑算术在集合论框架下的发展。通过那些起连接作用的定义，集合论定理可以被分为两类：对应算术定理的和不对应算术定理的。人们倾向于认为，这两类定理一直都在系统中；连接性定义没有改变它们的意义，而仅仅是提供了看待第一类定理的一种不同方式。我们中的大多数人都看到过这样的图像，它们起初显得不成形状，但仔细观察却呈现为一张人脸。作为物理对象的图像不因我们从其得到的不同印象而改变。但在认出一张人脸之前和之后，图像对我们的意义是不一样的。人们认为，当连接性定义使我们看出某些集合论语句是伪装的算术语句时，情况也是如此。如果有人担心下次他会忘记如何认出那张人脸，作为一种提示，他可以用一支红笔将图像的某些部分描红。这样做的结果是，每个人都能立即看到一张人脸，尽管图像结构并未改变。是用红笔描出重点，还是仅仅用心灵之眼看到它们，这有什么本质的不同吗？

证明会改变一个迄今尚未得证的数学命题的意义吗？新证明会改变一个数学定理的意义吗？答案毫无疑问是：有时会，但一般不会。问题的重点应该不是暗示数学概念的不稳定性，而是指出数学概念意义中的一种抽象的人类要素。把命题想象为形式系统中的一座车站。那个地区就在那里，但我们不知道是否有道路通向那座车站。现在我 231
们找到一条路，后来又找到另一条。但地区没有变，车站也没有变。我们二人都理解存在无穷多素数这个命题。你知道它的一个证明而我不知道。它对我们二人意义相同吗？目前还不知道是否存在无穷多对 $n$ 和 $n+2$ 这样的素数（“孪生素数”）。对该命题的一个证明会改变它的意义吗？这个证明会揭示新的联系，并提供使数学共同体的每位成员都能看出该命题为真的提示信息。知识的增加会影响命题的意义吗？还是说，知识与意义之间的关系只是外在的，就像一头大象的重量与我们对它的知识之间的关系一样？

大象独立于我们的知识而存在，但一个证明能在什么意义上独立于所有知识而存在？一旦一个证明被发现，它就能被编写进一本教材的适当位置，但在这之前，它存在于哪里呢？此外，称几页打印的墨迹为证明，预设了大量的社会学条件，后者使其成为一个证明。比如，这些墨迹须足以在人们心中再现这样一个渐进的过程，其终点是人们看出那几页墨迹的最后一个命题必定是真的。我们不想否认，在我们将其挑出并通过心智的或借助红笔的构造予以领会之前，形式系统中的每一个可能的证明都已经存在。在尺寸和运行时间等条件合适的情况下，一台机器终究会榨出它。从这个意义上说，那个未被理解的证明一直都在，尽管那个理解了的证明还有待人们去发明。然而，一个未被理解的证明是证明吗？说它是一个证明，因为它尽管未被理解但却是可理解的，会带来这样一个问题，即区分原则上可理解和实际可理解。即使有奇迹向我们揭示，有一种方法将金星的地理等高线视作费马猜想的证明，我们如何知道我们终将会找到合适的视角使这样一个未被理解的“证明”变清楚？说每一个未被理解的证明最终都会被理解，似乎太独断了。如果人们不想断定这么多，那么就很难无循环地为“可理解的”提供一种意义，根据这种意义，每个未被理解的证明都是可理解的。

我认为我知道如何做加法和乘法。但很容易找到复杂的加乘问题，我在两小时内做不出。例如，将78与78相乘78次。经过一些努力，我们还能找到我用通常技巧一个月甚至一辈子也无法做完的计算
232 问题。在什么意义上，我知道如何做加法和乘法？不只是在我能处理小数目的意义上，因为我感觉我也能处理大数。或者，假如我活得够长，比方说像一名出色的运动员一样一直保持身体健壮，我就能完成最复杂的加乘计算吗？但显然我不能用普通工具来做这件事，因为不会有足够多的粉笔和足够大的黑板。

这些考虑给人的感觉是毫不相干。当我说我能做加法和乘法时，我并不是说，不可能有任何实际困难阻止我进行某些复杂的计算。或者可以这么说，我认为我原则上能做那些计算。人们一般不会被要求做刻意编造的复杂计算。如果没人对 300 个以内、每个都在十位以上的数的乘法感兴趣，那么就可以说，没人能在无机器协助的条件下做这种乘法运算。

在这方面，考虑如下归纳论证可能是有益的：1 是小的；如果 $n$ 是小的，那么 $n+1$ 也是小的；因此，每个数都是小的。

在纯数学和应用数学中，在实际的数学活动和数理逻辑学家的讨论中，“可以”“可判定”等语词的意义是不一样的。设想有一个人说，$\pi$ 的进一步展开意味着数学的进一步发展，并且当它变成可判定的时，问题的地位也随之改变。由于 $\pi$ 的小数展开式的第一百万位是什么这个问题，是一个理论可判定的问题，此人说判定的基础尚未产生似乎不自洽。只有当我们在逻辑学家的意义上理解可判定时，这才是真的。在实际做数学的意义上，该问题还不是可判定的，因为这时人们期望，必须有一个巧妙的一般论证来提供所求的数，并令数学家满意地证明它确实就是那个所求的数。直接断言这样的论证会被找到，是独断论。诚然，有穷主义者和直觉主义者不担心此类问题，因为一个问题一旦是理论可判定的，他们对它就失去所有兴趣。但这并不意味着人们不能对可行性（feasibility）——作为一个有哲学价值的概念——感兴趣。

当两个人各自选择两个不同的意义中的一个，而拒绝承认还有另一个时，混乱就产生了。也许一个现象学家就是一个允许两种意义存在并将它们相互区分的人。无论如何，同时使用两种意义似乎是方便的，至少在我们能更好地将它们统一在一起之前是这样。

在原则上可做和实际可做之间存在着一道鸿沟。我们通常对扩大 233

这两者中后一个的范围感兴趣。这就是为什么使用阿拉伯记数法、对数表和计算机等技术十分重要的原因（其中第二和第三项不同于第一项的地方是，在那里我们意识不到计算步骤和过程）。它们只有实践上的重要性，还是也有理论意义？我们可以说，在数学技术的这类根本改善中，理论和实践意义融合为一了吗？

在理论和实践之间划界并不总是容易。形如 $2^{(2^n)}+1$ 的数称为费马数，因为费马猜想所有这种形式的数都是素数。自费马时代以来，已经证明对于 $n=5$，6，7，8，所有费马数都是合数。每个案例的证明都是不平凡的数学成果，尽管在足够的耐心下，这些问题都可以通过普通计算方法解决。人们可以说，那些证明为我们提供了判定问题的新技巧，这些问题原本也可以通过乏味辛苦的计算解答。

在数学中，引入新的技术是重要的，而定义确实有助于引入新的技术。因此，说定义只是"单纯的缩写"是有误导性的。在一个数论定理的证明被发现后，即使可以消除被定义的项并将该证明翻译为集合论的原始记法，译得的证明也不可能被一个只用集合论原始记法工作的人发现。在实践中它也不会被人正确地理解，即便那个人知道那些定义。

## 2　数学还原为逻辑

数学到逻辑的更耸人听闻的还原是如下论题：数学概念可以在逻辑学中得到定义，从而数学定理可以无条件地翻译为逻辑定理。只有当"逻辑"被宽泛地理解，从而将集合论也当作逻辑的一部分时，这才有可能是真的。

"集合论"一词不如"逻辑"一词为人熟悉，但同时，它也更没有歧义。由于集合论本身是数学的一个分支，问题就转变为将数学的其他分支还原为这个特殊的分支。从这个意义上说，事情最初是数学的内部事务。哲学家的关注部分地源于如下历史偶然事实：弗雷格和罗素——无论正确与否——将该问题与哲学相联系，并且这二人中至少有一位是宣传大师。尽管如此，我们却不应仅仅通过指责其在哲学 234
上的贫乏，而放弃坚守这种兴趣。毕竟，即使集合论只不过是数学的一个分支，宣称其他数学分支都能还原为它，也会使它成为哲学家们的一个恰当关注点。

最有趣的例子是数论。如果我们考虑的只是包含加法和乘法的数值公式，那么要找到自然对应它们的逻辑定理看起来是可能的。但如果我们也关心一般算术定律，那么就只有当我们使用集合论而非严格意义上的逻辑时，还原才可能。

康德称“7 + 5 = 12”为先天综合真理，弗雷格认为自己通过把算术还原为逻辑驳斥了此说，这两个观点都令人费解。令它们看似为真的一种可能方式如下。为了让一个等式是分析的，等式的两边必须具有相同的涵义，而不只是相同的指称。人们倾向于认为“7 + 5”和“12”具有不同的涵义，尽管它们具有相同的指称。因此，“7 + 5 = 12”是综合的和先天的，这里不对其必然性进行质疑。可是，存在一种将“7 + 5 = 12”还原为逻辑定理的自然方式。假定我们使用以下简写：用 $(E!_1x)Gx$ 表示 $\exists x_1 \forall y[Gx_1 \wedge (Gy \supset y = x_1)]$，用 $(E!_2x)Gx$ 表示 $\exists x_1 \exists x_2 \forall y[x_1 \neq x_2 \wedge Gx_1 \wedge Gx_2 \wedge (Gy \supset (y = x_1 \vee y = x_2))]$。那么，“7 + 5 = 12”所对应的逻辑定理是：(＊) $(E!_7)Gx \wedge (E!_5)Hx \wedge \forall u \neg (Gu \wedge Hu) \supset (E!_{12})(Gx \vee Hx)$。由于将所有的逻辑——带等词的量词理论——定理视为分析的是自然的，弗雷格似乎证明了，“7 + 5 = 12”是分析的。

这种解释会面临很多困难。比如，倘若我们有意证明“7 + 6 ≠ 12”，对某种像（＊）的东西的否定，并不能给出我们所想要的那种证明。障碍之所以产生，是因为字母 $G$ 和 $H$ 是自由变元，要得到正确的否定需要对它们进行量化。我们肯定不愿意说，"$7+5=12$"是分析的而"$7+6\neq 12$"是先天综合的。此外，不可避免地要做出这种或那种形式的存在性假设。如果论域中没有足够多的实体，以（＊）为例，其前件就会总是假的，我们就能导出"$12=13$"之类的命题。事实上，以上两个反驳可以合二为一，并通过假定存在无穷集或所有有穷集都存在来解决。我们回到了把算术还原为集合论的论题上，并
235 面临一个明显的二选一问题：是说算术已被证明是分析的（弗雷格），还是说逻辑（更确切地说，集合论）已被证明是综合的（某个时期的罗素）？

尽管数字 5、7、12 在（＊）中以下标的形式出现了，该还原却没有包含直接循环，因为我们可以将（＊）完整展开，通过使用足够多的不同变元来避免使用数字。这种还原的一个显著特征是，原本简短的句子变得很长。结果是，假如一个人用这种记法做算术，会显得笨拙不堪，我们很快就会被迫引入各种简写。这被正确地认为是一种非本质的复杂化，原因很简单，这里的还原并不是为了引入新的计算技术。关于计算，它只产生了一个作为副产品的非形式结果：人们也可以用那样一种复杂的符号系统来做算术。这依赖于上述还原外加如下信息：在习惯记法下，人们是能够做算术的。

算术到逻辑的上述还原的一个更根本的问题，是概念复杂度的相伴增长。如果我们试图给出一个展开形式的（＊）的证明，我们会发现，除了逻辑运算，我们还要计数不同变元的数量，经历与初等计算中类型完全相同的步骤。我们能看出（＊）是一个逻辑定理，原因仅仅在于，我们能看出一个相应的算术命题为真，而不是反过来。通过熨平"$7+5=12$"的算术证明的"褶边"，我们得到（＊）的一个逻辑证明。"特定教堂中洗礼的定义不是洗礼的定义。"

在集合论中定义算术概念的方式有很多。如果我们设想一个确定的情形，其中有一个特定的集合论形式系统，一个特定的算术形式系统，以及一组特定的关联性定义，那么就存在一个集合论初始记法下的定理，它对应着算术定理“1000 + 2000 = 3000”。该公式将长得可怕。它与原来的算术公式意思相同吗？当一个不了解相关定义的人面对此长长的公式时，他可能看不出两个公式间有什么清晰的联系。他可能对集合论足够熟悉，从而理解那个长公式，但仍然认不出它与短公式之间的关系。或者，即使他知道相关定义，并被要求根据这些定义去简化那个长公式，他也很可能会犯错，得出不正确的结果。我们倾向于认为，就这些公式的预期意义而言，这类考虑是不相干的。但假如一个人在数小时的辛苦努力后仍然看不出这两个公式等价，我们还能说这两个公式对他而言意谓相同的东西吗？

这是一个人为生造的问题，因为没有人会为了做算术计算而写出 236
或使用这个长长的公式。我们有一个简短的论证表明，必定存在这样一个公式，而这就近乎穷尽了“我们也可以直接用它工作”这一假设性论断的意义。真正做数学时，我们自然而然依赖于我们所有的最好的技术工具。假如一开始我们有的只是长版公式，那么在找到将它们改写为短版公式的系统方法之前，我们事实上就不会有能力做很多计算。我们会花很多时间阅读一个长长的形式证明，但当我们理解了它，我们不是给予每行公式同等地位，而是想出一个便于记忆的结构，它可能包含已知的定理、引理和子情况，以及关于哪些步骤序列具有哪种熟悉的形式的提示。我们不需要同时记住这个结构的所有细节。证明可能有一英里长，但我们仍然可以边走边设置路标，而无须担心当我们不注意它们时，某些部分会发生变化。只要我们相信某些部分确实给了我们一个子定理——这是那些部分对证明最终的定理所能做的唯一贡献——我们就只需要记住这个子定理。

如果被给定的只有集合论，与算术的关联性定义尚付阙如，那么我们就还没有完整意义上的算术，因为我们事实上将不能在集合论中进行算术证明和计算。如果集合论和关联性定义都被给定了，那么我们像之前一样继续做算术，只不过同时意识到，我们的证明和计算在一种意义上可以翻译进集合论。但做算术仍然不同于做集合论。我们没有改变我们做算术的方式。在这个意义上，算术没有被还原为集合论，实际也不可能还原为集合论。

我们是把数学还原为了抽象集合论，还是通过给数学添加一些填充物而得到了集合论？在分析中，我们发现某些实数如 $\pi$ 和 $e$ 具有特殊意义。不知何故，我们开始探求实数的一般理论。由于我们希望理论是一般的，我们假设更多的实数以使理论更显平整。当我们发现实数、自然数以及其他很多东西都可以处理成集合时，我们又被引诱去寻求一个关于集合的一般理论。然后，为了让一切显得比较圆，我们增加更多的集合。“如果桌子、椅子、橱柜等都覆盖上足够多的壁纸，它们最后当然会看起来圆滚滚的。”在这一过程中，我们遗忘了有趣的集合和无趣的集合、有用的实数和无用的实数之间的区别。为了恢
237 复这些区别，我们必须去掉那些填充物。也许我们可以将这一逆向过程描述为从抽象集合论到数学的还原（例如“E 太太在节食”）？

如果我们从关于自然数的真命题的角度思考，那么至少在如下意义上，集合论也可以还原为算术：给定任何一致的集合论形式系统，可以找到一种翻译，使得所有集合论定理变成真的算术命题。由于可以用算术表征形式系统，这对其他数学分支同样成立。因此，我们也可以说所有数学可还原为算术，但却是在一种与所谓“分析的算术化”截然不同的意义上。逻辑的算术化涉及一种话题转变，从谈论集合等转变为谈论我们如何谈论。

当我们追问“数是什么”“1 这个数是什么”时，我们似乎是想

问，**真实的**数是什么。如果数既不是主观的，又不在我们之外的空间中，它们能是什么呢？得到“它们其实是一些类”这个回答令人高兴。数由此去掉面纱，人们深感宽慰。但这一成就究竟意味着什么？弗雷格对数的定义似乎十分接近我们未分析的数概念，所以有时我们倾向于认为，它是对我们意向的一个真实的分析。但还有什么呢？

显而易见的一种观点是，这种还原将数学置于一个更可靠的基础上。否则的话，关于集合的悖论不会使弗雷格说，算术的基础发生了动摇。我们现在知道，这种看法是不合理的。与集合论相比，我们对算术有更好的理解，正如信息丰富的算术一致性证明所表明的。算术的基础要比集合论的基础更可靠——毋宁说更有价值的是将集合论建基于算术或扩张到无穷序数的算术之上。

用类定义数的方式有很多。每一种都导向并来自那个未定义的数概念，并且它们之所以被看出是等价的，不是通过它们本身之间的相互联系，而是因为它们都与那个朴素的数概念相联系。也许这暗示了数对它们所对应的类具有某种优先性？

据说，将数等同于适当的类，“因使存在性定理变得无可置疑而显得吸引人”。为每个戴德金切割“假设”一个极限以填充相应的空
隙，确有一个优点，但它就好比是“偷盗相对于诚实的劳动”所具
有的那种优点，而这里的诚实劳动过程，在于将那个极限等同于切割
下方的有理数的类。在某种意义上可以说，这一劳动过程“不需要 238
新的假设，它允许我们从原初的逻辑装置演绎地前进。”然而，这只
不过是因为，我们在原初的逻辑装置中已经做出了同类假设。如果假
设极限的存在是有问题的，断定其所对应的类存在也同样可疑。没有
理由认为，数如朝露易逝，而类则坚若磐石。

还原到集合论使得“哲学家关于数学是先天知识的断言获得了一个精确的表述”。但该表述既不是真的，也没什么信息量。

有一种说法是，算术公理允许多种解释，而还原则消除了这样的歧义。确实，集合的概念在归纳公理中涉及了，而集合概念的预期解释保证了算术公理的预期解释。但算术只预设归纳集，它们是特殊的一类集合。此外，我们不应混淆不正确解释的可能性与正确解释的不可能性。既正确地解释算术公理，又不正确地解释集合论公理，这也是可能的。最后，解释集合论公理涉及更大的概念上的困难。

我们真不能否认弗雷格的定义具有兼顾应用的巨大优点吗？如果我们只是根据计算规则做一个乘法运算，或按照逻辑规则进行形式论证，情况无疑确实如此。但把数应用于经验材料，不是逻辑的一部分，也不是集合论的一部分，也不是算术的一部分。假如我们考虑“巴黎有四百万居民”这个命题——作为四百万这个数的一个应用，以及“两只兔子加两只兔子是四只兔子”这个命题——作为数学命题“ 2 + 2 = 4”的一个应用，或许就会对此产生一些怀疑。

这些应用既不会在算术中出现，也不会在集合论中出现，原因很简单，像“巴黎”“兔子”和“居民”之类的语词，在这些理论的词汇表中不存在，而关于数的集合论定义也于事无补。倘若人们的意思是，定义使我们能在一个更广语言的框架下应用数，那么尚不清楚的是，为何没有这些定义同样的事就不能发生。假如我们想从命题“她仅有的美德是美丽和聪明”推出命题“她有两种美德”。人们显然认为，只有借助弗雷格对 2 这个数的定义，该推理才能成立，因为不然无法证明她的美德的类具有数 2。然而，如果日常语言的全部丰富性被允许，我们当然就可以在不诉诸弗雷格定义的前提下做出这个推理。

239 无论如何，为什么要把这种应用当作集合论或算术的分内之事？数学与其应用是两件事，可以方便地分开研究。如果目标是得到一个同时包含数学和其他事物的通用语言，数与数之间的联系也可以由一些公理来提供，例如，这些公理可以断言，一个类具有 $n+1$ 个成员，当且仅当它是由一个具有 $n$ 个成员的类增加 1 个新成员得到的。换言之，即使我们采取视数为未定义项的路线，只要我们愿意，我们还是可以添加公理来做弗雷格定义的工作。效果是一样的，除了数学与其应用的分界会更自然。

## 3　什么是数学?

数学最令人印象深刻的特征是它的确定性、抽象性和精确性，它广阔的应用范围，以及它那纯净的美。精确性和确定性在很大程度上源于抽象性，后者也部分地解释了数学的广泛可应用性。但与物理世界的紧密联系是数学的一个本质特征，它将数学与纯粹的符号游戏区分开。数学是科学的精华。

根据康德的观点，数学由我们的纯直观的形式决定，因此想象任何违反数学的东西都是不可能的。如果我们同意，包括我们的大脑在内的物理世界是一个不容置疑的事实，这种观点就暗示着，外部世界——包括我们的心灵的生理结构——决定了数学。非欧几何的发现不必被当作对康德学说的拒斥，因为我们可以把它们设想为欧氏几何或某种更弱的几何上的超结构。一个更严重的反驳是，康德的理论没有为建立这些和其他超结构所依据的原则提供充分的说明。

众所周知，萧伯纳惯于夸大。他是这样为自己辩解的：耸人听闻是吸引人注意新观念的最佳方式。本着类似的精神，我们或许希望通过考察一些关于数学的片面观点来澄清我们的模糊想法。

### 3.1　数学是由形如“ $p$ 蕴涵 $q$ ”的（逻辑上）有效的或必然的命题所构成的类。

给定任意数学定理 $q$，我们都可以将 $q$ 的证明中所用到的公理的合取记为 $p$，而“$p$ 蕴涵 $q$”是初等逻辑的一个定理。在这种平凡的意义上，所有数学都可还原为初等逻辑。就数学本身而
240 言，这其实等于什么都没说，因为人们是想无条件地断定 $p$ 和 $q$。这种做法完全回避了如下问题：为什么某些 $p$，例如数学归纳法原理，被接受为数学真理。此外，有效性和必然性（或可能性）的概念需要用集合的概念或律则和倾向之类的概念来解释。一个与之相关的观点是主张在更宽泛的意义上理解逻辑，使逻辑包括像“对所有的 $x$ 和 $y$，如果 $x$ 和 $y$ 没有共同成员，$x$ 有 7 个成员，$y$ 有 5 个成员，那么 $x \cup y$ 有 12 个成员”这样的命题。但这样就得在逻辑中定义数，等等。这种观点与下一种观点类似。

3.2　数学就是公理集合论。所有数学都可在一种明确的意义上由公理集合论导出。为了明确起见，我们可以统一使用通常被称作 ZF 的标准集合论系统。它既对应着弗雷格和罗素从数学到逻辑的还原，也对应着——略显悖谬——庞加莱 1900 年关于数学算术化（“数及其集合”）的评论。它也是给逻辑实证主义者造成最深刻印象的东西，引发了对公理化和形式化的重视，以及其他一些事情。针对这一等同，有许多反对意见。正如我们知道的，集合论的基础还存在很多难题。这种观点没有解释，在集合论的所有可能的后承中，为什么我们只选择了那些恰好构成我们今日之数学的东西，以及为什么有些数学概念和结果比别的更有趣。它也不能帮助我们获得对数学的一种直观把握，后者为强大的数学家所拥有。通过掩埋自然数的个体特征，它试图用更模糊的东西解释更基本、更清晰的东西。相对次要的一个问题是逻辑主义，尽管有决定性的证据反对它，它却在一些方面持续得到支持。至少在一种重要的情形中，这一怪状是由于人们错误地将弗雷格关于集合的逻辑理论混同于康托关于集合的数学理论。其论证是这样的：弗雷格的理论看起来像逻辑，而数学可以还原为康托

的理论；因此，根据二者等同这一点，数学就可还原为逻辑。

爱因斯坦在其自传中曾给出他选择物理学而非数学的理由：数学缺乏统一性。我们可能想知道，集合论能否赋予数学一种统一性。当然，形式系统 ZF 既不是完全的，也不是范畴性的。不仅如此，它甚至不能判定一些熟悉的数学命题，如连续统假设。因此，作为一个综合系统，它不是概念上令人满意的。假如现在我们抛开高阶无穷，把
自己限制于更可应用的数学，如古典分析、数论和抽象代数等，那么 241
看来合理的意见是，几乎所有熟悉的定理都在 ZF 中有对应物。我们能够说，ZF 以及由之出发对数学各分支的推导，为我们寻求的那种统一性提供了初步迹象吗？

一种反驳是，数学的集合论表征未做到充分忠实。特别地，它往往忽略数学较抽象的方面。显而易见，群或域的公设可以被多种多样的模型满足。甚至古典分析的定理也可以在强度悬殊的不同公理系统中获得证明。这暗示可能有一个公理系统的网络，其中每个系统决定一个抽象结构，亦即系统的所有可能的模型所构成的类。某种像 ZF 或其尚未被设计出的一个优化扩张的东西，在如下意义上包含了所有这些系统：没有一个系统假设了任何它未设想到的对象的存在。

通过这种方法，人们甚至可以无循环地证明关于一系统的所有模型的元定理，因为它们也可以在某个相当弱的系统——它既有很大的模型也有很小的模型——中得到证明。如果我们设计出一张这样的网，它或许只包含不到十个系统，我们就会得到一种骨架般的东西，只有增加关于当前状况的事实、对未来趋势的猜测以及数学的历史精彩瞬间，它才能变成有生命的东西。

3.3　数学是对抽象结构的研究。这似乎是布尔巴基学派的观点。他们写了一系列影响广泛的书来证明这个观点。他们有意识地将数学与其应用相剥离，这并非完全合理。此观点的不足不仅在于它遗漏了

许多组合色彩浓厚的重要结果，还在于它没有为结构的选择提供任何内在辩护，那些结构基于十分外在于该方法的理由被认为是重要的。数学结果的构造性内容没有得到彰显。还存在一种基本的矛盾：作为基础的公理集合论只得了口惠，严肃的基础研究并不真受欢迎。假如能以更直观的方式处理数、集合和函数，会更符合其一般精神。至少这会更忠实于今日一线数学家的实际实践。

3.4　数学是为了加快计算。这里的计算不只限于数值计算，代数运算和逻辑表达式的变换（例如开关理论中的）也包括在内。比
242 之稍宽泛点的一种观点是：数学的每一严肃部分都必须具有某种算法内容。与之相关但不同的一种观点是：所有数学都是为了帮助科学，帮助我们理解和控制自然。这些观点无法解释一些现象，例如，为什么我们通常偏爱更优雅、更具跳跃性的证明，为什么我们会从不可能性结果得到快乐。人们可以争辩说，在数学活动中还有人的要素，因此，甚至对于应用，情况清楚明朗也是重要的。我们能更好地把握一个优雅的证明，并间接地因此而有能力探寻更高效的算法；不可能性结果告诉我们被给定的方法的局限性，长远看有助于积极结果的搜寻。然而，这种论证是典型的削足适履式的哲学家意见。

过分简化的观点，我们就介绍到这里。

假如我们快速地回顾数学的历史，我们会发现许多令人惊奇的事。其中看起来尤其吸引人的一件是，确实有可能对数学和数学哲学中的工作做出严肃而富有成果的综合，通过使这个学科变得更有趣并抵制过度的专业化，它将有助于数学本身的进步。

本世纪的基础研究在很多方面都卓有成效。形式化的可能性和局限性得到了深入阐明。构造性方法得到了更好的理解。对机械程序的解释产生了很多关于可判定性和可解性的重要结果，尤其是否定性的结果。然而，从整体上看，基础问题仍然给人一种与主流数学和自然

科学脱节的印象。是否本来就应该如此，这是一个十分有争议的问题。

数学与数理逻辑脱节的主要原因在于，逻辑总是更快地跳向更一般的情况。这暗含着对数学是一项人类活动这个事实的忽视，特别是对记法和符号系统的重要性的忽视，以及对数学与其应用之间的详细关系的忽视。一网打尽式地研究所有集合，这在哲学上很有吸引力，但在数学中，我们主要只对一小部分集合感兴趣。从一种更深刻的意义上说，更根本的不是集合的概念，而是已有的数学。比如，线性和非线性问题的区分、对数的发明、枚举有穷序列的不同方式、复数及其函数的性质、物理学家对无穷的处理（如狄拉克的 $\Delta$ 函数和量子电磁理论中的无穷）等，似乎全都落在基础研究专家们的兴趣范围 243
之外。无论正确与否，人们渴望这样一种基础研究，它会对数学和科学的教学和研究产生更深刻、更有益的影响。

作为第一步，人们或可设想数学的一种“抽象历史”，它更多地关心概念上的里程碑式成果而非历史细节。这也许会消除过分碎片化和过快一般化之间的二难。

3.5.1　具体算术始于实际问题。对数列的无限可扩展性的理想化，以及从个别的数到关于所有数的普遍定理的转变，导致了数论的诞生。只是到了 1888 年左右，戴德金才通过分析数的概念得到了对所谓的皮亚诺公理的准确表述。

3.5.2　方程求解和使用字母之类的符号表示未知量，标志着代数（“换位和移除”）的开端。只是到了 1591 年（F. Viète），字母才被同样用于表示已知量（变元和参数）。

3.5.3　几何学处理空间形式和长度、体积之类的几何量。集合的数是对集合的某种不变特征的抽象，无论集合中的对象在性质和相互关系（颜色、重量、大小、距离等）上发生什么变化，只要每个对象的自我同一性没有被破坏（分解或融合），这种特征就始终不变。类似地，几何图形或几何体是对现实物体的一种抽象，即纯然从其空间形式的角度看待一个物体，忘记它的其他属性。令人惊讶的是，这样一种抽象研究不仅导致了纯粹几何学，还产生了演绎方法和公理系统的第一个内容丰富的例子。古希腊甚至有一种几何代数。

3.5.4 长度和体积测量是算术和几何的一种结合，即用单位计算出一个数。就像方程求解一样，这是导向分数甚至无理数的一种自然方式。对绝对准确或无限可改进的测量的渴望，导向了“实数”的普遍概念。代数则带来了负数和复数。但只有通过复数的几何表示，我们才能更好地理解复数。

3.5.5 顺便说一句，在提升计算速度方面，对数的发明（Napier，1614）是一个巨大进步。

3.5.6 在一个不定方程如 $3y-2x=1$ 中，我们可以把 $x$ 和 $y$ 不只看作未知量，还看作变量，如此一来，给定的方程就表达了这两个变
244 量间的相互依赖关系。函数或相互依赖关系的一般概念是分析的主题。借助笛卡尔坐标，我们在代数和几何之间建立了一种联系，其中函数扮演着核心角色。从这个意义上说，解析几何可谓是最简单的分析分支。这里隐含地假定，我们至少处理所有实数。

3.5.7 如果我们再加上变化或运动的概念，研究更广泛的函数类，我们就会得到微积分。最初的源泉是几何和力学（切线和速度，面积和距离）。微分方程和积分方程理论寻求函数而非数作为解。这样的理论得以发展，既自然地源于应用，也自然地源于微积分与方程求解的代数问题的内在结合。同样地，泛函分析的诞生与从代数到分析的转变不无相似，人们的兴趣不再限于寻找个别函数，而是扩展到研究函数间的一般依赖关系。

3.5.8　为何复变函数最终证明是如此的优美和有用，这一点并不容易理解。但作为一种扩充，却能澄清原来领域的许多事实，这当然是令人愉快的。顺便说一句，如果我们要求域公理被满足，扩充复数就是不可能的，比如，四元数的乘法不是可交换的。

3.5.9　概率论的蓬勃发展与统计力学有关，其基础是一个迷人但又令人难以捉摸的学科。

3.5.10　在代数中，伽罗瓦理论不仅为方程求解问题提供了一个决定性的处理方法，还开辟了一种更抽象的、关于抽象结构的研究，它探讨任意元素上的运算，而不只是数上的运算。

3.5.11　几何学中的最大变化是非欧几何的发现以及黎曼关于许多不同的“空间”及其几何学之可能性的一般想法。图形被推广为任意的点集。

3.5.12　实变函数研究的发展触及了形形色色的概念问题，如实数的定义和“度量”的意义。

本世纪，逻辑学的发展、计算机器的出现以及生物学和语言学中新应用的前景，都倾向于强调所谓的“离散数学”，尽管连续数学的地位十分牢固且一如既往地充满活力。

一个十分基本的问题是，关于一个实数或整数的集合是什么，我们仍然没有任何决定性的理论。也许我们永远不会有一个决定性的理 245
论。这一基本的不清晰性会如何影响数学的其余部分和数学在物理学中的新应用，似乎完全是未知的。

相对于不同的集合和证明概念，人们能以多种不同的方式重建大部分数学。这些不同的表述只是对同一宏大结构的、本质上等价的描述方式吗？有没有一个自然的框架，一切在其中尽显其本相？

## 4 数学的实践方面

我们已经提到了证明的可检验性和计算的可行性等以人为中心的要素。数学还有一些伦理、政治和社会学方面的要素。我们可以为发展特定的数学分支或证明特定的定理要求实践方面的理由。我们可以反思数学发展的总路线是如何确定的，特别要反思，时尚、个性、应用、内在价值和其他因素是如何互动的。值得注意的是，数学比其他科学更难通俗化。这可部分地归因于如下事实：数学比其他科学更具有自己的独特语言。

有一个老生常谈的说法是，数学是一门语言。从某种意义上说，数学概念是最不依赖于语言的，它们与“纯粹直观”捆绑在一起。但同时，数学可能是最高效的语言，正如李特伍德①从陌生房间桌子上的一张图表出发做出的那个推理所显示的②。数学远不止是一门语言，因为它远不止是一种交流手段。它有它自己的语言，但这绝不等于说，它就是一门语言。

1900 年，希尔伯特提出了一份影响深远的数学问题清单，列出了 23 个数学问题。外尔曾建议以这份清单为基础，回顾几十年来数学的总体进展。1954 年，冯·诺依曼被请求提供一份新版的问题清单，但他推辞自己没有能力统揽广阔的数学领域而拒绝了。今天似乎已经没有人能编制这样一份清单，其地位可与希尔伯特清单相对于他那个时代的地位相媲美。

假如有一群有充分代表性的人协作给出了一份包含二三十个当代

---

① 李特伍德（John Edensor Littlewood），1885—1977，英国数学家。——译者注

② J. E. Littlewood, A mathematician's miscellany, 1953, p. 50.

核心问题的清单，我们就能以此问题清单为基础做下面这些事：（1）描绘数学的现状及其与其他科学的关系；（2）回顾历史；（3）预测未来趋势；（4）辨识出数学整体上的某种概念统一性； 246
（5）讨论一些长期存在的认识论问题。

顺便说一句，一份全面的一般问题清单将包括：（a）确定性和必然性（无论是否先天综合的）；（b）数学存在（以及构造方法）；（c）数学的驱动力（有用性，审美吸引力和为艺术而艺术，时尚及其成因，好奇心）；（d）数学活动（记法和缩写，启发方法，盲人数学家现象）；（e）数学证明的性质（形式化和直观证据）；（f）数学的阐述方式、教学和机械化（与获得新数学形成对比的交流问题，数学批评作为文学批评的一种类似物的可能性）；（g）纯数学与应用数学（判断经验情境之数学模型的价值的标准，与应用无关）；（h）数学作为一门“语言”。

要进入清单，问题不必大名鼎鼎，反过来，举世闻名的问题也可落于清单之外。例如，费马猜想、哥德巴赫猜想和四色问题不应被包含在内，除非有人有某种很有前景的想法，它即使失败也会产生丰富的副产品。另一方面，由于许多重要的数学家在思考黎曼假设，它或许值得被包含在内，只要人们将其置于信息丰富的语境中。

一般来说，要找到既清晰又重要的问题并不容易。通常，清晰的问题并不显然是基本的，而基本的问题又往往是不清楚的，有待从中提取更具体的问题。我们可以通过描述数理逻辑——一个十分不具代表性的数学分支——提出的一些问题（或模糊的研究领域），来说明这一情况。

1　**一个更充分的集合论公理系统**　这里的一个核心问题是精确刻画一个给定的集合的任意子集的概念，特别是正整数集的任意子集的概念，以及幂集运算可能的迭代层次的概念。从某种意义上说，我们永远无法得到一个完全充分的形式系统。但要得到一个自然的形式系统，使得连续统假设——举个例子——在其中是可判定的，也许不无可能。此外，想出一些严密的方法来拓宽形式系统的概念，使得能充分刻画正整数集之幂集的“半形式的”系统也被允许，是一件值得做的事。探求新公理的一个明确构想是大基数公理研究。人们对将这类公理与（关于无穷博弈的）决定性公理的各种限制形式联系起
247 来也相当感兴趣。

2 **非直谓定义的一致性** 这经常被表达为确立古典分析的一致性的问题。通常被接受的古典分析公理系统除了不够充分（没有提供足够多的实数）外，还因为允许由非直谓定义引入的集合而缺乏显明性。人们希望找到更清楚的理由，以便相信它们不会导致矛盾。

3 **可解问题和不可解问题** 关于算法的理论工作使得证明普遍不可能性结果成为可能。尝试在较古老的数学学科中得到此类结果是自然的。在群的字问题和希尔伯特第十问题（关于丢番图方程整数解的问题）上已经取得了这方面的成功。还有人试图解决群论中的伯恩赛德问题（Burnside's problem）和关于三维拓扑流形的等价问题。在微分方程的求解和二次规划等问题上，也有可能得到有重大意义的不可解性结果。有两个人们期望得到肯定解的具体问题，其一是希尔伯特第十问题在符号串联方面的类似物，其二是哥德尔关于带等词的逻辑语句的例子①。

4 **数学证明的机械化** 用计算机辅助数学研究的尝试似乎会带来全新类型的问题，例如判定程序的效率问题，对我们关于某一数学分支如数论的知识的重组问题——它强调要对数据严格分类，以及启

① 参见 H. Löb, J. symbolic logic, vol. 21, 1956, p. 66 和 K. Gödel, Monatsh. Math. Physik, vol. 40, 1933。

发方法的形式化问题。

5　**可行可判定性**　人们对计算的复杂性很感兴趣。人们寻求一个自然而稳定的可行可计算性概念，根据它，有些问题如旅行推销员问题是不可判定的。关于计算复杂性的精确定义还应该能给出一个明确的意义，从这种意义上说，乘法要比加法更复杂。

不可否认，与别的地方一样，时尚和鲜明的个性在数学中也有巨大影响。比如，许多人对大量设计、制造数学结构的做法感到不快，并部分地将此归咎于时尚。他们认为，长期来看，数学发展的总路线是由更客观的因素如基础应用和内在的概念价值等决定的。

构造主义者的观点提供了一个具体而明确的例子。构造主义者们相信，他们的数学观是真实的或正确的。不仅如此，有时他们还预 248
言，他们的观点终会胜利。在这里，我们发现了某种与政治观点极为相似的东西：我们应该为正确的理想而奋斗，并且长远来看，胜利一定属于正确的理想。

1918 年 2 月，波利亚[①]和外尔在苏黎世当着其他十二位数学家的面打过一个赌[②]。由于赌约的内容是以一种特别有趣的方式表述的，我们将其完整引用如下。

> 针对当代数学的以下两个定理：(1) 每个有界数集都有一个最小上界，(2) 每个无穷数集都有一个可数子集，外尔预言道：(A) 20 年之内（也就是 1937 年底前），波利亚本人或多数顶尖数学家会承认，这些定理中涉及的、我们今天的数学普遍依赖的数、集合和可数性等概念是完全模糊的；追问这些定理在目前接受的意义上的真假并不比追问黑格尔物理学中的主要论断的

---

① G. Polya（1887—1985），匈牙利裔美籍数学家和数学教育家。——译者注

② 关于此赌约的一份报告将在 Math. Zeitschrift 上发表。

> 真假更有意义。(B) 波利亚本人或多数顶尖数学家会认识到，根据任何理性上可能的清晰解释（或者会有多种不同的这样的解释被讨论，或者某种共识那时已达到），无论怎样措辞，定理(1) 和 (2) 都是假的；或者，假如在规定时间内竟找到了对这些定理的一个清晰解释，使得两个定理中至少有一个是真的，那么一定是出现了一个创造性的成就，凭借它数学的基础会发生全新的转变，数和集合的概念会获得我们今天无法想象的意义。如果以上预言实现，则外尔赢；否则，波利亚赢。

波利亚说，这个赌约在 1940 年被记起时，除哥德尔以外的所有人都认为，他（波利亚）赢了。

最近，毕薛普做出了一个类似的预言[①]。

> 本书是一本构造主义宣传读物，旨在表明一种令人满意的替代选择确实存在。为了达到这个目的，我们在构造主义的框架内发展了一大部分的抽象分析……这些直接目的服务于一个终极的目标，即加速那不可避免的一天的到来，那时构造性数学会成为被普遍接受的标准。

249 关于构造主义属于“实在论”还是“唯心论”这个问题，人们有一些分歧。一方面，古典主义者可被视为实在论者，因为他们似乎更愿意设想抽象实体。另一方面，毕薛普更喜欢称古典主义者为唯心论者，因为他们倾向于遗忘数学陈述的真实（关于数的）内容。另一个分歧点在于，古典分析和构造性分析哪一个更适合于物理学应用。

在许多情形中，我们可以诉诸一种数学实践的内在价值，或它与

---

① Erret Bishop, *Foundations of constructive analysis*, 1967, pp. ix–x.

其他有价值的数学的关联，为这种数学实践做辩护。这与诉诸社会和人类的福祉或利益的辩护形成对比。如果说满足人的理性兴趣能构成正当的辩护理由，那么我们必须承认，关于这种理性兴趣的内容究竟是什么，人们仍有不同的观点。人们很容易接受这样的理由：知识即力量，或知识使人成为大自然的主人和统治者。根据这样的说法，数学的正当性源自其物理应用——包括现实的应用和潜在的应用，以及更间接地，数学在科学思维中的规范作用。还有一种传统，它允许实践辩护超出功利理由的范围：知识作为人类理性的现实化，作为一种文化价值，作为艺术，等等。

康德对实践兴趣和不理智的（pathological）兴趣做过一个有趣的对比：①

> 欲求力对感觉的依赖叫作爱好，因此爱好总是指向**需要**。一个可偶然地做决定的意志对理性原则的依赖叫作**兴趣**。因此，只有当存在一个其自身不完全与理性一致的依赖性意志时，我们才能找到所谓的兴趣：我们无法将任何兴趣归给一个神圣意志。但是，即便是人类的意志，也可以对某种东西**感兴趣**却又不**依据兴趣而行动**。前者指对行动的**实践**兴趣；后者指对行动之对象的**不理智**兴趣。前者只指示意志对理性原则自身的依赖；后者则指示意志对服务于爱好的理性原则的依赖——也就是说，在这里理性只是为满足爱好之需要而提供一条实践规则。

尽管在很多社会中都存在着对数学的社会性支持，这一事实本身却并不能构成对数学的一种实践辩护。而且对于数学的某些分支，相信它们具有实践价值很可能是一个错误的信念，这一错误信念导向了

① Kant, Groundwork of the metaphysics of morals, B38（H. J. Paton 的英译本，p. 81）。

前面说的那种社会性支持。或者，一个恶政府也可能会鼓励数学，以
250 便控制一群人不闹事，而这种闹事客观上可能有益于社会进步。事实上，许多当代的知识分子已经发现，在他们所寻找的普遍知识和他们从自己的特殊生长环境中习得的特殊思维方式之间，存在着一种永恒的矛盾。因此，对于每一个个体数学家而言，数学的实践辩护问题要比某个特定数学领域的实践辩护问题具有更高层次的难度。

# 第 8 章

# 必然性、 分析性和先天性

## 1　这三个概念的起源和同化

必然命题基于事物的本性为真，是事物之本质的表达。分析命题基于自身的意义为真，或者说，当一命题是主谓形式时，如果谓词包含在主词的意义中，它就分析地为真。先天命题就是不必诉诸任何特定的经验事实就能够被认识的命题。以上这些粗糙的词典词条式定义，已经足以显示出如下区别：必然性是一个形而上学概念，分析性是一个语言学概念，先天性是一个认识论概念。三个概念中，必然性（可能性）有一个优点，即它是一个日常概念，而另外两个概念则是哲学家的发明。不过，它们都与意义和经验这两个非技术性概念密切相关。

亚里士多德广泛考察了必然陈述。莱布尼茨将它们等同于理性真理，说它们在所有可能世界中为真，并说它们的否定包含矛盾。莱布尼茨[①]还谈到了“后天或事实真理”和“先天或理性真理”。先天

① *Nouveaux ęssais*, book 4, ch. 9.

（指在先的东西）和后天这两个术语出自经院哲学，它们源于亚里士多德的如下观念：A 在本性（或认识）上先于 B，如果没有 A 的话 B 就无法存在（或我们不认识 A 的话就不能认识 B）。现在对“先天”这个术语的用法——指不是源于经验的东西——来自康德，他还引入了分析判断和综合判断的区分。还有一个传统是，将先天命题与自明性相联系，将先天概念与天赋观念——我们与生俱来而无须习得的观念——相联系。

252 我们的知识源于两个因素，它们被冠以各种名目：经验和思想，实践和理论，感觉和理性，直觉和逻辑，感性的接受性和概念的（和直觉的）主动性，等等。如果切换到外延性语言学框架的视角看，我们可以说，一个句子的真值依赖于两个因素：起验证作用的事实和该句子（和它所含的语词）的意义。这二者之间的相互关系十分复杂：经验塑造我们的思想，思想反过来又影响我们的经验。在实际情形中，接受性和主动性是如此紧密地联系在一起，以至于我们无法用它们之间的一个明晰的区分作为基础，来达成对人类知识的恰当理解。假如我们无视他人的存在，道德或关于善恶的知识就会失去其大部分意义。而事实性知识的一个本质条件是，人乃生长于社会之中且具有人类物种所特有的能力。

经验一般意味着比感性接受性更多的东西，而实践则比经验包含更多的活动。一种哲学是强调经验还是实践，在很大程度上决定着这种哲学的基本取向。不同的哲学家对经验的概念有不同的理解，不同的理解会导向截然不同的知识观①。

我们使用我们的已有知识。一个基本的事实或信念是，在我们所

---

① 对照 F. K ambartel, *Erfahrung und Strukture*, 1968 中对亚里士多德、洛克、康德、卡尔纳普和后期维特根斯坦的经验概念的探讨。

生活的世界中，我们拥有着关于语言、数学和自然科学的惊人的海量知识。这揭示了自然界中的大量秩序，特别是人类这种特殊的物理对象身上的秩序，这里所谓的特殊之处在于，人类拥有能认知秩序的心灵。从这样的观点看，所有知识都偶然地依赖于一个朴素的事实，即存在生命和心灵的自然现象。因此，甚至先天知识也是偶然的。自然本可以不是这样，我们也本可以不是这样。但是，尽管认识到我们知识的这一局限性使我们愿意接受任何知识原则上都可修正这一点，更重要的工作却是理解心灵和自然究竟是如何互动的，才使得我们能够拥有我们所拥有的知识。

如果先天知识不是来自经验——尽管它们自经验开始，我们很可能就会从回忆起或唤醒某种一出生就存于心灵的材料的角度去想象它们。婴儿可能生来就渴望奶水。某些鸟类可能生来就怕快速移动的阴影。我们倾向于将天赋观念和天赋机制贬低到心理学领域，并将它们从先天性的认识论概念中剔除。假如有一天，我们通过神经科学查明了人脑用来进行乘法运算的程序是如何发展出来的，这将回答关于我 253
们如何知道乘法的一些问题。但是，乘法表在此种意义上是先天的，似乎并不能直接保证它为真或必然为真。有时人们觉得，哲学不过是针对那些我们还未充分了解的事物瞎搅和：所需的科学知识是必不可少的，并且一旦得到就足以解决所有真正的问题。从这样的观点看，我们应该做的是停下来静待科学进步，或者至多只能追求一些权宜的假设。即使某种天赋机制会解释我们是如何能够习得乘法的，乘法表何以在实际应用中有效，仍然是一个需要解释的问题。人们可能希望通过描述大自然井然有序的行为方式来为算术的可应用性提供一个科学解释。这似乎比声称自然是由心灵塑造并因而不得不遵守心灵的法则更有吸引力。

上述观察的一个结果是，即使先天知识是相对的，它们在每一历史时期却是相对于一个无可逃避的事态，后者在很长的时间里保持相当程度的稳定。换言之，即使先天知识是可错的和可修正的，这种情况的发生却不是经常和随意的。并且先天知识不只是拥有高度的确定性，而且有其特殊的地位，当我们对人类的知识有了合理的理解后，这一点应该会变得清晰。如果我们对比先天性和必然性，我们会发现必然性有一个优点：它对犯错何以可能具有一个内置的回答。因为必然性关涉实在，而我们不能完全确定我们对实在具有完美知识，所以显然，我们所认为的必然命题未必真是必然的。或者，我们也许知道它们中的一些只要为真就必然地为真，却不确定它们是否为真。这种保险也可视为一种逃避，因为我们只能知道我们所知道的，无法直接裁决有关某些命题必然与否的歧见。从知识退向实在，似乎打开了通往不可检验的猜测的大门。

不过，真实的情况可能与我们处理每个概念的难易程度更为相关。在不同情况下，两个概念中的一个可能更合适。例如，称纯逻辑命题在如下意义上是必然的似乎很自然：它们在所有可能世界中都为真。在此案例中，我们拥有一个相当明确而稳定的可能世界概念。另一方面，我们倾向于视数学命题为先天的。对数论命题来说，这似乎
254 尤为正确，也许是基于布劳威尔所暗示的理由。自然数内在于我们从一事物到下一事物的基本思维方式；它们得自“我们的直觉的形式”。

绝对不可判定命题是否存在是一个不太值得考虑的问题。假如某个数学命题 $A$ 被确立为绝对不可判定的，那么 $A$ 即便为真也将不是先天的。但一般的观点大概认为它是先天的，因为通过一些可模糊地称之为“数学的”考虑，它很可能会被证明是一条定理。如果称数学为先天知识的唯一障碍只是存在绝对不可判定的命题，那么这一微不足道的偶然因素并不能令人十分不安。

连续统的情况更为复杂。关于连续统的几何直觉可以说是先天的，但由戴德金和其他人提出的、更为形式化的连续统理论，则体现了直觉和精确性要求之间的一种妥协。单位区间上连续二等分的任意无穷序列是可能的，关于这一点的几何直觉允许多种形式化的解释。集合的概念——虽然比集合论解释下的连续统概念更复杂——不那么依赖于几何解释。集合可被说成与康德的知性范畴有关，因为它们的作用是从复多中产生统一，由具体对象的属性抽象而来。它们代表着特殊综合的抽象形式。

人们可以设想计算机生成一个非常大的数，作为哥德巴赫猜想的一个反例，该猜想断言每个大于 4 的偶数都可表示为两素数之和。由于我们无法通过明确的证明直接证实这一点，我们可能不得不诉诸基于计算机可靠性的经验论证。这里我们得到数学先天论的另一个潜在反驳，而克里普克——根据我的理解——则用它来论证后天必然真理的可能性。

就抽象的数学结构而言，存在一种强烈的如果–那么色彩，它可能与如下观念有关：这些领域的定理是分析的或根据约定而为真。关于群的某些定理之所以为真，是因为我们把满足特定假设的结构叫作群。有一个问题是，如何将这些公理系统与别的公理系统——数学的或非数学的——区分开。比如，为了将它们与一个关于亲属关系的公理系统相区分，我们可能愿意说，关于数学结构的公理中的概念都是纯集合论的。而为了将它们与算术或集合论公理相区分，我们只需指出，后两种情况下只有唯一的预期模型，而一个抽象的结构则意在允许多种多样的解释。逻辑和集合论以两种不同的方式为抽象数学结构 255
提供基础。逻辑为隐定义——它是这样的约定：凡满足特定假设的结构就叫作域或群或别的什么东西——提供了框架，还为关于这些结构的定理提供了一种假设性的核证，使它们成为逻辑的假言定理。集合论为假设提供可能的抽象解释的范围。

几何学是一种混合物。一方面，我们的空间直觉是先天知识的一个主要来源。另一方面，这种直觉不够精确，无法在多种可供选择的几何学之间做出区分。特别地，非欧几何的发现催生了这样一种观点，它将几何学同化于经验科学。以下做法似乎是可取的：保持几何与算术之间的类比，但同时承认，尽管我们相信几何学大致是先天的，在细节上我们却可能会犯错。从某种意义上说，广义相对论证伪了欧氏几何，这表明，当涉及极大或极小之物时，我们确实会犯错。但应当强调的是，这一情况的发生不是因为孤立的实验，而是因为一个有竞争力的新理论的出现。我们确有一个非常稳定的欧氏几何概念，它在本意上是绝对的，而不只是一个允许多重解释的假设性抽象结构。

最初引入分析性概念是为了将一些平凡的真命题分离出来，它们可由约定（定义）轻易地核证，例如“一先令合十二便士”。这在以前是真的，但最近已被法令“证伪”了。现在一先令只合五便士。这里似乎没什么难于理解的，我们会说，我们修改了约定，或改变了某些语词的意义。“原来的命题并不是假的，只是变得不可用了。”甚至在这个简单的例子中，也有一些复杂的情况，比如取决于是否有新硬币被铸造。最近流行的、扩展分析性的概念以包括所有先天必然命题的做法，令人很难抗拒。这一扩展看起来很自然，并使我们感到，我们突然获得了一种简单的方法，来解释为何必然命题必然为真。此外，没有其他自然的扩展比最终的宽概念更窄；从窄概念到宽概念的上行非常顺畅。

这是表达式同化现象的一个引人注目的例子①：

---

① L. Wittgenstein, *Philosophical investigations*, 1953, p. 7.

> 想象一个人说："**所有**工具都可用来改造某种东西。锤子改造钉子的位置，锯子改造木板的形状，等等。"——那么，尺子、熔胶锅和钉子又改造些什么？——"我们对物体长度、胶的温度和箱子的坚固程度的知识。"——这样的表达同化会带来任何益处吗？ 256

看起来很清楚，康德所预期的分析命题类是十分受限的。我们乐意说，"让我们遵循这一模糊界定的狭类"。一个困难是，我们没有关于该类的一个令人满意的定义。但严格的定义并不是一个令人满意的类的必需之物。不过，还有一些更具体的问题。比如，逻辑的真陈述是分析的吗？分析陈述的逻辑后承是分析的吗？康德似乎能避开这个困难，因为他的区分只适用于在他看来属于知性领域的判断，而推理（至少间接推理，即涉及两个或更多个命题的推理是这样）在他看来属于理性的领域。康德观点的另一个特征是，他心中想的似乎都是词典定义（或语言的规则），以至于分析命题只是一些平凡的孤立陈述，不对任何扩展的概念框架具有重要性。因此，有些陈述，如物理学中阐明力、动能、同时性等概念的定义的陈述，不会落在他的分析性概念之下。在这一点上，我们得到分析性的狭定义和广定义之间的一个鲜明对比：在康德那里，对人类知识的重要性被认为是反对一个陈述为分析陈述的证据，而在广定义之下，有迹象显示，一个陈述在人类知识中越重要，它所拥有的分析性程度也越高。

从康德的观点看，分析陈述是一些可以从词典定义十分直接地看出为真的陈述，无须专门的科学或哲学知识，它们就可以被理解。特别地，非常简单的逻辑真理或可说是分析的，但复杂的不是；尽管完全不谈逻辑而只处理"判断"看起来很有吸引力。对如此重述的这个区分的一个反驳是，其哲学价值变得可疑。特别地，既然分析性的范围如此狭窄，给出先天综合命题的例子就显得不再是什么成就。诚然，有一个回答是，狭定义虽使论证算术真理的综合性变得容易，但康德的主要成就在于表明它们是先天的，在此术语的一种犹在孕育之中的意义上。要比较这些彼此竞争的立场的相对优点，核心标准在于，它们在解释算术真理何以必然为真这个问题上，具有怎样的价值和指导意义：是不是因为它们是分析的，或因为它们在康德的意义上是先天综合的。

这里不是要否认，分析性的广定义具有一种几乎令人无法抗拒的
257 诱惑。所提出的批评意见是，它将哲学推向了不那么富有成效的方向。它不仅为笼统空泛的观点充当了一种不稳固的基础，还导致了关于是否存在这样一个区分以及是否有一条严格的分界线的无休止的争论。有一个奇怪的现象是，相比于谨慎避免陷入生造的问题，通过迥异的夸张之词进行糟糕的论证，往往会产生更大的影响力。这样，人们不是有所保留地采纳分析性概念，将其应用限定于合理的特例，而是把这个区分拔高到哲学学派之基石的地位上。人们不是遵循更温和的概念，或仔细考察误用该区分的诸种方式，而是用一些熟悉的论证不确定地推出一些笼统的论点，例如根本做不出这样的区分，并进而喊出多愁善感、不负责任的整体论和渐变论的口号。

以下引自摩尔[①]的文字代表了一种合理的观点。“在我看来，必然联系有许多不同的情形，‘分析’与‘综合’之间的界线可以以许多不同的方式画出。事实上，我不认为这两个术语有任何清晰的意义。”但再一次，我们无法忽视来自专业团体的压力，它们迫使我们思考那些当前所谓的核心问题，并对一些需要更有耐心的渐进式努力和更温和的对话的问题提出尖锐的观点和强硬的立场。

当我说数学是先天的、逻辑是必然的时，我并不是要说数学不是

① *Philosophy of G. E. Moore*, ed. P. A. Schilpp, 1942, p. 667.

必然的。我想做的，不过是指出这两个概念的自然而直接的应用。逻辑看起来完美地符合关于必然性的通常的可能世界定义，而要论证算术真理在此意义上是必然的，我们将不得不引入一些不那么清晰的概念，如数学中的本质概念和与结构相对的对象概念。另一方面，从先天性的一边说，众所周知，布劳威尔认为数论比逻辑更基本，事实上，他从不同的无穷论域（自然数、连续统和集合）提取出了不同的逻辑。

先天性、必然性和分析性经常被认为是等外延的，而且我们有这么做的天然倾向。虽然康德将分析的与先天的严格区分开来，但他也同意先天的与必然的是等外延的。因此，如果一个命题是必然的，则它为假就是不可设想或不可想象的。如果意义就是使得一命题为真的所有可能的条件，那么必然命题就必定同时是分析的，因为否则我们就能想象它是假的。人们普遍同意分析命题是先天的，而先天性蕴涵 258
着必然性。值得一提的是，这三个区分将不同的常见概念置于哲学的中心位置。分析性导向对意义和同义关系的强调。先天性意味着对经验（和知识）的诸概念进行考察。必然性与可能世界（或可能性）和本质（或事物的本性）的概念有着微妙的联系。

当现实知识被当作最有吸引力的起点，比较自然的偏好是经验，而不是意义和可能性。不仅现实性比可能性更明确，而且知识比实在更可及。不仅真比意义更易把握，而且已知真理是获得对意义的一个更好和更有方向的理解的唯一可靠来源。此外，事实主义会赞成通过现实知识来研究经验，现实知识是所有哲学的材料。更具体地说，现实的科学实践和科学中的基本观念是关于知识的哲学思考的主要材料来源，哲学家们不能对它们视而不见或掉以轻心。

为了不任意扩大分析性、先天性和必然性这些自然的概念的应用范围，我们没有对大部分人类知识进行分类。最多，我们只是提出了解释逻辑真理（必然的）、数学真理（先天的）和字义真理（分析的）的可能方法。我们并未声称，凡未被包括在内的就是在对立的另一边：我们没有说除逻辑以外的东西都是偶然的，也没有说除数学以外的东西都是后天的。我们最初的原始概念不够清晰，无法为许多事情，如数学真理的必然性，提供任何直接解释。特别地，对事实主义来说显得最有希望的先天性概念，具有明显的天赋意味，脱离经验太远。似乎有必要引入一个包罗更广的区分，也许会损失一些解释价值，但至少便于一般性的讨论。

这样一个平淡的区分，可以是孤立命题与经验间命题（interexperiential proposition）之分，也可以是局部命题与全局命题之分，或不稳定命题与稳定命题之分。这样的区分，就像先天性的原初意义——在先的东西——一样，立即使人想到渐变论和一个程度等级体系。程度等级的想法令人反感之处，不在于这样的断言，即不存在对所有真命题的一个严格的、一劳永逸的二分，而在于如下隐义：人类的知识并没有我们一般认为的那样稳定而富有结构性。人们希望得到一张类似于世界地图的知识地图，上面有山脉、丘陵、沟谷、海
259 洋、岛屿和河流等。知识哲学的目标是绘制这样一张地图，并将与之相关的观察组织起来。因此，我们希望更仔细地研究物理学、生物学和数学。我们渴求我们能在人类知识的不同部分中找到的一切安全保障（或相对确定性）。基本的科学进步固然很有哲学价值，但相比于期待未来的新发现，对已有知识做一番稳定而富有教益的统观，于哲学家而言似乎是一个更合适的目标。

在科学实践中，确实存在一种相对主义。地质学家把物理学中的结果当作理所当然的，差不多视之为自明的或必然的或先天的。而物理学家则对数学有着类似的态度。此外，对数学家来说意义不同的两

个表达式，对物理学家来说可能意味着相同的东西。根据贝奈斯[①]的说法，这种层级式预设在冈塞斯[②]的“先决条件（préalable）”理论中有体现。

有一个诱人的想法叫作整体论或实用整体论，它把我们的整个概念系统看作一个巨大的信念联合体，联合体中的信念共同地而非单独地面对经验的审判。根据这种观点，联合体中的信念以不同的相关度与经验相关，距离整个概念网络的中心或远或近。任何陈述都可以被修正，任何陈述都可以被调整为真。仅有的指导原则是一些实用性考量，包括保守性和对简单性的追求。毫无疑问，从某种意义上说，这些一般性的论断尽管不大有用，却可以被接受为真。但对于其所隐含的那个图景，存在一些反对的理由。

是否有人能实际达到一个概念框架，它可以被当作对全部人类知识的一个合理的抽象，这一点还完全不清楚。“隔行如隔山。”我们概念系统的庞大而单一的特征，在很大程度上是一种理想化，即使在哲学中，它也只能通过关于该理想化图景的一些更具体的信息，才能与实际的科学进步现象相联系。像大多数同化于“无非……”的立场一样，实用主义始终有这样的危险，即来回地摆动于空洞无物和片面不周之间。揪住一些动机可疑的具体问题，在细枝末节上刻意求精，考虑全部的人类知识时，却乐于提出一些笼统模糊的哗众取宠之见，这实在令人难安。内容更丰富的中间领域，如集合论基础和物理学基础，反倒被轻忽了，只做出了一些貌似聪明但却大而无当的断语，犹未能严肃对待实际学科的具体概念内容。

针对这种整体论，还有一些更具体的批评，其思路承袭自刘易 260

---

① P. Bernays, *Akten XIV Int. Kong. Philos.*, 1968, pp. 192–198.

② Ferdinand Gonseth（1890–1975），瑞士数学家和哲学家。——译者注

斯·卡罗尔的“阿喀琉斯与乌龟”的对话。可修正性预设了某种极小的不变框架，相对于它人们才能理解修正。不难看出，抛弃支配“逻辑关系”的基本法则，如关于同一性和矛盾的基本法则，会是一件麻烦事，因为它们是影响一切命题之真值指派的“稠密（dense）”规则。例如，给定任何一个部分真值指派，除了某一个句子及其否定外，它处处有定义，则存在该指派的一个满足排中律的扩张。

经验考量和概念考量之间存在着一种模糊的区分。例如，人们会说“修正逻辑”“逻辑是经验的”之类的话。但同时人们又会想起直觉主义逻辑，它得自概念考量而非经验考量。人们从有关量子逻辑的讨论中所得的最终印象是，目前还没有合理的概念系统能确定一个稳定而可理解的量子逻辑。在我们倾向于认为概念的意义发生了变化的那些有趣案例中（如 $\sqrt{2}$ 的发现和爱因斯坦之于洛伦兹），发生变化的一般主要不是关于语词用法的约定。毋宁说，概念的意义有一种深层的连续性，以至于人们也可以这样讲：相同概念的意义变得更清晰了，找到了涉及这些概念的旧命题的一些缺陷。正是这种双重性诱使我们在两种显然矛盾的立场间做出艰难的选择。

使用形式语言和意义假设来保障分析性，是避免那个艰难选择的自然之举。它是诉诸如果–那么伎俩来延迟对问题的正面回应的一个典型例子。人们用这种方式能分别地组织旧概念和新概念，从而避免了把显然矛盾的概念统一起来这个疑难任务。但其缺点是，我们不仅忽略了新旧概念间的连续性，而且在将它们彼此孤立时，我们不能抓住那个隐藏于背后的、更丰富的概念，甚至也无法明确这两个概念中任何一个的完整内涵。为了清晰性，我们使用这些人工概念工作，但这样一来，我们不再直接处理现实知识，而是将大部分精力花费在如下担忧上：相较于原始概念的预期意义，我们的人工概念是否有一些据称无害且微小的偏离？

为了说明先天性、必然性和分析性等问题所涉及的命题种类有多么丰富，我们附上以下这个命题清单，其中大多数命题在此前的各种讨论中已经出现。(1) $7+5=12$；(2) 如果点 $a$ 在 $b$ 和 $c$ 之间，则 $b$ 261
不在 $a$ 和 $c$ 之间；(3) 存在不是属性；(4) 世界是四维的；(5) 伪善不是红色的；(6) 存在某物；(7) $\exists x x=x$；(8) 每个可在普通数论中表达的正整数性质都定义了一个正整数类；(9) 立方体有十二条边；(10) 我不能是你；(11) 我无法出生于十五年后；(12)"Frau"是一个德语词；(13) 康托是康托定理的发现者；(14) 韦塞尔是阿甘特图的发现者[①]；(15) 这个句子是真的；(16) 每个语音都有强度和音高；(17) 同一表面不能同时是全红和全绿的；(18) 在价值序列中，精神价值比生存需要享有更高地位；(19) 三角形内角之和是 180°；(20) 三角形内角之和小于 180°；(21) 形式系统中表达该系统本身的一致性的句子；(22) 数学归纳法原理；(23) 任何两个事物都至少有三十处不同；(24) 空集不同于空集所构成的单元集；(25) 每个句子或真或假；(26) 如果 $p$ 是分析的并且 $p$ 蕴涵 $q$，则 $q$ 也是分析的；(27) 存在一个无穷集；(28) 每个句子都有一个动词；(29) $x+0=x$，$x+(y+1)=(x+y)+1$；(30) 空间是三维的；(31) 至人得其所欲；(32) 至人欲其所能得；(33) 能量守恒定律；(34) 连接圆内一点与圆外一点的连续的线与圆相交；(35) 地球不是 5 分钟前才开始存在的；(36) 过去存在；(37) $e=\frac{1}{2}mv^2$；(38) $f=ma$；(39) $e=mc^2+\frac{1}{2}mv^2+\cdots$；(40) 两个球体不能只是在数量意

① 阿甘特图是复数的一种几何解释，类似于笛卡尔坐标系，只是分实数轴和虚数轴，以法国数学家 Jean-Robert Argand（1768—1822）的名字命名，但其最早发现者为挪威-丹麦数学家 Caspar Wessel（1745—1818）。——译者注

义上不同；（41）思想不只是喉部运动；（42）统一性不是一种量；（43）数不是被计数的东西；（44）质的两个度之间的差异本身不是一种质；（45）我应该从整体上促进自身的利益（不影响他人利益的情况下）；（46）如果我应该做某事，则我有能力做该事；（47）关于审慎、仁慈和公平的公理；（48）我应该把为社会一般地带来较多好处视为比带来较少的好处具有更多的内在价值；（49）一个人的利益（其他条件相同）与任何其他人的利益享有同等内在价值；（50）世界是一个由必然相联的部分组成的系统；（51）个体就是一组特征；（52）个体的诸特征并非同等重要；（53）事物与事物之间有许多必然联系；（54）每件事都有一个原因；（55）世界是无穷的；（56）我以眼视物；（57）世界是有穷但无界的；（58）覆水难收。

262

## 2　来自康德哲学的启示

莱布尼茨的著作似乎向我们暗示了一个关于定义的奇特有趣的理论。有些概念是可能的，有些概念是不可能的，后者的例子有“圆的方”和“大于 2 的偶素数”等。在特殊情况下，为了确定一个概念是否可能，可能需要大量的分析和计算，但存在一些简单（原子）概念，它们显然是可能的。对于其他概念，我们假定一些定义，它们就好比是用代数公式表达量。这些定义须使我们能将复杂的概念分解或分析为简单（原子）概念，就像将自然数分解为其素因子。

一个命题是理性真理，当且仅当在我们对此命题的主词和谓词做出这样的分解后，我们发现主词中的简单概念也都在谓词中。大多数情况下，为了看出一个命题是理性真理，我们不需要把谓词和主词分析为它们的最简单成分。实际上，甚至不需要知道最简单的概念究竟为何物，我们也可以对理性真理的范围有一个相当清晰的了解。

康德和莱布尼茨都谈到了同一性命题。有时他们似乎暗示所有分析命题或理性真理都是同一性命题。在其他时候，他们似乎又认为同一性命题的概念更窄些。例如，莱布尼茨断言所有必然真理实际上都是同一性命题，但有时他又将同一性命题等同于原始理性真理，后者只与最简单的概念有关。

以下是莱布尼茨所认为的理性真理的一些例子。空间中只能有三个维度；我将成为我将成为的人；我写下了我所写下的东西；等边矩形是矩形；理性的动物总是动物；如果一个正四边形是等边矩形，则它也是矩形；如果无钝角的图形可以是正三角形，那么无钝角的图形可以是正则的；等边矩形不能是非矩形；“正十面体有十个面”不是一个理性真理，因为“正十面体”这个概念是不可能的。众所周知，莱布尼茨把 $x = y$ 定义为：对于每个属性 $F$，$Fx$ 当且仅当 $Fy$。

根据莱布尼茨的说法，“这个独一的（矛盾）原理足以证明算术和全部几何，亦即所有的数学原则”。这似乎要预设一个丰富的定义理论，远远超出了莱布尼茨实际所发展的。例如，很难找到普通的定义来核证关于类成员关系的常用公理，甚至对于正整数上的加法也是如此，尤其是如果逻辑仅指亚里士多德逻辑的话。 263

弗雷格声称已将算术还原为逻辑，并因此确立了算术命题的分析性。他认为这样便驳倒了康德，后者认为算术命题是先天综合的。显然，可以简单地回答说，弗雷格和康德对分析性的理解不同，因为他们所认为的逻辑不一样。通过拓宽逻辑的范围使逻辑包含更多东西，这不稀奇。弗雷格可以争辩说，他对康德的逻辑概念的扩展是如此自然，假如康德自己知道了，也一定会同意这种扩展。尽管如此，把我们限制在康德对“逻辑”和“分析的”这两个术语的实际用法上，要更简单些。

相比于莱布尼茨的“理性真理”和休谟的“观念间的关系”，康德分析性概念的应用范围较窄。所有必然命题，特别是算术和几何的必然命题，对休谟而言都只与观念间的关系有关，根据莱布尼茨的看法，它们仅由矛盾原理就可证明。而众所周知，算术和几何命题对康德来说是综合的，康德的分析-综合区分更接近于洛克对平凡乏味和富有教益的区分。

根据康德的观点，在所有分析判断中，主词对谓词的关系被想成是这样一种关系：谓词 *B* 属于主词 *A*，就像是（隐蔽地）包含在概念 *A* 中的某物似的（A6，B10）[1]；而一个分析判断之为真，总能由矛盾原理被充分认识到，该原理断定，没有与一物矛盾的谓词可以属于此物（A151，B190）。康德所给的分析命题的例子有：（1）所有物体都是有广延的（A7，B1）；（2）空气是一种弹性流体（§4）；（3）实体是只能充当主词的东西（同上）；（4）黄金是一种黄色的金属（§2）；（5）没有物体是无广延的（简单的）（同上）；（6）三角形有三个角（A593，B621）；（7）上帝是全能的（A595，B623）；（8）所有物体都是物性的（或者用另一个词，物质的）存在；（9）一切有条件的东西都预设了一个条件；（10）一切偶然的东西必定有一个原因（B290）；（11）整体等于其自身（B17）；（12）整体大于其部分（同上）。

当我们尝试用康德的定义和标准来解释这些命题为何是分析的，以及判断某些别的、他未明确提到的命题是否会被他认作为分析的
264 时，我们遇到一些困难。我们也许可以接受，上述十二个例子大都是分析的，甚至是字义真理；但要准确说明 1 或 3 或 8 或 12 之类的概念如何与他的分析性概念相符，则不太容易。让我们引用史密斯（N.

① 用页码标注的引用出自康德的《纯粹理性批判》；用章节编号标注的引用出自康德的《未来形而上学导论》。

K. Smith）的一个批评①：

> 因此，关于如何探明“所有物体都是有重量的”这个命题的综合性，康德语焉不详。但读者却被首先要求接受，“所有物体都是有广延的”这个命题是分析的。这两个命题在逻辑特征上明显一样。除非根据一个关于物理存在的详尽理论，这两个命题都无法被认出为真。如果物质必须以一种分布式状态存在，其组成部分才能通过相互吸引获得重量属性，那么一物体的尺寸，甚或它之拥有任何广延，可能也类似地依赖于特定条件，可以设想这些条件不是普遍实现的。

另一方面，还有其他一些类型的命题，它们似乎接近于康德所认为的分析命题，但出于这样或那样的原因，它们未得到康德明确的讨论。首先，有莱布尼茨所说的不可比较物：（13）热不同于颜色；（14）人不同于动物（虽然每个人都是动物）。其次，康德接受亚里士多德逻辑并承认其形式特征。他没有说“所有人都会死，所有希腊人都是人，因此所有希腊人都会死”是一个分析判断，因为他根本不认为这是一个判断。但是，如我们所知，我们可以改写这个推理，将它转变为一个假言判断：（15）如果所有人都会死并且所有希腊人都是人，那么所有希腊人都会死。通过这样重述亚里士多德逻辑中的推理，还可以得到其他一些假言判断，比如：（16）如果所有人都会死，那么没有人是不死的；（17）如果苏格拉底是完美的蕴涵着有人是完美的，并且没有人是完美的，那么苏格拉底不是完美的。最后，还有这样一些命题，它们基于语法或语言的习惯用法而为真，例如：（18）如果每个人都渴望和平，那么和平被每个人渴望；（19）

① *Commentary to the critique of pure reason*, pp. 38–39.

如果所有人都会死，那么一切事物都满足：如果它是一个人，那么它会死。康德是否会把命题（13）到（19）看作是分析的，以及他会怎样为自己的结论做辩护，这并不完全清楚。这表示，康德的说明并不是对他的分析-综合基本区分的一个完全明确的解释。

现今流行的、认为分析命题是由定义根据逻辑得到的想法，可以在弗雷格的著作中找到。它在许多方面都与康德的原始概念截然不同。康德的定义理论决定了一个十分狭隘的定义类。

265 **定义**一个概念，正如这个词本身所暗示的，不过是意味着给出在该概念界限之内的那个完整的原始概念。如果这就是我们的标准，那么一个**经验的**概念就根本无法被定义，而只能够**被明确**……其次，先天给定的概念，如实体、原因、权利和平等等，严格说来都是无法被定义的……因此，数学是唯一一门包含定义的科学（A727-9，B755-7）。

但显然，根据康德的观点，我们在数学中也没有许多的分析判断。

所有数学判断，无一例外，都是综合的……几何学家所预设的少数基本命题，确实是分析的，它们是基于矛盾原理。但是，作为同一性命题，它们只是作为方法链条中的连接环节而不是原理发挥作用；例如，$a=a$，亦即整体等于其自身；$(a+b)>a$，亦即整体大于其部分。而且，即使是这些命题，尽管根据纯粹概念它们是有效的，它们在数学中被接受也只是因为它们可以在直观中被展示（B14 和 B16-17）。

因此，定义只是分析命题的一个贫乏的源泉。

不仅如此，相比于从定义得到分析判断，实际的过程常常是相反的。

> 因为，如果一个概念——例如“实体”——属于形而上学，通过对此概念的单纯分析而得到的判断——例如“实体是只能充当主词的东西”——必然也属于形而上学。借助几个这样的分析判断，我们试图得出一个概念的定义。但是，由于对一个知性的纯概念（如形而上学概念）的分析，与对其他不属于形而上学的概念（包括经验概念）的分析在方式上并无任何不同，尽管所涉概念是形而上学的，那个分析判断却不是特别形而上学的。（§2c3）

关于逻辑推导和证明，康德的观点大致是，我们无法从定义（或其他分析判断）推导出分析判断（或至少是任何“来自原理的知识”）。这与今天的分析性概念形成鲜明对比。根据康德的看法，每个三段论都是从一条原理导出知识的方式。三段论的大前提是全称命题，可称作原理。

> 但如果我们把它们本身与它们的起源联系起来考虑，这些纯粹知性的基本命题就绝不是基于概念的知识。因为，假如我们不是有纯直观（在数学中）或可能经验的一般条件的支持，它们甚至不会是先验可能的……知性也就绝不能提供任何源自概念的综合的知识模式；正是这些知识模式，可以恰当地、毫无保留地被称作“原理”。（A301，B357） 266
>
> “惟当一个无可置疑的证明是直观的时，才可说它是一个演证的（demonstrative）证明。”（A734，B762）

当然，数学中的证明不会带来分析命题。即使一个结论“确实可以根据矛盾原理被发现，这也是因为有一个综合命题做前提，那个结论可理解为是由此综合命题得出；结论绝不可能单凭自身就被发现”（B14）。对康德来说，构造一个三角形和与此三角形的一边平行的直线这个活动，不只是一个助探性的步骤，还是整个演证的一个不可或缺的组成部分。

如果这些段落尚不足以消除我们在使用逻辑得到更多的分析命题这个问题上的犹疑不定，我们还可以求助于康德的另一个隐蔽的区分。这涉及现象学成分，即主词中“实际被想到”的东西。当定义或十分完全的分析存在时，分析与综合的区分是一个逻辑区分。但由于康德只承认数学中有严格的定义，而数学命题又是综合的，从这个逻辑区分得到分析命题的可能性就很小。当定义或充分的分析不存在时，就要诉诸实际被想到的东西。例如，在考虑数学证明时，康德曾以否定的方式揭示出这一点。

> 我们这里关心的不是分析命题，它们可通过单纯的概念分析（哲学家在这事上当然更有优势）得到，我们关心的是综合命题，并且实际上只是那些可先天地认识的综合命题。因为，我不能把注意力局限于我在我的三角形概念中实际想到的东西上；我必须超越它，到达那些没有包含在此概念中但依然属于此概念的性质。(A718，B746)

我们再引用康德的两段话[①]：“如果人们拥有那个整全的概念，主
267 词和谓词的概念都是其**组成部分**，综合判断就会变成分析的。这是一个有多大任意性的问题。”康德不认为区分的界线是可变或任意的。“有些概念定义，我们已经拥有，但没有正确地命名。在这类情况下，不是语词的意义被分析，而是我们已经拥有的概念被分析；这时必须特别说明什么名字恰当地表达了它。”

---

① 出自普鲁士科学院编康德文集中的 Reflexion 3928 和 3003。对康德关于分析性概念的观点的一个富有启发性的讨论参见 L. W. Beck, *Kant-Studien*, vol. 47, 1955, pp. 168–181 和 *Philos, rev.*, vol. 65, 1956, pp. 179–191。

事实主义与康德哲学有一种相似，这即使不是显然的，也在意料之中。人们有这样的印象，康德考虑了数学和科学活动的适当的一般方面，虽然其方式可能不完全清晰，但至少是模糊地正确的。在更一般的层面上，不可知的物自体的观念则与事实主义不相宜。事实上，这一观念似乎与如下观念相连：有规律的自然是源自我们意识的形式。把外部自然和有认知能力的心灵当作原始事实，并避免假设一个“自在”之物的领域或由心灵决定的自然，这似乎更为可取。不过，这不必导向这样的观点：自然科学方法产生了一个充分的世界观。

就数学哲学而言，应当注意的是，康德在阐述几何学的直观证据时，对平行公设的证明问题只字未提，尽管在他那个时代，人们正围绕这一问题展开争论。康德对连续统谈得也不多，而且连续性似乎被等同于无限可分性，这使得只含有理点的线也能满足如下条件：“所谓量的连续性不过是这样的特性，根据此特性，量没有最小的可能部分，也就是说，没有任何部分是简单的。”（A169，B211）康德似乎从未认真考虑过微积分及其在物理学中的应用。

## 3　从弗雷格到分析哲学

弗雷格试图准确阐明前人尤其是康德的分析-综合区分的含义。他认为，区别不在于判断的内容，而在于做出判断的理由；判定一真命题是分析的还是综合的，可归结为这样一个问题：找到该命题的一个证明，顺着它回溯至初始真理。根据弗雷格的看法，如果在这个过程中，我们只用到普遍的逻辑法则和定义，那么该命题就是一个分析真理。①

---

① *Foundations of arithmetic*，§ 3.

这一解释涉及了三种东西：（a）证明；（b）普遍的逻辑法则；
268 （c）定义。为了搞清楚分析性的概念，我们须搞清楚证明、逻辑法则和定义的概念。正如我们说过的，弗雷格的定义在精神和实质上大不同于康德的定义。

在一定程度上，弗雷格意识到了他的分析性概念与康德的不同①：

> 康德显然——毫无疑问是因为他对分析判断的定义过于狭隘——低估了分析判断的价值，尽管看起来他的确对我所采用的、该术语的广义用法有些了解。以他的定义为基础，分析-综合的划分未能穷尽一切判断……他似乎认为概念的定义就是给出一个简单的、无特定次序的特性列表；但在形成概念的所有方法中，这是最贫乏的一种……更富有成效的定义类型，在于画出前所未有的界线。我们能从中推导出什么，这无法预先探查；我们不是简单地从盒子里拿出我们刚放进去的东西。由之推得的结论扩充了我们的知识，并因此——根据康德的观点——应被视为综合的；然而它们可以通过纯逻辑方法证明，因此是分析的。事实是，它们确实包含在定义中，但却是像植物包含在它们的种子中那样，而不是像房梁包含在房屋中那样。

我们现在知道，弗雷格绕道逻辑（更确切地说是集合论）的迂回策略并无太大帮助，因为比之于论证算术的分析性，论证集合论的分析性并不更容易。

正如我们之前说过的，弗雷格继续坚持康德的如下观点：几何学是先天综合的。这给我们一个例子，说明了哲学中的一个常见现象，即当我们想得到是或否的答案时，却总是发现诸选项的所有可能组合

---

① 同上书，§88。

都有一些支持者。让我们考虑以下两个问题：（a）算术命题是否是先天综合的？（b）几何学命题是否是先天综合的？康德对这两个问题的回答都是肯定的，而很多当代经验主义者对它们二者的回答都是否定的。弗雷格对（a）的回答是否定的，对（b）的回答是肯定的，而布劳威尔对（a）的回答是肯定的，对（b）的回答是否定的。

许多因素合在一起，促成了从弗雷格的分析性概念向现代分析性观念的转变，根据后者，不仅所有数学真理是分析的，甚至经验科学的基础也可以通过相对分析性（相对于某些支配基本概念的意义假设的分析性）概念方便地进行研究。经常与此现代观点相联系的还有这样一种想法：分析真理基于约定为真。其中一个因素是庞加莱的 269
约定论，主张将欧氏几何继续保留在广义物理理论中，无论后者究竟是什么。另一个因素是纯几何与物理几何的分离，参见爱因斯坦的如下名言："就其表示实在而言，数学法则不是确定的；就其是确定的而言，数学法则不表示实在。"

还有两个影响因素，一是希尔伯特对隐定义的强调，二是怀特海和罗素对基本数学的逻辑主义建构。前者暗示了对理论的假言主义进路以及语法考量对语义考量的主导性。后者使罗素期望更广泛地使用逻辑工具，并使卡尔纳普着手建造建构性系统（constructional system），作为重建甚至统一科学的手段。在更哲学的方面，维特根斯坦的《逻辑哲学论》包含了一个对真值函项重言式的很吸引人的说明，即它们是基于命题联结词的意义而为真。这与数学可还原为逻辑的糊涂信念结合在一起，使维特根斯坦得出了如下结论：所有真数学命题都在类似的意义上是重言式。

在他的《世界的逻辑构造》一书中，卡尔纳普重述了弗雷格对分析命题的定义，并提到了"所有先天命题都是分析的"这个论点。

> 第一类定理仅从定义就可以推导出（预设了逻辑公理，没

> 有它们，任何推导都不可能)。我们称它们为分析定理……当一个分析定理被转换为一个关于基本关系的陈述，一个重言式就产生了。……用实在论语言表达，这意味着分析定理是关于概念的重言陈述（这些陈述并不必然是平凡的，因为可能只有在转换后，其为重言式才变得明显，正如数学定理的情况所表明的)。……建构论的观点是，没有“先天综合判断”这种东西，后者对康德的认识论进路至关重要。(§106)
>
> 科学的目的在于探寻和整理关于认知对象的真陈述……第一个目标是对象的建构；跟着就是第二个目标，即研究对象的非构成性性质和关系。第一个目标是通过约定（Festsetzung）达到的；第二个目标则是通过经验。(根据建构论的观点，认知活动
> 270 中没有这两个成分——约定的和经验的——之外的成分；因此，不存在先天综合的东西。) (§179)

1936 年，艾耶尔出版了一本英文书[①]，使卡尔纳普及其同事们的观点得到了广泛的传播。书中除了有广义的分析性概念，还有一种对休谟传统下的现象主义的强调。书中还表达了对摩尔的如下观点的赞成：哲学是一种分析活动。随着后期维特根斯坦思想的影响日渐广泛，分析哲学的日常语言流派开始兴起。

## 4　关于当代争论的几点注记

近年来的大部分哲学思想都很关注分析与综合的区分[②]。许多人

---

① A. J. Ayer, *Language, truth and logic*.

② 有关这一主题的文献浩如烟海，我们只列举一些。W. V. Quine, ‘Two dogmas of empiricism’, *Philos, rev.*, vol. 60, 1951; F. Waismann, ‘Analytic and synthetic’, *Analysis*, vols 10, 11, 13, 1949-1952; H. Putnam, ‘The analytic and the synthetic’, *Minnesota studies in philos. of sci*. vol. 3, 1962; A. Pap, *Semantics and necessary truth*, 1958; B. Blanshard, *Reason and analysis*, 1962。

将此区分置于他们哲学学说的中心位置，使它对应于必然与偶然、先天与后天以及确定的与仅仅盖然的这些区分。结果是一幅乍一看异常简单的知识图景：不再有先天综合的东西；不再需要把逻辑和数学命题处理成经验假设。实际上，根据某些权威人士的说法，当代经验主义可定义为这样的学说：不存在先天综合真理。这里的一个假定似乎是，对于排除那些倾向于承认某种形式的理智直观或思辨体系——它们为哲学专有并会与科学假设形成对抗——的理论，拒斥先天综合真理是必要的。有时人们甚至断言，除历史记录和事实例示外，所有真实的哲学命题都是分析的。因此，至少在寻求分析真理这一点上，哲学与逻辑和数学类似。

即使我们将自己限定于单个语言，也有许多划分陈述句的不同方式。多于三十个字母和少于三十个字母的句子。字母“t”出现五次以上和未出现五次以上的句子。表达哲学思想的句子，表达科学思想的句子，表达其他思想的句子，以及不表达任何思想的句子。更常出于女性之口的句子和不那么常出于女性之口的句子。真句子，假句子，以及不定的句子。分析的（真）句子和综合的（真）句子。必然的（真）句子和偶然的（真）句子。如此等等，不一而足。

显然不是所有明晰的区分都更重要，也不是只有明晰的区分才能更重要。假如在明晰性和重要性之间存在任何关联，那么情况很可能 271
是，越明晰的区分往往越不重要。

如果我们在所有情况下都能轻松判定一个给定的句子是属于这一类还是那一类，那么相应的区分必定是一个明晰的区分。反之则不成立。例如，在一个明确的数论形式系统中，定理和非定理之间的区分是明晰的。但要判定费马猜想是不是一个定理，却并不容易。

一个区分的重要性，在很大程度上取决于有多少重要的东西我们可以通过这个区分来述说。关于什么东西是重要的，我们当然可以有不同的判断。如果我们改成谈有用性，同样的困难仍会出现。它依赖于我们想把这个区分应用于什么用途。

分析-综合之分的目的之一，大概是为我们提供一幅清晰的知识图景。有许多有趣的事情，我们不能对一般的知识说，但可以分别对以分析语句表达的知识和以综合语句表达的知识说。就这一点是真的而言，分析-综合之分是有用且重要的。

如果大多数真陈述句既不是分析的，也不是综合的，或者无法被判定究竟是分析的还是综合的，那么这个区分的意义就会大大降低。这就好比是说，如果有太多生物既无法被生物学家归为动物，也无法被归为植物，那么那个相应的区分就会变得不那么有用。但只要我们承认，分析语句（逻辑和数学语句，基于语词定义显然为真的语句）有一个基本的内核，综合语句也有一个基本的内核，那么仅仅存在一些边界情形，就还不足以破坏我们用这个区分述说的许多有趣事物的价值。

哲学家们感到兴奋，是因为他们相信，这个区分连带对一个相关的可证实性原则的坚持，能够消除形而上学。然而，并没有决定性的论证支持或反对这个信念。尽管它可以被那些本来就对形而上学冷眼相待的哲学家用作自我合理化的工具，却有太多明显的出口可用来避开形而上学无意义这个结论。事实上，常识告诉我们，倘若我们以正确的方式解读，有些形而上学是很有道理的。

不少心理学家和社会科学家也对这一区分表现出了热情。显然，
272 他们时常对自己的同事或对手的理论感到困惑，他们感觉这些理论没什么价值，但又不太好反驳。他们发现分析-综合区分是一件有用的武器。他们现在可以敦促他们的对手讲清楚他们所用术语的意义，并追问他们的理论是不是这些意义的严格后承。在第一种情况下，对手是在提出一些伪装的定义。在第二种情况下，他们通常可以辩称，对

手的理论至少是高度可争论的。

借助必然命题都是分析的这个论点，同样的伎俩也被用在形而上学命题上。由于形而上学在传统上不只关心语词的意义，形而上学命题不应该都是分析的。但如果它们不是分析的，它们就不能是必然的。如此一来，它们或者只是与经验科学理论地位相当的大胆假设，或者是直白坦率的胡说。

这引出如下问题。执着地追问一个给定的命题是分析的还是综合的，这真的好吗？当然，有时这是好的，正如一些心理学家证实的。但更明显的是，这并非总是好的。因此，明智合理地运用这个区分是很重要的。问题不在于保留或抛弃这个区分，而在于如何以正确的方式使用它。

有些生物我们不知道该称其为动物还是植物。有些命题我们不知道其真值为何。但尽管如此，我们一般固守动物与植物、真与假的区分。布拉德雷（F. H. Bradley）确曾提到过真之程度的概念。但他的学说已经过时了半个世纪多，虽然历史之摆可能正在往回摆。

我们或许还可以将这个问题与判定一个人是否为秃子的问题相对照。后者公认是一个程度问题。有许多人在这方面属于边界情形。理论上可以通过约定引入一个严格的区分，比如把头发少于 500 根的人称作秃子。假如有某种药物能使有 500 根及更多头发的人恢复其脱落的头发，这一奇特区分会变得有趣。否则，这个严格的区分就会显得异常随意和惹人反感。倘若提倡在分析和综合之间做出严格区分的人们，像拥有此等神奇药物般说话，那将是十分令人不快的。

哥德尔区分了分析性的两种意义：（1）主观意义，即基于人类的定义为真；（2）客观意义，即基于作为客观存在之实体的概念为真。据他讲，逻辑和数学在客观意义而非主观意义上是分析的。[1]

> 273 在这种意义上，甚至整数理论都可证明是非分析的，只要人们对消去规则作如下要求：它们允许在每种情况下只用有穷步就实际完成那个消去。(因为这意味着存在一个针对所有算术命题的判定程序。)

由于分析-综合、必然-偶然及先天-后天这三个区分之间的关系错综复杂，并且它们时常被等同为一，或至少被看作是等外延的，为了讨论总结这三个区分的一种模糊的二分法，把陈述更一般地分为 $A$ 型和 $B$ 型是方便的。

以下这些说法早已是老生常谈：哲学家们有分歧是因为他们对相同的词有不同的用法；哲学不清楚是因为问题本身不清楚；独立地看有说服力的一长串论证和批评，合起来后其真实目的和意义仍然晦暗不明；当哲学家们从他们的推理中抽引出宏大的结论时，一些玄想的成分往往就会混进来。像其他许多老生常谈一样，这些说法都是对的。在哲学中避免这些常见谬误的方法之一是，尽量只说那些可以清楚明确地言说的东西，只有当所有与话题有关的清楚明确的东西几乎被穷尽了时，才可以开始思辨。

例如，对于逻辑和数学的多个领域，我们都有相当清晰的图景，其中真命题几乎普遍被认为是属于 $A$ 型的。在讨论关于 $A$ 型命题的一般问题之前，我们可以先尝试稍微全面地刻画一下这些领域。定义问题是一个困难问题，但如果我们更广泛地考察实际定义，比如词典及数学和科学教材中的定义，而不是局限于少量用滥了的传统案例，也许很多含混的讨论都可以避免。于是，普特南比较了[2]动能的概念和

---

① *Philosophy of B. Russell*, ed. P. A. Schilpp, 1944, p. 150.

② 参见第 318 页脚注②中的文章。

单身汉的概念。$e = \frac{1}{2}mv^2$ 这个陈述与“所有单身汉都是未婚的”这种陈述属于完全不同的类型。普特南讨论了法则簇概念（law-cluster concepts）和框架概念，并品评了它们与更孤立的概念之间的差别。

对于每个给定的划界方式，我们都有至少两个不同的问题。第一个问题是给出一个 *A* 型命题的清单，或者提供编纂这样一个清单的一般方法。第二个问题是论证这个清单或编纂它的方法是正确的。

例如，我们可以想象一个由一群学识渊博的人组成的委员会，其 274
目的是将某个大型图书馆所藏书中的所有真语句筛选出来。完成这一筛选后，我们可以请逻辑学家和数学家挑出其中的逻辑和数学真理，语言学家挑出其中的语法和字义真理。对于涉及技术性术语的真语句，我们询问物理学家、生物学家等专家的意见，以便确定这些语句是否仅根据相关专家对所涉术语的用法就为真。此外，逻辑学家也许还得负责把那些被识别为 *A* 型真语句的句子的所有逻辑后承给添上。

假设以这种方式，我们得到了 *A* 型真语句的一个清单，非 *A* 型真语句的一个清单，以及，很可能还有这样一个清单，上面收录那些我们不知其类型的真语句。那些专家意见不一致的句子，我们也把它们放到第三个清单上。

普通词典可用于协助 *A* 型命题的筛选。当然，使用它们作为指南会存在一些困难。有些关系词典中没有提及（比如立方体有六个面）。我们感兴趣的不是纯语词层面上的句子。我们可以对句子做一些修辞上或其他类型的改写，同时保持其意义不变。这些一般不会记录在词典中，而是记录在语法书或用法手册中。有时词典也会告诉我们过多的信息，即给我们一些不清楚是不是属于 *A* 类型的信息。例如，哥伦布是美洲的发现者。

实际上，随着需求出现，我们会越过词典和日常用法，让专业领域大大精确化。例如，逻辑学使“=”“或者”“并且”“只有……才……”“并非”这些词（或符号）变得更精确。生物学则为“鱼”这类词规定了精确用法。注意，即便在这里，我们还是可以容许边界情形。类似地，在数学和其他科学中，我们发现有必要更精确地使用一些词。

定义中不存在一成不变的优先性顺序。例如，或者速度等于距离除以时间，或者——在行车时——距离等于速度乘以时间。为了确定一个词的意义，我们常常需要进入越来越广阔的语境，并且不局限于逐字解释。如果我们只关心语词，许多词当然都是不可定义的（“时间”“一”等）。词典只给出了“近似的”等价物。我们用不同的方法和工具学习使用语词。词典也许只是其中最不重要的一种。

还剩下一个问题是如何判定一个句子是否属于 $A$ 类型，其标准为何。经常被提出来的是行为主义的标准，比如承诺度，或面对反面证
275 据时放弃一个句子的意愿度，或对确定性的感觉。其中任何一个都可用来为真语句生成一个偏序，所依据的是 $A$ 型特性在句子中出现的量。

如此这般处理，划界问题明显会变得多少有些任意。但不管怎样，这样的进路不可能是正确的。有许多句子，很少有人会认为它们属于 $A$ 类型，但对于它们，我们像对任何 $A$ 类型句子一样确定。例如，“地球已经存在了很多年”，“伦敦到北京的距离不止两公里”，“我的身体是在过去的某个时刻出生的”。结论是，没有任何简单的行为主义标准是充分的。实际上，只要有相当程度的共识，我们不必太担心能不能给出一个判别 $A$ 型句子的明确标准。

似乎可以合理地假定，在我们难以决断其 $A$ 型属性的真句子中，很少有案例是一群人坚称其为 $A$ 型而另一群人坚称其为 $B$ 型的。在大多数情况下，困难在于没有人对那些句子确定属于哪个范畴有坚定的

信念。换言之，我们之所以不能判定一个给定的真句子是属于 *A* 型还是 *B* 型，通常是因为我们无法看出称其为前者还是后者有什么差别。我们可以说，我们面对的是一个伪问题，因为我们既没有迫切的需要，也没有一个无可非议的标准，来对该问题的答案进行裁决。对一个模糊事态的模糊描绘，仍然可以是忠实的。准确性和精确性并不经常相伴而行。误置的精确性有可能是最不准确和最有误导性的。

我们现在转向为答案辩护这个问题。假设我们有了 *A* 型命题的一个清单，它是由我们认为相当可靠的方法生成的。读到它的一个人可能同意或不同意我们这个清单是正确的。假设他同意，那么我们的任务就结束了吗？有人很可能会说，我们的清单最多不过是对语言用法的一个细致报道。但人们想要更多的东西来说明这种必然性——产生这种必然性的是什么？为什么这些句子是必然的？我们期望得到什么样的答案呢？

我们可以回答说，这些句子属于 *A* 类型是因为它们在所有可能世界中都为真，或者因为它们是基于其预定的意义（根据定义）为真，或者因为它们是根据心灵中的一个标准而被看出为真，等等。可以使用这些回答中的一个或全部。它们不是完全清楚的，这并不重要。不清楚的观念也可以相互阐明。而且，所寻求的乃是某种慰藉或宽慰的感觉，至少部分是如此。从历史上看，上述回答中的每一个显然都为某些人提供了这种感觉。当然，如果我们就更具体的领域问更具体的 276
问题，我们能得到更具体的回答。

约定论的回答也许是最诱人的：我们不过是决定这样来使用语词。当然，彻底发挥这一回答会遇到人们熟知的那些困难。事实上，如果我们过于古板地处理这个问题，我们很容易会陷入某种循环或无穷倒退。这与交流问题类似：为了彼此交流，我们须建立某种共同的用法，但为了建立共同用法，我们又须先进行交流。我们能够交流这个事实证明，这种倒退是无害的。

如果每个锤子必须是人造的，而为了制造它，又需要另一个锤子，那么我们就永远无法造出第一个锤子。我们确实有锤子，这个事实证明，上述前提中至少有一个必须是假的。有些命题根据约定是真的，这是一个事实。如果为了引入一个约定，我们需要另一个约定，那么就存在一种倒退。但不存在不可能的事实。

也许，最好是承认一些例外，并假定我们能看出以下这些东西的真实必然特征：三段论或肯定前件式规则，某些基本的同一性命题，如简单的数字等式。这之后，再论证很多其他的 *A* 型真理是根据约定为真，就会变得容易得多。无论如何，很清楚的一点是，**肯定前件式**规则在 *A* 型真理域中占有十分特殊的位置，值得单独对待。类似地，数字等式构成了一个非常基本的类别。

还有许多其他事情与澄清 *A* 型真理的本质有关。除了语词定义问题，很多主要是与逻辑和数学的基础有关。例如，形式系统的定理和不可判定语句，相对于给定的形式系统定义真或分析性，隐定义的本质，各种择代逻辑的可能性，存在与必然性之间的关系，几何学的本质，以及数学的一致性。

约定的概念既吸引人，又牵涉其中。觉得它对解释必然性会作用不小，这是很自然的。但在实践中，我们似乎无法从它那里得到太多启发。①

一起划船的两个人，或布达佩斯弦乐四重奏乐团，都会面临协作的问题。这些问题可由一致的相互预期解决，而后者可由协议或别的什么方法产生。特别地，假如言语交流行得通，对问题的共识就能得

① 对下面五段所触及的问题的一个仔细的考量见于 D. K. Lewis, *Convention: a philosophical study*, 1969。

到保证。如果相同或相似的协作问题重复出现，人们会倾向于遵循先
例，其中先例可以是一个，也可以是多个。这就导向一个约定：在英
国靠左行驶，马萨诸塞州的步行指示灯为红色和黄色，以及一些 277
“靠左行走”的标志。约定可能涉及（明确的）协议或先例。约定涉
及公共知识和关于它是公共知识的知识。

约定（比如一门语言的约定）可通过多种方式被习得。一个以某一门语言为母语的人是该语言之约定的直接参与者。他对相关约定的知识可能只是潜在的知识或默会知识（尽管它是关于一门语言之约定的知识），并且他可能能够在特殊情况下应用约定，但却未形成一个普遍的信念。

根据定义，约定是允许有不同的替代选项的。正是在这个意义上，也只有在这个意义上，约定具有任意性。同样是在这个意义上，决定接受一个公理并不必然意味着一个约定。对一些人不是约定的东西，可能对其他人是约定，因此约定有程度之别。一个约定的复杂后果，可以是也可以不是约定，因为这些后果不一定是普遍知识。政府法律是约定吗？

明确的协议不是唯一可能的约定来源。“协议”这个词包含着一种歧义。如果它指的是明言的协议，那么我们不仅不是通过协议创建所有约定，而且也不能通过协议创建所有约定。我们有布达佩斯弦乐四重奏的例子，还有两个超级大国间的那种心照不宣的协议。或者，人们也许还可以设想一种无穷倒退，并论证说，即使有一些语言约定可以由明言的协议引入，但并非所有的语言约定都可以这样。还有一种倾向是认为，根据定义，语言约定就是由明言的协议创造的。也许协议是一个比约定更宽泛的概念。也许（社会）契约才是那个合适的、更为狭窄的概念。但社会契约似乎不那么蕴涵普遍知识。

交通灯和其他一些信号在一种显然的意义上是约定性的。我们还可以使用言语信号。我们遇到意向、交流和（约定性的）意义的概念。一个动作往往更适于充当符号，如果它易于做出和观察。但对于自然符号如疾病的症状，这不成立。然后我们就被引向可能语言的语义规则（如 $L$ 中的真）。语义规则似乎是毫不含糊的明言约定。现在，似乎只需一小步就可以说，一个现实的语言不过是一个被一群人使用的可能语言。也可以这样说，我们有一个在该语言中谈论真的附加的"语义规则"，这个"规则"就是，当我们做出一个陈述时，它暗含着一个断定号作为前缀。这个附加规则把可能语言现实化了。

但我们尚未触及逻辑，而为了说明逻辑，我们被引诱乞灵于可能世界的概念。至于语法，其作用应该是节省我们的脑力，使语言切实可用。我们应该将行为和文化因素引入诸可能语言，从而使其中一个变得明确。

语言包含约定成分。只要我们乐意，我们可以改变我们的约定：赋予语词别的用法或选用别的语词。这并不意味着，必然真理是由约定创造的。大多数有趣的问题都不受影响。逻辑和算术中的语词特殊在哪里？

说分析性概念不明晰与说它不可理解完全是两码事。

有一些不成文的规则，或非正式的规则，可称之为规则，也可不称之为规则。

激发逻辑的部分和数学的部分的各种好方法，有许多。

我们可能认为存在某种原始逻辑，尽管我们不确定其内容究竟是什么。即使我们同意所有知识对广义经验事实（如遗传事实）有一种基本的相对性，最有趣的也不是此相对性方面。

不可否认，我们觉得显明的东西有可能最终证明不是显明的。但要推翻一个已有的总体观点，我们需要有一个更有说服力的总体观点作为替代。我们对知识本身十分感兴趣。我们必须明白，修正逻辑或算术意味着什么；此等修正所牵涉的东西，远比任何轻率的相对主义所带来的要多。

280

# 第 9 章

# 数学与计算机

## 1 计算机的新用途

研究计算机的新用途，其最终目的必须在广义上是实用的。计算机可以用来做一些熟悉的事，从而减少繁重无聊的工作，降低成本，增加可靠性，以及提高操作速度。更高的准确性和更快的速度，可以使迄今无法达到的目的如太空项目和天气预报成为可能。实用目的也可以是促进我们的知识和理解。很多关于计算机新用途的非正统的实验和推测，都需要以此来辩护。而提醒自己，很多关于计算机的理论工作，长远看也许会被证明是毫无意义的，这可能令人感到沮丧。

有一个类似守恒律的定律。立时可用的应用，如航班预订系统或针对某种给定的机器所打印出的字符的识别系统，尽管在经济上有利可图，在智力上却缺乏挑战性，而那些更令人兴奋的问题，往往也更困难，这几乎可以说是根据定义为真。

例如，计算机作为“思维机器”的一种模型是很有用的，因为我们可以用硬件模型或其上的程序模拟来做实验，它们可以执行一些心智活动。我们的目标倒不是（至少在可预见的未来不是）要复制大脑，毋宁说，我们可以尝试改进已有计算机的结构和功能，使其执行越来越复杂的任务。然而，由于新应用是在质上彻底为新的东西，我们大多数时候会对前路感到迷茫。事实上，这个领域与许多别的新生事物一样，具有一些严重而彼此相关的缺点：没有可依赖的牢固基
础（像牛顿力学那样的），没有可继承的传统，不易积累进步，成果 281
评价标准不够客观，容易陷于夸大和欺骗，等等。

还有一些更安全的用途，它们不是狭义上实用的。例如，计算机的概念本身为一些哲学问题——如心身问题和意识的本质问题——的讨论增加了一个新的维度。在数学领域，我们也可以举出一些毫无争议的例子。计算机已经被用作处理非线性问题的助探工具。复杂的数据不仅本身有用，还可以为更一般情形的抽象数学问题提示解法。还有一些工作志在改进数论中的一般定理，而其方法是将它们归约为一些可在大型计算机上处理的特例。在数值分析中，对不同步骤间的联结性环节进行机械化排序，是一件令人向往的事，这样可以发挥计算机在自动化方面的优势。

## 2　数学对计算机发展的影响

令人惊讶的是，具体数学理论和结果对计算机发展的影响十分有限。我们能提到的可能只有两件非常基本的事情：用于电路设计的布尔代数和二进制记数法。关于理想化计算机的抽象理论，几乎没有实践上的影响。

从更一般的角度看，抽象理论当然对计算机使用者有很大的教育价值。此外，不管纯数学家怎么说，编程都是十分典型的数学活动，因为它涉及大量以符号和数字进行的“思想实验”。总的来说，某种数学精神对于计算机的使用至关重要。事实上，随着当前重点从硬件

转向软件，人们可以预期数学的影响会增加。

关于计算机的数学研究很有吸引力，但并不容易，因为它常常需要新的概念工具，以得到所要证明之定理的正确表达。正在开发的一些方向是：（1）寻找关于计算机和程序的更实际的理想化模型；(2) 将计算机程序与更标准的逻辑和数学公式相关联，以便帮助简化和调试程序；（3）为证明乘法一般地比加法复杂建立一个自然的框架；(4) 给出能行方法的适当概念并证明旅行推销员问题不可解；(5) 建立一个关于模式识别的数学理论。

282 当然，有可能更高层次的抽象会为如何使用计算机带来某种秩序和统一性。人们可能会想到高中数学中的一些熟悉的例子：巧妙的算术应用题变成程式化的代数题，初等几何中的精巧证明在解析几何中变得可以系统地处理。

## 3 逻辑数学

总的来说，形式化或使模糊程序变精确，对于拓广计算机的应用范围具有实际价值。这也许是逻辑与计算机之间的最基本的联系。正是在这个方向上，长远看有可能实现大规模的数学革命。随着越来越多的数学证明被机械化，人对数学活动的贡献将不得不少一些程式化的方面，而多一些富有想象力和创造性的内容。

自动化证明的最初尝试和有限成功源自如下认识：数理逻辑在形式化方面已经达到了相当先进的水平。进一步的努力揭示了，逻辑作为对数学的一种形式的和系统化的处理，其成就有它的局限性。十分粗略地说，我们需要的不是数学教材原则上的形式化，而是数学活动实践上的形式化。目标是要丰富逻辑（或数学），使计算机可以辅助纯数学家，至少与它们现在辅助应用科学家一样多。这需要彼此相关的两个方面的机械化：形式化已发现的证明；抽象出一般的方法，为寻找新定理的证明提供指导。似乎有必要发展一种“逻辑数学”，此想法必定会引起纯数学家的反感，他们会觉得这是数学家与图书馆员的混合。事实很可能是，较之于“数学语言学”与机器翻译之间的关系，这样一门学科与自动化证明之间的关系要紧密得多。不仅如此，它甚至可能是一条最有前景的途径，将带动“人工智能”之潜力和局限性研究的全面进步。

形式化显然对计算机的所有应用都很重要。计算机的存在依赖于一个基本的事实，即我们有进行数值计算的精确规则。借助类比论证，我们或许可以认为，计算机在心智活动方面的深刻应用将首先在数学证明机械化领域实现。与博弈活动相比，这个领域更丰富，对所 283
有智力工作也更重要。

## 4　数学推理作为一种机械过程

数学推理是机械的这个论题有多重蕴意。它不只意味着数学证明可以形式化；它要求证明方法的机械化，而不只是将给定的非形式证明形式化为一种可机械地检查的形式。这个论题的一个歧义之处，在于如下两种解释间的差别：一是仅仅要求能以某种方式机械地做数学，二是要求机械化我们做数学的实际过程，后者更强一些。例如，根据第二种解释，这个论题会要求我们将以下这些过程机械化：个体数学家如何寻找证明，数学是怎样被教授的，数学共同体如何就是否接受某些结果（为真）这个问题达成共识。如果人们的兴趣是确定这个论题是否能以一种可想象的方式为真，采取第二种解释是有优势的。但如果人们只是想用计算机做尽可能多的数学，那么合理的做法就是不要为忠实于人类实际如何做数学而操心。这里我们得到了人工智能与仿真做对比的一个例子。

对于一般的机械论问题，数学的确定性和精确性有特别的吸引力。有人可能认为，我们在这里得到了大量可用于测试心灵机械论的明确数据，其价值或可媲美于行星运动数据对力学发展的作用。然而，由于我们没有关于数学活动的明晰精确的数据，这种诱人的特征实际大受限制。就像桌面游戏这个不那么严肃的领域一样，与关于何为好的翻译或从什么数据提取什么模式的规定相比，最终结果要精确得多。换言之，即使我们对活动过程的知识在所有这些领域都是模糊而有限的，现有数学作为一个完成了的产品，比大多数其他基本的心智活动领域要明确得多。

在形式化方面，现代逻辑有两个主要的成就。第一是彻底确立了如下结论：全部数学都可以还原为公理集合论，并且只要不嫌麻烦，可以在该系统中完全形式化地——在机械可检验的意义上——再现数
284 学证明。第二是司寇伦和艾尔布朗的结果，根据这些结果，通过把数学定理理解为谓词演算中的假言定理（相关公理蕴涵该定理），我们能够以（原则上）机械的方式搜索每一个数学证明，以确定一个相关的艾尔布朗展开是否包含矛盾。尽管这些结果令人赞叹，而且对于数学证明机械化工程大有鼓舞作用，它们仍然只是一些理论结果，而无法确立数学推理（甚或其主要部分）在本质上是机械的这个更强的论题。

这个尚未被确立的强论题令人兴奋之处在于，我们所面对的是一个全新类型的问题，它呼唤一门全新的学科，这门学科对心灵与机器这个历久弥新的问题会产生广泛影响。它要求我们以系统的方式处理数学活动。虽然这并不是要我们实现机械仿真，但它确实要求对我们做数学的过程进行一番仔细的研究，以便确定非形式方法如何可由机械化程序替代，以及计算机的速度优势如何能用来弥补其不灵活性。

这是一个结局仍很不确定的领域，而好事多磨，于它也不例外。但我们的确对它所要求的这种心理学、逻辑学、数学和技术的新奇结合充满期待，渴望从中得到惊喜。

有一种在算法式方法和启发式方法之间做出的错误对比。每个程序都要包含某种算法，而对于重要的发展，不完全策略或启发式方法是必不可少的。因此，没有重要的程序能避免这两者中的任何一个。也许更显著的是拟人化方法与逻辑方法之间的对比，前者以普遍问题解决者为特征，后者则是艾尔布朗定理的精致化。这种两极分化在我看来是不可取的，它体现了我所谓的还原论综合征。

一般来说，还原论者会被某些模式的力量或美打动，并希望在它们的基础上构建一切。上述两个对立的极端，似乎在实践上——如若不是在理论上——共享了这种还原论的执迷。依我看，应该对与料，亦即已有的数学证明和证明方法，进行更多的反思性考察。的确，对人来说自然的东西，对机器来说不一定是自然或方便的。因此，盲目模仿人类不会太有成效。但尽管如此，已有数学却包含了丰富的材料，构成了我们对数学推理之理解的主要源泉。合理的做法是从这一宝库中提炼一切可机械化的东西。换言之，我们应当力求还原与反思 285
间的互动，由于缺少更合适的名字，姑且可称之为辩证法。

反思主义者更严肃地对待已有人类知识所提供的材料，并且常常不能给出一概而论的答案。在其极端形式中，我们会到达现象学，它是严肃的哲学，但与技术进步几乎没有直接关系。例如，一些非结论性的论证被提出来以支持这样一种观点：某些心智任务，如清晰地分类，容许模糊性，区分本质和偶性，以及那些对初级意识有依赖的活动，本质上都不可能由计算机来执行。尽管这些讨论有助于使人们聚焦一些长期问题，我们目前还没有足够严格的、关于可实现计算机和可行算法的概念，以证明甚或推测这类不可能性结果。

尽管这些极端立场前途未卜，在自动化证明领域将还原（综合）和反思（分析）方法协同起来却是十分可取的。特别地，在目前阶段，人们对艾尔布朗定理的沉溺，在我看来反映出了一种还原主义倾向，应该用对与料（已有数学）的更多反思加以调和。例如，在数论中，我们显然应该使用**最小的**反例，而不仅仅是反例。在数学的每个分支中，除了所有分支共有的普遍特征，我们还应该引入该特定分支独有的那些特征。此外，我们对节省公理不再感兴趣，而是更倚重导出规则（元定理）。随着我们逐渐进步，每个阶段的已有知识需要被更仔细地消化和组织，以便使机械复现变得可行。更具体地说，我认为对大量的已有证明进行广泛而系统的考察在目前阶段是有价值的。

如果我们反思一下数学活动，会发现它有一个显著的特征：人们能够同时在多个层次上工作。不必在某个层次结构的较低层次上达到完美境地，人们就可以在更高的层次上活动。而我们很难想象机器也能做到这些。其结果，人们通常更易于适应如下做法，即充分利用机器当前具备的能力作为一种辅助（比如，当数学家自己已经将一个一般定理归约为一些关键的特例时，借助计算机来验证这些特例）。但自动化证明的主要目的当然是增强计算机的概括能力以承担新类型的工作。

很可能存在不同层次的教学活动，我们可以用对它们进行机械化的难易程度来度量它们。例如，欧拉曾谈到，他的定理常常是通过经
286 验实验和形式实验首先发现的。虽然这些实验大概率是容易机械化的，但决定做哪些实验，以及随后找到其所揭示定理的正确表述形式和证明，这些步骤都属于更高的层次，也更难机械化。据报道，拉马努金曾对一辆出租车的车牌号 1724 发议论说，它是可用两种不同方式表示为两个数的立方和的最小的数。这则轶事中反映的拉马努金的

记忆和计算能力，对计算机来说大概不难实现，但要一台计算机证明他的大部分定理，就没那么容易了。不过，我们猜想，比之于数论中其他许多更著名的定理，拉马努金的定理更容易由计算机证明，因为前者更“概念化”，更远离计算。公理集合论近年来变得愈加数学化，而人们得到的印象是，对于相对简单的结果，长形式证明比简洁的高等证明——它们可以在专家之间高效地交流——更容易被机械地发现，

在最高层次上，庞加莱比较了魏尔斯特拉斯和黎曼。黎曼是典型直观的，而魏尔斯特拉斯是典型逻辑的。在此情况下，一个自然的想法是认为，机械地获得魏尔斯特拉斯的结果要更容易些。哈达玛①曾比较他对庞加莱的作品和埃尔米特②的作品的不同感受，并声称他发觉埃尔米特的发现更神秘③。充分发挥我们的想象力，我们也许愿意说，哈达玛会觉得设计一个程序来发现庞加莱的结果而非埃尔米特的结果要容易得多。

沃拉斯④提出，产生单个思维创造的过程包含四个阶段：准备阶段，酝酿阶段，顿悟阶段，验证阶段⑤。这与庞加莱关于数学发现的演讲⑥在观点上不谋而合。哈达玛和李特伍德⑦详细讨论了这四个阶段。第一和最后阶段是有意识地进行的。其中，准备阶段包含两部分：个人的长期教育，以及学习和消化关于所研究问题的已有知识的

① Jacques Solomon Hadamard(1865–1963)，法国数学家。——译者注

② Charles Hermite(1822–1901)，法国数学家。——译者注

③ J. Hadamard, *Psychology of invention in the mathematical field*, Princeton, 1945.

④ Graham Wallas(1858–1932)，英国社会学家、心理学家和教育学家。——译者注

⑤ *Art of thought*, 1926, pp. 79–107.

⑥ H. Poincare, *Science and method*, 1908.

⑦ J. E. Littlewood, ‘The mathematician’s art of work’, *The Rockefeller Univ. review*, Sept.-Oct. 1967.

当前任务。验证阶段则包括使模糊的想法精确化和填补缺口（特别是开展一些计算）。要将这些阶段机械化，已经是一个艰巨的任务，而从酝酿到顿悟的过程，则似乎在原则上就与现有计算机运算过程属于不同的类型。鉴于酝酿含有休息的意思（暂停对最初问题的有意识的思考），我们也许可以说，这一阶段的重要性源于人类的一种弱点，而机器则不需要这种休息或暂停。

287 数学活动的一个有趣的方面是专家们在相互交流证明时所表现出的那种高效简明。它预设了一个模糊但有用的区分，即新证明和程式化证明之间的区分。在记忆一个证明时，优秀的数学家往往只保留最简单的轮廓，需要的时候，它足以唤起整个证明链条上的所有细节。这表明数学家头脑中有一种十分灵活的结构，它几乎从不在书面作品中出现，但有时可以以一种高度非形式的方式被传授。一个与此相关的能力是在形形色色的语境中使用那些意蕴丰富的一般概念，如开集、对角线证明和树。

数学证明在何种意义上是可形式化的，这是有争议的。总的来说，过分关注形式化似乎妨碍我们发现新结果的能力。一定程度的形式化常常有助于教授一个证明，一般而言，也有助于与稍微不同背景的人进行交流。

我们可能希望将存在于一位优秀的集合论学家头脑中的集合论结构形式化。其难度看起来是巨大而令人生畏的。很难看出我们如何能让这样的努力显得有价值——注意，这样的长周期项目可能比证明新定理更难开展。

# 5　有穷计算和无穷数学

## 5.1　物理局限

毫无疑问，我们无法拥有任意小或任意快的计算机组件（比如开关）。物理学应该能计算出这些量的下限或上限。这种类型的局限不会以任何不可避免的方式影响无穷数学过程的意义。当然，假如没有这样的局限，我们应该就能简单地用物理实无穷证成数学无穷。但我不觉得有理由在这种不切实际的假设上浪费时间。

信号干扰及绝对可靠的组件不存在这些问题，在一定程度上可以通过冗余法来解决。例如，冯・诺依曼[①]断言，如果基本元件出错的概率不高于 $\in = 0.005$[②]（百分之一的一半），那么我们可以通过多数符合组件（majority organ）（置信度 $\Delta = 0.07$ 为佳）任意地改进机器的可靠性。冯・诺依曼的方案未考虑其他一些复杂的因素，但有理由相信，对于适当长度的计算，我们在做出充分的努力后，能够将可靠 288
性提高到我们希望的任意高度。

简而言之，我们希望区分两类问题：一方面是关于计算的速度、可靠性、规模和长度的物理局限的科学问题；另一方面是关于任意长的计算的认识论问题。科学问题很重要，它们包含不同的、彼此关联的方面，其中每一个都需要仔细注意。而认识论问题，至少就我们目前讨论的目的而言，本质上只是一个问题，即如下这个显然的事实：不可能有物理机器来执行任意长的计算，不管是要求完全不出错，还是只要求出错的概率不高。对于这个认识论问题，我不认为确定性和

① J. von Neumann, ' Probabilistic logics' , *Automata studies*, eds. C. E. Shannon and J. McCarthy, 1956.

②　原文为 0.05，与括号说明不符。——译者注

高盖然性之间的区分是个核心问题。我将撇开建立一个物理计算理论这个富有挑战性的问题，而专心研究实际计算的有穷性本质在哲学上的蕴意。后面这个基本问题的主要特征在大整数的加乘这样简单的事情上已经有完整的表现。

有一台机器能进行任意长度的计算和任意长度的计算都有某台机器能完成，这之间确实存在差别。不存在一台机器 $M$ 可处理所有长度 $n$，但同时，对于每个长度 $n$，都存在一台机器 $M$ 能处理它，这在逻辑上是可能的。对于这样一种逻辑可能性是否现实，我们不做猜测。但两者在物理上都是不可能的，这一点我们视为理所当然；特别地，因此存在某个大整数 $N$，我们永远无法以合理的精度做长度为 $N$ 的计算。对于那些不喜欢这个假设的人，我们可以将我们的讨论建立在如下较弱的假设上：（ * ）没有物理机器能正确完成任意长度的计算。

这是否意味着，不存在任何程序能计算 $\pi$ 的值？数学存在问题是出了名的有争议的。我们习惯于说，存在无穷多的素数；存在一种能行的方法，利用这种方法，我们能为每个 $n$ 计算 $\pi$ 的第 $n$ 位数值；存在一个相对简单的能行函数 $f$，使得 $f(n)$ 等于 $\pi$ 的第 $n$ 位数值。断言不存在这样的程序，不仅需要援引假设（ * ），更严重的是，还需要使用如下约定：(#) 一个数学程序的存在只能由一个物理地可构造的机器的存在来确立，该机器可将这个程序执行到任意远的步骤。

即使在应用无穷数学时，物理学也与实在和可执行的程序有着更
289 紧密的联系。物理理论的实验确证必须经过可执行的测量和计算。数学通过一些不可执行的东西提供了一条迂回路径。只要不可执行的数学的应用被接受，物理学家为了帮助完成这种应用，就能像数学家一样合法地研究这类东西。

## 5.2　数学及其应用

约定（#）给数学和物理学都带来一些严重的问题。有人也许会认为，数学可以作为“纯形式系统”继续存在，而物理学不能隐藏在这些形式物背后。这充其量只是回避问题。我们选择突出自然数和实数的“形式系统”，这显然不是随意为之。为什么我们会偏爱形式系统中的某一些而非另一些？

与单纯的游戏相比，数学的一个显著特征是其应用。人们并不只用或主要用可应用性来为纯数学的研究做辩护。数学在其高等阶段有它自己的生命和追求。例如，美和优雅以及深刻性，都是数学工作评价的常用标准。

但无穷数学以令人惊叹的方式被用于自然现象的研究，这是一个不可否认的事实。就应用而言，无穷已被证明是一个十分有用的迂回策略。有人或许会问，假如我们完全消除此策略的运用，情况不是会更好吗？但如何做到这一点，我们尚无任何指南可循。事实上，善用无穷的数学思维方式是如此根深蒂固，很难理解为何我们竟要放弃这样一个强大的工具。

不那么激进的做法是保留我们所拥有的，但更仔细地审视作为迂回策略的无穷，并尝试尽可能多地从中提取可执行的内容，同时用可经验的事实和更具体的直观来证成无穷数学。

这些方向的尝试并不陌生，但与完全消除无穷的做法相比，它们一般没那么极端。毋宁说，它们代表了数学家内部的一些争论，这些数学家想要消去高等无穷（实无穷）而代之以简单无穷（潜无穷），或利用后者来证成前者。因此，我们有了直觉主义和有穷主义，以及用递归函数或可构造集——在“可构造”的某种适当的意义上——重建古典分析的种种尝试。总的来说，这些努力还没有取得决定性的

290 成功，即没有实际改变常规的数学实践。但某种适当推广的递归进路，最终可能会证明是看待数学的一种有益方式。

也有一些关于严格有穷主义和超直觉主义的零散讨论，它们拒斥非“可执行的”数。特别地，叶塞宁·沃尔平①试图以此为基础证明现行集合论的一致性②。他所给出的证明十分晦涩，有些人认为它只是一个精心制作的笑话。但毫无疑问，作者本人对自己的计划是认真的。

## 5.3 数学活动

数学活动是一个自然现象，像所有机械活动和心智活动一样，它是有穷的。这一不可否认的事实本身并不能排除无穷数学。毋宁说，它排除了那些过于复杂而无法被人理解的证明。例如，尽管“$\pi$ 的第十亿位数是 7”这个命题原则上是可判定的，我们目前却没有一个对该命题或其否定的可理解的证明。

我们在这里所说的不是什么有争议的东西，而是数学的一个在基础讨论中被严重忽视的方面。人们可以接受通常的数学实践，也可以选择某种不同的数学观。但不管怎样，只有当相关数学共同体接受了一个定理，并且有人理解了它的证明，这个定理才能说是得到了确立。实际执行对数学来说很重要，不过不是在展示 $\pi$ 的第十亿位数字这种狭隘的意义上，而是在一种更广泛的意义上，即被某个人类心灵实际地理解（一种心智活动）。关注数学的这个方面甚至可以帮助我们解决一个根深蒂固的争论，即应用对数学而言究竟有多么重要。追

---

① A. S. Yessenin-Volpin(1924–2016)，苏联裔美籍诗人和数学家。——译者注

② A. S. Yessenin-Volpin, ‘Le programme ultra-intuitioniste des fondements des mathematiques’, *Infinitistic methods*, 1961, pp. 201–33; and in *Intuitionism and proof theory*, ed. J. Myhill, 1970, pp. 3–45. Compare also D. van Dantzig, ‘Is $10^{1010}$ a finite number?’, *Dialectica*, vol. 9, 1956, pp. 273–277.

求优雅是数学的一个核心，其原因可能是，作为一项心智活动，数学必须是清晰的、一目了然的。而优雅一般能拓宽我们所能控制的复杂性范围。

## 6　逻辑与计算机

### 6.1　历史和哲学背景

数理逻辑与自动计算机之间常听人说起的联系有两点，一是可以用（序列）布尔函数表示计算机的基本构成单元，二是编程语言和逻辑符号系统很相似。结果是，无论是对于计算机的制造，还是对于计算机的使用，适当了解逻辑都是必不可少的。早在 1656 年，莱布 291
尼茨就在他的第一部出版作品中构想了一种普遍的科学语言；今天，许多人都在积极寻求一种通用的计算机语言。弗雷格自 1879 年起就心心念念要将算术还原为逻辑，算术运算通过本质上是逻辑函数的电路在计算机中的实现，可以说是以一种极为务实的方式完成了这个任务。

逻辑和计算机之间的一个更基本的联系也许是对算法的共同兴趣。尽管巴贝奇[①]在 19 世纪 30 年代就开始设想和建造具有现代计算机的大部分特征的分析机，但直到 20 世纪 40 年代，在艾肯[②]、冯·诺依曼和其他人的努力下，自动计算机才开始出现。另一方面，逻辑学家们不仅对算法进行了十分成功的抽象研究，还澄清了机器与算法之间的关系，后者主要是通过图灵的理想机器理论实现，这一切都发生在 20 世纪 30 年代。

---

① Charles Babbage(1791–1871)，英国发明家。——译者注

② Howard Hathaway Aiken(1900–1973)，美国发明家、计算机科学先驱，于 20 世纪 40 年代成功研制出世界上第一台实现序列控制的大型自动数字计算机。——译者注

传统上，算法研究并不属于逻辑领域。逻辑学家对形式化的关注是逻辑和计算机密切联系的最深层根源。从欧几里得到《数学原理》，数学证明形式化的追求经过了漫长的演化，最终导致机械化成为判断是否完全成功的终极标准。这一使证明形式上精确的愿望，更关注具体结果而非形式化理论。直到20世纪20年代，希尔伯特、贝奈斯和其他一些人才开始研究元数学：证明理论，形式系统理论。这里的区别可以用乘法验算法中的“弃九”验算法来说明。该验算法是一个关于特定整数乘法常用技巧的元数学结果，它告诉我们，只要一个数的各位数字之和可被9整除，这个数本身就可被9整除。这个例子同时表明，数学和元数学之间的区分并非泾渭分明。因为，我们可以用 $10^n \equiv 1(mod9)$ 这个简单的关系，轻松地将上述结果表述为一个简单的数论定理。并证明它。

正是对证明论的关注，首先引导艾尔布朗将计算过程抽象地定义为一种特别简单的证明类型。尽管图灵据说在熟悉许多当时的逻辑学成果之前就已经形成了他的机器理论，但他显然学得很快，不久就将其工作置于主流之中。给出一个一般的算法定义，对这个问题的惊人简单的解决，无疑是关于计算的抽象研究迅速发展的一个重要原因。

292

## 6.2 在工程学和数学之间

逻辑是数学和哲学的混血儿；而实际计算机的诞生则是一件工程学伟绩。对于那些对这个模糊定义的领域——它被称作“逻辑与计算机”——感兴趣的人来说，这一起源上的分歧带来了严重的社会学和科学难题。社会学方面的讨论偏离本书主题太远，不适合在这里展开。

科学方面的问题在于，大多数有雄心的人都觉得枯燥琐碎的工程学和无聊的智力训练一样令人厌恶。而且，除了一些不负责任的推测，现阶段似乎没有多少成果可以提供。此问题的源头可以往回追溯很远。应用数学的每个分支都有一个内在的困境：每一项成果都是要么没有充分的应用，要么不够数学。在每种情况下，我们都需要做出耐心的辩护。

图灵机和实际的计算机一直被多少相互独立地研究，但人们渐渐产生一个愿望，即理论与实践的结合。事实业已证明，这是一项极其困难的任务。诚然，我们得到了一些笼统的基本结果。如果不考虑速度和潜无穷长纸带的问题，图灵机和实际计算机等价。事实上，图灵机还有其他一些配置形式，它们更接近于实际的计算机，例如，用包含少量基本指令的程序表示的图灵机。因此，既然图灵机上存在不可解的问题，在实际计算机上，相应问题也是不可解的。另一个例子是这一结果，即擦除功能理论上对图灵机并非不可或缺。因此，磁带（相比于纸带）在理论上不是制造计算机所必需的。

除了图灵机，还有一种名为“有穷元自动机”的更简单的计算机模型被广泛地研究，并且有时人们还以想象猜测的语气拿它与人脑比较。这一优雅的模型同样催生了许多令人惊叹的数学结果。必须强调的是，关于机器的数学理论是一门年轻的学科，到目前为止，它做得很好。而且，它有重要的优点：追求它几乎不需要天赋智力之外的任何设备，并且它许诺伟大的事情一定会到来。但伟大之事是稀有的。现在需要的不是数量，而是对高品质的追求。

在更加理论的层面上，对不现实的算法和抽象机器的研究——不
是作为孤立的理想化，而是与逻辑和数学的其他部分联系在一起—— 293
产生了许多有意义的数学结果。而且这些结果通常可以用非常简单的术语来陈述，虽然它们的证明不是这样。就其内在的智性价值和潜在应用而言，它们似乎像分子生物学一样有广泛的吸引力。

## 6.3 不可解问题

工程学主要研究如何制造东西，而数学更关心证明某些事情在某些一般条件下能不能完成。证明某些事情不可完成，有特别的吸引力，因为这样的结果以否定的方式涉及一个给定的方法的所有可用资源。例如，在平分一个角时，我们只用到尺规作图方法的一小部分资源；而在证明三等分任意的角不可能时，我们需要对能以尺规做出的所有可能的构造有一个清晰的概念。正是在这一证明不可解性的领域，对理想化机器的抽象研究产生了最具数学趣味的结果。特别地，逻辑和计算机理论之间的互动尤为引人注目。

逻辑学家们熟知的一点是，所有数学理论都可以在初等逻辑的框架内进行表述。因此，如果我们能一般地判定一个陈述是不是一个逻辑定理，我们就一样能判定一个陈述是否在某个给定的数学理论中可证。这一事实解释了为何希尔伯特学派将判定问题，即判定一个逻辑陈述是不是定理的问题，视作逻辑学的主要问题。

自 1920 年起，波斯特致力于解决此问题，其方法是阐述一个更一般的问题，它涉及任意乘积系统——初等逻辑系统是其特例——中的可推演性。这最终导致了形式系统的一般概念，以及间接地，计算过程的一般概念。此外，这种抽象的表述形式使对明显简单的情形进行实验——以期发现一些有助于处理一般情形的普遍模式——变得可能。

不幸的是，作为获得积极结果的手段，这一诱人方法总的说来很无力。波斯特[①]在 1920—1921 年间研究——1943 年始公开——的第一批例子中的一个，至今仍未被解决。考虑所有由 0 和 1 构成的（有

① 波斯特和图灵的相关论文，可参考 *The undecidable*, ed. M. Davis, 1965。

穷）字符串，并使用如下两条十分简单的规则：如果一个串以 0 开头，就删掉其开头的三个字符并在其末尾处添加上 00；如果它以 1 开 294
头，就删掉其开头的三个字符并在其末尾处添加上 1101（如果字符串包含的字符少于三个，就停下来）。问题很简单：我们有没有一个一般的方法来判定，对于任意的两个字符串，其中第二个是否可由第一个通过上述两条规则得到？

另一方面，一旦走出这一步，即将可解性等同于乘积系统或其他某种等价方法——比如图灵机——下的可解性，波斯特的方法就可用来建立一些否定性结果。事实上，图灵 1936 年就提出并论证了这样一个等同，并应用关于图灵机的结果证明了判定问题不可解。最近，在铺砖问题所提供的生动的辅助工具的帮助下，这一结果得到了大幅度的改进，可以说已经接近尽善尽美①。这类工作展示了应用机器理论获得基本的逻辑结果的丰富可能性。

在其他数学分支中的一个应用是诺维科夫②关于群的字问题不可解的证明③，这个结果被马尔科夫④用来证明四维同胚问题是不可解的。三维同胚问题仍然是一个开放问题。最近，马蒂埃西维奇⑤证明了希尔伯特第十问题不可解⑥：不存在判定整系数多项式方程有无整数解的普遍方法。这也意味着，对于有加法和乘法但无量词的数论，不存在判定程序。有一个希尔伯特第十问题在串联问题上的类似物尚

---

① 也称为“多米诺”问题。在 Bell system techn. jour., vol. 40, 1961, pp. 22–24 中被首次引入。关于进一步的发展，可参阅 R. Berger, Memoirs of Am. Math. Soc., no. 66, 1966。

② P. S. Novikov(1901–1975)，苏联数学家。——译者注

③ P. S. Novikov, Trudy Mat. Inst. Steklova, vol. 44, 1955, p. 143.

④ A. A. Markov(1903–1979)，苏联数学家。——译者注

⑤ Ju. V. Matijasevicz(1947– )，俄罗斯数学家和计算机科学家。——译者注

⑥ Ju. V. Matijasevicz, Soviet math, dokl., vol. 11, 1970, pp. 354–358.

未得到解决[1]。

不可解问题的一个（形式上）简单的例子是如下字问题。考虑由 $a$、$b$、$c$、$d$、$e$ 五个符号构成的符号串（字）和以下七条互换规则：$ac \leftrightarrow ca$，$ad \leftrightarrow da$，$bc \leftrightarrow cb$，$bd \leftrightarrow db$，$adac \leftrightarrow abace$，$eca \leftrightarrow ae$，$edb \leftrightarrow be$。判定任意两个字是否根据这些规则是等价的，这是一个不可解的问题。如果我们把第五条规则中的 $e$ 换成 $c$，则所得系统的字问题是可解的。

## 6.4 形式化

从数理逻辑的丰富领域中，我们选取了与计算机特别相关的两个方面，即形式化的理论和实践。不可解结果属于理论方面，而个别数学证明的形式化或“从逻辑推导数学”，则属于实践方面。在这后一方面，逻辑与计算机的互动在一个更具体的层面上意义重大：逻辑学
295 的发展与实际计算机的强大能力结合在一起，给我们带来了数学证明机械化的希望，这不只是在原则上，而且是在实践上。

正如在工程领域中的情况一样，在这项建设性的事业中取得普遍结果的可能性很小。但与工程师不同，我们不关心实际地制造事物，并且在每一个案例中，我们确能得到精确结果。

对机械化的兴趣意味着形式逻辑的重新定位，它要更追求效率。特别地，这意味着，对公理和初始概念节俭性的要求需补充以对大量概念和规则的准确阐述，这些概念和规则构成普通数学家的工具库。

用初等数论里的一个例子最能说明这一点[2]。假设我们想证明：$(*)\ x > 1 \to \exists y(Py \wedge (y \mid x))$，即每个大于 1 的整数都有一个素

---

① 关于该问题——A. A. Markov 也独立地提出了它——的一个陈述，可参阅 M. H. Löb, J. symbolic logic, vol. 21, 1956, p. 66, footnote。

② 更多同类思考，可参阅 Proc. IFIP Congress, 1965, vol. 1, pp. 51-58。

除数。

我们假设已经给定了一个有组织的信息库 SF，其中首先列出的是 +、·、< 的性质，然后是 $P$ 和 | 的性质，后二者可能涉及更基本的概念 +、·、<。SF 是有组织的，因此查找所要的性质不需要太多搜索。

基本的证明策略是假设该定理为假，进而尝试从最小的反例导出一个矛盾，这体现了数学归纳法原理的一个机械上方便的形式。所设想的最小反例构成一个“不明确的常项”，它不仅具有所有整数都有的普遍性质，还具有源于“它是一个反例”这个假设的特别的性质。在像（∗）这样的简单情况下，援引 SF 中的信息并使用一些简单的真值函项演绎后，我们很快能得到一个具有矛盾性质的不明确的常项。应该强调的是，下面的证明只是一个示例简述。要证明更复杂的定理，需要大致同类型的更精细的策略。

为了证明（∗），我们首先假设它为假，并令 $m$ 为其最小反例：

(1) $m > 1$

(2) $Pb \to b \nmid m$

(3) $1 < a < m \to Py_a \wedge (y_a \mid a)$

目前唯一的不明确常项是 $m$。为了得到 $m$ 的更多性质，我们用 $m$ 替换上面的 $a$ 和 $b$。

(4) $Pm \to m \nmid m$

(5) $1 < m < m \to Py_m \wedge (y_m \mid m)$

查阅 SF，尝试借助 SF 从（1）、（4）、（5）导出一些简单的结 296
果。在 SF 中找到 $m \not< m$，删除（5）这个平凡真语句。在 SF 中找到 $m \mid m$，并从（4）推得：

(6) $\neg Pm$

现在（4）可以删掉，因为它是（6）的一个直接后承。我们现在有了（1）、（2）、（3）、（6）。查阅 SF 找到 $P$ 的定义性质并应用到 $m$ 上：$\neg Pm \leftrightarrow \exists x(1 < x < m \wedge (x \mid m))$。根据（6），我们得到：

(7) $1 < x_m < m$

(8) $x_m \mid m$

$x_m$ 是一个新的不明确常项，宜以之替换目前已得的一般陈述即（2）和（3）中的自由变项。

(9) $Px_m \rightarrow x_m \nmid m$

(10) $1 < x_m < m \rightarrow Py_{x_m} \wedge (y_{x_m} \mid x_m)$

从（1）、（2）、（3）、（6—10）推导真值函项后承（先不使用 SF）。

(11) $\neg Px_m$，根据（8）和（9）。

(12) $Py_{x_m}$，根据（7）和（10）。

(13) $y_{x_m} \mid x_m$，根据（7）和（10）。

现在利用 SF 中的信息：$(a \mid b) \wedge (b \mid c) \rightarrow (a \mid c)$。

(14) $y_{x_m} \mid m$，根据（8）和（13）。

用不明确常项 $y_{x_m}$ 替换（2）和（3）中的自由变项：

(15) $Py_{x_m} \rightarrow y_{x_m} \nmid m$

(16) $1 < y_{x_m} < m \rightarrow Py_{y_{x_m}} \wedge (y_{y_{x_m}} \mid y_{x_m})$

根据（14）和（15），我们得到：

(17) $\neg Py_{x_m}$，与（12）矛盾。

显然，我们没有列出所有行不通的路径，在实际编写一个机器程序之前，需要更准确地规定这个方法。但我们认为，上述提纲表明，在现有机器上可以写出相当自然的程序来证明像（*）以及 $2x^2 \neq y^2$（$x$，$y$ 的取值范围为正整数）这样的定理。

298

# 第 10 章

# 心灵与机器

## 1　机械论的诸方面

今天，生物学家们普遍接受的一个信念是，所有生命形式最终都可以由支配无生命物质的自然法则来解释。这一信念经常被称为机械论或唯物主义。根据这种观点，生命科学的终极目的是通过物理学的原理来说明生命（和心灵）的起源和性质。心理学可还原为生理学（大脑的机制），生理学（和生物学）可还原为化学和物理学（生命的机制），化学可还原为物理学。生命（和心灵）现象的复杂性来源于其所涉大量对象的复杂组织，而非支配基本对象的基本法则本身的复杂性。

此论的一个工作假设是，无论物理学的基础存在哪些不确定性，以及这些不确定性将被怎样解决，它们都不会对作为上层建筑的生物学（和心理学）有严重影响。在很长一段时间内，生物学中的结果都将是充分稳定的（或不精确的），不受基本粒子理论变化的影响，这一点似乎是毫无疑问的。然而，并非同样清楚的是，基础物理学中未解难题的解决也不会影响用物理学完备地解释生命的终极计划。

可以区分机械论的两个方面。假如我们在自然界发现了一个复杂的机器，我们会预期它依照物理学法则运转，尽管我们可能既造不出它的复本，也无法很好地解释它如何产生。物理法则通常对（初始的）边界条件不做规定，而一个新物种的首个个体的出现则需要具
299 体的边界条件，后者要求历史的说明。正如我们对物质结构比对宇宙史有更准确的知识，可以设想，有朝一日我们会在物理和化学方面很好地理解一种动物 A 是如何运作的，但同时对特定物种的首个个体是如何产生的，却没有令人满意的说明。在这种情况下，我们会感到，我们对动物 A 这一生命现象还没有达成一个完备的机械论说明。

个体的历史起源和个体的合法则的活动之间的区分，不必拘泥于机器是由一个行动者（人）出于特殊目的而创造的这一观念。对于机械论的大多数信奉者而言，机械论观点当然不蕴涵生命是由某种更高的行动者出于某些目的而创造的这种看法。换言之，尽管可以说机械论是在断言人是机器，但它显然并不涉及机器概念中的另一因素，即机器系由人造的。（当然，从某种意义上说，人的确是人造的；但我们这里考虑的不是此义。）

如果我们将物理学与生物学进行比较，我们会震惊于它们之间的巨大差异。生命包含着时间之矢，无论是在演化的意义上，还是在个体衰老的意义上。而物理法则却没有时间之矢。或者说，生命的起源是一个惊人的独特事件，因为要从 20 种氨基酸得到某个包含 400 个氨基酸的氨基酸链，概率只有 $1/20^{400}$。有些人将生物学比作工程学。但它们至少在一点上根本有别，即生物学研究自然对象，而工程学关心的则是制造东西。

在说明计算和控制装置如何运作时，我们只考虑所用材料的机械和电学特性。我们应用简单的物理定律控制机器各部分之间的相互作用，基本忽略物质的原子结构。但在漫长的有机体演化史上，却不能

做这样的排除，实际上我们相信，演化史上的许多结果都是通过自然界中原子和亚原子层面之互动的广泛试验得到的。如是观之，当被视作物理系统时，生命在我们看来是如此的复杂，就殊不足怪了。通过指出这一丰富的复杂性来源，机械论或还原论也变得更难拒斥。这个观点还会让我们怀疑，分子生物学中忽略微观物理力的简单化假设，长远来看是否合理。

当然，关于机械论或还原论论题，有许多含混不清的地方。例 300
如，我们可以询问它是一个工作假设，还是一个预言，抑或是一个定义（除非我们已经得到了机械解释，否则就未结束）。物理定律随物理学的进步而改变，机器的概念也随时间发生变化。当我们在物理上实现了抽象机器，我们也许会发现，比如说，物理性质与爱、同情和怨恨等情感联系在一起。我们可能想要区分本体论的还原和认识论的还原。从热力学到统计力学的“还原”，被一些人认为是成功还原的范例，而在另一些人看来，它是还原论的一个明确的反例，因为在这个例子中，整体之秩序来自其部分之混乱。

如下这类观点对人有天然的吸引力：整体大于部分之和；变化是基本的，普通科学方法通过解剖和抽象扭曲了它；或如霍尔丹[1]所说，当生物学和物理学相遇，消失的一方不是生物学。相比于论证这些断言为真或为假，更令人关心的是为它们找到清楚的意义，后者是进一步思考的基础。也许，生物学之于物理学会如同量子力学之于经典力学那样？或者，我们会得到一些支配不同整体的定律，它们无法被分解为关于部分的定律？又或者，生命和心灵扮演如此重要的角色，以至于物理现象成为生命现象的一部分？

---

① J. B. S. Haldane(1892-1964)，英国生理学家、生物学家和数学家，新达尔文主义的奠基者之一。——译者注

是强调生命，还是突出心灵，其所引发的态度十分不同。不知何故，人们觉得，对生命而言，机械论眼下具有科学意义，而对心灵而言，我们仍处于哲学或猜测之域[1]。心灵和身体之间的差异当然不同于桌子和电子之间的差异或机器的逻辑状态（共相）和结构状态（物理实现）之间的差异。也许，唯我论者在某种程度上算是机械论者。不管怎样，人们有这样一种感觉：他人之心比自己之心更接近于机器。人们还倾向于被有关于思考自身的机器的倒退问题困扰。设想一个机器有自我意识，令人深感困惑[2]。

逻辑学家们对自己拥有一个关于机械程序概念的精确阐释感到自豪，这个阐释是借助递归函数或图灵机实现的。这一与计算机研究相关的机械概念自然而然也给出了一个关于机械论的概念。这种数学意义上的机械论提出了不同的要求，造成如下后果：一方面，它引入了无穷问题，使原来的问题变得更混乱；另一方面，即使是今天的物理学理论也有可能不是机械的，如果所谓机械是指可观察物相对于初始边界条件是递归的。例如，考虑这样一个函数 $f(n)$，其函数值依第 $n$ 天有无日月食——根据我们今天所接受的物理定律——分别为 1 和
301 0，$f(n)$ 就可能是也可能不是递归的。而唯物主义或物理主义的机械（机械论）概念则似乎更为根深蒂固。我们倾向于认为，我们有找出

① 生命和心灵之间的对比令人想起笛卡尔的一个观点，即动物是机器而人却不是（参见 *Discourse on method*，part V，especially p. 116 in the edition of E. S. Haldane and G. R. T. Ross）。他的主要论据是心灵的多样性和灵活性，以语言能力为突出例证。这样，“尽管机器在某些事情上能像我们做得一样好，甚至可能更好，它们在其他方面却一贯不足，通过这种方式，我们可以发现它们不是依知识行动”；“它从不能以多姿多彩的方式安排其语言，以恰当地回应它所听到的一切，而即使最下等的人也能做到这一点”。虽然这些论断不无道理，特别是对现有机器而言，它们却难以说是严格的结论性证据。例如，拉美特里认可笛卡尔提出的测试，但仍论证说人是机器。

② 关于自我意识机器的一个诱人讨论见于 M. Minsky，‘Matter，mind and models，’ *Proc. IFIP Congress*，65，1965，pp. 45-49。

刚提到的函数 $f(n)$ 的值的机械程序（通过无休止的观察），无论 $f(n)$ 是否是递归的。此外，至少在经典物理学中，微分方程是相对简单的（基本函数是连续的），它们的解相对于初始条件是递归的。因此，机械论的两种意义并不像初看起来那样不同。

人是不是机器与机器能不能思考是不同的问题。可以设想有一种能思考的机器，甚至它在其他方面的行为也像人一样，但在结构上却不同于人。这样的成就无疑将有助于我们理解大脑的功能，但却不必提供给我们任何像是对实际大脑的物理说明的东西。另一方面，如果目标是证明人不是机器，那么很明显，只需证明机器无法思考，甚或证明机器无法证明像人一样多的算术定理，就够了。人们有时倾向于在这两个截然不同的问题之间含糊其词。

行为有三种不同的用法：标准、意义和方法论。把造出行为上像人的机器当作目标，这看起来很合理：作为一种成功标准，行为是十分有用的。但这与仅通过观察行为来研究心理学的方法论大大有别。对行为之外的其他因素做更深入的研究，很可能是更有成效的方法。意义问题也不同于单纯的标准。事实上，更丰富的意义概念还可能有助于发展一种更好的方法。

为了避免过分强调言语行为的重要性并专注于纯智力特征，我们可以想想不那么绘声绘色的测试游戏。给计算机输入一些问题：证明下列定理，将下述段落译成法文。还可以和计算机玩棋类游戏。这不排除以打字的方式进行交谈。假如一台机器把这一切做得很好，我们会说它是有生命的或有意识的吗？我们只能从外部行为判断他人的心智状态。复杂行为能力与意识有关。

说机器没有生命所以不能有意识，这只是在逃避问题，因为对于生命，我们也面临类似的问题。另一个论证是说，机器的行为在原则上是可预测的，因此它没有自由意志，所以机器不能具有意识。这两 302

个推理都是有问题的。“有自由意志”“不可预测”和“有意识”这三个属性是否相互蕴涵，这一点并不清楚。

假如我们发现了一个行为像人一般的机器人，但又不了解其背景，我们可能无法分辨它是不是机器。同样可能的一种情形是，我们知道它是机器，但依然愿承认它是有意识的。一个十分清晰的问题是，假如有一天我们能造出行为上和人一样的机器，我们是否会说它们是有意识的？我们很可能会。但这似乎不是一个那么有趣的问题。有一种模糊的感觉是，二者间有某种更深刻的差异。

行为深情款款的“无心的情人”，这是一个有点奇怪的概念。它可能与类起源问题有些相似之处。或者，它的意思或许只是说，在非正常的条件下，它或她的行为可能会有所不同。如果我们不知道任何可设想的方式来区分两个对象，那么我们似乎就有理由认为它们是不可区分的。

有人建议我们教机器一门语言并让它讲真话，然后我们就可以问它，它是否有意识。这种困难转移看起来帮助不大。例如，我们可以教它说:“记住你的起源，你不是人。只有人才有意识。”想必我们不愿对问题预下判断。但不管怎样，为什么它应该比我们更好呢？如果我们对它的教育是成功的，它所使用的语言就会反映我们语言中用的不明确的标准所包含的一切含混性。如果有这样一个我们能教的机器，就好像我们是在教一个人一样，而且它在其他所有方面也像人一样反应，那么预期它会在相信自己有意识这一点上也像人一样行动，这不就是很合理吗？区分理论问题和实践问题的基本趋势有许多后果。当可行性被完全忽略，我们失去了一个基本的限制要素。这表现在人们的诸多尝试中，如物理学的公理化、还原论的意义标准的寻求以及使用图灵机讨论人的机械本性，等等。当我们抽象掉太多，剩下可用的就变得太少。想发现有趣的东西，一个关键之处是找到正确的抽象层次。我们必须将理论与实践相结合，只是我们常常达不到那种富有成效的结合。

机械论议题的复兴主要是由于分子生物学的成功和大型计算机的发展。从现象学到技术，人们在不同层面上对此进行了讨论。我们将主要关注计算机的影响，因此人和机器的问题就收缩为心灵与计算机的问题。在这一总标题下，我们将思考人工智能或机器智能及其与理 303
论心理学的关系，比较大脑与计算机，并尝试从关于理想化计算机的数理逻辑结果得到一些大的哲学推论。

关于数学论证那一节，展示了一个一般的论证类型，它意在表明机器有一些人所没有的局限性。在这些论证中，我们往往使用一些理想化，并将实际表现与能力相对比。即使当我们找到了关于机器局限性的严格结果，我们也无法证明心灵不会有类似的局限。而理想化往往掩盖大部分更本质的方面。

总的来说，直接应用精确的数学结果，得出关于广泛的哲学和方法论问题的概括性结论，此种做法有些令人不安。所涉的那些问题通常不够精确，无法与现有的抽象结果相耦。通常，被攻击的都是些我们原本就隐约心存不满的观点。但尽管如此，如果一个结论的论证有误导性，接受该结论本身却不妨碍我们对那个论证进行批评。反对行为主义的某些论证就是例子。

其中一个论证断言，行为主义将人等同于有穷自动机。但没有有穷自动机能对任意整数做乘法，而人却可以（或具有做这件事的程序），所以行为主义必定是错的。这一反驳看起来过于简单，难以被认真对待。图灵机可以做乘法，而有穷自动机与图灵机之间的区别在概念上是不易察觉的。独立于这些理想化机器发展出来的行为主义概念，竟然明确到如此地步，以至于承认对心灵的有穷自动机解释，但却排斥对心灵的图灵机解释，这看起来十分不可信。

另一个论证说，即便人是有穷自动机，行为主义也是不恰当的，因为仅仅通过考察输入和输出，我们无法准确确定其内部状态或预测其未来反应。此论证依赖于一个假设，即我们不知道该有穷自动机有多大。但我们可以争辩说，我们能给出其尺寸的一个上界，这样一来原论证就失效了。况且，众所周知人能够做乘法和使用语言，严肃的行为主义必须考虑这些并不显然在有穷自动机的能力范围之内的行为。

## 304 2 计算机与大脑

我们很清楚计算机是如何工作的，但要让计算机完成所有大脑能完成的智力任务，我们还有很长的路要走；大脑可以做很多事情，但我们对其工作机制却知之甚少。这种双重的无知导致了一些不合理的、或肯定或否定的结论。例如，人们观察到，在计算机背后的设计原理和大脑的一些粗糙的解剖学特征之间存在一些模糊的相似性；计算机现有的一些非传统应用被描述为智能行为的典范。然后这些被当作有力的论据，用以证明所有智能都是复杂开关网络之符号-操纵能力的自然结果。我们可能喜欢或不喜欢这个结论。但很容易发现，对于机械论这一强结论，上述论证有几分草率。

事实上，沿上述路线进行的某种常见形式的论证，或者是循环的，或者使用了模糊的类比。这里涉及两个基本的观察。（1）大脑在一定程度上与计算机相似。（2）大脑的输入和输出之间的任何确定的因果关系，原则上都可以由类似计算机的开关网络来实现。从这些比较可信的观察出发，人们得出了关于大脑与计算机之间关系的一些极强的结论。借助（1），人们不知怎地就得出结论说，（3）大脑的活动总是表现确定的因果关系。因此，结合（2）和（3），人们就得到如下强结论：（4）大脑是一种计算机。即使抛开（1），人们也有可能倾向于彻底接受（2）和（3），不过这将显得是在玩弄“确定的因果关系”这个有歧义的短语。计算机只能以确定的因果方式活动这个前提是完全合理的，但在使用它从（1）推得（3）时，人们似乎进行了一种跳跃。

或许，人们的目的不是确立（4）这个强结论，而只是呼吁要让（3）对越来越多的大脑活动为真，并且针对这些“确定的关系”，将（2）从“原则上”加强为“实践上”。然而，目前我们对这个问题的认识还很有限，我们还未准备好在大脑的计算机模型方面做出适当广泛而富有成效的工作，更不用说把已知的物理定律应用于神经网络，并由此将智能当作一个不可避免的结果导出。今天，计算机在神经科学中的应用仍然十分乏味（处理数据等，就像在粒子物理学和应用科学领域中的情况一样）。更确切地说，人们当前对计算机与大脑的兴趣主要是发现计算机的一些令人惊奇的新用途，而且不是沿着神经 305
科学的方向，而是沿着机器智能的方向。

现有（数字）计算机与大脑的粗略比较，已经显示出二者之间有许多明显的差异，这些差异的相对重要性仍不得而知。神经元在数量上要比计算机的功能单元多；神经元更小，更慢，耗能更少。大脑的活动在很多方面都不那么界限分明。神经冲动并不是纯电子的，而是有几个方面：电子的、化学的和机械的。大脑混合了数字运算（神经冲动）和模拟运算（化学分泌、肌肉收缩）。大脑更广泛地混合了串行运算和并行运算；大部分神经元是经常同时活跃的。大脑使用神经冲动的统计学性质（阈值、频率和相关系数等）；大脑中的连接不那么精确和有条理，至少从局部上看显得相当随意。这些并行和不精确的特征，或可说明大脑对个体神经元出错的容忍能力，使大脑在低精度的同时实现高可靠性。记忆在神经系统中的位置、容量和物理化身问题，很难确定。疲劳和从疲劳中恢复的现象，在计算机那里没有合理的对应物。

在心理学层面，人一般通过例子来学习，而计算机则只能按完整、详尽的指令行事。我们非常希望能引入一些方法，使得计算机能像儿童一样从几个例子中概括出覆盖广泛相似情形的特征。目前还难以看出，我们如何能通过巧妙的编程实现这一点，因为无论是提取数据（经验），还是提取借以从数据得到那种普遍化的机制（学习过程），抑或是用计算机术语表达所得到的那种普遍化，都是很困难的。实际上，这一事实经常被当作一个典型的例子，用来说明计算机无法处理对心灵至关重要的“默会知识”。有人建议我们探索新型的计算机和计算机组件。比如，不再由单个组件执行简单的、易于描述的功能，而是由一组组件一起来执行这样或那样的功能。

这听起来与整体大于其部分之和的困难概念有一种危险的相似。我们也许可以设想，一整套数据同时作用于一组组件（参照视觉），但那些组件选择性地做出反应，使得整组组件的总体反应依赖于个体组件之反应的综合。在这一想象的图景中，并行运算是当然之事。此
306 外，一个可取的做法是不要数字化所有数据，从而使至少某些组件担当模拟装置（analog device）之用。

如果大脑确实是一台机器，那么原则上可由一台计算机来模拟它，因为现有计算机在一种理论的意义上是通用机器。这是一个十分空洞的论证。无论这个论证显得具有怎样的力量，它都来自一个模糊的感觉：如果大脑不是机器，它还能是什么？事实上，这个论证的前提与物理机械论的涵义并不完全相同：它说的是，如果大脑是一台数字计算机（图灵机、递归机器），这个论证不过是同义反复。即便我们不知怎么知道了该前提为真，我们的处境也不会好多少。一台机器模拟另一台机器的速度，会被用一种机器“描述”另一种机器的机

制大大放慢；这也是反对思维模拟的一个论证。当然，更严重的问题是，我们无法精确、详尽地描述大脑中的回路，甚至也无法精确、详尽地描述大脑中每个组分的活动。

当我们的兴趣是机械论的可设想性时，有一个自然的倾向是用否定性的数学结果来论证不可设想性。一方面有一种想象上的失败：怎么可能有另一种机器？另一方面，具有自身模型的通用机器在理论上并无困难。从这种理论的角度讲，甚至还有一种无害的无穷倒退。现实现象是有穷的而数学却易于走向无穷，这个事实造成了一个不易解决的问题。放弃无穷意味着放弃太多；但要详细说明数学的可应用性，却又十分不容易。

## 3　人工智能或机器智能

首先要做的，似乎是对有关于心灵与计算机之比较的一系列问题进行分类、关联和整理。粗略地说，存在着计算机最终能做什么的哲学问题，以及计算机在不久的将来能有什么更好的方法的科学问题。我不认为，为了表明研究计算机的新用途是合理的，我们必须相信，计算机没有任何人类所没有的局限，一切人类思维都可以机械化，等等。我们不仅不知道这样的一般陈述是否为真，还对它们的意义缺乏严肃的了解。我们无法以任何实质的方式想象，这样的陈述为真或为
假是什么样子，因为我们对人和计算机的能力和局限都没有清晰的概 307
念。计算机在科学和商业应用方面取得了巨大成就，没有人有好的客观理由反对人们对发现计算机的新的有趣应用表示期望。经常引起争论的，毋宁说是那些代表计算机做出的、关于心智活动的更广泛的主张和承诺。而这些正与所谓的人工智能有关。

根据这个术语的广义用法，人工智能有多种不同的领域，例如：

（a）模式识别：特别是信号处理和图像模式识别。

（b）问题求解：特别是定理证明，“启发式”问题求解，人机协同（在问题求解活动中的）。

（c）大脑和心灵模型：特别是自组织模型，生理建模，集成人工智能系统（机器人），人工智能编程系统和模型。

（d）语言和理解：特别是问题系统和计算机理解，与人工智能相关的语言学研究。

人工智能还可区分出不同的进路：以大脑为中心和以心智为中心；模拟和构造。考虑所有可能的组合，我们能得到四种不同的进路。

以大脑为中心的模拟是生理学导向的；而构造则探究行为和学习的简单、基本的原理，旨在找到自组织的（有适应能力的）系统。

由于我们对神经系统如何识别模式、学习和使用概念等几乎一无所知，沿大脑方向实现复杂的思维过程，无论通过模拟还是构造，其希望无疑是渺茫的。眼下，也许更局限的工作，如为章鱼或马蹄蟹的视觉系统建模，对于神经生理学的研究是有益的。

顺便说一句，最初模型是在更字面的意义上被理解，而实验是通过机械和电子设备进行的。如今，人们则习惯于在通用计算机上用程序完成这一切，充分利用计算机及其程序的灵活性。

根据一种用法，人工智能限于我所谓的心智过程的构造，也就是说，它研究心智而非大脑，并漠视模拟问题。这一狭义的人工智能与思维模拟密切相关。它们的不同在于一个强调结果，一个强调过程。狭义人工智能的目标是用计算机尽可能好地完成智能任务，而不管它
308 们是否是以类似于人类心理过程的方式进行的。汽车不像马，飞机不像鸽子。这不意味着我们不应该思考人会如何做数学，并尝试利用人会使用的一切切实可机械化的设备。只是它不要求整个过程是一个忠

实的模拟，它也更少声称对心理学研究有任何重大的直接联系。相比之下，模拟进路则以使计算机像人一样做事为荣，而不仅仅是获得相同的最终结果，如赢一盘棋。抽象地说，模拟和心智建模听起来像是一个不错的主意：它们致力于将计算机应用于心理学；假如计算机程序做得不太好，我们总有借口说，我们的主要兴趣不是效果而是思维过程；特别地，“心智模型”使我们能测试备选的心理学理论。

模拟和构造两种方法都有一个难以解释的元素，它将人工智能与更中性的刻画，如思维的机械化或计算机的非数字应用，区分开来。这一元素引起了更广泛的兴趣和更尖锐的争议。它的目的是找到这些具有真正价值的心理概念的机械论解释：意义、目标、理解等。它声称是一种新的、更好的心理学方法，尤其是对理论心理学而言。另一个不那么重要的相伴特征是如下信念：对于使用心理语言作为描述机器的一种积极强大的工具，已经存在充分的技术基础。什么对这个学科是基本和重要的，关于该问题，对心智的关注产生了一个模糊的概念，它不同于那个更简单的标准，即直接的实践应用和明显令人印象深刻的新工作。

在我看来，不再强调模拟是一种解放，不再强调心理学则是进一步的解放。毫无疑问，心理学考量可以是一个宝贵的意见来源。但科学进步往往来自做我们能做的事，并常常更依赖于关于成效性和优雅性的局部标准。在我们当前的无知阶段，作为应用数学的思维机械化，可能比理论心理学更有利于长期的进步。为了谈论这个更中性的领域，我将使用机器智能这个名称。

有一种批评是说，现有的计算机无法模拟或匹敌心智，这些机器实际做和能做的不过是穷尽的搜索。并因此得出结论，数字计算机无力执行任何有趣的智能任务。这并不排除，未来的不同的机器会做得 309
更好。但即便在这一局限的话题上，人们也不确定能支持或反对这个论点。我觉得，说计算机尚未做出有趣的智能工作，它们还远不能被严肃地称为思维机器，这也许是公平的。然而，并非同样清楚的是，现有计算机的潜能已经被如此充分地挖掘，以至于我们可以下结论说，它们无法被编程成冠军棋手。很可能它们可以，如果足够多的人才对这个项目感兴趣。从事数学研究会更严肃和更有趣：事实上，对于目前是否应该集中精力做这个项目，我感到很难决断。目前更不清楚的是数字计算机能做和不能做什么这个更一般的问题。例如，图灵有个想法看起来是大错特错了，他认为缺少的只是编程上的努力①："如果过程中没有什么被扔进废纸篓，那么大约六十名工人持续工作五十年，也许就能完成这件工作。"无论如何，令人向往的一种情况是，支持者和反对者能彼此协作一起寻找真相。

## 4 人类思维的计算机模拟

麻烦在于我们不知道我们在模拟什么，我们对我们的模拟对象（心智）了解得不够，没有充分清晰的理论可以在计算机上检验。尽管我们的大部分智力活动是有意识的，在此意义上我们对我们的精神或心智过程比对我们的大脑过程知道得要多，但这些知识是如此不精确，以至于不足以支撑任何有分量的模拟结构。自由运用这些知识作为发展机器智能的辅助手段，似乎才是这些知识在计算机和思维的一般领域中所能承担的适当任务。

初看起来，模拟的想法中似乎包含一种循环。一方面，理解人如何完成复杂任务是发现能做类似事情的程序的一个主要线索。另一方

① 参见 A. M. Turing, 'Computing machinery and intelligence,' *Mind*, vol. 59, 1950, pp. 433–460。

面，我们之所以诉诸计算机模拟，是因为我们不理解人是如何做那些工作的。答案显然是，我们对总体策略有相当好的了解，但却缺乏关于人如何工作的细节知识。复制完整的个体细节既无必要，也不可取。这个回答指明了模拟概念的一种基本的不稳定性：由于模拟只是 310
在整体水平上进行，它依赖于每个人关于人如何在整体上活动的理论，而不具有“模拟”这个词所暗示的忠实复制的性质。

由于模拟概念本身的不稳定性，判断一个程序是否在进行模拟并不容易。例如，在“逻辑理论家”盛行的早期阶段，我曾设计出一个更简单、效果更好的程序[1]。但与流行的意见相反，仍然可以宣称，我的程序也是一个模拟，只是它是对更复杂的人的模拟。

对模拟的一个更为严重的反驳是，在最核心的领域，即便是从整体上讲，我们也不知道心智是如何筛选、组织和找回信息的。我们的“相当好的了解”不过是粗糙的、有点道理的猜测。即使在一种深层的意义上心智确实以机械的方式活动，也很可能还有其他的机械解决方案，它们可以被更直接地达到，而无须那么强调模拟。为了机器智能的目标，获得更多的智能程序比获得在某些方面与心智表面上相似的程序更重要。而且实践上确定的一点是，额外的限制只会阻碍进步。我相信，从长期看，模拟方法最终会被决定性地证明是机器智能的低效进路。事实上，我甚至感觉到，模拟进路现在就已经停滞不前。

在关于心智和计算机的讨论中，人们经常会遇到对“信息处理系统”这个歧义性术语的玩弄。由于心智和计算机都是信息处理系统，有人告诉我们，我们最终将不得不在用计算机模拟心智上取得成功。但这种含糊其词是在窃取论题，至少可以说，该论题依然是开放

① 对照‘Toward mechanical mathematics,’ *IBM Journal*, vol. 4, 1960, pp. 2–22。

的。心智是否与计算机在同样严格的意义上是信息处理系统，我们对此知之甚少。

某些精神现象更为机械，其他精神现象则没那么机械。与计算机的相对距离是因活动和人而有巨大差异的。因此，“他思考起来就像一台机器”并不是一句空话，而某些程式化的文书工作也被普遍认为是相当机械的。

计算机作为信息处理机器，一般不被认为包括模拟装置和动力装置。因此，尽管很容易设想一台制造机器的机器，这样一台机器却不（仅仅）是计算机。当然，给计算机连接一些别的机器，如显示设备、动力单元等，不是什么严重问题。盼望某人、感到疼痛、感到愤
311 怒或焦虑、渴求某物等都是精神概念，与计算机十分遥远。而理解和意图也许是介于这些概念与问题求解和模式识别之间的东西。

预期机器智能在与计算机的符号操作过程最接近的领域中更易取得成功，这似乎是很合理的。因此，毫不意外，逻辑共享了计算机的一些热度。

例如，常见的数论一致性证明给出了一个程序，凭借它，给定任何关于一个有条件的存在陈述 $\forall x_1 \cdots \forall x_m \exists y_1 \cdots \exists y_n R(x_1, \cdots, y_n)$——其中 $R$ 是递归的——的证明，我们都能找到一些十分简单的递归函数 $g_1(x_1, \cdots, x_m)$，…，$g_n(x_1, \cdots, x_m)$，它们满足那个条件。这已经被用来将寻找程序的任务归约为证明定理的任务。这样，那个给定的陈述就被解释为想要一个程序，对于任意的作为输入的 $x_1$，…，$x_m$，它会计算出 $y_1$，…，$y_n$ 作为输出，其中 $y_1$，…，$y_n$ 应当与相应的输入一起满足 $R$。函数 $g_1$，…，$g_n$ 一起给出所求的程序。

众所周知，一个程序是否会终止，可以用谓词演算中的公式来表达（事实上，形如 $\forall\exists\forall$ 的简单公式就足够）。因此，给定一个程序，我们可以不问它是否会终止，而代之以问它所对应的公式是否是

一个定理。

这样的评论具有理论意义。但人们的第一反应是，由于理论与实践之间存在普遍差距，它们几乎不会有任何实践上的重要性。然而，我相信，这些可能性值得进一步的探索。

## 5　思维纪要和理论心理学

当谈到计算机与心理学之间的关系时，我的信念就没有那么坚定了，原因很简单，我对作为一个科学领域的心理学的现状没有确定的了解。但我想更仔细地研究一下计算机模拟的一个十分明确的具体领域，可能不是相对于心理学的现状，而是相对于人们关于心理学应当是什么的固有概念。

思维纪要是对说出来的思维过程的记录，即被试在求解问题（比如命题演算问题）的同时对自己的思维活动进行报道。我们在这方面的处境很好。针对一个给定的问题类，思维纪要被从固定的一群人（一般是大学生）那里收集起来。借助“归纳”，人们得到一个计算机程序，并期望它会以与大学生类似的方式应对这些问题。这个程 312
序相当于可接受思维纪要检验的理论。这样的图景看起来很符合科学研究的经典素朴形象。此外，它似乎无须诉诸任何可能会引起行为主义者不快的东西。

此类实验有几个难点。

（1）如何进行归纳？为了解释数据，人们使用了某种高阶理论的一整套装置：目标、子目标、配对，等等。这个方面很可能会令行为主义者不快，但并不必然构成一个反驳。

（2）计算机的作用是什么？可以想象整个实验由计算机的手工模拟来完成。有人会反对说，手工检验大量例子太麻烦。但请注意，我们并没有高效地使用计算机，因为我们没有利用计算机的力量来帮助解决任何单个的问题，而仅仅是用它做一些无聊的、重复性的工作。这有点像是把一台大型计算机用作加法机。

（3）为什么不直接问自己？很明显，我们的愿望是收集各种各样的数据，从而为归纳准备好基础。另外也有自负的成分：我太过复杂，我们感兴趣的是普通人的行为。在这方面，下面这一点变得很清楚：目标不再是让计算机在某些问题上尽可能做到最好（就我们能使它做到的而言），而是说明某些人是如何行动的。作为机器智能，该程序过于简单，作为心理学，该实验太复杂而不能是基本的。在我看来，对数量（思维纪要的多样性）的兴趣是逃避更困难的概念问题的一种方式，至多只能增添一些有助于打动外行人的花边。

（4）非言语行为怎么办？我相信，人们会坦承，我们试图模拟的不是文字的思维纪要，而是人头脑中发生的活动。但显然，我们无法准确描述我们头脑中的活动。现在，程序意在对应那个内在机制（或心智），而其输出则对应思维纪要。一个显而易见的反驳是，即使输出确实对应思维纪要，也无法保证程序会忠实地表征内在机制。不过，更严重的问题当然是，对于任何真正有趣的情形，我们都没有成功得到能给出正确输出的程序。有人证明了许多困难的定理。但谁会相信，我们可以收集他的思维纪要并得到一个程序，后者能证明同样难度的定理？

313 （5）或者，考虑一下教学问题。我想我们都会同意，在当前阶段，我们还不知道如何写出一些程序，它们能将一位教师所传授的信息充分组织起来，从而表现得像一个普通大学生一样出色。但如果我们能从思维纪要成功设计出程序，我们就能“教”计算机与学生比赛。再者，考虑庞加莱关于他的一些伟大数学发现的“思维纪要”。尽管它们很有启发性，我们却不相信——即使他制作了更多的思维纪要——有人能仅仅通过学习这些思维纪要成为大数学家（甚至在计算机模拟的帮助下也不行）。当然更没有理由相信，至少在目前的条件下，相较于直接用于辅助培养数学家，我们在程序设计上能更好地利用这些思维纪要。

有人可能会说，我们最初感兴趣的只是普通人的实践，而非天才如何工作。但问题是，如果我们能用这种方法查明普通人如何工作，为什么它在别处就会失效呢？我们觉得，答案是十分令人沮丧的。在简单情形中，我们知道如何使一台计算机做某些事，**尽管**它做这些事的方式可能与人十分不同。

我毫无保留地相信，以现行方式对思维纪要的广泛使用，不是直接促进机器智能的好方法。但要给出明确理由反对另一种看法，即此类研究可能有间接价值，或者它们是好的理论心理学，则困难一些。我只能以一种不确定的、迂回的方式，尝试表达一下我的疑惑。

我曾读到过一个论证，为使用计算机模拟方法研究心理学做辩护[①]。据论者说，问题是要找到一种语言或演算，它可用来表达或阐述解释某个人类思维或行为领域的理论。自然语言不在考虑之列，因为，“一门科学要成长，最终就必须发展出比普通语言所能表达的更精确的方法和概念。当心理学家的那一天到来时，他该走向何方呢?”经典数学、符号逻辑和概率演算都不合适。“通过一一排除，心理学家……即使不被快速赶入，也一定会被渐渐推向这样的方向，即视计算机程序为做这件事的自然方式。”只当一个论证来听，这话就好像是说，计算机程序是我们最后的救命稻草。人们应该想到，在未来很长一段时间，自然语言仍将是心理学的最优工具，并且不管怎

① 参见 G. A. Miller 在 *Computer and the world of the future*, ed. Martin Greenberger, 1962, pp. 118–121 中的相关评论。

样，当心理学研究对它们确有明确要求时，演算或语言之类的工具总
314 会被找到或制造出来。前述论证的力量很可能在别的地方。我们清晰思考困难问题的能力几乎是恒定不变的。看待事物的新方式会让我们从迟钝中摆脱，而计算机提供了思考心理学问题的新方式。当然，计算机和来自计算机的概念在心理学中的应用不必限于模拟。

令人遗憾的是，基于其简短历史上实际发生的那些事情，“人工智能”这个词不仅被与思维模拟相联系，还被与关于计算机很快能做什么的过分乐观的预测相联系。另一方面，如果我们否认机器智能对人类心理学研究的直接关联，我们似乎就会失掉一种强大的吸引力，尤其是对于一般公众关于为计算机寻找新应用这整个领域的想象而言。不过，这也许不会是一个纯粹的损失。

无论如何，我们似乎拥有两个互补的指导原则。(1) 充分挖掘现有计算机的能力：做那些对计算机而言简单但对人而言复杂的事。(2) 有一些了不起的事，我们想让计算机来做，并且我们模糊地感到，它们是现有计算机或某种与之相似的东西能做的事。第二个原则表明，我们应该找出计算机相对于那些遥远目标如模式识别的弱点，并努力消除这些弱点。核心任务之一是发展出关于该领域工作的一个充分稳定的价值评判标准：只有到那时候，我们才能得到旧学科的巨大优势，并因此不再为这样的感觉感到沮丧，即我们能做的没有趣，有趣的我们又不能做。一个相对稳定的框架将有助于在不同结果之间做出区分，孤立地看，这些结果不会显得很有趣：我们将能判断，某些方向上的进步比另一些更重要。

有人可能会说，稳定的标准会通过自然选择进化。这很可能是对的。但这种进化需要很长时间，并且不管怎样，我们在每个阶段都必须做出选择和决定。我自己的一隅之见是，自由研究机器智能，不要为所谓的忠实模拟和对现时心理学的直接相关性而担忧。而我——从

现在到不太远的将来——最喜爱的主要领域，是数学证明的机械化。

我并不想否认从机械角度思考人类知性活动的魅力。我也不是要论证，从长远来看，计算机的非数字方面不会成为心理学研究的重要工具。我只是看不出——这无疑在很大程度上是由于我自己的无知， 315
与不那么受欢迎的、对机器智能的另一方向的艰苦追求相比，这一方向的近期前景会同样光明。

## 6　数学证明

用哥德尔的不完全性结果来证明人比机器能做更多的事，这方面的尝试有许多。但实际上，关于抽象机器的一些同类型定理，与机械程序的局限性有更直接的关系。

可以将图灵机视为拥有无尽的存储空间（比如一条可无限延长的存储带）的数字计算机。一个不可解问题（这样的问题数量众多）就是一个无穷的问题类，其中每个问题都有一个“是”或“不是”的答案，并且没有图灵机能正确地回答所有这些问题，亦即每台图灵机都会对某些问题给出错误的答案或给不出任何答案，无论允许多长的作答时间。众所周知，存在许多这样的不可解问题。我们的疑问是，这类数学结果是否证明机器具有一种人没有的能力缺陷①？

---

① 通过考虑数学活动来证明人的优越性的一个相当早的尝试见于 E. Post, ‘Absolutely unsolvable problems and relatively undecidable propositions,’ in *The undecidable*, ed. M. Davis, 1965；论文约写于 1941 年。“这使得数学家远不只是一种能快速完成**机器**最终也能完成的事情的聪慧存在物。我们看到，**机器**永远给不出一个完全的逻辑；因为一旦这个机器被造出来，我们就能证明一个它不能证明的定理。”这一评论似乎与后来的论证一样包含在真与可证之间的一种扰人的含糊其词。那个数学结果所确立的不过是以下条件陈述：如果那个机器是正确的（一致的），那么那个不可判定命题是真的。它没有说我们能证明该机器是正确的，即使他实际是正确的。“创造性的胚芽似乎不能完全在场，但可以说是在于构造越来越高的类型。”

## 6.1 解决不可解

对于机器的理论上的局限性，这些不可解问题会造成什么影响，我们还不完全清楚。例如，设想一台机器能证明某些问题是不可解的，这种可能性并未被否定。如果有人认为，我们能想象一个人解决一个不可解的问题类，那么也很难给这种想象的状况规定一个明确的意义。它类似于想象一个如此构成的人类心灵，给定任何数论命题，他都能说出该命题是否为真。我们倾向于说，有一个这样的心灵在逻辑上是可能的，而有一台这样的机器则是逻辑上不可能的。但是，要为这样的一个结论——短语“逻辑上可能”在其中占据突出地位——提供一个决定性的精确论证，却殊非易事。

倘若我们能找到一个不可解问题，人能判定其所有的情况，那么我们似乎就得到了一个关于人与机器之间关系的明确的结果。然而，无穷问题却构成一个严重障碍。如果判定是在有穷时间内做出的，我们就得有某种方法能在有穷时间内涵盖无穷多的情形。如果我们使用“能力”这个抽象的概念，我们又很难指明这种能力为执行此复合(因为非递归）任务所必须满足的条件。

316 “人”这个词在这里用得很含糊：任何人，任何普通智力水平的人，最优秀的数学家，人类总体。希尔伯特相信，每个数学命题最终都会被人判定，或者换个说法，每个有趣的数学命题最终都会被人判定。即使是布劳威尔，对此也有如下程度的认同：这样的信念无法被证伪。该信念意味着，一个给定的不可解问题的所有个别情形都会被人解决。所暗示的图景是，每代人解决一些个别情形，最终每个情形都获得解决。有人可能会想作出结论说，至少在此较弱的意义上，人比机器优越。但另一方面，大自然也可以产生一代又一代的机器，或者人类设计出一代又一代的机器。我们又该如何将不可解结果应用到非由机械程序生成的一组机器上？

### 6.2　理论和实践的可能性

专注于理论可能性可以迅速得到一些答案，这对我们有天然的诱惑，但同时也会造成一丝不安，让我们感觉自己问错了问题。许多人想一劳永逸地证明——无论具体如何实现，人比机器能做更多的事。而且对于这个结论，我们中的大多数人大概都是同意的。但要给出一个证明，并且是基于数学结果的证明，却完全是另一回事。我们可以承认，我们有一个稳定的抽象的（且数学的）机器概念。但是，随着我们学会用机器做更多的事，那个可称之为机器的具体概念的东西会变化。诚然，人不是像现有机器那样产出定理。但反对者会指出，我们可以设想出越来越复杂的机器，它们与人的差别越来越不明显。

机器的抽象概念比其具体概念在哲学上更有意义，这绝非显然。我们怀疑，许多这么认为的人可能是受了一种顽固的科学主义的误导。

### 6.3　在定理证明上胜过一切机器

关于哥德尔的不完全性结果在人对机器之优越性这一点上的可能蕴意，人们已经写了很多。不完全性结果说，给定一个适当丰富的一致的数论形式系统 $S$，我们能找到一个陈述 $H_s$，它是真的，但在 $S$ 中不可证。特别地，$H_s$ 可以是一个表达 $S$ 的一致性的陈述 $Con(S)$， 317
也可以是一个表达“我在 $S$ 中不可证”的陈述。人们论证说，知道这个定理的我们可以胜过一切形式系统 $S$，并因此胜过一切定理证明图灵机，因为我们能证明 $H_s$，而 $S$ 不能。这个简单的论证包含一个惊人低级的基本错误。简言之，真被等同于可证性了：这是一个非极其小心不得应用的原则。能行地给出所有包含适量数论的形式系统或

（定理证明）机器的可接受的集合，这是可能的。存在一台图灵机，每当 $S$ 作为输入被给定，它都能产生 $H_s$ 作为输出[①]。因此，如果我们抛开 $S$ 的一致性问题不谈，一台机器可以给出所有的哥德尔语句。另一方面，很容易就能证明，关于一个给定的系统是否一致的无穷问题类，是一个不可解问题[②]。因此，为了胜过每台图灵机，我需要能正确判定一个不可解问题的所有情形。

一个更复杂的论证，将要求我的对手给出能表现得至少像我一样好的候选机器的名单。有理由认为，只有一致的机器才可以被当作严肃的候选者。然后作如下推理。给定任意一个这样的候选机器 $S$，我能证明 $H_s$，因为 $S$ 是一致的。因此，我能做的比 $S$ 多。这有点要滑头的意思，因为若非有只许我的对手提名一致的候选机器这个条件，我就不知道 $H_s$。或者我的对手不知道所有一致的机器，这时我反驳他的能力并不表示没有一致的机器能证明像我一样多的定理。或者我的对手知道所有一致的机器，这时他能解一个不可解的问题。因此，或者他是超人，或者我们只是回到了原问题，即人是否能解不可解的问题。不管怎样，“我在每种情况下都知道 $H_s$”这个说法是可疑的，因为我所知道的全部不过是：如果 $S$ 一致，那么 $H_s$。

---

① 例如，我们可以采用包含加法和乘法的皮亚诺算术的形式语言，并假定对所有表达式的一个固定的哥德尔编码。令 $N$ 为数论的普通形式系统，其所有定理由一个递归函数 $f$ 枚举。现在考虑所有部分递归函数，对于每个这样的函数 $g$，令所有满足 $\exists n(f(n) = m \vee g(n) = m)$ 的 $m$ 的集合为其对应的形式系统的定理集。以这种方式，我们得到一个充分广泛的系统族。对于每个系统，我们以与 $N$ 相同的方式得到不可判定语句。

② 令 $y_0$ 为 $0 = 1$ 的哥德尔数。我们知道它不是 $N$ 的定理，因此 $y_0$ 在 $f$ 和 $g$ 之并的值域中当且仅当它在 $g$ 的值域中。但对于任意的 $g$，$y_0$ 是否属于 $g$，这是不可判定的。比如可参阅 H. Rogers, *Theory of recursive functions and effective computability*, 1967, p. 33, *(f)* of Theorem Ⅰ。更直接的一个评论是，判定单个公理的一致性正是不可解的谓词演算判定问题。假如有人反驳说，这些单公理系统中有一些不够丰富，那么我们可以调整我们的论证，考虑为 $N$ 的每个语句 $A_i$ 添加一个含义如下的算术语句：$A_i$ 有一个二元量化的算术模型。这样，判定这些系统的一致性就会再次产生一个谓词演算判定程序。

## 6.4　一致性和认识自己

当我们引入如下看法时，情况会变得更复杂：我知道我是一致的（记为 $A$），并且因此我能证明我是一致的。

这里有两个不同的方面：有哪些论证可用以得出“我能证明 $A$”这个结论？接受这个结论会带来哪些后果？

将人与定理生成图灵机进行比较，涉及各种各样的理想化。既有理由赞成，也有理由反对这种抽象的、不切实际的考虑。其中一种理想化是忽略人生命长度的有限性：依据人在没有损耗、悲伤、精神涣散、死亡等障碍的情况下，靠自身体内的机械装置能完成哪些任务，来衡量人之能力。例如，在这种意义上，以下被视为理所当然的：如果某人习得了一个特定的形式系统，那么他就“有能力”产出该系统所对应的无穷机器所能产出的全部定理。 318

在此假定下，我能做的数论至少足以满足哥德尔定理所要求的条件，即足够丰富。这样一来，如果我们进一步假定我能证明 $A$，那么哥德尔定理的一个直接推论将是，我不是一台一致的图灵机，因为没有一致的图灵机能证明自身的一致性。

如果我们另外还假定 $A$ 是真的（而不只是我能证明它），那么显然我也不可能是一台不一致的图灵机。但即便在这些假定下，以下可能也仍未被排除，即有某台一致的图灵机 $S$ 能证明我的所有定理以及更多。诚然，$H_s$ 无法在 $S$ 中得到证明，但我也同样可能证明不了 $H_s$，因为我不知道 $S$ 的精确描述，或者出于其他原因，我无法证明 $Con(S)$。

因此，从我能证明 $A$ 这个假定，可以推出我不是一个一致的机器。而如果我们另外还假定 $A$ 是真的，我们就能得到我不是机器这个更强的结论。但不管是哪种情况，都不能排除机器比我能证明更多定理这种可能性①。

所以，在比机器证明更多定理这个意义上，前述假设未能表明我可以胜过机器。但在另一个意义上，前述假设似乎产生了这样一个结论：机器只能生成所有的递归可枚举集，而我的定理的集合不是递归可枚举的，因为没有机器能恰好生成我的定理。因此，尽管前述假设不能让我在证明更多定理这件事上取胜，它们却的确使我能生成一个无法机械地生成的集合，并且在此意义上，赋予我一种所有机器都不具有的能力。

但“我能证明 *A* ”这个假设是十分可疑的。首先需要论证，我用了一个与机器本质不同的证明概念。把我设想为一个定理生成机器，同时又认为我能证明我自身的一致性，这会使我们陷入完全矛盾（与哥德尔的牢固确立的定理）的境地。的确，不完全性结果不排除如下这种集合的可能性：它们不是递归可枚举的，并且同时——通过
319 某种自然的哥德尔编码——包含它们自己的一致性陈述。但是，我们需要一个不同的证明概念，借之可证明一个非递归可枚举的定理集。顺便说一句，数论真语句的集合不包含它自己的一致性陈述，因为后者不再是一个算术陈述。

从“我是一个机器”这个前提运用 *A* 导出一个矛盾，从而证明我不是一个机器，这是不可能的。即使我能克服心理上的困难，把自己想象为一个机器，我也不可能抗拒如下信念：相对于我的知识，我一定是一个非常复杂的机器。我不太可能知道我的工作台（或程序）的精确描述，更不可能知道我总是运转正常而不陷入矛盾。

---

① 另一个可选方法是假定我能证明：（B）如果我能证明“ *W* ”，则 *W*；亦即，我能证明的一切都是真的。假定我能证明（B），根据一个人们熟知的事实，这意味着我也能证明我自己的一致性。如此，将“0 = 1”代入（B）中的“ *W* ”。由于我能证明 $0 \neq 1$，由（B），我也能证明我无法证明“0 = 1”；也就是说，我是一致的。

$A$ 的意义不明晰，这会模糊“我是机器”这个前提的确切力量。例如，在某种意义上，我能证明 $A$，但这里的“证明”的意义以及 $A$ 的意义，不一定是我们在导出“我不是机器”这个结论时所假定的那种形式意义。这样，如果我们接受我还有一种非形式的认识事物的方式，那么直接据此理由，我就已经不是一个机器。或者，如果我们同意 $A$ 不同于关于一致性的算术陈述，并且我能证明 $A$（不违反哥德尔的结果），那么不排除我实际上是一个机器，但我不知道我事实上是一致的[①]。

人们被引诱尝试一条不同的进路，它始于如下断言：我确实有一个组成部分 $C$，其功能如同一个定理生成机器，它能产生足够多的数论以适用哥德尔结果。此外，还可以声称，我能证明 $C$ 是一致的。但是，由于 $C$ 不一定穷尽了我的机械成分，结论只能是我比 $C$ 多，而非我比任何机器都能证明更多的定理。假如 $C$ 被认为穷尽了我的机械成分，那么关于 $C$ 之一致性的额外定理必定来自别处。因此，我有非机械的一部分。然而，无论是测定这样一个囊括无遗的机械部分，还是证明关于 $C$ 的一个真正的一致性结果——即使这是可能的，都是很困难的。倘若有人认为，即使我们无法准确测定 $C$，我却“潜在地”包含了所有的定理生成机器，那么仍然存在一个老问题，即分离出那些一致的机器。

有一个简短的论证似乎可以表明，我们至少不是一个不一致的机

---

① 关于一致性命题的精确形式，有许多微妙之处。例如，在根岑关于 $N$ 的一致性的证明中，用到了一种无法在 $N$ 中形式化的超穷归纳。然而，该归纳的假设却可以在 $N$ 中证明。人们想说，既然给定这个假设，我们能看出会导出一个不可证的结果，即标准的一致性命题，那么把此假设当作一致性命题似乎就是合理的。但如果那样，$N$ 的一致性就能在 $N$ 中得到证明。尽管如此，正如哥德尔指出的，施归纳的那一步恰恰是我们不易看到的困难的一步。因此，知道归纳假设并不意味着知道其结论。这个案例说明了第二不完全性定理相对于忠实表述的一致性命题的稳定性。

器：不一致的机器能证明一切，而我们显然不想断定一切，即使当我们遇到一个矛盾时。这显然是一个很软弱的论证，它清楚地表明，存
320 在各种各样的意义，在这些意义上，我们能或不能正当地将心灵比作一台图灵机。它引入了一个不为机器所有的人类元素。如果我们愿意，我们也可以设想一台机器，它不断检查自己是否得到了一个矛盾，并在这种情况发生时，尝试修改它的基本公理。如此一来，我们就会把模拟人类的困难转化为这样一个问题，即如何机械化我们修改初始公理的活动。不管怎样，如果我们引入这样一个检查装置，我们似乎就消除了上述的那个微小差异，它被用来证明我们不是不一致的机器。

有人指出，有意识的心灵的一个特性是，他们能回答关于自己的问题，而不必变成自己之外的东西。但机器也可以回答关于自己的问题，例如，洛布（M. H. Löb）已经证明，表达“我在 $S$ 中可证”的句子实际上是 $S$ 的一个定理，其中 $S$ 可以是普通的数论系统。我们不能说，人应该有完备的自我知识。我们大概都同意，有许多关于自己的问题我们无法回答。

我们知道某些数论系统是一致的，这是一个事实，我们还知道，当我们增加下面这种原则（记为 $B$）来扩充这些系统时，它们仍然保持一致：（$B_1$）如果 $W$ 在 $S$ 中可证，则 $W$。这暗示了一个模糊的想法，即无论我们将系统的序列扩充到多远，我们总能看到比之更远的东西。而这自然使人想到，我们比任何机器都知道得多。对这个原始而模糊的观念进行仔细考察，很快会将我们引向关于超穷计数和序数逻辑的思考。关于这些主题有一些技术性的结果，但在确立人对机

器的优越性这件事上，它们无甚帮助①。

有一个稍显可笑的论证可用来证明没有人能胜过所有机器。设若 $X$ 是一个这样的人，那就建造一个带有指令“咨询 $X$”的机器。对此论证的一个明显的反驳是，这个机器不是独立的，它借 $X$ 的能力而获得力量。另一方面，我们不希望否定人或机器查阅印刷品或向他人寻求帮助的优点。想必至关重要的一点是，“关键的”步骤须由自身的资源来提供。

从到目前为止的讨论看，我们似乎无法从不完全性结果得到任何关于人与机器之间差别的严格、明确的结论。尽管如此，不可否认的是，这些结果确实带来了一些不同。假如算术是可完全的，那么根据一个熟悉的论证，它也将是（机械地）可判定的。那时，我们会愿 321
意称算术为机械的，并且不会在关于自然数的定理这个方向上，寻找机器相对于人的严格的理论局限性②。

---

① 例如，所有为真的 $\Pi_1^0$ 语句，亦即形如 $\forall xP(x)$ 的语句，其中 $P$ 是递归的，都可以在某个序数逻辑 $L_a$ 中被证明，$a$ 是个递归序数标记，扩张通过增加一致性命题来进行。如果扩张原则（$b_1$）得到加强，可以从表达一个 $\Pi_1^0$ 语句的所有实例的可证性的算术命题推得该 $\Pi_1^0$ 语句本身，则所有为真的算术命题都可以在某个 $L_a$ 中得到证明。另一方面，没有通过递归序数标记集的 $\Pi_1^1$ 路径可以能给出足够多的序数逻辑来证明所有为真的 $\Pi_1^0$ 命题。参见 A. M. Turing, ‘Systems of logic based on ordinals’, *Proc. London Math. Soc.*, vol. 45, 1939, pp. 161−228 和 S. Feferman and C. Spector, ‘Incompleteness along paths in progressions of theories’, *J. sym bolic logic*, vol. 27, 1962, pp. 383−390。

② 关于不完全性结果对机械论和其他一般议题的可能影响，有许多讨论。我们这里只列几个。J. Myhill, ‘Some philosophical implications of mathematical logic’, *Review of metaphysics*, vol. 6, 1952, pp. 169−198。J. Lucas, ‘Minds, machines and God’, *Philosophy*, vol. 36, 1961, pp. 112−126。R. L. Goodstein, ‘The significance of incompleteness theorems’, *Brit. j. for the phil. of sci.*, vol. 14, 1963, pp. 208−220。M. Dummett, ‘The philosophical significance of Gödel's theorem’, *Ratio*, vol. 5, 1963, pp. 140−155。P. Benacerraf, ‘God, the Devil, and Gödel’, *Monist*, vol. 51, 1967, pp. 9−33。J. Webb, ‘Metamathematics and the philosophy of mind’, *Phil. of sci.*, vol. 35, 1968, pp. 156−178。

## 6.5 意义、使用和客观主义

还有一些关于哥德尔定理的更广泛的哲学蕴意的讨论。

有些人想当然地认为，人类神经系统具有图灵机所具有的一切局限。不完全性和不可解性结果由此被称作"心理规律"。这种观点似乎有如下这样一个后果。非递归（但递归可枚举）集的存在表明，人设想一个行为序列——其生成原则是以完全精确的方式被设想的——的总体的能力是有根本局限性的。比起对心理规律的笼统谈论，这一后果看起来更清楚和可信。

本着类似的精神，有人半开玩笑地提出，哥德尔定理表明心理学是不可能的。我们无法理解任何比图灵机复杂的东西，因此，假如我们不是图灵机，心理学就不可能。另一方面，假如我们是图灵机，哥德尔定理表明，我们对自己的认识有一些内在的局限。

第二不完全性定理暗示了一个高度不明确的结论，即我们无法证明数学是一致的。另一方面，大多数数学家相信如下这个同样不明确的命题：数学是一致的。对于这一情况，有一个广为流传的戏剧性的说法："上帝存在，因为数学是一致的，魔鬼也存在，因为我们无法证明数学是一致的。"

我们似乎对非递归或不可机械化的、不可数的、不可达的等有一种理解。在什么意义上，我们认为一事物是不可机械化的？根据定义，神谕是某种我们无法解释的东西。解释的本质是十分复杂的。有时我们似乎觉得，真正的解释必须是机械的。另一方面，我们确实大量运用目的论的解释（目的和意图）。

要使不完全性结果有任何意义，我们必须拥有一个这样的数学真概念，它不同于在某固定形式系统中的单纯的可证性，而是代表一种理想，任何给定系统中的可证性只是对该理想的一个近似。但这不排除，真与某种非形式意义的可证性等同，后者甚至可以是由形式系统的一个非形式的集合$C$给出，它满足：$p$ 是真的当且仅当存在 $C$ 中的 322
某个 $x$，$p$ 在 $x$ 中是可证的。之后的任务是把握这个非形式的概念或刻画 $C$。因此，有穷主义者如艾尔布朗，或直觉主义者如布劳威尔，也可以完美地理解不完全性结果，因为有穷主义者和直觉主义者都没有承诺一个固定的形式系统。事实上，构造主义者一般接受对可证性或（构造性）真的一种更基本的直觉，形式系统只能提供对它们的不完美的近似。

也有一些人把形式系统当作基本的，认为假定任何超出形式系统的东西都可能导向蒙昧主义。虽然他们同意没有形式系统可以完整刻画数概念，但他们否认数概念是某种在形式系统之上或之外的东西。对这些人来说，不完全性结果似乎确实造成了一些困难。他们可能会这样争辩：我们只需说，不完全性结果可被视为表明了某种封闭性的缺失（所有个例都可证而一般法则却不可证），或者宣称，关于自然数的真乃是表达式的一个良定义属性。但是，如果我们没有真之概念，我们又如何知道存在某些表达式的一个属性是真；我们如何知道可证性蕴涵着真并且因此封闭属性就是我们想要的东西？

不完全性结果造成形式数学与直觉数学之间的一种对比。但许多人会否认，我们这是在对图像和实在进行对比。其他人甚至还会进一步说，我们不过是在对比一个使用严格规则的游戏和一个使用随情境而变的规则的游戏。这一游戏隐喻没有解释为什么我们不只对有着严格规则的游戏本身那么有信心，还对关于所有这些有着严格规则的游戏的一般结果同样有信心。

有一个诱人的做法是，从不完全性结果得出如下结论：“自然数”这个表达式构成了“意义应该由表达式的用法来解释”这个论点的一个反例。其想法可能是，将用法或其刻画条件等同于一个给定的形式系统中的可证性。不完全性似乎表明，没有对“自然数”这个表达式的用法的任何有穷的描述，能穷尽所谓理解自然数这个概念的意义，因为理解自然数概念至少得领会真谓词对所有算术陈述的应用。这个论证不易理清。它似乎假定，所有用法都能被完整描述，而且是由形式系统来描述。此外，在什么意义上，理解自然数的概念意味着能领会真谓词在所有算术陈述上的应用，这一点并不清楚。

323 众所周知，为了完整地刻画自然数的概念，我们需要用到这个概念本身或其他一些复杂的概念，如有穷和集合。因此，如果问题是刻画意义和用法，那么我们对这两者都没有完整明确的刻画。因此，我们并没有一个简单的论证能证明，形式系统（用法）无法胜任为数的意义提供一个迥异而明确的说明。

我们也许会欣然同意，数的概念是先天的，潜藏在儿童的心灵中。这就是我们无法教野兽学会数论的原因，不管我们花多少时间训练它们学习使用“数”这个词。意义的先天因素似乎超越了使用层面。但意义可归约为用法这个论题包含足够的模糊性，甚至连这样一个论证也可以抵抗。

意义使用论的吸引力无疑与交流问题有关。我能观察到他人如何使用语词；而尽管我能在自己身上辨认出理解一个概念的经验，我却无法在他人身上辨认出这样的经验。由于经验是无法交流的，人们便怀疑认出这样一个经验是否应被当作真正的知识。作为公共语言之部分的语词的意义应该是公共的而非私人的。一个令人困惑的问题是可交流性概念的模糊性。也许有人会说，我们有一个公共的、稳定而丰富的自然数概念，这是一个基本事实，它应该被当作我们的起点而非争论对象。

在近来的哲学中，人们不太愿意设想这样一种完全确定的概念，它不能被完全地描述，但却被我们的直觉以某种方式把握，并充当我们在给定的领域中的大部分求索的指南。可我们不禁要问，一个过分精确的清晰性标准，尽管无疑有益于排除晦涩而不负责任的玄想，是否同时也会妨碍我们充分利用我们的一个共同遗产，即我们数学思维中的丰富而不可穷尽的直觉。

在本书引论中，我们详细引述了哥德尔如何将他的客观主义观点 324
与他在数理逻辑中的重大发现联系起来。哥德尔指出，人们可能会不采纳客观主义的观点，而仅仅是这样来进行他们的工作，“就好像”客观主义观点是真的——假如他们能够形成这样一种态度的话。但是，只是在客观主义观点被证明为富有成效之后，他们才对客观主义观点采取这种“就好像”的态度。而且，人们能否假装得如此逼真，从而达到做好科学的预期效果，是值得怀疑的。不管怎样，我们在这里确实踏进了一个十分微妙的领域，在此领域中我们不再有实际可行与原则上可能之间的严格区分。我们在这里遭遇了对哲学观点之成效性的一种最终清算。客观主义观点所达到的“思维经济”不是人们能随便轻视的，它对于发现在实践上可能是必不可少的。在这方面，实践可行性确为我们的首要关怀。回答称哲学对个别的成功数学家的个性特质不感兴趣，是将不完全性结果误当作了普通的数学定理，并且有意回避对人类科学活动之基本事实的一种健康的尊重。

## 7　哥德尔论心灵与机器

在哥德尔看来（如其在未出版的第 25 届吉布斯演讲[1]中所阐述的，该演讲于 1951 年 12 月 26 日发布于普罗维登斯学院），关于心灵与机器的两个最有趣且严格证明了的结果如下：

---

① 参见 Bull. Am. *Math. Soc.*, vol. 58, 1952, p. 158。

(1) 人类心灵没有能力形式化（或机械化）它的所有数学直觉。如果它已经成功形式化了其中的一些，这一事实本身就会产生新的直觉知识，比如该形式系统的一致性。可以将此称为数学的“不可完全性”。另一方面，根据迄今已证明的东西，仍然有可能存在（甚至是经验上可发现的）这样一个定理证明机器，它事实上**等价于**数学直觉，但无法**证明**它是如此，甚至也无法证明它只会产生**正确**的有穷数论定理[1]。

(2) 或者人心超越所有机器（更精确地说：它比任何机器都能判定更多的数论问题），或者存在人心无法判定的数论问题。

哥德尔认为，希尔伯特拒斥上述析取式的第二个析取支是正确的。假如该析取支为真，这将意味着人类理性是根本不理性的，因为
325 它追问自己无法回答的问题，同时又断然强调只有理性能回答它们。这样的人类理性是极其不完美的，在某种意义上甚至是不一致的，它与已经系统、完备地建立起来的数学领域（比如一次和二次丢番图方程理论，后者限于两个未知数）所表现出的惊人的美和圆满性形成鲜明对立。在这些领域中，凭借一些完全始料不及的法则和程序（如二次互反律、欧几里得算法、连分式表示等），我们不仅有解决所有相关问题的方法，还能以一种极其优美和完全可行的方式（比如因为存在产生**所有**解的简单表达式）解决它们。这些事实似乎为所谓的“理性乐观主义”提供了理由。

哥德尔还指出，人们尝试提出的一些支持心灵与机器等价的证明是错的。例如，图灵声称证明了每个能产生一无穷整数列的心智程序

---

[1] 关于上面§ 6.4 头五段中的讨论，哥德尔认为，由于内涵悖论——它们是关于最一般意义上的“概念”“命题”和“证明”之类的概念——尚未得到解决，在当前的逻辑学发展阶段，应用这些概念的自指性的证明都不能被看作是结论性的，尽管对那些悖论有了一个令人满意的解决后，这些证明可能会变成结论性的。

都等价于一个机械程序，针对此证明，哥德尔最近写下了如下这段话[①]：

> 图灵在 *Proc. Lond. Math. Soc.* 42（1936）第 250 页给出了一个论证，认为它表明心智程序并不能比机械程序走得更远。然而，这个论证不是决定性的，因为它依赖于一个假设，即一个有穷的心灵只能有有穷多个可区分的状态。图灵完全忽略了一个事实，即**心灵在其运用上不是静态的，而是不断发展的**。这由以下例子可以看出：集合论中愈来愈强的无穷公理形成一个无穷序列，其中每条公理都表达了一个新的观念或洞见。类似的过程也发生在那些初始项上。例如，集合的迭代概念只是在最近几十年才变得清晰。现在有几个更原始的概念已经出现在地平线上，比如真类的自反概念。因此，尽管在心灵发展的每个阶段，其可能状态的数量是有穷的，却没有理由认为，该数量不会在心灵发展的过程中收敛于无穷。也许存在加速、专门化和唯一地确定这种发展的系统方法，比如在一个机械程序的基础上问正确的问题。但必须承认，要精确定义此类程序，还需要本质地加深我们对心灵基本活动的理解。尽管如此，一些模糊定义的此类程序已经为 326
> 我们所知，比如定义代表越来越大的序数的整数上的递归良序的过程，或者形成集合论中越来越强的无穷公理的过程。

在与我的谈话中，哥德尔补充了下面这些评论。图灵的论证要有效，需要两个额外的、现今被人们普遍接受的假设：（1）没有独立于物质的心灵。（2）大脑基本像一台数字计算机一样工作。（可以将（2）替换为：（2'）物理定律在其可观察后果上是精度有限的。）然

① 要作为“mathematics”一词的脚注加在 *The undecidable*（同前引）一书的第 73 页第 3 行。

而，尽管哥德尔认为（2）很可能为真而（2’）几乎确定无疑，他却相信（1）是我们时代的偏见，它最终会被科学地证伪（可能是通过这个事实，即没有足够多的神经元来实现可观察的心灵活动）。

更一般地，哥德尔相信，生物学中的机械论是我们时代的一个偏见，最终会被证伪。在哥德尔看来，这方面的一个反证将是其内容大致如下的一个数学定理：在地质时间范围内，从基本粒子和场的一种随机分布出发，通过物理学定律（或其他任何类似性质的定律）形成一个人体，其可能性就像大气偶然地分离为它的组成成分一样低。

# 第 11 章

# 关于知识与生活的札记

## 1　内在目的和大问题

有一些目的是很难反对的：消除战争（世界和平）、减少敌意（善意待人）、减少疾病（比如找到一种治疗癌症的方法）、消灭饥饿、消灭不平等、传播审美乐趣、最大限度地增加人类幸福、增进知识、培养更多的喜好。这些是内在的目的。它们不同于工具目的，后者借助如下信念获得其合理性：工具目的会有助于某些内在目的的实现。

在实践中，大多数内在目的不能直接决定人类活动。首先，我们一般不知道实现这些目的的最好方法是什么。其次，这些目的中的许多含有基本的歧义，因此存在严重的解释问题。最后，不同的目的经常是彼此冲突的，而且很难决定它们之间的相对优先性。我们通常不知道特定的行动对某个内在目的贡献有多大。即使是上面列出的几个目的，也已经形成了一个异质的杂合体：比如，有些目的是积极的，旨在最大限度地增加幸福，有些目的是消极的，旨在最大限度地减少痛苦。在以文化或文明的名义最大限度增加少数人（可以是精英国家或特定社会中的精英群体）的幸福，和最大限度减少多数人的痛苦之间，存在着一个基本的分歧。

对某些内在目的的看似无辜的强调，可能会引发巨大争议，甚至在道德上令人反感。例如，在英帝国主义的全盛时期，剑桥传出了一
330 种十分有影响的伦理学说，将审美享受和个人喜好认作本身为善的东西。从理论上讲，这一学说并不排斥这样的观点，即在未来很长一段时期，消除痛苦要比追求个人享受更有道德价值。但在实践中，它助长了知识贵族们的自满情绪。

另一个基本的区分是利己主义和利他主义之间的区分。理论上，每个人都赞成利他主义比利己主义好。但在实践中，有不同层面的理由支持个人对自身利益的偏重。在最粗俗的层面，人们有这样的感觉：既然几乎人人都利己，为何我就应该当傻瓜？还有一个借口是，相比于什么有益于人类，我对什么能增进我自身的福祉更清楚。在最高层面上，一个人可能相信自己对人类很重要，因此，为了最大限度地发挥他的正面影响力，他认为他必须好好照顾自己。很难否认，在许多社会中，对于那些在满足基本物质需求方面没有什么困难的人来说，最大的痛苦来自对自我的专注。或许正是在这一深层实践意义上，利己主义可以被说成是自相矛盾的。

不同国家的存在显然为个人与人类之间的关系增添了另一个复杂的因素。有时，一大群人在一个根本的中心目的上达成共识，比如赢得战争或拯救国家。这个共识不仅为群体的成员规定了一个道德义务，还决定了达到一整套行动哲学（包括优先事项和策略）的方向。总的来说，关于几种不同行动路线中的哪一条最适合人类，假设生存条件完全不同的人能就它轻易达成一致，是不现实的。

考虑到这不是所有可能世界中的最好世界，人们起初倾向于认为，在理解这个世界和改变这个世界之间没有显著的差别。其想法

是，一旦我们理解了这个世界的病症、病因和治疗方法，剩下的就只是齐心协力、欢欣鼓舞地按处方行事罢了。事实是，我们没有也不可能有对世界的完美理解，在此理解下，本质上只有唯一一条每个人都能清楚认识到其正确性的行动路线。这并不是要否认，在很多时候，我们中的许多人都会强烈感觉到，我们知道——比如说——某些政府行为是错的。但我们常常不知道，自己与这种错误斗争的最有效方式是什么。在另一个方向上，我们中的一些人可能还会面临这样的困境：尽管深信某特定社会的优越性，却由于个人习惯和其他类似的自
身因素，不能选择到该社会中生活。在这些情况下，知识匮乏的感觉 331
被用来支持自身的不作为，而后者实际主要是由懒惰和回避痛苦与动荡的愿望造成的。

更有意义的区分是为理解世界而研究哲学和为改变世界而研究哲学之间的区分。虽然抽象地说，这个区分不需要很鲜明，但事实是，前者倾向于强调数学和自然科学（尤其是物理学），后者倾向于强调历史和社会科学。完美知识肯定是两种方法交汇的一个阶段；尽管这种交汇不必要求完美的知识。即使对于作为行动指南的哲学而言，改变世界也并不是唯一可能的目的；众所周知，有一些哲学是为了保持现状而设计的，或至少是被用来保持现状的，比如儒学。在许多情况下，哲学研究的强大动力之一是对现实世界的不满足感。并且有人认为，对世界的真正理解必须包含一个让世界变得更美好的可行的纲领。

许多人都有一些自己不知道如何应用于特定具体情境的抽象知识，这是事实。在理论与实践、知识与行动之间存在根本的差距，不仅物理学和技术是这样，政治经济学和革命也是这样。因此，人们习惯于把知识和行动分开，在极端情况下，有些人甚至明确接受为知识而知识的信条。以这种方式，我们被引向各种主要与知识有关的大

问题。

当然，生活比艺术和科学更重要。在同样的意义上，知识次于行动。最核心的几个大问题，不需要更深的动机。这些问题是：(1) 我应该做什么（现在和长远来看）？(2)（人类要让世界变得更美好）需要做什么？这些问题，以这种或那样的形式，为每个人所熟悉，尽管只有一小部分人公开讨论它们。很少有人会停止除绝对必要的活动之外的一切活动，只为持续、系统地追求，这些问题的、以第一原理为基础的答案。

斯宾诺莎在他的《理智改进论》中宣称：

> 332 我终于下定决心要探究……到底事实上有没有一种东西，一经发现或获得后，我便会享有持续、无上且永无止境的快乐……我们将在合适的时候证明这个品质是什么，简言之，它是对心灵与整个自然之间存在统一性的认识。自己获得这一品质，并表明大家应该同我一样获得它，是我奋斗的目标……然而，我们在为实现我们的目标而努力并将理智引向正轨时，应该继续我们的生活，这是必要的，因此我们必须首先制定一些暂定为善的生活规则。

关于心灵与自然相统一的知识是一种很特别的知识，与普通所认为的（科学）知识不同。大部分普通知识被认为是帮助我们实现某些目的的手段，这些目的本身是由其他因素决定，这些因素更多地与感情和意愿有关，而不只是思维。

如果知识产生了一种世界观，那么它与生活的联系当然就会变得更紧密。例如，这种知识概念隐含在如下宣言中：黑格尔主义或马克思主义是一门关于人类历史的科学。

对于致力于追求知识的人来说，知识于生活当然格外重要。在这里，知识与快乐之间的关系具有派生性。例如，他可能成长于这样的信念下：“书中自有黄金屋，书中自有颜如玉。”社会制度可能使得此信念与实际情况十分相符。此时知识再次变成一种手段，只是这次不是通过知识在理解或改造真实世界上的直接应用，而是作为一种资质认证，其功能很像金钱或其他类型的外在影响力。在这方面，知识与其他获得成功和认可的具体目的没有什么不同，未提供任何将知识与生活联系起来的新途径。

传统上有人认为，哲学知识不同于普通知识，它确实承诺了一种快乐状态，可以通过看见真理或找到正确的生活道路来实现。斯宾诺莎和庄子的例子可能属于此范畴。

如果我们深入思考知识的本性，我们会对思维主体有更好的理解。然后似乎就有理由认为，我们由此可以更好地理解自我。以这种方式，我们通过了解人的本性，可以获得一条通往更好生活的特别途径。

在下文中，这种关于生活与知识的更深刻的进路将不被考虑。我 333
们的思考将局限于求知活动与求知者之生活的关系。

## 2　意义与生活形式

利己主义可以是进攻性的，也可以是防御性的。有时人们会说，最好的解决办法是每个人都成为理性的利己主义者，其首要特征是不一心求胜，而是至少在消极的意义上多为他人着想。世界是如此丰盛，只要没人愚蠢恶毒到否定一切他者并夺走他们的好物，每个人都有自我实现的空间。无论这样的理想在一个想象的世界中有怎样的优点，它似乎都没有什么直接的实践意义。

一个不那么激进的观点是，找到一种适用于每个个人的普遍的拯救方法。斯宾诺莎似乎相信，他已经找到了这样的方法，并且他还将此法推荐给别人。如果说很少有人理解他的方法或达到他所设立的最终目标，那又是另一回事。在斯宾诺莎那里，对普遍善的追求以某种方式被转化为了对真理的追求。对此可以提出的一个问题是，除了在一种假想的意义上，一个未在实践中被广泛采纳的良好生活处方，能被称为一个真正的解答吗？

我们都按照自己的理解看待这个世界，并据之行事。我们中的一些人对改变世界更感兴趣。但我们的理解总是在不同程度上是片面和不完美的。痛苦的意外时有发生。当我们出于一些我们厌恶或不理解的原因，被迫做不愉快的事情时，我们会备感心灰意冷和格格不入。本质上，我们每个人都生活在一个非常狭窄的空间里。我们大部分人都只是专才，即使在通晓某些专门领域这种积极的意义上不是如此，在对大多数领域知之甚少这种消极的意义上也肯定如此。然而，无论自愿与否，我们最关心的还是历史进程和政治方向，它们与人类经验的方方面面都有关。从这个意义上说，我们对最重要之事恰恰是最无知的。如果我们有的选，我们要么会接受阻力最小的路线，要么会在证据不充分的情况下勉强做决断。再或者，我们可以尽可能避免承诺任何明确的方向，从而剥夺自己的勇气和快乐，使我们的生活变得极度贫瘠。懂得反思的人，很少会有幸拥有热烈的信仰，或对未来历史进程有自信的理解。

我们中有许多人都活在虚假不实的信念中。我们在重大问题上屈
334 服于盲目的力量，而对更有限的问题则试图保持局部的理性。我们用一些眼前的目标替代未知的终极目标，把我们的精力引向狭隘逼仄的航道，以便至少得到行使诸官能的快乐，这和玩游戏度日没什么不同，只是规则可能没那么清晰，无意义感也没那么确定。即使一个人视权力、金钱和荣誉如粪土，也仍然有一个问题，即最基本的谋生问

题。这并不像听起来那么容易，尤其是因为，大多数人都需要并拥有一个“繁殖窝”——这是桑塔亚纳（George Santayana）对剑桥已婚研究员家庭住所的蔑称。无论如何，如何划定贪婪与生活必需之间的界线？

继续考虑那个游戏的比喻，似乎可以说，规则越复杂（在此意义上也越灵活），游戏越有趣。此喻难以致远，因为同样有意义问题（或许可将之归为额外的规则），以及制定新规则的可能。在一个领域的广度和其规则的灵活度之间，很可能存在着某种正相关。

人们也许想说，每个哲学家的任务都是描绘“我所看到的世界”，其成就大小应根据他所提供的图景的价值来评价。人类经验被保存于文字和人的头脑中，阅读和交谈是经验唯一的外部来源，它们超越了个人与自然和人造物的相当有限的直接接触。每个哲学家通过直接接触和间接的言语交流吸收人类经验的一小部分。他积极地持续挑选他将获得的那些经验，并分阶段地予以消化和整理。最终结果是以某种方式得到一个世界观。

这种活动看起来与一般理解的专长或专业化大异其趣。在将哲学家的追求融入教学生活上也有一些内在的困难。获得和消化经验的过程过于私人，不适合教师。其主要兴趣在于学而非教。在每个阶段，人们都有一个框架，在此基础上可以理解和吸收更多的东西。通过这种方式，基本的世界观得到修正和扩张，在广度和成熟度上逐渐增长。一切哲学必然是片面和不均衡的。主要对艺术感兴趣的人与主要关心知识的人，所得到的哲学很可能大不相同。专注于历史的人和专注于数学的人，其哲学也必定有风格上的差异。

我们的身份和生活方式显然会影响我们看待这个世界的方式。一 335
个有才能的非洲黑人，与一个聪明的布鲁克林犹太人，不太可能拥有相似的人生观。除了在非常有限的领域，我们的思想无法完全超脱于我们的阶级起源和民族传统。哲学家倾向于在学术团体中生活和工作，这些团体通常是基于中世纪思想建立起来的机构。希腊人区分了实践的生活和沉思的生活，对这一区分的中世纪解释今天依然支配着象牙塔。经院主义，拒绝对重大实践问题做判断，需要适当的理由。理论与实践之间存在一种紧密的相互依赖关系，这是不可否认的。为了自我宽慰，人们努力使自己相信，沉思和实践的区分是明智的，并且由于生命中有许多值得做的事，每个个体都有权选择最适合自己的，其中就包括沉思。

不管怎样，要改变日常生活习惯并不容易。此外，大学有对纪律性、清晰性和可靠性的根深蒂固的要求，而在处理重大实践问题时，不可能满足这些要求。一种哲学，如果它致力于让世界变得更美好这个“实践”问题，那么多数学院哲学家觉得它糊涂不可信，就一点儿也不奇怪，哪怕原因可能仅仅是，他们从未认真追问过同样的问题。吝于承诺、随时准备悬置判断——它们实际是沉思生活的标志——进一步增加了拥抱这种哲学的难度。

从生活理想的角度思考，人生似乎包含如下三个阶段：确定一个生活理想，努力实现这个理想，最后生活在这个理想的状态中。但在实践中，大多数人的人生并没有这样严格划分的三阶段。成为某个理想的信徒，并非易事。许多理想不把最后阶段包括在个人的生命期限内。例如，假如一个人坚信某种方法可以导向一个理想社会，那么他可能愿意为了这一目标奋尽全力，即使他无望在有生之年看到那个社会。

社会和自我之间的关系产生了两个与个体的行为有关的区分。第一个区分是，一个人是把自己设想为一条近乎永恒的社会道路上的一站，还是把未来设想为与过去全然有异——无论他自己是否对剧烈变迁有偏好。第二个区分是，一个人是把自己的生活看作一个更大的整体的一小分子，还是把它视为一个追求适当内在品质的孤立单元。历史上出现过许多这样的人，他们寻求这种或那种、世俗或宗教的拯救方式。对未来的不确定感，让人自然生发出这样的愿望，想要从过 336
去、从自己的家人和朋友那里获得慰藉。

在一个稳定的社会中，把自己所属的时代视为某个长期过程的一个阶段，它传承甚或更新从连续的过去积累而来的东西，这是可能的。人们也有可能相信，人类的未来大致是安全的，社会的发展会伴随智识的进步。在这样的条件下，为大多数智识和艺术活动赋予价值是相对容易的，人们也更不可能为意义问题所困扰。容忍甚至鼓励象牙塔的存在，也没有那么难。

在社会流动剧烈的变革时期，人们渴望某种“家园”。一个省事的做法是，把家园说成是人们由以开始之地。那里有人们所习惯的东西，它们本可以被某种保守力量迁移到某个岛上，并被人为地保持下来。那里也有人们期待看见，但在任何其他地方都找寻不到的东西。如果将自己认同于一个较大的群体变得越来越困难，下一件事就是寻找一个小群体，它可能代表着一个历史上反复出现的类型。以这样的方式，人们试图扩大那个让自己有归属感的群体。

## 3　专业化与知识的统一

专业化是一个高度有歧义的词。我们从韦伯的一段话开始①。

> 我们这个时代的内部状况首先受到如下事实的制约：科学已经进入一个前所未见的专业化阶段，而且以后将一直如此。不仅

---

① ‘Science as vocation’, *From Max Weber*, ed. H. H. Gerth and C. W. Mills, 1946, pp. 134–135.

> 是从外表上，而且是从内心深处，事情都到了这样的关头，个人只有成为严格意义的专家，才能获得在科学领域达成某种杰出成就的确定意识……只有通过严格的专业化，科学工作者才能充分意识到——可能一生仅有这一次——他已达成某种不朽的成就。今天，一项真正确定而高尚的成就，总是一项专业化的成就。可以这么说，无论是谁，如果他缺乏心无旁骛的能力，不能想到他
> 337 灵魂的命运取决于他是否在这部手稿的这一段中做出了正确的推测，那么他最好远离科学……因为没有什么配得上作为人的人，除非人能以激情投入的态度追求它。

韦伯用“科学”指任何智性学科或（智性）知识领域，包括美学和各种文化哲学。特别地，韦伯自己在这个意义上无疑也是一位科学家，尽管我们倾向于认为他不只是一位专家。如果专业化仅仅是指将注意力贯注在所考虑的主题上，那么韦伯的许多劝告似乎都是不必要的。另一方面，韦伯不可能是想让大家专注于小问题。他的评论的一项积极内容也许是这个建议：启发性的想法不如成品有价值，而只有专家才能造出成品。这并不排除某些人可能会创造出新的专业。创建一门学科 $X$ 的过程不同于成为 $X$ 方面专家的过程。重点是，为了创建 $X$，人们首先要专研某个相关的领域 $Y$。

当我们谴责专业化之弊病时，我们心里想的常常是狭义的专家。我们相信，许多杰出的知识分子不是专家，或不仅仅是专家。我们认为，有许多重要的智性问题尚未被已有的专门学科触及。事实上，人们常常发现自己天性最感兴趣的问题并不完全属于任何已有的专业领域。对许多人来说，心无旁骛和激情投入或许是不相容的。如果建议是不惜一切代价抗拒偏离专业化的诱惑，那么它固然不再多余，但同时——可能基于同样的原因——它也不再那么毋庸置疑。不管怎样，如果激情投入是最终标准，专业化的必要性就绝非显然，更不必在人

生的每个阶段都献身于智性工作。如果意思是，只有通过专业化，激情投入才能产生严肃的结果，那么除非“严肃”这个词是通过“专业化”来定义的，这个命题仍然是可争辩的。即使真的那样定义，我们也可能会想要放弃严肃的工作，代之以有趣的工作。在另一个方向上，专业化还常常意味着更直接的比较和竞争（赢和输），这对一些人有吸引力，对其他人则不然。

斯宾格勒和汤因比的史学论著所引发的那种褒贬不一的评价，或许可以作为专家与通人之间冲突的一个例子。职业历史学家反对这类包罗万象的大作，因为它们不是在研究历史，而只是在谈论历史。

无论人们如何解决专业化独尊的问题，一个显而易见的现象是， 338
许多人——正确或错误地——渴望知识的统一。对专业化大行其道感到疑虑的一些例子如下：

（a）碎片化使生活变得贫瘠荒凉。一个人渴望对人类的知识有一个整全的观点，不管他是不是某方面的专家。很多人觉得单纯专家的生活不够令人满意。既然知识可贵，不去广泛地体验它似乎是一种浪费。把自己限制在狭窄的领域内，看起来很像是在拒绝生命所赐予的最美好之物，而理解自己在宇宙中的位置，是一种内在的善。此种追求广博的倾向，是自然而理性的吗？

（b）有些人认为，专业化有利于某些类型的心灵（和气质），而它们未必是最上等的。因此，他们渴望改变智识生活的规则，为那些有才能但不喜欢专业化的人提供一个有吸引力的出口。这种看法不合理吗？这种愿望是异想天开吗？

（c）理想情况下，一个年轻人会清楚地看到他所面临的可选项（抽象的可能路径和他个人的禀赋），并理性地选择他的人生职业。但在实践中，他的选择主要取决于偶然。一个统一的世界观会在一定程度上帮助他更理性地进行人生抉择吗？

（d）在狭窄的领域内，同事之间可以进行有趣的讨论。但学者共同体之梦——它意味着来自不同领域的人能进行有意义的交流——可以实现吗？

同情统一愿望的人或许有兴趣考虑一下下面这些关于“该做什么”的尝试性建议。

（a）想要了解一切的愿望，实际上是一种不去了解一切的愿望：不去了解所有细节，而只了解“本质”的东西。在一门特殊学科之内，一些有才华的人能将他们的注意力限制在比较重要的问题上，这是人们司空见惯的。人们很想通过类比论证，进一步上升到“最高知识”。一个显而易见的危险是，在摆脱空气的阻力后，飞翔不是变容易了，而是变得不可能。

（b）一门内容宽泛的学科，其内部之统一与知识之统一有何种关系？有人也许想要避开前者。如若认为前者是后者的一个先决条件，我们就需要先划出一些一般领域，并且可能要一次只关注一个领域，尤其注意其与总的统一体之间的关系。组成《英国透视丛书》（1968）的那些小册子，就是这种思路下的作品。

339 （c）一个建议是进行人才的再分配：鼓励对已有知识的综合和消化工作。例如，有人提出，每五年所有物理学家都应该暂停获取“新”成果，花一年时间回顾和巩固已有成果。比之于微小的新发现，也许应当更重视概要性述评和适当程度的思辨。

（d）不同学科的从业者可以而且事实上已经组成一些团体。团体成员可以在一些一般话题上相互指导。例如，什么是一个理论？在什么意义上，我们有更多的理论物理学而不是理论生物学？据说，科学具有累积性，而艺术没有。什么构成了科学和艺术中的进步？又据说，诗歌讲究**准确的**用词，音乐讲究**准确的**音符。然而，艺术何以依然大不同于数学？数学与应用之间的关系是什么？**重复**在艺术和科学中的重要性是什么？

（e）这里的问题还不同于还原论（比如生命过程还原为物理和化学）最终是否会奏效的问题。我们没有任何先验的理由预测后一问题的结果。毋宁说，如果我们的目标是在不久的将来获得某种统一的知识观，我们就需要同时在几个层面上工作。

（f）纵观历史，哲学家们曾在多种意义上试图实现知识的统一，并取得了不同程度的成功。最近的一个严肃尝试是逻辑实证主义。其基本观点有些过于整齐。但失败的根源似乎是对该计划的后果关注不够。也就是说，逻辑实证主义的开创者们沉醉于一种整齐的知识划分方式，以为按照他们的基本原则重组知识一定会产生重要的新结果。但相反，他们本应该更多地思考这一计划会如何影响科学家和艺术家们的**实践**。那样他们就会发现，倘若他们的方法被忠实地遵循，智识追求中的一切**活力**都会消失。

如果有人对某种形式的统一持乐观态度，那么下面是一些可供他选择（非相互排斥）的目标。

（a）使知识的统一成为大多数受教育者（比如本科毕业生）的经验事实。

（b）使少数有兴趣又有能力的个人能获得一种统一的知识观：有机互联而非仅仅由孤立的隔间组成。

（c）创造一种新的（可能对幸运的少数人更有效）推动人类知识进步的方式。

（d）创造一门新学科：通人哲学。如何让这样一份职业对感兴 340
趣的人有足够的吸引力，是一个严峻的问题。

（e）制造一个沉思对象（一本不太厚的书？）。它能带来内在的满足。它还可能充当生活指南的作用。这样一个核心对象大概还能促进知识进步。

(f) 让哲学恢复活力：让哲学，或至少是知识哲学，成为一门更有意义的学科。

(g) 作为行动指南的统一知识（或哲学）。

(h) 对知识统一性的一种更好的理解，也许会导致各级课程的大幅调整。

想象我们隶属于某个小组，该小组的成员来自各个领域，致力于探索统一知识的可能性。我们可能会问自己以下一些问题：

(a) 最近雷维尔（Roger Revelle）发表了一篇论文，讨论"穷国能从科学革命中受益吗?"这涉及对实用知识的系统研究。显然，它所寻求的与我们所寻求的不是同一种东西。尽管如此，这一讨论却令人印象深刻，它涵盖了广泛的学科范围且聚焦于一个很实际的中心主题。我们能为我们的事业找到一个十分明确的**焦点**吗?

(b) 已经有人指出，与自然科学相比，人文和社会科学的讨论更容易让初学者参与进来。人们会不会说，后者更容易理解或更容易造成理解的假象?例如，一种常有的经验是，对于一部哲学作品或一首诗，存在不同水平的理解。同样，是否也可以要求每个受教育的人对"语言"(包括一些数学和一些基本科学）有一种基本的掌握?

(c) 预设心灵的产物拥有一种对应于其来源的统一性，或者任何心灵都能理解任何其他心灵所说的东西，似乎与我们关心的问题无关。这些预设看起来都是不必要的"形而上学"。这些模糊的命题或者是依定义即为真的，或者在任何严肃意义上都是假的。但我们要努力实现的目标显然不是让每个人都知晓一切，这是不可能的。我们的任务是一个很实际的任务，开始的工作主要在于精确阐明我们那个模模糊糊的愿望：让知识变得更加统一和条理化。我们充分澄清自己的想法，使我们从彼此十分不同的背景中相互受益，这至关重要。

(d) 尽管我们不想纠缠于散乱的细节，我们却必须避免以太过

抽象的形式阐述我们的问题，那样会导致我们最终把大部分时间用在 341
澄清术语的意义上。因此，一开始就追问是否存在一些心灵类型，它们无法杂交并产生可育后代，或关于物质的信念和关于心灵的信念之间是否存在一种根本的分裂，看起来是毫无益处的。如果我们能首先交流我们各自学科所“提炼出的智慧”，获得一些用以进行哲学思考的基本与料，这会更有成效。

（e）有一种基本的怀疑是，我们是不是在空想或试图做不可能之事。生活的事实是，有伟大的艺术家，伟大的科学家，伟大的学者。我们如何知道，在努力改变现状时，我们不是在试图成为超人？

为了统一知识这个目的，传统哲学家提出了一些高度灵活的原则。例如，我们有《易经》中的阴和阳，辩证逻辑，以及辩证唯物主义。最近，玻尔阐述了互补性的概念，它被视为对连续与离散、正义与仁爱、主体与客体（尤其是主体视自己为一个客体）、沉思与决断、实用的与神秘的、不同的民族文化等都发挥作用。这一极具启发性的观念在现阶段似乎有待更仔细的分析和阐发。

尝试获得对知识的一种统观的另一方法，也许是找到某种关于知识的地图。

让我们区分以下诸领域：艺术、历史、（自然）科学、数学，以及哲学。有一种诱人的说法是：历史寻求直言单称命题；艺术——就其也关心命题而言——感兴趣的是假言单称命题；数学追求假言全称命题；而哲学——假如我们足够乐观——则寻求直言全称命题。

从这样的观点看，社会科学与历史密切相关，却渴望能像自然科学那样。而自然科学究竟应与数学还是哲学归为一类，还有疑问。当我们想到关于科学定律的抽象陈述中所包含的边界条件和简化假设时，我们倾向于把自然科学和数学放到一起。但当我们提醒自己，物理学与数学之间存在巨大差异，我们对自然的了解达到了惊人的程度，我们又愿意说，科学比哲学更成功地产生了直言全称命题。人们由此还会倾向于说，哲学命题更普遍，因为它们处理作为整体的世界，而不仅是——比如说——物质和运动。

342 我们或许还想引入有关“必然性”的考虑。我们会说，科学和历史感兴趣的是偶然命题，而哲学和数学感兴趣的是必然命题。应严肃对待的一个问题是，保证一个足够丰富的“必然性”概念，它允许重要的必然命题存在，同时又不抹杀必然与偶然之间的区别。

诗歌比历史更科学，因为它处理共相，比如某一般类型的人在某一般类型的场合会做什么。如果说艺术表达情感，那么它应当表达真实而非假设的情感。小说中创造的人物，可以说成是对一个概念为真。不过，关于不同类型命题的普通逻辑区分，不一定适用于艺术。将艺术等同于语言，不仅是在定义艺术，还为逻辑和语言学中那种较乏味的语言概念引入了一个新的维度。

把历史吸收进艺术的做法也很有诱惑力。打动人们的是二者的这一共同目标，即获得对殊相的直观经验。历史学家的任务是看清个别的事件，艺术家的任务是看清个别的曲调、人、风景等。

一切知识都是我们此刻的知识。在这个意义上，人们也许想说，一切知识都是历史知识。此外，当我们断定一个一般规律，我们只直接处理实例，因此科学只是压抑了其特殊参照系的历史。在许多情况下，这是一个有趣的提醒。尽管（自然）科学和历史都对事实和规律感兴趣，但规律是科学之目的，而特殊事实是历史之目的。不过，科学家对共相在事实中的例示感兴趣，而历史学家把一个事实承认为事实，乃是通过用普遍概念来解释那个事实；纯事实和纯共相是虚假抽象。此外，甚至还有人提出，科学不是知识而是行动，科学不是真的而是有用的：它只是用来获取知识——历史知识——的一种工具。

但上段最后两句话都不能取消科学（以物理学为典范）与历史

之间的区分。第一句话可能演变为程度之别与种类之别之间的令人厌烦的区分。第二句话显示了将知识这个属等同于它的一个种的诱人想法；它没有将历史与科学相混同，而是这样来区分两者，即把历史置于一切知识的核心，而把科学降格为次等知识。出于许多目的，将历史视为比科学更重要是完全合理的，但否认科学的真知识之名，似乎 343
是对我们的一般观念的践踏。从词源学上讲，希腊词“episteme”的词根有稳定和坚固之义。我们倾向于认为，科学比历史更像是一座坚固、稳定的大厦。

至少在学术界，更普遍的趋势是努力将历史提升到（自然）科学的令人羡慕的地位。如果差距显得太大，人们会请求社会、政治和行为科学来帮助弥合二者间的鸿沟。

人们可能会为人类的基本生物学需要，以及这些需要彼此之间和与环境之间的互动的恒常性和规律性感到震惊。还可能会为社会发展和衰退所呈现出的一些基本模式感到震惊。或者，在对极端措施的反应中，存在某种意义上的历史必然性。必然的东西背后必定隐藏着法则，而只要足够努力，我们总能将法则系统化为科学。遵循这一乐观主义路线，我们被引导去思考一种实际的可能性，而不仅仅是逻辑的可能性，这里的“逻辑”的意义在当前语境下是无关紧要的。如果我们愿意摒弃“逻辑”的形式或数学意义，我们还会倾向于相信，一门遵循物理学模式的历史科学不仅在实际上不可能，在逻辑上也不可能。一个可信的理由是，历史是一门更偏人文的学科。我们愿意接受某些历史解释，不是因为它们与物理法则一致，我们是通过更广泛地诉诸我们所认识的生活，才愿意接受它们。历史学要求我们有能力想象不同条件下的生活，把自己置于不同时代人的位置，重建并应用他们的概念和范畴。

这一人文因素为历史学开启了这种可能，即在某种特殊的意义上防止专门化。这由如下事实可以看出，一项优秀的历史调查可以比一部优秀的专著更受重视，而在科学中，调查的重要性永远不可能高过重要的新发现。对历史学家来说，重要的是整合和联想的能力，感知部分与整体之关系的能力，选择和安排细节的能力。在某种程度上，成为通人的愿望可以通过努力成为一名广博的历史学家来实现。

与历史学的其余部分相比，思想史与统一知识的理想关系更紧密，但它关心的更多是当前人类思想的结构而非历史。我们最感兴趣的是最终结果，而不是达到这些结果的详细过程。这将我们带回专业化。

344 无可否认，专业化问题对求知事业至关重要。它涉及合作和劳动分工的诱人原则。很多时候，我们发现我们反对的实际是低级趣味而非专业化：例如，当我们对无益于知识进步的所谓新结果表示反感时，就是这样。要么这些结果不是真正新的，甚至不能提供一种看待已知事实的更适当的方式，要么它们是新的，但却意义微小，以至于当它们融入一个更大的框架后，它们会被遗忘或毫不费力地重新发现。人们过分强调“结果”和“原创性”，这些结果看起来不同，但差别甚微。

不可否认，专业化有助于集中人们的注意力，并指引人们研究的方向。它指导人们选择要注意哪些数据。根据“注意”这个词的定义，我们不能平等地注意一切事物。将专业化比作使用拐杖很诱人，如果一个人想要不用这些拐杖走路，感觉会像是走在水面上。

成熟的专业和不成熟的专业情况很不一样。在一个成熟的领域中，工作规则是严格的，相对优劣的评判是十分客观、统一的，所要求的能力也是非常具体且有清楚规定的。在一个不成熟的领域中，标准是不清楚的，工作规则更有弹性，而且始终有这种不安的感觉，即人们可能在问错的问题，以至于整个领域可能最终证明是无意义的。

这与发明错误专业的危险有关。专业化的欲望很自然地引导人们急不可耐地将模糊的想法固化为一个专业，以便其他人可以在不考虑该专业的更广泛意义的情况下致力于它。这样，我们经常发现一些持久不懈的思考，它们虽然相对于其任务集是适宜和有趣的，但本身却显得没什么意思，因为最初的问题是生造的、构想拙劣的和无足轻重的。我们有这样的感觉——这常常是正确的——我们是在看一场毫无意义的游戏。

一个专业的诞生常常涉及模型构建或抽象化因素，抑或戴上有色眼镜看物。这能使更严格、更明确的结果变得可行，但也会对不那么明确的原始问题造成一些不可避免的扭曲。扭曲所造成的损失，是否从问题重制所带来的可操作性的提升，得到了足够的补偿，这一点并不总是清楚的。过分追求有形的、立竿见影的进展，往往鼓励人们草率地将模糊的问题凝固为不适当的严格形态。表明出错的一个迹象是如下感觉，即我们不再利用我们对自然的原初问题的直觉，而是或者单从形式角度进行考虑，或者诉诸一种派生的直觉，后者完全基于对
问题的新表述。说来有些悖谬的是，在数学和物理等最精密、最完善 345
的专业中，最优秀的实践者往往更能超越形式细节，并行使他们的想象力和精细直觉。

当一个主题不在既定的专业范围内，人们就倾向于为它创建一个合适的专业。但这个主题可能还没有成熟到可以这样来处理，或它本来就不是一个能被如此处理的主题。确实有些人以通识为专长。它让人想到科学记者和科学普及人士。在实践领域，国家首脑可以说有专于通识的职能。而在思想领域，传统上，哲学家也被期望要以通识为专长。

相对于一个给定的学科，一个业余爱好者有可能提出一个很好的想法。但大多数时候，他不会对更广泛的背景有充分的理解，从而不

能完全控制、评估和发挥这个想法的后果。偶尔也有例外：例如，数学家哈代无意中对遗传学做出了一个基本的贡献。

专业化盛行的一个社会学方面的表现是，为了属于一个团体，甚至为了谋生，成为专家已经是实践上的必要条件。成为专家可以很容易地满足人们被欣赏和与人进行密切智力互动的需要。

任何经验要成为人类知识的一部分，都必须能通过语言进行交流。在这方面，不把数学看成一个专门的知识分支，而是把它看成对普通语言的一种改进，即用表示关系的新工具补充普通的语词表达式——它们可能太不精确、太累赘——是很合适的。在某些领域，对语言的这种改进是如此成功，以至于出现了这样的趋势，即通过“数学的”这个词来思考科学理想。在另一端，对存在胜过本质的强调可以理解为这样一个论题，它或者是说语言不合乎知识的需要，或者是说知识不合乎生活的需要。

为什么我们觉得关于知识统一的抽象谈论有些站不住脚？一位国王可以用他关于统一的知识尝试将他的王国（或别的地方）带进一个理想的社会。一个亚里士多德、黑格尔或马克思式的人可以建造一个宏大的体系，并产生巨大的影响。一个庄子或斯宾诺莎式的人会用他的知识整体观来指导自己的生活。但各种档案性材料的一种干瘪乏味的统一，或一本纯洁化、统一化的教科书，有什么用呢？它也许会
346 对教育改革有一定意义。如果一个人被培养得主要关心知识，但厌恶各种专业所呈现的孤立化和碎片化状况，那么他很自然会寻求一门普遍科学或综合性哲学。当然，无法保证，这样的探索会有结果，更无法保证，它们会导向一种令人满意的生活。

也许人们所求的不是一个统一的知识观，而是一种能作为行动指南的哲学或世界观。不同的政治理想和民族文化之间的冲突，显示任何调和对立哲学的企图都包含一种内在的困难。承认不同的观点形成

互补并以此自我安慰，似乎并不能令人满意。与主要的思想阵营决裂，不仅会带来一个近乎不可能的任务，即就其本身而言思考每一个问题，还会造成一种严重的危险，即活成一个社会弃儿。在实践中，有一些幸运而精力充沛的人，他们在一定程度上成功从一个专业转到了另一个专业，从一个阵营转到了另一个阵营。但这样得到的统一世界观会有些空洞：在每个阶段，根据自己在此阶段所认为的最好，做到最好。

## 4　罗素作为一个例子

1. 在对罗素的职业进行定位时，人们会面临一些困难，它们部分是由于语言的贫乏。罗素是一个没写过纯文学作品的作家，或至少没写过任何值得认真对待的纯文学作品。他既非艺术家也非科学家。萧伯纳明确称他为数学家，而李特伍德则镇静地把他说成是一个哲学家。在对其批评者的回应[1]（1943 年 7 月）中，罗素说：

> 我将逐渐从抽象走向具体。这将带我们首先到达逻辑，然后是科学方法，然后是知识论和心理学，然后是形而上学。转向涉及价值判断的问题时，我们首先到达伦理学和宗教，然后是政治和社会哲学，最终到达历史哲学。

即便是这份长长的清单，也尚未包括他讨论战争与和平、教育、通俗科学、获得幸福之方法等问题的文章，更不用说他写给《花花公子》杂志的那些。

他从未做过正式教授，虽然他是许多教授的偶像。职业数学家往往视他为圈外人，虽然以智力而言，他被普遍认为是科学家和数学家 347

① *The philosophy of Bertrand Russell*, ed. P. A. Schilpp, 1944, p. 681.

中的一流人物。他是唯一集英国皇家学会会员和诺贝尔文学奖得主于一身的人。他的朋友和仰慕者中有音乐家、科学家、小说作家、政治家和青年人：所有他不属于的类别。

2. 作为一种生活形式，罗素的生涯提出了许多不同寻常的问题。其中最基本的大概是专业化盛行的影响问题。一方面，现今从事一门严肃而受人尊重的学科，需要大量的前期准备和紧跟新发展的持续努力。因此，要成为一名专业人士，本质上需要全职投入。另一方面，在社会舆论中，非专业作家普遍被认为至多是二流知识分子。这些条件合起来，实际上就使致力于在众多领域进行写作不可能成为一种令人满意的生活。罗素以本世纪很少人能达到的满意程度克服了这一困境。同样成功但方式有些不同的一个更近的例子是萨特。

罗素曾数次谦虚地说，他的作品之所以拥有那么多读者，只是因为他早年在数理逻辑领域做过一些严肃的工作。令人略感尴尬的是，他又写道，在完成了他在数学方面想做的一切工作后，他于 1910 年左右将注意力转向了其他事情。要从容漫步于不同的领域，顶重要的一点是，专业训练带来的优势不是压倒性的。这意味着人们只能转向“软”领域或不那么发达的知识领域，幸运的是，它们涵盖了有文化的一般公众直接感兴趣的大部分学科。

50 年代，罗素的一次访谈被制成了影片。影片中他回答一个问题时说，假如他那时还年轻，他不会选择哲学，而是会选择物理学或——如果他缺乏物理才能——政治宣传，作为自己的专业领域。这话冒犯了许多学院哲学家，他们拒绝把它当真。然而，如果一个人的生活目标是对世界产生尽可能多、尽可能显眼的正面影响——仅限使用文字这种方式——那么罗素的话就不是那么令人惊异。

当然，全力钻研单一专业——可以是音乐、诗歌、数学、物理学或哲学——和放纵自己把注意力分散到多个领域，这两者带给人的满足孰多孰少，我们不可能做出评估和比较。曾有些时候，人们对罗素于 1910 左右放弃逻辑学表示遗憾。尽管罗素说，他那时感到自己有关逻辑学的想法已经没有新意，人们却宁愿猜测，这一转向有着更深 348
刻的原因。选择离开逻辑学，肯定需要非凡的智慧和勇气。很难想象，继续研究逻辑学会让罗素过上一种更令人满意的生活。

在一篇广受欢迎的文章中，罗素被报道说过这样的话：通过跃入争论的漩涡，他获得了比许多他在剑桥的更聪明的同辈人更高的声誉。但至少在求知事业中，论战和争议看起来更倾向于阻碍而非促进进步。为了知识积累的目的，我们最好是多看到别人的长处而非短处。如果某个人的思想没有价值或内容，最好的应对办法是沉默和无视。争论倾向于把人们的注意力从接近真理的东西转移开，并陷入语词游戏之中。维特根斯坦与大多数当代英美学院哲学家的一个主要区别似乎是，后者沉溺于一些遮掩在各种外在细节之下的机巧的小论证。

3. 罗素生活方式的另一个方面是，他总体上超脱于学术机构和大型团体之外。在当今先进的“自由”社会中，最大的自由似乎是为那些具有商业头脑的人准备的。对于科学家和那些以文字、符号为生的人来说，摆脱机构团体实际上是不可能的，而机构团体为了保护自身利益，自然会对其成员施加一些限制。结果是，在遵守一些无关乎政治和基本道德原则的规定时，人们面临着巨大的压力。

即使一个人实现了一定程度的财务独立，仅凭文字和逻辑论证对公共事务产生广泛影响的可能性也很小。除了大众传播媒体受控于错误的人这一点外，还有一个多样化的问题，眼花缭乱的读者需要自己从良莠不齐的繁多观点中进行选择。

罗素以其得天独厚的条件部分地解决了这一困难。他首先凭借工作刻苦、文风宜人、家世显赫以及当时英国所处的阶级社会和霸主地位等，为自己积累了雄厚的学术声望资本。然后他又具备了如下一些有利条件：广泛的阅读，快速的写作，冷峻又不失幽默，迷人的清晰性，不断插手争议性问题，不为负面批评所扰。即使有了这一切，假如他不是深深扎根于一个正在衰落但对受过良好教育的人持有明显的传统敬意的国家，他晚年的一些公共活动也仍将是不可能的，或者进行起来会艰难得多。

349 事实上，当他以科学的态度得出他关于古巴危机和中印边界争端的看法时，《观察者报》把他与西方官方立场之间的分歧解释为“一个老人的自负”，因为必须承认，他不是一个共产主义者。

4. 思考罗素的一生，基本的参照系必须是个人主义和开明利己主义。摩尔以自相矛盾为由将利己主义迅速否决了①，但我们感觉他没有公平对待这个问题。诚然，一群利己主义者在一起会产生矛盾，而狭隘的自私自利很可能会适得其反。但有些时候，必须做出一些真正的抉择，一个人是否为利己主义者，其造成的结果不同。情况还因这一事实大大复杂化了，即问题一般是隐藏不显的，因为许多客观因素是未知的。社会制度设法把几乎所有关于个人与社会的问题转化为个人与个人的问题。

另一方面，似乎也有必要让精力旺盛的集体主义宽容甚至鼓励某种形式的个人主义，当然，它必须总体上有助于增进公共福祉。

强调从当下经验出发的现代经验主义哲学立场，无论作为科学探究之指南，还是作为实际行动之指南，都是失败的。这两方面的失败相互独立，但却有着共同的源泉，即我当下的感觉材料与真正重要之事相距甚远。

在道德问题上，我们时常拒绝比较不同基本前提间的相对重要

---

① G. E. Moore, *Ethics*, 1912.

性。当摩尔宣扬个人爱好和对艺术与自然之美的欣赏是一种内在的善的时候，他并没有制定一个基于此观点的明确的行动纲领[①]。但在实践中，人们预计，这样一种基本立场如果被广泛采纳，不会特别有益于社会的进步。甚至连凯恩斯后来也放弃了这种舒适的哲学，开始参与公共服务事业[②]。

今天，基本的非正义或许不再是每个国家内部的剥削——除了美国的黑人这个重要的例外，而是不同国家之间的经济不平等。当差距是如此巨大，富国想要保护并进一步增加其财富，穷国则希望变得不那么穷，和平与善意不占上风，也就一点儿也不奇怪。如果人们接受这个基本的前提，就会禁不住对富国的伪善和自以为义感到憎恶。我们很高兴地发现，罗素在其思想最成熟的时刻，终于开始强调道德问题的这一方面。

关于社会和政治问题的看法，一大难题在于什么应该发生与什么 350
将要发生之间的差别。在提出一条路线 *A* 时，人们认为 *A* 如果实现会比 *B* 好，但有一种极度危险的可能是，*A* 会导向另一条路线 *C*，它甚至还不如 *B* 可取。反对乌托邦激进主义的根本理由大致就是这个，即它使我们不再注意那些更现实的道路。

5. 在论及写作时，罗素讲过这样一件事[③]："他对我着重强调的一个建议是，必须经常重写。我认真地尝试了，但发现我的第一稿几乎总是比第二稿要好。这一发现为我节省了大量的时间。当然，我不是把它应用于内容，而只是应用于形式。" 这与我们听到的关于托尔斯泰如何写作的故事形成鲜明对比，后者经常十次、二十次地大修他的手稿。毫无疑问，这与艺术写作和说教写作之间的不同有关。除了这

---

① G. E. Moore, *Principia ethica*, 1903.

② J. M. Keynes, *Two memoirs*, 1949.

③ Russell, *Portraits from memory*, 1956, p. 210.

一目的上的差别，同样明显的是，他们从写作中获得的快乐在类型上必定也十分不同。

维特根斯坦的写作也很棒，虽然风格迥异于罗素。但要说罗素的书像优秀的新闻报道，而维特根斯坦的像诗，就太过夸张和片面了。罗素和维特根斯坦都试图使哲学多一些科学化而少一些文辞化，获得积累式的进步又没有令人反感的技术细节。在追求这一目标的过程中，两人各自在某种意义上创造了一种写作风格，可能同时也是一种做哲学的风格。

6. 罗素与他的三个主要合作者之间的关系也是一个有趣的话题。怀特海常说："伯蒂认为我头脑混乱，而我认为他头脑简单。"罗素对摩尔和维特根斯坦——即使不是对他们自己的工作，至少也是对他们的工作所造成的影响——感到幻想破灭，这生动地表现在他的论文《对"日常用法"的崇拜》[①] 中。摩尔在尝试搞清楚罗素的一些概念，如命题函项概念的确切涵义时，感到挫败和沮丧。维特根斯坦据说曾考虑取消出版《逻辑哲学论》，因为他对罗素写的序言不满意。后期维特根斯坦无疑反对罗素的哲学观念，正如他反对自己的早期观点一样。

怀特海在给罗素的一封信[②]中写道："我的思想和方法是以与你不同的方式发展的，其酝酿期很长，而结果要在最后阶段才能获得可理解的形式。我不想让你看到我的笔记——它们在各章是清晰的——把它们仓促地析出为一系列半真半假的东西。"在一些私人信件[③]中，
351 罗素谈到过维特根斯坦对其工作的私下批评。"我知道他是对的，我知道我再也无望在哲学中做出基本的工作了……我感到极度绝望。"

---

① Ibid., pp. 166–172.

② *The autobiography of Bertrand Russell*, vol. 2, 1968, pp. 96–97 (Bantam edition).

③ Ibid., pp. 64, 90.

“维特根斯坦的批评给我一种挫败感。”

桑塔亚纳认为罗素浪费了自己的才华①。他本可以成为一个伟大的政治家、改革的领导者，或者:“他本可以在很大程度上重塑科学哲学。他可以做得比培根还好，因为他所掌握的科学先进得多；《数学原理》似乎也预示了这种可能性。”

7. 有时，人们认为罗素在败坏青年人。很难看出，他的那些理性的讨论——比如关于婚姻和道德的——如何能被当成颠覆性的东西。不过，我们能明白，罗素的观点很容易被误解。抽象的思辨易于忽略践行其所蕴涵的建议的实际条件。交流的失败是因为日常语言中的句子可以在不同水平上被理解。因此，罗素可能无意中伤害了那些在智力上胜任，但在行动上十分软弱的青年人。

在纯智识方面，也有一些缺乏批判力的青年人被罗素表面清晰的著作误导了，以至于相信哲学承诺了一个统一的数学和一个更大、更清晰、更系统的科学。很难估测，假如没有罗素，同样这批人会不会找到其他回报更低的研究纲领来浪费时间和精力。

8. 罗素对逻辑和哲学的影响是深远而巨大的。他很可能是本世纪被阅读和引用最广泛的哲学家。许多基本著作，如司寇伦关于自由变元数论的文章，艾尔布朗和哥德尔的学位论文，哥德尔论算术的不可完全性的文章，都以《数学原理》为起点。分支（直谓的）层谱的思想在集合论基础——特别是关于独立性和相对一致性问题——的研究中扮演重要角色。虚假与无意义之间的对比，如类型论所表明的那样，持续吸引着职业哲学家们。

经常有人说，罗素对人类知识的实实在在的贡献远远小于他的影响。对罗素之功绩的一种最具敌意和最失公允的评价——可以从一些

① G. Santayana, *My host the world*, 1953, p. 29.

职业逻辑学家和哲学家那里听到——内容大致如下。他在逻辑方面的许多主要思想已经被弗雷格预见到，并常常在弗雷格手中得到更充分
352 的发展：数学还原为逻辑（特别是自然数的定义），命题演算和量化演算的发明，现代逻辑哲学基本概念的制定。甚至类型论也以某种形式在弗雷格和施罗德那里出现了。罗素悖论和摹状词理论不过是两则简单的评论，且前者策梅洛也独立地发现了。恶性循环原则是由理查德和庞加莱首先提出的。在哲学方面，他一度成为时尚，但近些年来已经被维特根斯坦取代；由于哲学中几乎不存在任何积累性进步，一旦过时，实际就剩不下什么可挽救的东西了。

很明显，这样的评价是彻头彻尾的谬论。但造成这种评价的原因却较为复杂。其中不乏一点儿专家对全才的嫉恨。另一个因素是对"科学的"哲学和一般而言的学院哲学感到挫败。而也许更重要的是，数学家们倡导的独创性标准在作祟：对明确而具体的创新的追求，有点像用性行为作为衡量爱情关系成功与否的唯一标准。此外，还有一个因素是，历史学家们乐于追溯事物更早的蛛丝马迹，以及对荣誉该如何分配做出裁决：如能适可而止，这倒也无伤大雅，但人们很容易陶醉其中，而遗忘那个更广阔的结构。当他们最终得出这样的结论，即某个时期的核心人物，如逻辑与哲学领域的罗素，**其实**什么也没做，这个把戏就自归于荒谬了。几乎对任何人都可以玩这样一种刻意贬低的把戏。

9. 对罗素其人的上述评价，有许多方面是粗野鄙陋的，令人难以忍受。那些在繁荣和平的欧洲度过青年岁月的人，自然要比在战争中长大、在异化的环境中生活的人更温和、更乐观和更慷慨。或许这就是罗素比那些年龄在他的三分之一到二分之一的人看起来更有力量、更有勇气和更有希望的原因。

以下是罗素八十岁生日时写下的一段感言[①]：

我也许错误地想象了理论真理，但我认为有这样一种东西并且它
值得我们效忠的想法没有错。我也许把通往自由幸福世界的道路想象
得短于事实所表明的，但我认为这样的世界可能且值得我们为接近它
而生的想法没有错。我一生都在追求一个愿景，它既是个人的，也是
社会的。个人方面：关心高尚、美好、温文尔雅的东西；即使在比较 353
世俗的时代，也为自己保留一些生发智慧的顿悟时刻。社会方面：想
象那个我们想要创造的社会，在那里个人自由成长，憎恨、贪婪和嫉
妒绝迹，因为没有滋生它们的土壤。我坚信这些东西，这个世界尽管
恐怖，却未能让我动摇。

## 5　生活与对哲学的追求

人们对哲学有不同的理解，对哲学发生兴趣的方式也多种多样。根本的冲突是要求严格与要求全面（comprehensiveness）之间的冲突。更具体地说，哲学的两大主题——自然与人类生活——存在着一种分裂。虽然在讨论自然和精确科学时，保持一种至少表面上的严格，看起来很有希望，但哲学为了全面，以及——在事实上——证明其主张值得我们（对大多数人来说）注意，必须关注生活的实际方向。

因此，我们有了彼此冲突的两个理想：哲学作为一门严格的科学和哲学作为一种世界观。解决此问题的一种方式是设想一种未来哲学，它既是严格的又是全面的。但这样一种哲学最终出现的可能性有多大，我们对此很难达成一致，而且还存在一个此时此刻选择从事哪种哲学的优先性问题。这里，我们很典型地需要在不同行动路线之间

---

① *Portraits from memory*, pp. 58−59.

做出选择，而最终做出何种选择，主要是由每个人的性情和他碰巧具备的相关知识决定。例如，胡塞尔作为一个爱好理论的人，通过深入的研究相信，一种超科学是可能的，从而决意朝着一种全面而严格的哲学奋进[1]。

由于我无法评判胡塞尔这一信念的理由，而且我们大多数人也没有胡塞尔那样的心智和特殊信念，我将撇开他对有关自然和有关人的考虑之间的冲突的化解方式。哲学家之间存在巨大的差异，这取决于他们是更重视对自然的研究，还是更重视对人的研究[2]。

假如一个哲学家的主要关怀是人类生活，那么还有另一个基本态度上的分歧，它关乎个人与社会之间的对比。如果他生活在一个传统观念总体稳定的社会中，他为得到一个世界观的努力，很可能是指向
354 自我完善，或一般地，每个个体应该如何在给定的社会中过自己的生活。另一方面，如果他从根本上对现存社会不满，那么还会有这样一种冲突：是先研究如何改变现有社会，还是先研究如何在现有社会中生活。

---

①‘Philosophy as rigorous science’初次发表于1911；英译本见于 E. Husserl, *Phenomenology and the crisis of philosophy*, 1965, pp. 71-147。在对这两种不同的人生目标——追求作为世界观的哲学和追求作为严格科学的哲学——进行对比时，胡塞尔强调了禀性上的差别在选择中所发挥的作用。

让我们从一开始就承认，基于哲学家个人，没有选择这种或那种哲学进路的确定的实践决断可以做出。有些人是优雅的理论家，天性倾向于以严格的科学探究为使命，只要吸引他们的领域有希望开展这样的探究。这里的情况很可能是，他对该领域的、无法抑制的兴趣，乃是源于禀性上的需要，比如对一种世界观的需要。另一方面，对于重审美和重实用的心灵（艺术家、神学家、法学家等），情况则有所不同。他们从审美或实践理想——因而是属于非理论领域的理想——的实现中寻找自己的使命。（p. 137）

② 例如，在评论罗素的 *What I Believe*（1925）时，拉姆齐写道：

此外，即便我要反对罗素演讲的内容，那也不是反对他所相信的，而是反对他所给出的用以表明其感受的那些东西……我与我的一些朋友的不同之处在于，我对物理上的大小不太看重。面对宇宙的广袤，我一点儿也不觉得自己渺小。恒星也许是巨大的，但它们没有思想和爱的能力；而这些品质远比物理上的大小更能打动我。（*Foundations of mathematics*, 1931, p. 291）

然后，我们很快就能达到这样一种哲学观，它把哲学理解为关于如何缔造更好的社会的研究。有鉴于这一哲学观和当前的世界局势，我们不难理解如下的断言：当代知识分子的中心问题是如何对待马克思主义。不可否认，对于整个人类而言，马克思主义目前是一股重要力量，而且马克思主义在道德判断方面有重大影响，不仅对实践活动是如此，对智识追求也是如此。

确定该如何对待马克思主义这个任务的艰巨性，可以从海德格尔的一段话中得到说明（《关于人道主义的通信》，1949）："由于胡塞尔和萨特——据我目前所见——都没有认识到历史因素对于生存的本质地位，无论是现象学还是存在主义，都尚未进入与马克思主义进行建设性争论的维度。"

如果一个哲学家的注意力限于个人，自由和选择问题就会对他有天然的吸引力。人们普遍认为，一个人应该这样进行选择，即以最大程度地发挥自己的潜能为原则。关于做选择的机制和随之而来的承诺，可以说的有很多。如果一个哲学家深感生活之痛苦，他就会认为，哲学的任务是探寻痛苦的真正来源，以及消解它们的普遍有效之法。

根据文德尔班的说法（写于 1901 年）①："当前的用法把哲学理解为对有关宇宙和人类生活的一般问题的理论研究。"在追溯哲学概念的历史时，他提到了多种不同的观念：哲学作为任何有条理的思想工作；哲学作为一种基于理论原则的生活艺术；哲学作为教会教义的婢女；哲学作为"处世智慧"；哲学作为一种普遍科学。他总结道："鉴于有这么多变种，假装能从历史比较中得到一个一般的哲学概念似乎是不切实际的。"文德尔班似乎相信，康德提出了一种"显然最终"

① W. Windelband, *A history of philosophy*, pp. 1–6.

的哲学观，它能将关于哲学的普遍观点和视哲学为一门特殊科学（理性批判）的观点结合起来。理解或接受文德尔班的这一判断，并不是一件容易的事。顺便说一句，有一种诱人的做法是把当代的学院哲学比作中世纪的经院哲学，并且也以婢女称之，当然，不再是教会教义之婢女，而是作为一种新宗教的科学技术之婢女。

355 尽管胡塞尔决意追求作为严格科学的哲学，但他同时描绘了一幅光彩夺目的、作为世界观（Weltanschauung）的哲学图景①。

> 这个时代至关重要也因而最具说服力的文化因素，不仅在概念上被把握，也在逻辑上被展开，并在思想中被以其他方式阐明。由此获得的结果与其他直觉和洞见交互作用，实现了科学的统一和一致的完成。在这样的范围内，最初未被概念化的智慧便得到了非凡的拓展和提升。由此发展出一种世界观哲学，它在诸宏大体系中为人生和世界之谜提供了相对最完美的答案，这也就是说，它为人生在理论、价值和实践上的不一致性提供了一个尽可能好的解决方法和一个尽可能令人满意的解释，而经验、智慧和简单的世界与人生观点则只能予以部分地克服。

许多哲学家无疑会认为，缔造如上描绘的宏大体系，是一个十分有吸引力的奋斗目标。胡塞尔对这些体系的批评是，它们不是绝对的，而是相对于不同的历史时期，它们是实践的而非理论的，它们不是（严格）科学的，实则是“历史怀疑主义”的产物。

胡塞尔的一个基本信念是，他找到了一种方法，通过这种方法，我们可以逐渐获得绝对知识，并将哲学确立为一门严格的科学。相比之下，许多人可能会更强调我们的已有知识，并试图从中分离出较稳定的部分。承认稳定的原始事实，表明了一种混合的立场，它将基本

① E. Husserl, op. cit., pp. 132–133.

的概念和原则与那些更依赖于特定历史条件的东西区分开来。以这样的方式，人们希望得到哲学的一个较严格和较科学的部分，在它之上可以建立不同的“宏大”体系，并且不只是在一个特定的时间，而是跨越漫长的历史时期。从这样的观点看，胡塞尔提出的彻底重建知识的建议，给他的方法施加了过重的负担，因为他要以此方法一劳永逸地确立包罗一切的绝对知识。他小看了多年积累的已有知识。此外，我们也不易分享胡塞尔对远期前景的巨大信心：“当科学可以说话——尽管只需再过几个世纪——他会轻蔑拒绝一切模糊意见”；“我们绝不能因时间之故牺牲永恒。”

康德与胡塞尔之间的区别时常被比作粗糙的大厦（康德）与细致但缓慢的开端（胡塞尔）之间的区别。但鉴于我们习惯于认为， 356
每个人只有一次生命，我们不愿称康德的工作是不谨慎的，并且我们中的许多人宁可要一个不完美的综合哲学，也不愿花费一生时间仅仅去发展一种方法。况且，胡塞尔的方法还有一个缺陷，即只有极少数心灵能以卓有成效的方式运用它。

如果我们考虑对知识的实际追求，我们会发现许多具有普遍意义的问题。其中一个是关于兴趣的问题。我们是如何长大的，长大后的志向是什么，显然都会在事实上影响我们的兴趣。但同时我们也感到有一个内在价值问题，当我们试图比较不同领域作品（如《儿子与情人》和一个适当重要的数学定理）的价值时，这个问题显得尤其困难。再就是分歧问题。我们时常为这样的情况感到大惑不解：一些看起来无足轻重的、关于琐屑理论问题的分歧，却表现出极为激烈的态势。根据一种观点，这种激情一般可追溯到基本的政治分歧。还有哲学的片面性问题，这使得我们在实践中常常是从文学而非哲学得到更多对人生的理解。

有一个模糊的观念，姑且可称之为：应用普遍哲学见解于多种类思考。例如，达米特曾评论道，虽然社会中每个个体的政治立场不会在变化的政治气候中保持不变，不同个体在从极左到极右的整个谱系中的相对立场却稳定得多。在研究计算机的灵活性时，邓纳姆(Bradford Dunham）指出过一个区分：面对从一个对象集中挑出较小的对象这个任务，是用筛子筛，还是一个一个测量对象集中的每一个对象。我们模糊地感到，这些评论在“哲学”一词的某种广泛的意义上具有哲学意义。但不易看出，这种评论如何能在关于知识的一般哲学中找到恰当的位置。

尊重实际知识及其习得和发展过程，也意味着对助探术、教学法和观念史的更概念化的方面感兴趣，后三者都与实践中如何取得新发现或新理解这个事实问题有关。因为我们并不期望在哲学中获得一种更高的理性，我们感到有义务更多地注意，知识在事实上是如何通过更高效的思维进步的。一个补充性的信念是，人类心灵在纯形式方面的能力，如做长而复杂的乘法运算的能力，或理解从给定的假设出发
357 的漫长推理链条的能力，是十分有限的。实际的成就源于许多复杂的因素，至少就目前而言，我们既无法借助纯粹理性一下子理解它们，也无法通过诉诸神经生理学（不管用不用进化）片段式地理解它们。事实性的人类中心的考虑看起来更有前景。

有一个熟悉的大书比喻，可用于说明一些哲学问题[1]。假设某个人知道世界上所有物体——包括无生命的和有生命的——的所有运动，也知道所有人的所有心灵状态，并且假设他把他所知的一切写进了一本大书 $B_1$。首先的一个问题是，书写用的语言和解读它的方法是什么。我们可能考虑用一个坐标系给出时空位置。我们没有一本这样的大书，甚至也不知道它看起来会是什么样。还原论似乎预言了这

① 可以将完美百科全书谬误与完美词典谬误放在一起说。

样一本书的形式，甚至推荐了一些实现它的方法。也许一本更有趣的书 $B_2$，是书写实际知识的书。在这种情况下，我们显然不具有完备的知识，并且部分由于这个理由，我们需要使用一些方法来概括我们的（不完备的）知识。我们也许想列出一个给定语言下的、被人类接受为真的所有语句（一个无穷的集合），然后删掉那些是其他语句之后承的语句。这样的一本书与已有的优秀百科全书犹有天壤之别，后者在我们看来仍远未穷尽适合用来发展一种知识哲学的材料。就我们的目的而言，它含有太多无用的细节，条理性不够强，而且没有充分深入更基本的事物中去。作为学习人类知识的一个主要来源，它也不是特别高效的工具。在这方面，如果——举个例子——我们选出约二十个主要的人类知识领域，并请求每个领域的一位专家写一份三百页的相关介绍，其结果可能更接近于知识哲学的一个可用数据的汇编。在实践中，每个哲学家或许只能透彻地理解这些专论中的三四部，而且也只是因为他一开始就熟悉这些领域。他所使用的是他原本就具有的知识，他理解和品鉴这为数不多的几部专论的能力证明了这一点。

$B_1$ 意义上的一本大书的想法，有时被用来说明伦理学相对于我们关于事实的可能知识的特殊地位。人们的感觉是，尽管相对价值判断都会在 $B_1$ 中出现，绝对价值判断却不会在其中出现。因此，不可能有伦理科学。这一提法有其纯净优雅之处。但它对理性道德考量所产生的后果似乎是令人失望的。事实上，我们似乎的确同意一些普遍的绝对价值陈述，如“所有人生而平等”“非自愿的饥饿是恶的”。358
价值与事实之间的界线不是清楚明确的。确定基本欲求似乎会将事实与价值关联起来。在实践中，对于大多数重大的人生决定，我们一般会诉诸不被普遍接受的原则。将“为进步而努力是更好的”还原为事实陈述的一种方式，是接受如下观念：在道德价值方面，历史沿着确定的方向演进（变好或变坏）。通常，一个人只是——主要通过不受自己控制的力量——被置于特定的历史和个人境况之中，它们以或多或少令人困惑的方式为他提供道德标准。

这一普遍的局部决定现象，尤其体现在智识活动的实践中。但如果我们试图从中跳出并做出理性的抉择，我们就会感到迷茫。有许多不同的矛盾力量在起作用：专业和通识，新结果和更广泛的理解，自主和关联，前进和沉思，科学价值和艺术价值，精确细节和宏观概览（中国意象中的方和圆）。在少数非常特别的情况下，一种对立面的统一得到实现，各种愿望似乎都得到了满足。一个突出的例子是爱因斯坦，他甚至还公开了他关于自己职业生涯选择的一些思考①：

> 我发现数学已然分化为无数的分支，其中每一个都能轻易耗尽我们短暂的一生……诚然，物理学也形成了不同的领域，其中每一个也能吞没我们短暂的一生而满足不了我们对更深层知识的渴求……然而，在物理领域，我很快就学会了如何嗅出哪些东西是基本的，并将其他一切，特别是那些扰乱心灵、使其偏离本质的纷杂之物，抛在一边。

在选择智识事业时，一个人会有意无意地受许多个人因素的影响，如个人好恶、生活方式、社会地位以及他关于人生和世界的一般观点。是追求影响强烈但局部、短促的东西，还是遵从温和而深厚的兴趣，这之间要做一个选择。有些智识活动，如实验科学，与物理世界有更直接的接触。有些（如数学和物理学）更青睐年轻人，而其他的（如历史和文学）则承诺终生的发展。有些人喜欢局部的彻底
359 性，另有些人则喜欢覆盖较广的范围。客观上，存在内在价值和影响

① *Albert Einstein: philosopher-scientist*, ed. P. A. Schilpp, 1949, pp. 16–17.

力的标准。由于影响力很难定义，Chang Pinghsi[①] 常说，一件智识作品的价值应该由它所产生的工作岗位数量来衡量。人们立即会想到那些创造不良时尚的人。以文学为例，许多人可能阅读、欣赏某个作品，从而引来一些评论家和传记作家，但他们的谋生方式至多在派生意义上反映作品的价值。

有一种理想叫尽力而为，其意或许是指以最大的干劲做自己最擅长的事。兴趣越大，干劲往往也越大。我们不断调整自己的兴趣，使之适应我们认为是客观上有趣的东西。当我们不清楚什么是客观上有趣的时，我们倾向于听任自己做那些我们碰巧觉得有趣的事。始终存在的一个任务是，将有趣的问题与可回答的问题联系起来。想将我们觉得有趣的东西置于（特定学科如哲学的）中心附近，这是很自然的，哪怕只是因为这会使它得到更多的关注和更迅速的发展。

在哲学中，人们渴望将不同的事物结合或联系起来，并赋予每件事物应有的地位。实现这一愿望的一个人类中心论的障碍是，不同的事物是由不同的人追求的，因而在尝试进行综合时，我们是在不确定的基础上，并很可能生成一幅扭曲的图景。同时，如果出于这样或那样的原因，我们大多数人拒绝接受宗教和神秘主义作为一种可能的出路，那么似乎就只有一种联系的普遍观点能在一定程度上满足我们对终极理由的渴求。

一个相关的问题是彼此对立的哲学同时流行的现象。常见的情况是，各方都包含一些真理。于是人们希望把那些正确的方面剥离出来，提出一幅均衡的图景。但认识到所有的方面，往往也会夺走附着于片面夸张之说的那种特别的吸引力。例如，在讨论中国文化时，有些人千方百计想证明它是多么优秀，另一些人则想表明它的丑恶。一

① 译者未详此何人。——译者注

种较客观的描绘则倾向于在情感和政治上不那么有吸引力。

我们也许还渴望用一种客观的标准来评价各种备选哲学的相对价值。例如，我们倾向于通过考察其外在的确证和内在的完善度来评价物理理论。朱子哲学与陆象山哲学之间的无休无止的争论导致了对儒家经典的更深入的研究，这种研究被当作这一争论的终审法庭，因为
360 两位哲学家都宣称自己正确地解释了儒家的**道**。事实主义提议将实际知识作为我们的一个终审法庭。如果厌倦了与他人进行争论，那么正确的做法就是专注于表达自己的思想。有些人甚至选择以文学的方式做哲学，他们更关心他们的语言在多大程度上表达了他们的思想，而不是他们的思想在多大程度上符合实在。此种做法，也许可以这样加以辩护：相比于什么样的哲学更好，我们更了解什么样的写作更好。

有一个问题是，如何让一份职业成为一种令人满意的生活方式。对于哲学来说，这个问题尤其尖锐，因为哲学常常看起来像是没有上层建筑的基础。许多人觉得摩尔有吸引力，因为他似乎承诺了一种方法，这种方法不要求任何技术性的知识，而只需要从基本之物开始的纯粹思想。用不同的方法，逻辑经验主义承诺了一种更清晰和更系统的知识重建方式，它所要求的不过是被动学习加逻辑思维的能力。当这些捷径最终被证明是无益的，哲学便逐渐发展出它自己的技术方面，无论是通过数理逻辑还是通过语言学的精微研究。以这样的方式，哲学实现了一种自洽性，它不要求太多的素材方面的准备。

然而，可以将社会因素与严肃哲学的内在困难区分开来。完全可能出现这样的社会，其中社会因素对追求严肃哲学是有利的。

362

# 第 12 章

# 风格与方法

## 1　关于物质、心灵和机器的科学研究

政治被称为可行性的艺术，明智的政治判断本质上取决于对优先事项的正确认识。在科学研究中，无论是对于一个人、一门学科还是科学整体，可行性原则和优先原则也应享有支配地位：只是它们必须在一种足够广的、以科学进步的复杂概念为基础的意义上被理解。优先性的概念，不仅应包含有关重要程度的规定，还应指明不同的障碍应以怎样的合理顺序依次被克服。因此，它与作为智识工作的一个指导原则的可行性原则是有重叠的。根据定义，可行性是一切智识工作的必要条件，因为只有通过做那些可行的事，进步才是可能的，换言之，我们只能做可能之事。在实践中，应用这些原则是不容易的，要明了这一点，只需想象一个人面临如下选择题：是从事技术语言学的研究、政治批评还是搞哲学。

进步与积累问题密切相关。脱离主流的工作常常会湮没无闻，直到类似的结果再次出现。如果所涉的工作十分基本，如孟德尔在遗传学方面的工作，那么它还可能会被重新发现，但更常发生的是，原来

的工作被完全遗忘。无论是哪种情况，人们都可以说，这样的工作对持续进行的科学进步没有贡献，而倘若它合乎主流，它的贡献就会大得多。“主流”由什么决定，这是一个稍微复杂的问题。在很大程度上，它取决于是否与足够多的流行工作保持一定连贯性。但它也可能依赖于一些外部因素，如宣传、鼓吹、做出该工作之人的世俗地位
363 等。一个领域的凝聚力同样在很大程度上依赖于高效的交流方式，它要求一定程度的谦卑；不是每个人都无视其他所有人并发明一套新术语；十分严格的淘汰标准，无论是发表前还是发表后；在广阔的视野下思考和交流的习惯；努力将事实与虚构区分开。更重要的是，有一个不易解释的因素是理解：只有被理解的东西才能得到利用。而对于同一件事物，有如此多不同的理解层次。对于观念的辩证过程，鼓吹(或夸大其词）是很重要的。

哲学在其本性上必不同于科学。也许一个根本的区别在于，哲学无意获得新的发现，而只求通过健全的理智从多样化的来源中**筛选**出真实的观点，并将关于各种事物的真观点**组织**成一个可交流的整体。没有所谓的权威哲学，视角上的创新更重要。科学的哲学成分对于一切科学学科的健康和魅力都至关重要。筛选和组织的能力远远不止于要有耐心。如果更多地注意习得和练习这种能力，科学生活会更令人满意。在全局层面上，人们可以想想图书馆和书店中浩如烟海的出版物。人类真的知道那么多吗？真的有那么多重要而真实或合理的事物，需要用那么多书籍来书写吗？显然，许多出版物都是没有价值的，另外还有许多属于重复。如此之多的冗余和虚假伴生物，对于智识进步来说，它们在本质上是必不可少的吗？

对哲学的一种批评是，它只追求必然之物，并试图巧妙地回避人们对细节信息的需要。这当然是一个程度问题。在极端情况下，用康德的一个比喻来说，哲学家试图在真空中飞翔（尽管从另一个层面

说，这是可能的)。但是，识别出必然之物并抛开细节，显然也是科学进步的一个本质要素。优秀的科学家能全神贯注于本质的东西，而不拘泥于细节。必然之物无非是那些被确定地认识的东西。而将确定的知识与似真的猜想分开，是十分可取的。这导向一种自然的渴望，即渴望有一门可称之为“中间学科”的学科。

与还原论有关，有人可能认为，没有超乎科学——以物理和化学
为典范——的真知识。特别地，当科学足够先进，所有哲学问题最终
都会烟消云散。有鉴于这一观点，极端分子可能会说，现在费心研究 364
哲学没有意义，因为我们还没有准备好，或者，更夸张一点，哲学会
自动就位。换言之，对哲学来说，科学或者是必要的，或者是既必要
又充分的。作为另一种选择，有人可能希望建立某种部分科学
(partial science)，它诚然只是权宜之计，但将有益于真科学的发展。
我们显然有一些实际决断必须做，因此我们仍然需要研究局部的伪科
学，它帮助我们做局部的“因果”预测（我们不应该过多地依赖于
任何晦涩的“因果性”概念，除非我们已经准备好赋予它一个足够
清晰的意义；另一方面，我看不出为什么我们不能为了方便而偶尔使
用它)。因此会有理论的和实践的（医药学等）部分科学。重点在于
理论部分科学的方法论。

另一方面，有人可能想说，无论科学如何进步，总还会剩下一些东西。但问题是，我们现在能将这些剩余物厘清吗？这种不确定性，从科学的角度说明了哲学的困难。无论这个问题的答案是什么，我们可能都希望探求和建立某种中间科学。人们可能会想到热力学作为一个例子——对照统计力学来看。但我们如何可以肯定，我们能达到——比如说——一门关于意向性的科学，它在正确性和稳定性上可与热力学媲美？

还有一种更极端的看法，根据这种看法，科学尽管取得了巨大的

成功，却仍然是独断的，仅提供不完善的知识。我们需要的是一种全新的方法，它能把哲学确立为“科学”，并最终为我们现在所理解的科学提供一个更好的解释并在事实上改进它。这似乎正是现象学所宣称的东西。但现象学如何与科学相关，对于这一点，我们甚至连一点模糊的概念都没有。

由于根本的对立是心灵与物质之间的对立，既然存在物质科学(自然科学)，那么基于类比，人们很自然会设想一门关于心灵的科学。笛卡尔把心灵假定为一种解释原则，对这一思想的一种复兴是将其类比于牛顿关于引力这种神秘的超距作用的假设，牛顿自己认为它没有为引力的成因提供一种力学解释，但它已经为常识所接受。我觉得这个类比异常不合适，不是因为它们在解释力上有差别，而是因为心灵的概念与支配该概念的法则之间有差别，后一种差别远较前一种差别为甚。不管心灵假设的优点是什么，它和牛顿引力的情况似乎毫无共同之处。

365 大致以类似的方式，人工智能的诋毁者们一度被比作天主教教士，他们针对伽利略物理学提出了一些聪明但错误的批评。我们感到这个类比不妥，因为在人工智能领域，目前还没有决定性的基本进展可与伽利略在物理学中的工作媲美。

有一种观点认为，我们可以将人工智能视为一种弱方法科学的新进展，它与数值分析相似。这里的弱方法在性质上十分笼统，包括生成与检测、启发式搜索、假设与匹配等。这些弱方法让人想起密尔的归纳法。与数值分析不同，这里的主要任务是探明如何在特定语境中应用特定方法。类比于数值分析，我创造了“推理分析”这个词，用以指代数学证明机械化这个较狭窄的领域。尽管这个领域尚未成熟到一个合理的程度，我仍然觉得后一种比较是更准确的。

另一个类比是回忆物理学的发展从天文学获益多少，其中天文学的特点是有比较纯净、精确的数据。一个自然的想法是为心灵科学也寻找一个属于它的天文学。数学证明看起来是一个明显的候选项。但也有人可能会更喜欢那些更简单的领域，如象棋。不管怎样，一个看起来合理的假设是，在心灵科学中，我们可能需要不止一个天文学。即使有一天人们在数学活动机械化上取得了一定程度的成功，显然也仍有许多心理过程会呈现出不同类型的问题。

当然，今天（或应说是昨天?）最当红的候选项乃是语言及我们关于语言的知识。在这里，我们见证了从语法到语义的重心转移，这种转移与卡尔纳普于 1940 年前后所做出的变革并无太大不同。最近，在量词的作用方面，以及更一般地，在逻辑与深层语法结构之间的密切关系方面，有对逻辑的一种重新发现，而它来得这么晚，实在令人惊讶。这顺带说明了知识积累，特别是跨学科知识积累存在的实际困难。

既然物质科学取得了惊人的成功，如果一个人认为心灵科学是不可能的或至少目前不可行，那么很自然地，他会寻求一门关于机器的科学，更具体地说，就是关于计算机的科学，作为介于物质科学和心灵科学之间的一种东西。事实上，“计算机科学”已经成为一个相当常见的词，并且已经有以之命名的院系。

计算机科学令人十分沮丧的一面是理论与实践的分离。人们羡慕
那些更经典的应用数学分支，如流体力学（或许也包括天文学），在 366
那里，比如说某些吊桥为何会在强风下解体，能以可靠的理论术语得到解释。然而，流体力学有着悠久的历史，其理论与实践的紧密结合也只是近些年才通过普朗特①、冯 · 卡门②及本世纪其他一些科学家

① Ludwig Prandtl，1875—1953，德国流体力学家。——译者注

② Theodore von Kármán，1881—1963，匈牙利裔美籍航天工程学家。——译者注

的工作实现的。事实上，直到 1800 年以前，丰富的理论知识与贫乏的实践应用之间一直有一道鸿沟。这主要不是因为科学家没有花心思在实践问题上。要实现应用，相关领域以及——有时——该领域的科学工作者，需要先成熟到一定程度。开尔文爵士可能是第一位产业科学家。这表明，要把计算机发展为一门**科学**还需要更多耐心和循序渐进的工作。

原则上，我们确实已有一个抽象的可计算性理论。但这个理论的缺点之一，是没有将实践可行性因素考虑在内。结果是，该领域的定理不能令人信服地用于判定机器能做和不能做哪些人类能做的事。

发展实用计算理论的困难使人们相信，计算机科学是工程学的一个分支。这样做的好处是，人们可以致力于实际应用而没有负罪感。但许多成熟的工程学分支都以物理学为理论基础，而大学教育也倾向于强调工程学的理论方面，常称之为应用科学。相比之下，我们没有一个稳固的基础在理论计算机科学和应用计算机科学之间做出区分，毋宁说，我们至多只是有两个截然不同的极端，一个是无甚用处的理论，一个是高度专门化的应用。

有人可能会想参照一下生物学，在那里，理论生物学即使到今天仍然不是一个公认的领域。这里的想法是，计算机科学也可以在没有太多理论工作的情况下获得巨大的发展。这里基本的差别显然在于研究对象：一边是天然有机体，一边是人造物。这一差别既是一个缺点，因为计算机科学的研究对象并不保持本质上的固定，也是一个优点，因为我们对它们了解得更多，并且可以塑造它们以适应我们的研究。

## 2 科学与哲学 367

各种知识哲学经常倾向于用数学和物理学作为思维模型。相比于文化科学，这些领域的知识在如下意义上更为绝对和客观：它们出现的历史和社会条件对其内容甚或形式都影响甚微。这将人们引向一幅诱人的累积式进步图景，它跨越多个历史时期，其中在后的时期通过填补一些空白和纠正一些错误有别于在前的时期。另外一个事实是，根本的概念进步是十分稀有的，即使它们真发生了，它们也不会使先前的成熟理论过时，而只会限制理论的应用范围，这方面，牛顿物理学是最受人喜爱的例子。因此，一个极度诱人的做法是，将我们的知识哲学建立在我们的数学和物理学知识所构成的稳固而丰硕的基础之上。

很明显，以这种方式得到的知识论不一定自动适用于文化科学，因为文化科学的早期阶段并不完全被后期阶段取代。另一方面，大多数人相信，许多关于知识的基本问题都可以通过审视数学和物理学得到澄清。如果说这一方法本身还不足以产生一幅完整的图景——这是唯一合理的让步——那么至少也可以确定，它是一个很好的开始。

另一个区分是活动过程与最终结果之间的区分。即便在精确科学中，科学活动的过程也远不如其结果精确。哲学对知识的兴趣不应限于最终结果。尽管我们可以大体上回避社会历史细节方面的考虑，我们却渴望寻得人类心灵的一些一般特征，它们使精确科学得以可能。另外，虽然我们也同样想避免细节的心理学研究，我们却不能忽视人类知性的关键现象。知识仅当被理解时才是知识；只有那时，以之为基础的进一步进展才可能。正是理解使知识获得了生气并融入人类历史的洪流中。

沿着另一个方向，我们还可以区分前科学的哲学和后科学的哲学。前科学的哲学可以有几种不同的含义。某些哲学问题可以引出能以更科学的方式处理的精确问题；例如，自弗雷格以来，数理逻辑的发展受到了哲学思考，尤其是关于数学基础的哲学思考的巨大影响。或者，一门像心理学这样的科学，在其当前不太发达的阶段，可以从
368 具有哲学特征的一般概念性反思和方法论反思中获益。此外，存在一些一般的哲学问题没有科学结果可依靠，如解释问题和因果问题，尽管它们被认为是大量科学研究的基础。

最直接的后科学哲学是讨论新理论（如进化论和相对论）或新定理（如不完全性结果和非欧几何的存在性）的哲学意蕴。一个相关的趋势是在哲学讨论中使用技术结果或方法；虽然有时这表现了对科学事实的一种健康的尊重，但其他时候，它却可能是令人遗憾的。（“如果你觉得你的论文空洞无物，那就用一点一阶函项演算。然后它就会变成逻辑，犹如施了魔法，腐朽化为神奇。”——匿名，1957。）最具雄心的后科学哲学类型，应该是对使得各精确知识领域成为可能的先决条件进行的反思和批判；而最标准的例子当然是康德的核心工作，它被视为一种关于算术、欧氏几何和牛顿力学的哲学。与之有别的另一类型的工作，是考虑那些富有哲学意义的概念，如生命、空间和时间，并且在讨论这些概念时恰当使用有关的科学结果。

科学的主导地位使哲学家们很难对其无动于衷。结果，大部分哲学家对科学要么感到愤恨，要么感到敬畏。因此，研究独立于科学的哲学领域，在情感上是有吸引力的，只是人们普遍相信，严肃、坚毅的哲学应当适当顾及科学知识。屈服于科学的人以各种方式模仿或使用科学。有些人尝试将伦理学公理化，或运用博弈论的思想发展伦理学。有些人力图以这样或那样的方式刻画“科学精神”，并使哲学科学化。还有些人则希望从科学中提取和分离一些思想或结果，并将它

们翻译为不那么技术的形式，从而使得相关主题可以独立于其科学来源被继续探求。在比较突出的例子（如卡西尔）中，广博的学识造就了令人印象深刻的优秀读物，但材料组织得十分松散。

对科学进行哲学思考有许多不同的方式。其中很诱人但常常不明智的一种做法是，从某个特殊科学分支的成功理论抽引出笼统的一般结论。例如，据说科克罗晓夫（J. Kokoroshov）从相对论推出了灵魂不朽："当我们死去，灵魂会以光速飞行，直至复活之日到来，因为根 369
据权威观点，那时灵魂经验不到时间。"其他一些例子有：（1）量子力学决定性地驳斥了二值逻辑的有效性；（2）爱因斯坦的相对论支持伦理相对主义；（3）生物进化论证明强竞争社会是道德的；（4）与粒子说不同，波动说支持一种精神主义的、非物质主义的人生观。

主要由物理学的发展而产生的、一些不那么粗糙的哲学概括的例子，有操作主义和逻辑经验主义。将一般哲学建立在极少数特别令人印象深刻的科学成就之上，是十分危险之事。因为这样的概括通常是模糊而有歧义的，人们几乎不可避免地会在真实但浅显的解释（为理论辩护时）和荒谬但蛊惑力强的解释（应用理论时）之间往复游移。因此，主张艾丁顿或米尔恩（E. A. Milne）用以处理某些物理学问题的先验方法是无效的是一回事，断定某种版本的经验主义具有普遍优越性是另一回事。不认同爱因斯坦处理广义相对论的方法是一回事，断定操作主义是普遍有效的是另一回事。

这些哲学理论以及其他许多哲学理论的危险，恰恰源于我们未能完善地理解它们对科学研究和社会生活的影响。对于一个完整而无歧义的真理，在正常情况下，我们可以毫无负罪感地加以断定，而不管认识到这个真理有什么后果。但一个表达含糊且没有得到论证或证据充分支持的福音，会从其预言者希望看到的那种活动和社会以及他坚持新学说的有意无意的动机那里，获得更有利的评判。例如，贝克莱就称他的哲学为反抗唯物主义和无神论的仅存的堡垒。

有不同类型的相当具体的问题，被视为属于分支科学哲学的领域。其中许多问题只有那些拥有相关科学分支第一手知识的人才能处理。当赖尔（Gilbert Ryle）说“我早已学会怀疑哲学家们讨论他们未掌握的技术性问题的天赋能力”时，他心中所想的一定就是这个。

一个科学家当然可以在业余时间或退休后才对他所从事学科的哲学感兴趣。但他也可以更深度地沉湎于哲学。有些科学问题很有哲学意趣，而一个科学家可以在如下意义上是富有哲学精神的：他只对自
370 己研究领域中的那些具有哲学意义的问题感兴趣。

研究科学哲学的另一种方式，是讨论那些在诸分支科学的公共领域或诸分支科学之外出现的非技术性概念和问题。这种讨论既可以充当一种简化的模型，也可以作为对地基的一种预备性清理。

“科学化的哲学（scientific philosophy）”这个概念对有些人有吸引力，对另一些人则令人反感。既然科学和哲学是不同的，人们自然期望它们使用不同的方法。在哲学中鼓吹科学方法，让人担忧只会造成一种肤浅的模仿。实际上，当罗素在《我们关于外部世界的知识》（1914 版和 1926 版）一书中宣扬这一思想时，他是被当时的一些新事物打动，即新兴的逻辑和他的“逻辑为哲学之本质”的口号。自那以后，逻辑与哲学之间的关系已经在许多不同的方向上有了新的变化。罗素发展我们关于外部世界知识的具体计划，在卡尔纳普的《世界的逻辑构造》（1928）中得到了延续中，尔后出现了大量完善和推广这一动向的工作。

最为人熟知的形式是现象主义纲领，它试图从感觉材料出发，借助经验归纳和一种包括集合论的广义逻辑，重建人类的知识。今天，即便是最同情这一纲领的人，也同意它无望成功。一些人强调要说明倾向和法则性的联系，另一些人则认为整个进路从一开始就考虑不

周。从物理事物而非感觉材料出发，看起来更为合理。有人可能认为，尽管原始纲领失败了，其他变种却仍有望成功，而且，获得一些不完整的结果，为进一步的最后发展做准备，是值得追求的。

但有一种危险是，这样的准备只是徒劳。这里存在一个与数学进行的错误类比。例如，在毫无应用前景的情况下发展起来的张量分析、复变函数论和非欧几何，最终证明在物理学中十分有用。但这些例子与现在讨论的这类哲学工作，至少在两个方面有所不同。首先，哲学结果一般不像数学那么严格和精确。其次，哲学结果更为碎片化。试图同质地重构人类的知识，这样的研究纲领似乎注定要失败，原因很简单，它预设哲学家对知识享有一种特权。

在抽象层面上，人们常常承认不存在这样的特权。比如，罗素就用如下的话申明了这一点：

> 虽然我们承认我们的一切常识都可怀疑，但要使哲学成为可 371
> 能，我们必须大体上接受它们。没有任何哲学家可得的特殊类别知识，能让我们有权批评日常生活知识的整体。我们能做的至多不过是从一种内部的视角出发去考察和净化我们的常识，这么做的时候，我们已经假定了那些使常识得以产生的原则，并试图更仔细、更精确地运用它们。哲学不可自夸已经达到了这样的确定程度，以至于它有权指责经验事实和科学定律。（*External world*: 71，73）

我们在蒯因那里能找到对这些思想的共鸣：

> 因此，哲学家的任务在细节上异于其他；但没有到某些人所设想的那种夸张程度，这些人想象哲学家拥有一个外在于他所指责的概念图式的更高的立足点。根本没有这种逃乎天地之外的立足点。哲学家无法研究和修正科学与常识的基本概念图式，除非

> 他已经有了某个可从中开展工作的概念图式，这个概念图式可能与前一个概念图式相同，也可能是另一个但同样需要哲学审查的概念图式。他可以站在系统内部对系统进行审查和改进，诉诸融贯性和简单性；但这正是理论家普遍采用的方法。（*Word and object*, 1960: 275）

然而，在具体层面上，罗素和蒯因作为哲学家是否或在何种程度上践行了他们的这一教导，却不是很清楚。我们倾向于认为，他们没有足够严肃地对待已有的人类知识，他们没有充分地深入这个高度复杂的系统中去，他们对我们的精确知识的理解往往过于简单化而缺乏更精心的组织。从外部看，一切都是相似的，因此人们会得出结论，感觉材料和经验归纳能够清楚说明所有经验知识，或者，基本的差别只是程度上的差别。例如，蒯因谈到了数学神话和物理学神话（*From a logical point of view*: 18），并断言，“但从认识论的角度看，物理对象和神灵只是在程度而非类别上有差异。这两种实体都只是作为文化假设进入我们的观念”（同上：44）。很明显，蒯因在这里抛弃了普通英语，使用了一种技术性的哲学行话在讲话，这种行话之所以被创造出来，是因为他震惊于人类知识的某个特殊、片面的整体方
372 面。认为这些论断表明蒯因哲学脱离实际知识太远，似乎并无不公之处。

把根本不同的东西同化为一的另一个例子，是下面这个笼统的比较。

> 相反地，出于同样的理由，没有任何陈述可免于修正。甚至对排中律这样的逻辑定律的修正也已经被提出来，作为简化量子力学的一种方式；这种转变与开普勒取代托勒密、爱因斯坦取代牛顿、达尔文取代亚里士多德，在原则上有什么差别吗？（*From*

*a logical point of view*: 43)

人们可能会说，较之表面的相似性，这四个案例之间的差异性更有哲学意义。更早的时候，蒯因对可修正性持有一种略微不同的观点。

> 在根据新发现修正我们的科学的过程中，有些陈述是我们直到最后才愿放弃的；其中有一些对我们的整个概念图式是如此基本，我们永远也不会放弃它们。后者的例子有所谓的逻辑和数学真理，不管在以后更复杂的哲学中我们会怎么进一步界说它们的地位。(*Ways of paradox*: 95)

对科学的过度冷漠的考虑似乎暗示，一切差异在哲学上都是程度上的差异。但当人们感兴趣的是知识的实情时，许多形式的宽容都会变得不可忍受。比如，如下说法就大有胡扯的嫌疑了："有人——虽然不是我们自己——甚至可能最终得出结论，对世界的最圆融和最充分的总体说明，终究无须承认物理事物存在——在'存在'一词的精制后的那种意义上。"(*Word and object*: 4)

蒯因通过一个区分似乎部分地回答了上述评论：

> 称设定 (posit) 为设定不是要贬低它。一个设定可以是不可避免的，除非以另一个同样人为的设定为代价。从描述理论建构过程的角度看，我们承认存在的一切都是设定，但从所建构之理论的角度看，它们同时又是真实的。(*Word and object*: 22)

这里赋予"设定"（或"神话"）和"人为的"这两个词一种特殊的哲学用法，而它可能具有根本的误导性。人们感到疑虑，或者是出于一种不安，因为蒯因未做他自己所说的重要之事，或者是因为 373
在如下问题上持有不同意见：是一般地研究理论建构过程更有益，还是更仔细地观察科学之实情更有益？"对我来说，认识论不过是科学应用于自身（*Word and object*: 293）”，这一宣告似乎暗示，蒯因的确更赞赏那种严肃对待已有知识之事实的哲学研究，尽管他自己的工作总体偏于相反。情况也可能是，蒯因认为思考关于理论建构的一般问题更基本，对他而言，这些问题大概与语言哲学密切相关。这样的话，前文表达的那种担忧似乎也可适用于他一般哲学立场中乐于消弭差别、进行笼统类比的部分。此外，某种遥远想象中的“科学理论整编化（比如，同上：292）”，作为蒯因哲学的一个隐含的指导原则，具有近乎卡尔纳普式的乌托邦色彩。

有些人会说，哲学就是哲学家所做之事。不可否认，蒯因的哲学在当代英美学院哲学中占据着一个十分重要的位置。相信一种与当下“主流”背道而驰的客观价值标准，有较大的可能会导向徒劳无效的批评。有这种危险的可能：我们是在拿既有工作与一种无法实现的目标作比。而且我们很容易被怀疑是受了个人好恶的不良影响。也许最强烈的批评欲是由这样的人唤起，他们看起来接受完全一样的标准，但却依照迥然不同的标准行事。还有一个实在的担忧是，公认片面的工作把人们的注意力从更有前景的方向上转移开了。另一方面，由于哲学的目的很难定义，与在科学中的情况相比，人们更容易因为不喜欢某个哲学家的研究领域，或感觉其研究动机神秘，而对其工作心生不满。

例如，人们可能希望获得某种对科学有价值而又超脱于（大多数）变化的东西；一种关于事物之不同部分是如何联系在一起的总体看法；某种超越问题解决者和工具改进者的东西；给出一个关于基本原理的精当说明，使人们更好地把握相关领域；把 1900 年以来的数学进步考虑在内。对哲学的常见沮丧感，也许来自这样一种根深蒂固的信念，即哲学理应是意义重大且激动人心的，而当前的哲学实践却似乎给人这样的印象，哲学无关紧要、平庸乏味。人们希望摆脱这种境况。

毫无疑问，哲学的根本困难在于它与其他人类活动的关系，就我 374
们这里的讨论而言，尤其是与数学和自然科学的关系。哲学想要模仿科学，却未获成功；寻求与科学发生广泛的联系，这对哲学家的能力要求又太高，且常令他们感到屈辱；与科学保持隔绝，却又会使哲学陷于贫乏。喜欢杜撰新术语的话，我们可以考虑使用“特权知识的谬误”“数字太多的谬误”和“无用之准备的谬误”等名目称之。

通往哲学的一个常见途径是对科学的反动（正如人们被教导的），人们想寻找一种更简明或不那么痛苦的、从事有价值智力工作的方式。此现象的一个后果是，哲学倾向于吸引那些缺乏耐心的创新者，他们急于说出新东西，他们相信，与生俱来的智慧结合对母语的适当掌握，或勤奋努力结合一定的咬文嚼字的本领，就足以胜任最有价值的智力工作。这似乎是对止于信息收集的消极学习者趋向的矫枉过正。模仿科学、追求渐进式进步的愿望，使许多人对无关紧要的细节进行大肆渲染。此外，与重大关切相脱离，造成了这样一些研究成果，它们据称是在为未来的一些场合做准备，但这些场合根本不会出现。特别地，有一些实验意在揭示，当方法受特定限制时我们能走多远，比如现象主义和唯名论。它们没什么用，因为其基本概念或者是模糊的，或者是错误的，或者两者兼而有之。

## 3　关于当代哲学的一些评论

粗略翻阅一下当代哲学文献，外行的读者可能会得到类似以下的一般印象。

大部分讨论似乎都是关于一些与大多数人的关切无明显关联的琐屑细节。人们常常是从一个显然有趣的话题开始，但随后它就会因为太难而被转换为别的东西。最终——无须太久——我们得到的是一系列适合于智力训练，但与原初话题无明显相似之处的问题。我们不禁要问，究竟此派有理还是彼派正确，这有什么不同吗？我们为什么要为这些争论烦恼？已故的柯林伍德（R. G. Collingwood）在其自传中抱怨道："到了1920年左右，我开始生出这样的疑问，'为何如今在牛津，无人不认为哲学只是一种无益的客厅游戏，除非那人已经70多岁，或者是牛津或别处的哲学教师？'"

375 回应这种抱怨的一种方式是否认哲学只是无益的客厅游戏："当你对它有了更多了解，你就会发现它不止如此"，"也许有些哲学仅此而已，但我所做的那种哲学显然不是"，诸如此类。

更有力的一种回答是用"那又怎么样"来处理："我就喜欢这样的活动，我不在乎你是否认为它只是一种无益的客厅游戏。"但这样做并不总能平息抱怨。这就像售卖食品，人们默认食品应该既美味又有营养。当顾客发现买到的食品虽然美味却不健康，甚至会引发头痛，他就会觉得自己受骗了，即使让他预期食品有营养价值的并不是眼前的这个食品售卖商。

这种失望似乎是不可避免的。哲学之名下汇聚了太多东西，而人们对哲学产生兴趣也是通过各种各样的途径。

对有些人来说，任何哲学的最终目的都应该是一个行动纲领，它指引人们改变世界，或至少使哲学家自己能更坚定果决地行动。对于这些哲学家来说，知识和理解是为行动做准备的。他们认为，一旦我们理解了万物之所是并体会到万物是其所是，我们就离认识到事物应当如何不远了。当然，通常发生的事情是，人们最终意识到"吾生也有涯，而知也无涯"，并且往往为时已晚。整个一生用于求知尚且不够，根本余不下时间和精力去行动。柯林伍德哀叹道："我的哲学和我的习性因此是矛盾的；我过生活的方式就好像我不相信自己的哲学，而我做哲学的方式就好像我根本不是我实际所是的职业思想家。”

另有一些人，他们虽坦然接受他们无力行动的事实，但是仍然渴望对事物有一个全面的理解。理解意味着连接、联系和系统化，意味着使用接连相继的脚手架将事物安放到它们本该属于的位置。作为一种派生性结果，理解应该产生清晰性和确定性。发现或相信体系与确定性和清晰性不相容，对这些哲学家来说是一种可悲的境况。

科学化倾向更强烈的哲学家还震惊于如下事实，即哲学讨论的成果不具有积累性。我们发现哲学中只有对已有成果的重复和反驳，而没有对它们的扩充和完善。哲学家往往以各自的方式反复处理一个问题的所有方面，而不是分别处理问题的不同方面，然后将结果加总起来。客观标准的缺失常常更鼓励华而不实的修辞和精明机巧的手段，而不是真理和理智上的诚实。

许多哲学争论都只是字义术语之争，这已不是秘密。运气好的时候，我们会在某个阶段达成妥协，比如：如果这就是你这般说的全部意思，那么我同意你。

半个多世纪以前，摩尔曾敦促哲学家们应该在开始回答问题之 376
前，先**尝试**搞清楚他们问的问题究竟是什么，并乐观地认为，在许多情况下，坚定的尝试本身就足以保证成功。有时哲学家成功给出了一个哲学问题的精确表述，并给出了一个清晰的回答；但如此表述的问题是不是人们一开始想要回答的那个问题，却并非同样毫无疑问。或者，几个不同的、有着清晰答案的问题被挑出来，作为原初问题的构成部分。不管是哪种情况，我们可能都会觉得，所得的回答没有充分公正地对待我们由以开始的那个问题。

同一个问题可以在不同语境下以不同的方式出现。例如，一位研究某特殊种类蛇的生物学家，首次提出了这种蛇是否有毒的问题，并得到一个答案。几年后，同一问题会在某门生物学课程的考试中被问及。再如，数年前发现的一个定理，现在成为教材中的一道习题。再如，比较戴德金论数的本质和哲学期刊中其他同主题的文章，我们会遇到略微不同但类似的情况，因为这些文章可看作在两种语境下对"数是什么"这同一个问题的追问。

经常发生的一种情况是，尽管一个问题没有被解决，但新问题的出现使它变得过时。有时，了解某些人对一个理论问题感兴趣（或不感兴趣）的社会-心理原因，有助于我们更好地理解那个问题。柯林伍德认为，哲学命题一般是为了回答特定历史语境下提出的问题，因此，人们如果不了解原来的问题，就无法理解那个答案。

那些谴责哲学与科学和生活脱节的人认为，如果我们将一个哲学问题孤立于其在生活和科学中的根源，我们就几乎不可能把握它的真正本质。如果我们忽视哲学问题在哲学之外的影响，我们也不能理解哲学作为一种社会现象的意义。很多时候，哲学问题是通过传统传给我们的，而在传承文化遗产的过程中，更有活力的根源被忽视，以至于问题堕落为客厅游戏，这几乎是不可避免的。

摩尔在他迷人的自传中断言："我不认为世界或诸科学会向我提出任何哲学问题。向我提出哲学问题的是其他哲学家关于世界或诸科学所说的那些东西。"我们很难抗拒发出如下追问的诱惑：如果所有哲学家都是这样，又当如何？

377 选择做一个研究哲学家的哲学家，很自然地会问某哲学家的话究竟**是什么意思**这样的问题，并对哲学著作进行艰苦、但并非总是卓有成效的文本分析。在某种程度上，这种工作是对关切实在或世界的老派做法的双重背离，而介于其间的做法是只对知识和诸科学感兴趣。

此处对分析哲学的两大传统（有时分别被称作"建构主义的"和"自然主义的"）进行一番简要的回顾，大概是合适的，这两个传统差不多支配了今天的英美学院哲学。

大约从 1898 年起，罗素加入了摩尔对布拉德雷的反抗：拒斥唯心论，捍卫常识。对二人来说，时间是实在的，物理对象是实在的，柏拉图式的理念也是实在的。对数学基础的关注使罗素提出了他的摹状词理论，并使他声称，不仅摹状词，类和关系符号也是可在语境中消去的不完全符号。以为无须额外的本体论“代价”就可以拥有类的错误信念，无疑使广义抽象原则获得了更大的吸引力，罗素将这一原则归功于怀特海，并与其一道主张它。举例来说，根据这一原则，物理对象被说成是事件类的类。

与这些较具体的提议同时，罗素和维特根斯坦被认为创立了逻辑原子主义，虽然这二人在观点上有重要差别。例如，《逻辑哲学论》中对感觉材料和未被感觉到的可感物没有偏向，对数的说明（十分简略）也与罗素完全不同。《逻辑哲学论》中关于数学的论述很少，要等到拉姆齐，才从其抹杀有穷域和无穷域之别的做法中推得一些逻辑结论。其结果是一种高度实在论化的类哲学，与罗素的（至少自 1908 年以来）不同。

逻辑实证主义者——得益于马赫实证主义的影响和他们与罗素共享的、数学可还原为逻辑的信念——从《逻辑哲学论》得到了不同的结论。一个充满迷惑性的简单的人类知识图景出现了。罗素的影响也许更明显：强调还原、逻辑和感觉材料。还原是不可能的，新进路不仅不能提供富有成效的方法，而且对于我们在逻辑、数学和自然科学方面的知识或理解进步，它也无关紧要，令人失望。但这一切变得清晰，经历了十分缓慢的过程。尽管罗素仍然对这一传统，特别是其中的硬心肠者，如卡尔纳普和赖欣巴哈，抱有同情，他却没有始终如一或全心全意地采纳流行版的逻辑实证主义。沿着这一路线工作的 378
人，经常被称作科学主义哲学家或建构主义分析哲学家。

分析哲学的另一个派别（通常称为自然主义分析哲学或日常语

言哲学)，受到了摩尔和后期维特根斯坦的强烈影响。摩尔对常识的辩护，一开始并不包括语言的日常用法:“我关心的不是习俗所确立的正确用法”（*Principia ethica*: 6）。在他 1917 和 1925 年的文章中，摩尔开始尊重日常用法，并谈到了这样一种危险，即赋予一个简单的常用短语某种特殊的（哲学）意义，然后又不知不觉滑向其日常用法。摩尔的分析主要是一种反驳方法。在积极方面，它努力想要挖掘出某种隐藏在表面之下的东西，但通常不成功。对手没有被说服，而是觉得摩尔是怀着矛盾的目的在进行争辩；摩尔未能说清楚他的对手在做什么。通过在哲学讨论中使用日常命题，摩尔在以他自己的方式违背日常用法。后期维特根斯坦从根本上修改了摩尔那种哲学方式。根据维特根斯坦的观点，人们必须牢记短语，如“意识到”，有复杂而多样的用法。一切早已呈现于眼前，但我们需要去收集、筛选和整理语言的用法，以适应特定的哲学问题。维特根斯坦以更彻底、更有想象力的方式运用了日常语言，根据某些解释，他把一种反驳法变成了一种“治疗”方法。维特根斯坦的作品与其大多数追随者的作品，在质量上高下立判，这一事实似乎表明，维特根斯坦的方法中尚有许多不可学之处。有时维特根斯坦想知道自己是不是创造了比一种“风格”更多的东西。众所周知，模仿他人风格是一件很低效的事。强调谜题似乎降低了哲学的严肃性，至少在我们尊重“谜题”这个词的日常意义时是如此。

维特根斯坦的“日常用法”概念有一个常被忽略的转折:“人们必须总是问自己：这个词在作为其原始家园的那个语言游戏中真的是这么用的吗?”（*Investigations*: 116）。因此，我们在讨论数学哲学时当然可以自由地考虑数学术语，并且应当熟悉相关的技术问题。这一转折常被忽略是容易理解的，因为维特根斯坦在处理数学时一般止步于初等概念。

在过去四十余年的时间里，最活跃、最有影响的以逻辑为导向的哲学家大概是卡尔纳普。他的思想自传（*Library of living philosophers*, 379
vol. 11, 1963）以其粗犷的线条和率直的品格而备受称赞。温和、宽容与革命激情，在那里奇妙地混合在一起。他是如何改造和阐述影响范围广大的论点和纲领的，如何通过持续的改进而坚守其基本信念的，以及如何坚持创作根据其基本观点来看十分重要的新作品的，这一切都令人印象深刻。

以下是卡尔纳普的一些基本信念：

（a）逻辑对哲学具有本质重要性。“逻辑和数学在整个知识体系中的任务是提供概念、陈述和推理的形式，这些形式到处都可应用，包括非逻辑的知识。”（*Library of living philosophers*：12）“但对维也纳小组的成员来说，初等逻辑和包括数学在内的高等逻辑之间没有本质差别。”（同上：47）

（b）哲学的基本任务是解释和理性重构。（例如，同上：16）

（c）“科学原则上可以说出一切可说的东西，不会有不可回答的问题剩下。”（同上：38）

（d）人工语言的构造是重要的。“这样，我终于认识到，我们的任务是**规划**语言的形式。”（同上：68）“虽然符号逻辑语言系统的构造与国际语言的构造有区别，也指向不同的目的，但它们在心理上是相似的。”（同上：71）

（e）仅当一个句子或它的否定是可证实或可确证的时，它才是有意义的。（同上：59）

（f）分析陈述和综合陈述之间存在根本区别；这一区别“对方法论和哲学的讨论是实践上不可或缺的。”（同上：63，922）

（g）语义学对哲学具有核心意义。在这方面，卡尔纳普从语法向语义的重心转移发生在 1940 年左右。（同上：56，60）

这些论点受到了不同程度的批评。例如：

> 甚至在经验主义要求发生松动的早期，一些经验主义者，如蒯因和亨佩尔，就已经表达了如下这样的怀疑：我们是否还能在有意义的词项和无意义的词项之间做出清楚的区分，或是否应当将此区分视为一种程度上的区分。(同上：80)
>
> 有些接受真之语义概念的人，拒绝严格地区分逻辑真和事实
> 380 真。其中最著名的是塔斯基和蒯因。在1940—1941学年，我们三人都在哈佛，深入讨论了这一问题。他们认为，最多只能做出一种程度上的区分。(同上：64)

在十分不同的层面上，维特根斯坦和爱因斯坦也提出了一些批评：

> 我对世界语之类的国际语言感兴趣。如我所料，维特根斯坦明确反对这个想法。但他抵触情绪之强烈令我惊讶。在他看来，一种不是“有机地生长出来的”语言不仅无用，而且是可鄙的……我评论说，尽管如此，传闻声称的通灵现象的存在和解释问题，仍然是一个重要的科学问题。他感到震惊，竟有任何理智尚存的人对这种废话感兴趣……当石里克在另一场合批评某位古典哲学家（我想是叔本华）的一个形而上学命题时，维特根斯坦出人意料地转而反对石里克，并为那位哲学家及其作品辩护……石里克自己……接受了维特根斯坦的某些观点和立场，但不能在我们小组的讨论会上用理性的论证为之辩护……我们在维特根斯坦的书中发现关于“the language”的陈述时，我们把这些陈述解释为意指一种理想语言；而这对我们来说就意味着一种形式化的符号语言。后期维特根斯坦明确拒斥这一观点。对于符号语言在澄清和纠正日常语言和哲学家习用语言中的混乱现象上的

> 重要性，他持怀疑、有时甚至否定的态度，而那些混乱——正如他本人表明的——常常是哲学谜题和伪问题的根源。（同上：26-29）
>
> 但爱因斯坦认为这些科学描述无法满足我们人类的需要；关
> 于现在（the Now），有一些本质的东西超出科学范围……但我分
> 明有这样的印象，爱因斯坦关于这一点的思想没有对经验和知识
> 做出区分……然后他上溯至马赫，批评了那种认为感觉材料是唯
> 一实在的观点，或者更一般地，批评了任何设想有某种作为一切
> 知识之绝对基础的东西的观点。我解释说我们已经抛弃了这些早
> 期的实证主义观点，我们不再相信有"知识的底层基础"；我还
> 提到了纽拉特的那个比喻，据此比喻，我们的任务是在船航行在
> 大海上的同时重建这艘船。他强烈同意这个比喻和看法。但他随 381
> 即补充说，如果实证主义已经泛化到如此程度，那我们的观点与
> 其他哲学观点就不再有任何区别了。（同上：38）

从以上这些冲突中，我们看到了人们在哲学态度上的分歧多样，这些分歧在很大程度上是由不同的气质、品味和经历决定的。它们很难用"理性的论证"来消解，尤其是因为分歧各方的"理性"概念很可能也有对应的差异。或者，即使我们达成了一个比较一致、固定的"理性"概念，也很容易设想有一些基本的风格差异，无法通过此种意义上的理性论证来消弭。还有人可能希望诉诸长期效果或关于价值的直觉意义。但直觉和预测也可以各不相同。而且，一种内部融贯的工作，即使在更广阔的意义上毫无意义，也有自我延续的倾向。也许唯一可能的反驳是，当其动能耗尽之后，人们蓦然回首却发现，其结果既没有内在价值，也不能提供任何我们可以借以继续建设的材料。

觉得卡尔纳普的科学主义哲学太过乌托邦——取该词的负面意

义——的人，或许可以从卡尔纳普本人承认的一个事实为自己的信念找到根据，即他曾就物理学哲学问题与物理学家们进行过交流，但结果并不太成功：

> 我曾就我所关心的一些理论物理学问题，分别与冯·诺依曼、泡利以及一些统计力学专家进行过一些对话。我当然从这些对话中学到了很多东西；但在关于物理学的逻辑和方法论分析问题方面，我得到的帮助比我希望的要少……我原本预期，在与这些物理学家就这些问题进行的谈话中，我们即使不能达成一致意见，至少也能获得一种清晰的相互理解。但我们却没能在这一点上获得成功，尽管我们做了认真的努力，看起来，这主要是因为角度和语言上的巨大差异。(同上：36-37)

对于一个中立的观察者来说，这似乎是对卡尔纳普哲学进路的一个极具破坏力的批评，考虑到它宣称要尊重实际科学。

卡尔纳普与爱因斯坦就泛化版实证主义所进行的谈话，透露着一股熟悉的味道。最近，人们对一种依定义颇为空洞的行为主义观点有
382 过类似的讨论。如此弱化那些明显过激的立场，其令人不安之处，与其说是重新定义的观点失掉了原有的严格性，毋宁说是泛化后的主张没有在实践中被忠实地遵循。一个行为主义者批评其对手违背狭义的行为主义标准，同时又自我标榜一种无人能反对的、宽泛的行为主义概念，这是不公平的。

维特根斯坦起来为叔本华辩护而反对石里克的行为，并不难理解。如果哲学家们是在说一些有趣的话——正如经常发生的那样，把这些话置于“形而上学”的污名下而一概无视，是难以令人愉快的。如此定义知识，使一切科学无法处理的东西都自动被排除在知识之外，往轻里说也是在循环论证。

卡尔纳普的性格中有悬置判断和推迟决定的倾向。这种对宽容的偏爱，实际上导致了他与维特根斯坦在世界语、通灵学和理想语言等问题上的冲突。还有一个例子，是卡尔纳普所钟爱的定义“在 $L$ 中分析”的方法，其大意是说，我不清楚科学家的确切意思，但如果他的意思是 $A$，那么 $A'$，如果他的意思是 $B$，那么 $B'$，等等。对于那些认为知识论的最有趣部分应该关注实际知识的人来说，这种假设性的方法是十分令人反感的，不只是因为它没有告诉我们科学家的意思究竟是 $A$ 是 $B$ 还是 $C$，更因为所给选项中常常没有一个足够丰富到能给出科学家的实际意思。在哲学层面，真正的问题丢失了，或被伪问题取代，因为人们回避研究有关选择和决断的严肃现象，以及一切相伴的复杂性。通过磨平那些看似只是科学知识之粗糙边缘的东西，忽视科学发展的具体过程，我们最终得到的是一个近似物，它掩盖了一切困难问题，纵容一种程式化的逻辑练习冒充严肃哲学耀武扬威。

对自己基本观点的热忱和信心，似乎使卡尔纳普有无视和歪曲重要科学事实以维护自己的核心学说的倾向。一个例子是他对逻辑主义始终如一的信念，该信念与他奇怪的宽容原则相结合，使他能够自满地抛弃那些最有趣的数学基础问题。由于相信数学可还原为逻辑，他便将精力贯注在逻辑和元逻辑上，于是乎，比如无穷这个严肃的问题，对他来说就变成一个只有边缘意义的问题。既然他的逻辑概念基本是弗雷格式的，并且众所周知此概念会导致矛盾，人们不禁好奇，卡尔纳普如何还能对逻辑主义感到满意。根据一种解释，他在弗雷格 383
逻辑和康托集合论之间画了等号。数学已知可由后者导出，而前者虽不一致却看起来像是逻辑；因此，数学可还原为逻辑。但我们都知道，在论证无穷公理是逻辑公理方面存在严重困难。从某种程度上说，卡尔纳普并非没有意识到这个困难，他提出，“存在无穷多的位置或坐标”是一个逻辑或分析命题，以此作为解决方案（同上：47–

48）。这被用来证明皮亚诺公理是分析的（*Logical syntax*: 92, 103－104, 125, 140）。有时，卡尔纳普显得在逻辑主义和实用主义之间摇摆不定，作为实用主义者的卡尔纳普认为，如果数学能还原为逻辑，那固然很好，如果不能，那也没关系（比如，*Logical syntax*: 327）。说数学是否可还原为逻辑依赖于对“逻辑”的理解有多宽，这当然是合理的。但关键的一点也许是，卡尔纳普没有充分注意到无穷给我们的基本数学和科学概念所带来的重要差异。

分析学派的两翼，对语言的强调都是显而易见的。部分动机最初是指向清晰性，因为语言表达式比概念和思想更具体和可触知。当人们认为可以把注意力限制在语法方面时，这一点尤其显著。另一个因素是回避技术性专业事实的自然愿望：每个受过教育的人都很熟悉自己的母语，而逻辑是最普遍的概念学科，离复杂的经验事实最远。还有一个想法是，语言中有一切人类知识的最核心、最基本的成分。正如孔子所说，“不知言，无以知人也”（《论语·尧曰篇》第 3 章）。语言似乎提供了一个基本线索，并且可以主要借助我们的天赋才智来对它进行检验和完善。

各科学分支形式语言的构建引发了人们对所谓语用学的兴趣，它被赋予了一项艰巨的任务，即评价所构建的语言对于现有目的的适用性。这门学科应致力于研究效率、简单性和丰产性等因素对于逻辑和经验科学中的语言约定选择的影响。卡尔纳普不出所料承认这一学科的重要性，并建议发展（可能由将来某代人）纯粹语用学或理论语用学，但没有在这方面做太多工作。其他一些人则只泛泛地强调语用因素，而没有宣称此领域适合于一种系统的研究。当涉及具体的学科
384 如物理学和集合论时，我们得到的印象是，这种对语用方面的看似无害的关注，经常造成一些浅薄的观察，它们即使不是严格错误的，也显然不会带来任何教益。

人们对逻辑和形式语言的兴趣，对语言学的发展产生了更实质的影响。事实上，分析学派的两翼——这也许不奇怪——都与经验语言学和心理语言学有密切接触。由于将哲学划为语言学的一个分支很难吸引人，这一关注被称作语言哲学，它研究语言学的基础，以及更间接地，人类知识的基础。许多今天的哲学家将意义理论看作知识论乃至哲学的核心。人们认为，语言哲学比数学哲学或物理学哲学或生物学哲学等都更基本。当然，这不表示它因此也是一个更富有成效的研究科目（除非从一种社会学意义上说，即获得专业性同事们的更多关注），就像我们大概都会同意，本体论这个更基本的学科并不比数学或物理学更富有成效。

## 4　尊重原始事实

原始事实包括物理学、生物学和数学的成功，还包括数学在物理学中的应用，以及通过语言进行的人际交流。在更具体的层面上，我们可以举出儿童抽象思维的存在、孟德尔对遗传学的发现和公理集合论的融贯性等例子。也有一些原始事实是关于传统的哲学学说和问题，这些学说和问题与它们的历史语境密切联系在一起。

在另一个不同的方向上，我们还接受如下原始事实：在科学提供了普遍接受的答案的那些方面，科学所绘就的世界图景就整体轮廓而言是真实的。这并不意味着我们不允许修改科学信念。事实上，我们应该在每种情况下明确说明我们在讨论中把哪些东西当作原始事实。通过这种方式，我们可以控制对所声称的原始事实的滥用。在实践中，我们相信我们能够很容易地把自己限制于可接受的原始事实，而主要的问题是选择适当的事实。

作为例子，我们可以举出这一事实，即知识源于有机体与环境之

间的互动。这意味着有机体和环境两者都对知识的发展有贡献。双方
385 各自的确切贡献为何当然是一些有争议的问题，关于它们我们没有综合而详尽的原始事实。

尊重原始事实涉及一种基本的循环。众所周知，事实是被解释了的与料，而人们常常强烈渴望得到原始的与料。人们认为，重要的第一步是确定哪些东西是事实，而不是不加批判地接受某些事实。这里，我的主张是，要与我们的科学常识保持更紧密的接触，而避免固执的怀疑论。人们也可以一门心思、没完没了地分析事实和与料的概念。但我们应该提醒自己，相比于感觉材料和刺激意义之类的哲学抽象，已有的知识体系为我们提供的事实要多许多。

有人可能会反驳说，尊重原始事实这个口号没有什么积极内容，因为没有人在正常情况下会希望违背它。因此有必要指出此口号的一些后果，以此来阐明我对它的理解。

我们想更严肃地、如其所是地对待知识。特别地，我们希望记住知识是一个结构化的整体，并避免——例如——就如下这种问题做笼统的争论：某个区别，如分析与综合的区别，究竟是程度之别，还是类型之别。在这方面，我们不会满足于一个如果加以适当解释会显得模模糊糊正确的结论，而是会去努力探究这个结论所预期的解释。

总的来说，我更喜欢模糊正确的观点，而不是精确错误的观点。这一对比意味着几件事。对一个给定的问题做出错误但精确切题的解释，可以催生一些有助于澄清原始问题的思考。但在这种情况下，必须牢记该精确解释的不正确性，而避免反复陈说其与原始问题毫无关系的形式后果。一个精确但错误的学说，有时会被改造为一个从不真实的前提出发的、形式正确的假言推理。它可能由此会被宣称具有科学价值，如果不是具有哲学价值的话。一个困难是，我们几乎不可能把这个学说改造为完全精确的，如果它是假言的话。显然，我们不应

绝对否认一切精确但错误的学说的价值，因为这依赖于它们有多精确，以及它们的不真实的假设有多有趣。不过看起来确实有太多人急于将形式技术滥用于不合适的情况。

另一个原始经验（gross experience）是，当代哲学有回避事实的倾向，除非那事实是语言学事实（一般是细节性的）。这与我们对实际知识之兴趣的另一个方面有关，即我们感兴趣的是知识中重要的部分。在知识哲学的研究中，学习和使用所有知识分支的所有细节是不 386
可能和无意义的，而尊重原始事实意味着对严肃知识的兴趣。情况常常是，越初等的知识越有哲学意义。并且，如果目的是说出真实有趣的东西，那么预设的技术性知识越少，挑战的难度也就越大。这里面确实还有点不明确之处，因为预设可能对于表达是必要的，对于理解却不是。但不管怎样，我相信哲学比特殊科学分支更无权被孤立。

尊重原始事实还意味着对无外援的纯演绎理性的一种不信任。假如我们能通过纯思想揭示一些简单的第一原理，并由它们推演出全部的知识，那当然好得很。但我们的一个基本经验是，这样的壮举从未实现。我们由此推断，它根本无法实现。作为替代，我们建议哲学思想应该对照原始事实被检验，而且不只是针对其一致性，也要针对其切题性。

人类有很多知识，同时也有很多东西人类不知道，这是一个原始事实。我们能够据以达到一个包罗万象的统观的唯一基础，就是我们现在所知道的。因此，我们应该充分利用已有知识，这十分重要。在每个学科内部，关于什么是重要的或居于核心地位的，有着相当清楚的意见，尽管其中也包含了许多分歧，并且共识有可能是错的，因为看似不重要的方面有可能会开启有价值的新道路。超出专门学科似乎会将我们引入无人之境。但我们却有一个执着的愿望，即领会、理解我们所有的一切知识和我们所知的这个世界。在实践中，尊重事实意味着鼓励谨慎：人们不应匆忙沉醉于“只不过是……”这种一概而论的学说，而应根据人类知识的全部丰富性进行认真仔细的检验。

在许多方面，亚里士多德很可能比其他任何人都更接近这样的哲人理想。当然，这是相对于他那个时代的已有知识而言。诚然，他甚至未充分考虑当时存在的数学。而且人们常说，他的哲学阻碍了科学的进步。但尽管如此，我们却很难否认，他的哲学包罗万象又有深度，且极大地尊重了当时已知的事实。在这方面，人们易于指出，他那个时代认作事实的东西，常常不是真正的事实。这是不可避免的：从一种更先进的知识阶段看，我们今天认为的事实也有可能会变成非事实。但我们别无选择，只能从实有知识开始；一味追求绝对确定的知识，似乎不可避免会使哲学陷于与人类知识相隔绝的状态。无论如
387 何，当代哲学最令我失望的一点是，它缺乏对一种理想的有力追求，这种理想或可称之为“事实主义理想”。

关于亚里士多德的例子，有一个严肃的反对意见是，任何个人都不可能像亚里士多德掌握他当时的知识那样掌握现在的知识。至少初看起来，这似乎迫使爱好哲学的人必须在以下两者间做出选择：或者做既有知识的哲学阐释者，或者追求某些第一原理，而不那么直接和明确地关注实有知识的全体。但尽管如此，如果哲学阐释和第一原理研究这两个领域是以客观、累积的方式被追求，保持着密切的合作且始终本着统一的目的，那么实现一种更切题、更稳定、更充实的哲学的理想，就会成为一个有益的研究领域。

对事实的谨慎尊重看起来会抑制猜想或推测。那将是一件坏事，不只是因为人类喜欢推测，还因为推测对于一个人摆脱纯粹的被动性是必要的，被动性本身不能产生任何有益的东西。我们所建议的是有所约束的推测，这种约束既要体现在事实的选择和概念化上，也要渗透于将各方联结在一起的纽带设计环节。事实帮助我们避免了一些

“如果”，但要让结果足够无条件以进入人类思想发展的主流，就必须再补充一些推测。

尊重事实带来的一个具体建议，如果不能说是其逻辑后果的话，是对知识之发生过程的兴趣。它似乎是如下愿望的自然结果：寻找与关于知识的核心问题有关的重要的原始事实。

发生学元素至少有三个方面：人类知识的历史、儿童的发展、知识的生物学基础。发生学考虑令人讨厌的一点是，我们缺乏干净的、无可置疑的事实，它们足够普遍而对哲学有意义。优点是可以放大细节，从而降低曲解和过度简化的危险。从某种意义上说，我们的概念会随相关知识的改变而改变，或者更准确地说，一旦对一个给定的概念做出了一个判断，这个概念就此便会携带作为该判断之结果的一种含义，这似乎已经是老生常谈。我们倾向于坚持更静态的概念观，在这种概念观下，概念的意义不随我们的知识而改变。

但毫无疑问，关注概念及其意义的发生学方面有其实用上的优点。当我们研究一个概念在儿童那里或科学概念史上的发展时，把它 388
意义中那些我们后来习得的、附加的部分分离出来，通常是有益的。或者，当我们试图理解某些文本或一个新的哲学体系时，如果我们能将我们所自带的信念考虑在内，我们通常就会做得更好。强调这种发生学分析的一个更基本的理由是，它们可以帮助澄清我们自己的核心概念，并使我们更好地理解这个世界。

常见的一个抱怨是，特殊科学的数量和内容已经变得如此浩繁，没有人还能通晓和享受所有这些认知宝藏，从而充分利用它们。为何通晓一个领域不如通晓所有领域令人愉快，或者，一个人能从百科全书式的知识得到什么巨大的好处，这并不是立即清楚的。想象在知识的一种更合理的重组的指导下，我们的教学法得到了极大的改进，它使得许多个人能够了解诸科学中所客观确认了的一切。有人可能会说，哲学的根本任务仍未被触及，因为其所探求的是说明一切科学是如何根源于（仍有待发现的）第一原理。

我们在此得到一个典型的、关于思考想象中情境涉及的复杂性的案例。一个可能的蕴意是，了解全部科学的实际困难与哲学统一问题没有关系或很少关系。当然，记忆电话簿甚或百科全书是没有意义的。知识不只是记忆。考虑到每个人学习已有知识的能力有限，如果有任何人能在深刻的意义上了解所有科学，那么他或整个人类必定发展出了一种更有效的看待知识的方式。而这样的新方式必定具有哲学意义。无论是否称这种组织和习得知识的新方式的结果为哲学，它无疑会使哲学的统一大业变得更可行。

## 5 展望未来

最广义的知识等同于人类文化：语言、神话、宗教、艺术、历史、科学、哲学。如果人性要用人类的作品、人类活动的体系来刻画，那么人们不禁就要把知识哲学等同于人的哲学。有一个关于人的
389 十分宽松的概括，即人是使用符号的动物，已经被提出了。这比关于人的传统定义——人是理性的或会语言的动物——更恰当些，因为，比如说，神话乃至宗教都不是理性的。而且，符号是一个比语言更宽泛又更丰富的概念，因为在艺术中，符号比语言有更普遍的运用，而在科学中，符号的使用比语言的使用更能显示科学的突出特征。当然，这是在一种推广的意义上使用符号的概念。无论如何，符号使用作为一个统摄性的概括，只要是完全中立的，就不会很有信息量，而只要富含信息，就不再是中立的。这或许是所有简单的统摄性概括的共同命运。认为神话和宗教更具有历史价值而非当代价值，这也是自然的。

更常见的情况是，知识哲学主要关心科学知识，至少最初是这样。现代科学在 16 和 17 世纪欧洲的出现是一个独一无二的原始事实，它以这样或那样的方式影响了一切后来的知识哲学。经常有人认为，它造成了一种简单的唯物主义哲学，也间接催生了较精致的休谟经验论。其想法是，既然抽象在物理学中大获成功，我们不难被引向这样一幅抽象的世界图景，其中世界被表征为物质之瞬时组合的序列，或者，基于对我们的知识获得过程的反思，我们可以得到一幅类似的抽象的知识图景，在这一图景下，知识不过就是对感觉印象进行归纳。对于这些抽象，一个常见且合理的异议是，我们必须正确理解知识的直接缘起，尊重其全部的具体性，误把抽象当作具体，会导致图像严重失真。但如下的说法就比较可疑了：应对此异议的唯一方法是走向一种彻底的有机体哲学，或者，专注于（即使只是一开始时）物理学必然会导向一种不恰当的知识哲学。实际上，我们也可以仅仅更仔细地研究物理学和数学，确定使它们得以可能的条件。通过这种方式，“全部的具体性”可以得到恢复，即使不是完全地，至少也是在很大程度上，没有明显的理由认为，对科学知识之基础的这样一种理解，必然不能得到一幅关于心灵和世界的更恰当的图景。相反，我们可以期待以此方式学到大量关于人类知识的重要而实质的东西。

物理学的一个突出事实是数学的广泛应用，这与亚里士多德和培根所强调的分类图式形成鲜明对比。我们这里感兴趣的不是基于相似性从不同事物中抽象出一个共性，从而取消诸个别情形的规定。毋宁说，一个通用的数学公式给出了一个保有诸个别情形之痕迹的更广阔的概念，使得我们拥有了一些函数关系，它们能统摄众多不同的情 390
形。例如，对二次方程中的参数进行调整，可以分别得到椭圆、抛物线和双曲线等。这一现象导致了对事物（和性质）与关系、实体与函数进行对比的主题。人们感觉到在这一稍嫌含混的对比中有一个根本的要点。但要弄清如何才能将它卓有成效地运用于统合性的知识哲学，这并不容易。

与当代科学有关的一个一般问题是复杂性问题。我们不只在实验和应用科学中遇到了有着复杂项目和昂贵设备的大型团队，许多被认为原则上已获解决的理论科学问题，在实践中依然未得到解决。有人已经指出，通过将量子理论应用于原子，我们现在已基本确定，我们知道与日常物质——大小介于亚原子和星系之间的系统——相关的所有基本物理定律。但是，比如说，没人能从原子物理学成功推导出水在华氏 32 度结冰。一方面，人们相信正确的定律已经被找到。另一方面，大多数系统的复杂度使我们尚无法推导出我们原则上知道的有关结果。当然，许多对现有物理定律不那么乐观的人会建议说，复杂系统可能具有这样一些性质，它们不能从描述系统成分间相互作用的定律导出。然而，大部分工作中的科学家会选择否定这种整体主义观点，或至少将此否定作为其工作假设。另外，我们由此还心生一念，我们是不是应该追求一门新的学科，它致力于寻找处理各种复杂数据的方法，比如计算方法和一般系统分析。换言之，我们是在设想一种关于各种表现形式下的复杂性的一般的、系统的研究。它的一个重要子领域是计算复杂性理论。

另一个引人联想的主题与事实和虚构之间的对比密切相关。给定一个事物或对象或人 $A$，以及一个 $A$ 能够具有的性质 $P$，我们倾向于相信，要么 $A$ 具有 $P$，要么 $A$ 不具有 $P$，即使我们可能不知道二者中究竟哪一个成立。在写小说时，我们也有一些关于人物之自然发展的想法。例如，人们觉得《水浒传》的后十二分之五与前面的部分不协调，并发现它们原来是另一位作者所加。但仍有许多东西是开放的，允许无数不同的续写方式，甚至在原则上也并非所有问题都是可
391 回答的。有些事可能就是不确定的，比如主人公是否会再婚，或他是

否身高五尺九寸。有时人们将这种不同概括为“对一个对象为真”和“对一个概念为真”。关于对象的陈述或真或假，而关于概念的陈述——在这一特定意义上——则不必或真或假。维特根斯坦在有些地方似乎暗示，许多关于数的陈述都属于这后一类型。人们也曾提议，把实在论与对排中律的接受捆绑在一起。根据这一标准，所谓集合实在论者——按照定义——就是认为每个纯集合论陈述都满足如下条件的人：要么该陈述为真，要么该陈述的否定为真（或许还要加上：因此是原则上可知的）。

一个经验的“全部具体性”有多种维度。我们常常感到，我们无法描述一个经验，或者无法通过一个描述或其他什么手段交流这个经验。例如，有人可能觉得某人的声音异常悦耳，但却无法描述出听到此人声音时的经验。有时我们可能将这种无能归因于缺乏技巧：也许一位诗人能做到，也许随着我们知识的进步，我们能获得更好的交流方式。不管怎样，似乎很清楚的一点是，对科学知识的反思离说明与情绪相关的经验还有很长的路要走。

哲学之任务可以说是研究人的本质，而科学家、艺术家、神学家和政治家也都从各自的视角来探讨这个问题。历史学可能被认为是一门相对中性的学科，但人们觉得，为了避免肤浅，对人之本质的历史学回答也需要某种特定的导向。人们熟悉的例子有求力意志、性本能和经济本能等。这些洞见满足了人们想要发现人类历史背后之驱动力量的愿望，但它们难以宣称能以任何直截了当的方式融贯地解释整个人类史。在以往的时代，曾有一些不那么明确的、一般性的导向框架和参照系，比如古代的形而上学、中世纪的神学、近代不同时期的数学和生物学。今天，要将所有彼此竞争的特殊方面和视角结合或统一起来，似乎是不可能的。这种统一似乎超出了人类的能力范围，后者受如下一些因素的约束：一方面是对详细、顽固的事实的热诚兴趣，另一方面是对抽象概括的强烈渴望，以及对这两方面进行适配的艰巨任务。

传统上，中国的知识分子似乎对人性有一种更为融贯的看法，它将日常生活与哲学、艺术、历史和政治更紧密地结合起来。每个知识
392 分子都或多或少是个通人，其学识在几乎所有方面影响着他的生活。不同的知识分子共享一个传统，可以就他们感兴趣的几乎所有话题进行交流。他们不那么崇敬专业化，对微妙的逻辑论证（与直觉和常识相对）缺乏兴趣，也不太渴望建立严密、宏大的体系。

我们时常觉得某些陈述为真，尽管我们无法为我们对它们的信念提供清晰的理由。如果我们的目的是求真，通过直接诉诸我们的直觉来接受这些陈述似乎是理性的。相反的路线常能产生一些机巧的论证，它们可以“在论辩中制胜，但却不能说服任何人”。仅仅为了在论辩中胜过对手一分而百般巧言设辞，未免有些愚蠢无聊。宏大体系一般各有其技术性语言，使得它们允许多种多样的解释，也就是说，有许多不同的方式将它们翻译为真正稳定的通用语言，如科学语言和日常语言。因此，尽管宏大体系可能为学者所钟爱，它们却不易或不能无歧义地被吸收进客观人类知识的主体。

经常有人说，中国哲学是道德导向的，而西方哲学是知识导向的。这很可能指向一个更根本的差别。

想从智力活动中得到满足的愿望是我们再熟悉不过的。这些满足中的一个明显成分是成就感和认可，它常涉及不太好的一面，即竞争。人们还常谈到一种更纯粹的快乐，即单纯地干好一件工作。此外不可否认的是，有一个多少独立的成分在于更喜欢某一类型而非其他类型的工作。当然，一旦将精力投入某个专业，人们往往就会努力根据该专业的既有标准使自己的成功最大化。但即使在这样的情况下，每个个体还是倾向于根据自己的喜好做选择，其部分原因是，成功很

难预测。很多时候，人们进入一个专业后发现它与自己先前的预期不符。结果是要么换专业，要么调整自己的兴趣。我们在专家中也会遇到各种不同的性情，这些性情导致他们或者固守一城，或者逐水草而居。

许多人确实能从诸如以下的事项获得快乐和满足：单纯学一门美妙的知识，以业余爱好者身份演奏钢琴，以业余爱好者身份画画，与友人互赠蹩脚的诗文，等等。某个人的价值观可能与其同事或主流社会的价值观相龃龉。这可能会剥夺他与同事就共同感兴趣的话题进行愉快讨论的快乐，或使他无法获得那种拥有支持者的满足感以及其他一些形式的认可。因此，时尚是导向统一的一股强大力量。事实上，393
人们归属于一个集体的本能，催生了各种各样正式和非正式的知识分子团体，它们既可以是高雅品位的传承者，也可能对进步形成阻碍。

显然，内部的人和外部的人对一团体之价值和弊端的评判可能很不同。例如，牛津哲学多年来在学术界颇有影响。用斯特劳森（P. F. Strawson）的话说，“在过去的四分之一个世纪里，牛津占据或重新占据了一个它六百年前曾占据的位置——西方世界一个伟大的哲学中心”（*Meaning and truth*，1970）。而盖尔纳（E. Gellner）在其《语词与事物》（*Words and things*，1959）一书中，则对此运动做了极为负面的评价，在他的描述下，该运动乃是出于一场精心策划的阴谋。根据盖尔纳的说法，牛津哲学是一个世俗化的、地位得到公认的宗教，它崇拜浅白琐碎之论和所谓的绅士风度：

> 注意到以下这点也很有趣：关于日常意义或日常用法的解释学研究与经院哲学中理性对信仰的传统敬意相比较，二者何其相似（只是敬拜对象变了）……它太人性而不能接受任何技巧，太形式化和（据称）中立而难以拥有实际意义或被归入颠覆性的一类，太分散多样而无法容许一般观念。（*Words and things*:

250–251）

同样才能的人，如果处在正确的时间和地点并隶属于正确的团体，就可以做出更出色的工作，而即使工作一样，其所产生的重要性和影响也会更大，这是一个惊人的事实。这个明显的因素常被忽视，并使人懊恼于无法清醒地评估人们的能力、工作和影响。某些工作之所以被严肃对待，可能有许多外在的原因，政治领袖的工作就是极端的例子。一旦某个人的话被严肃对待，他的泛泛之论也可能被认为比明确具体的结果更有意义，而具体结果的意义，恰恰更不依赖于其作者是谁。

与精确科学的接触可能会给人造成一种幻觉，认为智力工作一般在很大程度上独立于工作者的政治观点和社会地位。这种观点有严重的局限。例如，那些被剥夺了大社群（特别是国家）认同和亲密理解的、人文社会科学领域的研究者们，会被排斥在大部分比较有益的智力活动之外，并发现他们的整个生活变得异常贫瘠。

394 如果知识分子的使命是阐述和交流思想，那么哲学和文学或可被视为通向同一目的的不同道路。文学较多地使用具体形象，而较少地使用抽象概念。它更适合不偏不倚地阐述彼此竞争的观点，留给读者自己去做判断。文学更关心事实或想象的事实，而哲学似乎更关心一般原理。当理论和体系的可能性在哲学中遭到否决时，通过一种文学和哲学相混合的方式——如《庄子》所示——进行交流，就具有了很强的吸引力。如果人们认为哲学和文学的共同目的是影响人的行为，那么文学显然在整体上比哲学更有效。也有人提出，描述一个人的世界观的恰当方式不是说出“我之所信”，而是说出“我之所感”。不可否认，在知识和感受之间有一种基本的区别。对于知识，真假是核心关怀，而对于感受，我们即使有时也会谈及感受的真假，但我们心中所想的却是与信念之真假截然不同的东西。

统一知识的想法有一种怀旧色彩。过去，人们不管在哪个领域工作，都能较容易地理解其他领域的人在做什么。过去，一些优秀的头脑不仅能对人类知识的广泛领域有所理解，还能在这些领域做出原创性的贡献。这些历史事实无疑与其他一些事实有关，比如，那时的知识不够复杂，因而更容易理解，以及——可能出于同样的原因——那时的学者和科学家是以更文学化而少技术化的方式写作。在过去一百年左右的时间里，每个学科都趋向于创建自己的专属领地，一个普遍的信念是，专注于一个特定的领域是增进知识的最佳方式。人们以专长而非博通为荣。追求知识的目的不再是达到一个世界观，而是认识一个新事实或达到一个能涵盖一组特殊事实的、不全面的新观点。大学各院系注重的是，每个学生都能获得专业教育，并被认证为一个专家。

有人可能想把康德的工作看成为知识之统一奠定基础的一种尝试，它通过反思心灵产物的来源寻求对这些产物的统一。或者，有人可能会建议，所有智力活动都使用一些共同的基本建筑元素，因此大多数年轻人应该去学习这些普遍的元素，而顶尖的科学家和学者应该努力用这些元素来阐明他们的领域的现状。这样的话，发现正确的基本元素就是首要任务，而对于这样抽象构想的改造，自然会伴随诸多障碍和不确定性。 395

如果一个观察者的观点是由他的社会地位决定的，那么他将永远无法析出隐藏在他所做的具体观察之下的比较普遍和理论的方面。这种相对性及其隐含的后果被社会独立程度较高的知识阶层——一个相对无阶级的阶层——的存在冲淡了。知识分子的唯一资本是他们所受的教育。他们组成了一个在很大程度上独立于任何社会阶级的群体，而且此群体的成员来自日益广阔的社会生活领域。他们愿意省察每一个观点，这常常伴随着无尽的踌躇和信心不足，使得他们很难成为幸福的个人。但他们对于广大社会是有价值的。

将自己的活动限定于智识追求，并不意味着一个人的目标只限于理解世界。毋宁说，有一种对确定性和反思的根本渴望，它倾向于推迟生活问题而优先考虑知识问题。人们对现实生活中的诸多沉浮变迁有一种自然的恐惧，它助长了这样的信念：重要的是首先考察那些较为静止、稳定和持久的东西。而求诸己身，容易想到的便是与知识之本性有关的一些大问题。

（a）知识是如何可能的？特别地，数学是如何可能的？物理学是如何可能的？我们的语言知识是如何可能的？对这些问题的反思会让人发现，数学、物理学和语言的成功的确是值得震惊之事。这一成功似乎暗示，在自然和心灵中必定存在着大量的秩序。

（b）知识是如何习得的？这个问题显然与（a）有关，但让人一下子想到的是一种更偏经验的研究，因为所问的似乎是一个关于知识习得这种自然现象的事实性问题。然而，由于我们对答案知之甚少，超脱经验的方法论和其他概念性考虑，很可能在未来很长一段时间都是极有意义的。这个问题显然与教育问题和机械智能问题有关。由于知识是通过人与环境（包括他人）互动获得的，还可以追问的一个附加问题是，有多少是人自身贡献的（有多少是天赋的），有多少是环境贡献的。一个更抽象的问题是，知识如何能够被习得，或者，什么样的人和环境模型足以产生知识？

396 （c）理解某物是什么意思？我们说我们理解一个语词、一个概念、一个理论、一个句子、一个定理、一个证明、一个规则、一个情况、一组现象。对同一事物可以有不同层次的理解。还有不同类型的理解，从掌握少量常规信息到首次从一种混乱中看出秩序。理解新东西会在一定程度上改变一个人的整个概念框架。看待一组现象的一种全新方式同时也是一种新的理解，如果其他有类似兴趣的人开始理解并接受这种新思想，它就能显著地推动人类知识的进步。理解是知识的决定性拟人化要素。

(d) 关于知识统一的问题。存在知识的某种统一吗？专业化的优势和缺点分别是什么？避免成为专家这种做法可取吗？关于选专业，我们如何才能找到一个理性的指南？跨学科研究的重要性有多大？

(e) 知识的与料是什么？一个熟悉的进路是试图从个人感觉材料出发建构一切经验知识。一般认为，这与科学家的方法不同，后者取得了惊人的成功，但很难加以简单地说明。此外还有笛卡尔和胡塞尔关于更丰富的与料的构想。另一个似乎不同的进路是把实际的人类知识当作与料。

尽管所有这些问题都可以被认为是内在地关乎人类知识的本性，它们却不是那种我们可以期待有决定性的科学答案的问题，至少近期来看肯定不行。问题 (b) 较诸其他问题更具科学气息，但目前我们知道的是如此之少，以至于评价和解释关于该问题的新信息通常至少与获取这样的新信息一样重要。也有一些实验工作是关于理解的本质，但我们怀疑，至少目前还有很大的空间，对问题 (c) 进行专业心理学领域之外的有意义的思辨。

在研究这些关于知识的大问题时，主要目标之一无疑是推动人类知识的进步。但如果知识是由其在征服自然和增进人类福祉方面的有用性来定义，那么即使是关于这些大问题的有趣思考，通常也不是明显有利于知识的增长。在许多这类问题上，人们直接寻求的似乎只是纯粹的理智安慰：因理解而能平静地对待那些事实。另一方面，如果人们赞同为知识而知识，那么很容易将知识的范围拓宽到包含关于知识的知识。在人们的心灵深处，有一个模糊的信念始终存在：更好地 397
理解知识的本性，最终必有助于改善人类的命运。

众所周知，关于这些大问题，人们能说出的有趣而清楚明白的东西不多。有一个浅白粗糙的“乘积律”在起作用，它断定，关于某话题的一个评论的价值等于该话题之价值与该评论之价值的乘积。毫无疑问，在很大程度上正是这一乘积律指导着人们进行工作领域方面的选择，并说明了我们对智识成就的一般评价。

除了这个理性的乘积律，有时还有一个非理性的“独立性原则”在起作用，它倾向于使一些人远离常规领域，这些领域具有明确规定的应备条件和进步标准。

应用到大问题上，乘积律倾向于使人们远离它们，而独立性原则倾向于使人们靠近它们。结果就是各种各样的折中妥协。其中一种做法是心系大问题的同时尽可能紧地抓住现有知识，只要后者不妨碍我们就大问题说出一些东西，哪怕只是间接的。

# 附　录

# 批评的尝试 398

## 1　关于归纳法合理性的评注

关于归纳法，特别是其合理性，或一般所称的归纳问题，不同的哲学家有不同的观点，且常常互相不可调和。概括说来，这个问题可叙述如下：相信将来与过去相似、未被观察到的与已观察到的相似，其理由何在？讨论归纳的人很少不强调归纳推理在科学和日常生活中的重要作用，他们意在暗示，对这个问题的某种回答是充分的知识论所必不可少的。

人们一再指出，诉诸习惯或动物性信仰并不能为归纳问题提供一个恰当的解答。最近，许多有科学倾向的哲学家开始相信，核证归纳法的尝试是白费力气，归纳问题是一个虚构的问题，并不存在一个其通常表述下的**一般**问题。尽管如此，他们却坚持认为，期待将来的经验与过去一致并非不理性的：因为当我们试图定义理性时，我们会发现，对我们来说，保持理性就意味着按特定的方式以过去的经验为指导。根据他们的看法，真正的归纳问题是确切地阐明科学方法，并依照科学和常识定义理性的概念。这样的回答，对于大多数哲学家来说，也许是不合意的。但是，就反对过分沉溺于思辨幻想这一点而言，它可能是一条明智的建议。

一些经过深思的科学家发现，科学之成功是很难解释的。有些人评论说，世界最不可理解之处，就在于它是可理解的。另有一些人告诉我们，有一种隐蔽的和谐是自然界所固有的，它以简洁的数学法则
399 的形式反映在我们的头脑中——这就是自然界中的事件可预测的原因。

这样的回答，似乎并不能满足所有严肃的思想者。相应地，归纳常被说成是哲学之痛。有时候，当代哲学的一些批评者声称，这一境况是对他们所谓主观主义和经验主义进路的一种**归谬**。罗素承认，很可能我们就是无法做到更好，但他同时指出，尝试看似不可能之事，可能正是最高级智慧的表现，一个热爱知识的人，不会放弃这样的尝试，直到他探查完所有路径。

事实上，的确有一些优秀的学者，在尝试解决这一看似不可能解决的问题，并提出了各种精致的方案。不时地，这个或那个方案会吸引一大批追随者。但是，似乎没有哪个方案真正赢得了广泛的接受，更不用说普遍的同意了。

或许，分歧部分是由于所讨论的问题一般得不到准确的表述。具体说来，有两点我们常常不太清楚：（a）我们所要核证的东西是什么？（b）我们所要求的核证是什么类型？

凯恩斯著名的有限多样性原则，被指责没有为归纳提供令人满意的核证，理由是它做出了一些本体论断言，其真假我们无法通过普通手段知道。如果这一指责正确，其理由也许可以这样来说明：凯恩斯没有给出正确类型的核证，尽管他的原则（如果得到承认）确实核证了我们想要核证的东西。

另一方面，我们很可能同意，没有任何可想象的经验不能为将来

的可理解性提供基础，因为无论将来如何，它总会有**某种**可发现的秩序和**某种**与过去的相似性。我们甚至可能会追随康德，认为知识的客观有效性要成为可能，一些十分普遍的规则性就必须成立。不过这不会有太大帮助，除非我们能确定有多少将来经验中的规则性和秩序由此能得到保证。例如，我们可以问：这样的规则性和秩序足以保证太阳大概率会在明天照常升起吗？如果是，这是如何做到的呢？我们想要的，似乎确实不只是将来的单纯可理解性，我们还想要我们的预测取得成功（在某种意义上）。当我们为归纳寻求核证时，我们是要为我们的如下信念找到一个基础：我们关于将来的预测会取得成功（在某种意义上）。

如果我们不允许本体论假设，也不满足于**仅仅**核证我们关于将来 400
可理解性的信念，那么谨严的归纳学者通过研究得到的以下结论，似乎就是无可争议的①。

要核证归纳推理，我们既可以坚持认为归纳概括享有理论的确定性，也可以不这么坚持。如果我们这么坚持，我们会发现我们无法解释将来反例的可能性，除非我们干脆排除这种可能性，将归纳概括重释为分析陈述。唯一的缺点是，当一个陈述享受了分析性的特权，它也就放弃了它的经验预测角色。

另一方面，我们可以接受归纳概括没有理论的确定性，并尝试用概率定理来核证它们。但在对概率的概念做出某种解释之前，这没什么特别的意义。具体而言，对于概率，我们既可以采取频率的解释，也可以采取非频率的解释。如果采取非频率的解释，我们将永远不能从某个频率的高盖然性过渡到它的高频率性。也就是说，在非频率解

① 关于以下三段中提出的几个要点的一个详细讨论，参见 C. D. Broad 教授的'Hr. von Wright on the logic of induction', *Mind*, vol. 53, 1944, pp. 1-24, 97-119, 193-214。

释下，我们无法确保盖然性更高的东西从整体和长远看也是更常实现的东西。

在频率解释下，后面这个条件可以分析地得到保证。但需要注意的是，每个关键的（用来核证归纳的）概率定理都始于一个前提，它关乎特定类型事件以特定方式发生的概率。现在，按照频率解释，这样的一个前提本身是关于限制性频率的陈述，它或者要被当作假设，或者需由归纳概括来确立。因此，概率定理同样无法一般地为归纳概括提供核证。

因此，无论哪种情形，概率定理都无法单独为归纳提供充分基础。通过数学核证归纳的各种企图似乎都误入歧途了，要么混淆了对概率概念的不同解释，要么隐蔽地引入了新的假设。

现在，让我们考察文献中出现的几个看似合理的回答，看看我们能走多远。首先考虑威廉斯（D. C. Williams）在他论归纳的书中所提出的如下论证①。

令 $R$ 是一个成员数为 $r$ 的类，比如说兔子的类。令 $t$ 是 $R$ 中具有某个具体属性 $P$——如白色——的成员的数量。令 $R'$ 是 $R$ 的任何一个成员数为 $r'$（$0 \leqslant r' \leqslant r$）的子类，而 $t'$ 是 $R'$ 中具有属性 $P$ 的成员
401 的数量。那么，$R$ 的这样的子类的数量 $n$ 可由 $C_{t'}^{t} \times C_{r'-t'}^{r-t}$ 给出。由初等代数我们知道，当 $t'/r'$ 最接近 $t/r$ 时，$n$ 最大。我们还知道，当 $r'$ 很大（在某种有待规定的意义上）时，$R$ 的使 $t'/r'$ 近似等于（在某种有待规定的意义上）$t/r$ 的子类的数量，远大于所有其他子类合在一起的数量。因此，当经验告诉我们在 $R$ 的一个大小为 $r'$ 的样本中有 $t'$ 个

---

① *The ground of induction*, 1946；特别第 4 章。刘易斯教授在其新书 *An analysis of knowledge and valuation*, 1946, pp. 272–275 中也探究了类似的思路。但值得注意的是，他没有用这个论证去证明归纳法的合理性。恰恰相反，他指出，只有在事先假设了归纳法有效性的某种一般基础的前提下，它才具有力量。

成员具有属性 $P$ 时，通过**比例三段论**，我们可以确信 $t/r$ 有高度的盖然性近似等于 $t'/r'$。这为我们提供了我们想要的、足以核证归纳推理的归纳原则。

因此，假如我们观察到了 $r'$ 只兔子并发现其中有 $t'$ 只兔子是白色的，那么所有白兔子与所有兔子的数量比就很可能近似等于 $t'/r'$。特别地，举例来说，假如 $r' = 2500$，我们可以通过如下的比例三段论达到我们想要的结论：

大前提：$R$ 的成员数为 2500 的子类中至少有 68% 在构成上与 $R$ 的差别不超过 1%；

小前提：$R'$ 是 $R$ 的一个成员数为 2500 的子类；

结论：至少有 0.68 的概率，使得 $|t/r - t'/r'| \leq 0.01$。

其中，小前提由我们的假设保证，大前提通过数学计算得到。

威廉斯教授认为，他的理论"证明了归纳程序对哲学和自然科学各分支、各个行业以及常识的有效性，同时也保证了这些领域中任何一个在内容上与其他领域的相关性"（*The ground o f induction*: 202）。然而，对于那些长期困惑于归纳问题的人来说，他的整个论证也许看起来像是在用虚无核证一切。他们疑心，该论证一定是有什么错误。

首先，让我们追问，威廉斯教授是如何理解概率的？从他对频率解释的不知疲倦的攻击来判断，我们可以假定他采取了某种非频率的解释。但如果是这样的话，即便承认我们可以在某种先验的基础上核证归纳概括具有高盖然性，什么又能保证归纳更经常地将我们引向成功而非失望呢？或者说，有什么桥梁可以连接先验概率和频率吗？看起来没有这样的桥梁，至少当我们固守一个对概率的明确解释时，情况是这样。

假设有 $10^{10}$ 个袋子，每个袋子中装有 5000 个球。假设我们从每

402 个袋子中已经观察到了 2500 个球，并发现所有这 $10^{10} \times 2500$ 个球都是白色的。现在，我们必须承认，那未被观察到的 $10^{10} \times 2500$ 个球在逻辑上有可能全都不是白色的。但威廉斯教授所确立的归纳原则却向我们保证，这是非常非常不可能的。同样的原则还能使我们做出许多其他关于未被观察到之球颜色的概率判断。特别地，从这 $10^{10}$ 个袋子中任选一个，我们可以判断如下情况是高盖然的：这个袋子中未被观察到的 2500 个球至少有一些是白色的。其他任何一个袋子也类似。我们还可以判断，如下情况是超高盖然的：在这 $10^{10}$ 个袋子中，至少有一些袋子中的某些未被观察到的球是白色的。

假设意外发生了，我们观察剩下的 $10^{10} \times 2500$ 个球并发现其中没有一个是白色的。那么，对于我们先前所做的概率判断，我们会说些什么呢？如果我们采纳非频率的解释，我们将不必指斥它们为假。我们可以仅仅说，我们这次不走运。但假设这些就是我们就所谈原则做过的全部概率判断，因而所有高盖然的可能性都未实现：我们可能仍然坚持说，我们的概率判断相对于我们此刻的知识是正确的。然而，一个可能总是令人失望的归纳原则似乎不是我们想要的。而我们很难理解，关于此原则的一个几乎完全数学的证明，如何能先验地排除这种可能性。

让我们换个方式来谈这个问题：对我们的知识来说，被观察物与未被观察物之间存在着巨大的差异。“被经验到的物类因被经验到而是特殊的，但每个物类都在某个方面是特殊的”（同上：176），此话诚然不假。但这并不意味着它们对我们的知识是同样特殊的；对我们的知识来说，被经验到是一种很特殊的特殊性。上帝或许可以无视人类关于过去和将来、已知和未知的区分；但我们做不到。没有先验的无差别原则能够向我们保证，我们所经验到的事物按实际顺序被经验到和按另一种组合被经验到，这两者是同等可能的——除非我们暗暗假定将来与过去相似，从而犯窃取论题的谬误，或者放弃那个论断，即从整体和长远角度看，盖然度更高的事情也更经常被实现。

前面谈到的比例三段论，可以根据我们所接受的关于概率概念的不同解释，获得这样或那样的评价。在频率解释下，结论不能由前提得出；而在非频率解释下，如此得到的结论不能保证我们由之所做的预测在整体和长远上获得成功。大样本很可能和总体有近乎相同的构 403
成，当我们同意我们先验地知道这一点时，我们决不可忘记，被认识到更可能的事情，不一定是从整体和长远看更常得到实现的事情。实际上，假如我们能从这种先验高概率的担保得到慰藉的话，威廉斯教授的核证方法似乎就将能核证几乎一切我们想核证的东西了。

对归纳问题的一个更为谦虚的回答，是赖欣巴哈的著名方案①。他主张，要解决归纳问题只需证明两件事：（i）归纳的目标是可能的；（ii）归纳是我们所拥有的、达到该目标的最优方法。归纳的目标是预见将来，赖欣巴哈将它确定为“找到其发生频率趋向于一个极限的事件序列”（*Experience and prediction*: 350）。这样，（i）显然为真。而赖欣巴哈又告诉我们，他的理论为（ii）提供了一个逻辑证明。因此，他的方案是完整的。

设 $h_i$ 为 $A$ 型事件在一个包含 $A$ 型和非 $A$ 型事件的事件序列 $i$ 中的频率比。赖欣巴哈对归纳原则的准确表述如下：（1）对于每个 $s$（$s > n$），我们假定 $|h_n - h_s| \leq \varepsilon$，其中 $\varepsilon$ 是一个很小的数。然后他指出，这一表述是存在一个靠近 $h_n$ 的频率极限的必要条件（同上：341）。但有以下几点似乎不太清楚：$n$ 是什么样的数？$\varepsilon$ 有多小？关于频率极限的存在性，一个对 $\varepsilon$ 有详细规定且不依赖于任何特定的 $n$ 的

① 他的理论阐述于 *Wahrscheinlichkeitslehre* 和 *Experience and prediction* 的第 5 章。所引页码皆属后一作品。

必要条件似乎如下：（2）对于每个 $n$，存在 $\varepsilon_n$，使得对于任意的 $s$（$s > n$），$|h_n - h_s| \leqslant \varepsilon_n$，其中 $\varepsilon_n$ 随着 $n$ 的增长无限趋近于0。这是假定频率比的 $h$ 序列有极限的一个分析性结果。

但是，如果我们采纳（2）作为我们的归纳原则，就会发生一些看起来悖谬的事。一方面，对于每个固定的 $k$，不管它有多大，由诸 $\varepsilon_i$ 所构成的 $\varepsilon$ 序列的前 $k$ 项，总是可以任意地规定，而不会影响我们的原则的数学真理性。另一方面，经验上我们关心的总是那些能找到某个有穷上界 $k$ 的 $\varepsilon_i$ 和 $h_i$；我们在实践中关心的是如何确定 $\varepsilon$ 序列的前 $k$ 项。换言之，这个原则按其目前的形式无法保证我们在生活中取得实际的成功；因为，不管我们在某个阶段的经验发现怎样，在数学上，我们的归纳原则总是与如下可能相容：真实的极限与该阶段发现
404 的频率比有不少于（比如说）1/10 甚或 1/2 的差距。

赖欣巴哈教授并不否认，“实际可观察的序列总是有穷的，其长度非常有限，这是由人类短暂的生命周期决定的”。他引入了“序列的**实用极限**这一术语，用以表现人类观测可及的范围内的一种充分的收敛性”，并告诉我们，他的理论可以说是关注实际极限而非数学极限（同上：360–362）。

让我们考虑一个频率比的 $h$ 序列，它包含有穷多项 $h_1$，…，$h_k$。陈述（3）“对于每个 $j(j \leqslant k)$，存在一个 $\varepsilon_j$，使得 $|h_k - h_j| \leqslant \varepsilon_j$，并且对于每个微小的数 $\delta(>0)$，存在一个 $l(l \leqslant k)$，使得 $\varepsilon_l \leqslant \delta$”必然为真，因为我们可以将 $\varepsilon_k$ 赋值为0。如果我们把陈述（3）当作存在一个实际极限的充分条件，那么“每个有穷多项的 $h$ 序列都有一个实际极限”，就是一个分析真理。这样的实际极限概念对我们来说没有多少意义，因为我们想从归纳原则得到的东西，显然不只是保证存在这样的极限。

我们或许可以要求，只有那些具有特定类型的相伴 $\varepsilon$ 序列的 $h$ 序

列才可说拥有一个实际极限。例如，我们可以要求，对于每个 $i(i \leqslant k)$，$\varepsilon_i = 0$；或者，对于每个 $i(i \leqslant k)$，$\varepsilon_i \leqslant 1/2$；或者，对于每个 $i(i \leqslant k)$，$\varepsilon_i \leqslant 1/i$；如此等等。这样，对应于所要求 $\varepsilon$ 序列的每个具体规定，存在一个实际极限的概念。而如果我们再追随赖欣巴哈教授引入“可预测的”这个术语，“表示一个世界足够有序，使我们能构造有极限的序列”（同上：350–351），那么对应于每个（实际）极限概念会有一个归纳原则，它由陈述（3）和相应的关于可接受的 $\varepsilon$ 序列的条件表示。每个这样的原则的可应用性（至少对于某些 $h$ 序列），将由关于该世界可预测性（在相应的意义上）的假定得到必然的保证。

在每种情况下，以下说法都是同义反复：如果世界是可预测的，那么归纳原则可应用。归纳原则的制定问题主要成了选择一个关于实际极限的适当定义的问题，后者又主要在于为可接受的 $\varepsilon$ 序列选择一个适当的条件。也许过去的经验可以帮助我们确定实际极限存在的条件，从而确定可预测性概念和归纳原则。每个归纳原则也就变成了某种像关于我们的将来经验的科学假设的东西。当“人类生命的短暂周期”结束，某种更高的精神或许能观察到，人类对世界可预测性 405
的信念最终证明是对的（或错的）。

赖欣巴哈教授一再重申，他的归纳原则是我们实现归纳目标的最佳方法。但在什么意义上，它是最佳的？如果存在 $h$ 序列的一个极限，我们就可以通过选择一个足够大的 $n$，达到一个任意接近该极限的 $h_n$，这分析地为真；不过，对于一个给定的微小的 $\varepsilon$，假定存在 $h$ 序列的极限，我们也仍然不能确定 $n$ 的值。如果我们考虑一个有穷（但对我们仍然未确定）多项的 $h$ 序列，那么我们或许可以称这样的归纳原则是最佳的，它使用最窄的（实际）极限概念（相应的 $\varepsilon$ 序列的可接受性条件是最强的），但在“人类短暂的生命周期”的最后得到了确证。但这样的话，我们显然仍不知道哪个归纳原则是最佳的；因为我们不知道哪些具体的归纳原则最终得到确证。

刘易斯教授在他的新书[1]中为归纳所做的辩护似乎采取了不同的路线。他诉诸我们的日常经验和常识，而不是数学。下面我将尝试给出刘易斯教授的理论的一个摘要。但由于我不确定我是否真正理解了他，我的尝试有可能未切中要害。

我们无法从逻辑上保证，我们判断为更盖然的事情从整体和长远看也更常发生。从逻辑上看，情况完全可以不是这样。从逻辑上看，我们目前关于将来经验的大部分科学预测都可能被证明是错的。我们甚至不能充分解释，为何自然科学定律能取得它们目前取得的如此巨大的成功，特别是当我们考虑到，我们所做出的概括常常是基于极不充分的证据。仔细想想，这也许是我们这个世界最不可思议之处。实际上，我们可以诉诸自然界固有的一种隐蔽的和谐来进行解释，如果这能让我们感觉舒服一些的话。但就我们的经验知识而言，太阳明天不会升起，这显然是可能的。不仅如此，我可能还会做这样的判断，因为某种关于门把手的视觉 $S$ 当下无疑地被给到我，只要我发出适当的抓握动作 $A$，门把手触觉 $E$ 就会随之而至；然而，有可能 $E$ 并不随 $A$ 而至。这种“如果 $A$，那么 $E$”形式的、高度盖然的日常预测，最终大多数都被证伪，这在逻辑上是可能的。

关于归纳的认识论问题，不是也不能是给出一个逻辑证明，证明上述那些设想不可能成真，或者，证明那些逻辑的可能性其实在逻辑
406 上是不可能的。我们绝不可期望从形式逻辑或数学得到经验预测普遍

① 同前著。刘易斯教授的辩护主要见于该书的第 11 章。但要注意，第 10 章中关于盖然度的讨论使他得出了这样的结论：“一个陈述‘$P$’的（理性的）可信度与‘$P$ 是盖然的’这句话的意向内容一致，这里‘盖然’用的是其普遍流行的意义，代表了‘盖然’需要考虑的唯一基本的意义。”（p. 316）因此，在第 11 章中，他几乎把“盖然”和“可信”当同义词用。

成功的保证。与那些特殊的预测相比，我们的事实感或经验实在感是更基本的，但可能不那么常被注意到。我们对过往事实的一切感觉都至少是看似可靠和盖然的；否则，说某物比另一物更可能或更不可能，就**对我们**没有任何意义，因为那时我们会失去经验实在性的标准，无法理解说某物更可能是什么意思。经验实在是可知的，这是一个分析命题，只能用本身已经蕴涵它的前提来加以否定。关于经验实在的知识的可能性，是概率概念有**意义**的先决条件。

任何预测"如果 $A$，那么（很可能）$E$"，必定是相对于我们目前的知识；而认知过程只能发生于**认识论意义上的当下**，在此当下中，感觉上被给予的东西总是被大量过往经验的认知上相关的代表物环绕，它们告诉我们已经如何如何。这种关于过去经验的记忆性保存，这种作为过去的当下，是我们所生活之世界的构成性要素。

逻辑上确实可以设想，我们可能遭受着持续的欺骗，在每个认识论意义上的当下，我们所记得的东西都是上帝在我们的心灵中即时新造的。但关于这种可能性的断言，至多是一个如下意义的形而上学论题：原则上，它既不能在经验上被证实，也不能在经验上被证伪。我们别无更理性的选择，只能假定，被感知为过去的东西比与记忆不符或记忆空白的东西有更高的可能性。

一旦我们愿意仅仅因为记得某事而接受其为基本可信的，认识到以下这点就比较容易了：考虑整个经验信念的领域——这些信念都或多或少地依赖于记忆性知识，我们发现，那些最可信的信念可以由它们彼此之间的相互支持或刘易斯教授所说的**趋同性**获得保证。对具体例子的研究表明，一组经验信念，即使其中每一个都不太确定，每一个都不能由经验上确定的基础得到证实，它们也仍然可以通过彼此间的关系被证明是可信的；一个趋同命题集中的一些（可能相对不多）命题共同为真，有时足以为该命题集中的另外一些命题，甚或其他所

有命题，确立一个很高的盖然度，尽管单个地看，这些命题中没有哪
407 个可作为特别优良的证据。假如几个比较可靠的证人独立地报告了相同的现场情况，那么这种证言的趋同就能为他们一致认同的事确立一个很高的盖然度；因为除非假设他们是在讲实话，这种趋同是不太可能的。这样的考虑说明，我们的日常信念通常有很高的可信度。①

## 2 论关于归纳的怀疑论

数学中有可以严格证明为不可解的问题，比如初等几何中的等三分角问题就是一个例子。时不时会有工程师或别的什么人，宣称解决了一个不可解的难题，并引起一定的轰动。但对于那些相信不可解证明的人来说，这些所谓的解决根本不值得认真考虑。事实上，这样的解决早已不再能引起数学家的注意。

哲学中的情况似乎有些不同。在那里我们没有像数学中一样清楚明白的证明。例如，两个多世纪以来，尝试回答休谟关于归纳的怀疑论，在哲学家中已经成为一种时尚。虽然从来没有任何回答或解决方案像休谟的怀疑论论证一样被广泛接受，哲学家们却依然喜欢精心构造支持或反对休谟怀疑论的论证。而那些对休谟的推理十分信服的人，常常会感到难以理解，为什么哲学家们坚持断然反对休谟，而不是寻求某种更迂回的出路。

最近，威尔（F. L. Will）教授声称，只有凭借某种逻辑跳跃，才有可能达到怀疑论的结论；怀疑论论证实际上最终涉及对“将来”这个词的两重涵义的一种混淆。根据威尔先生的说法，像休谟和罗素这样的人，实际是在忧虑一种依照其定义永远不会实现的将来（参

① 本节曾发表于 *J. philosophy*, vol. 44, 1947, pp. 701–710。

见 *Mind*, vol. 56, no. 224, Oct. 1947)。我强烈认为，威尔先生说的不是事实。

让我们举一个生造的例子。假设有 100 个袋子，每个袋子中装有 5000 个球，每天我们从每个袋子中拿出一个球，并观察其颜色。假设我们已经从每个袋子观察了 2500 个球，并发现所有这 100 × 2500 个球都是白色的。在我们进行观察的第 1000 天（比如说）说将来会像过去一样（就所要观察之球的颜色而言）的人，显然是在说出某种已由现有证据证实了的东西。更具体地说，一个在我们进行观察的 408
第 1000 天说明天会和过去一样，并且每天重复这种预测直到昨天的人，显然拥有了一切有利于自己论断的证据。说没有证据支持这些关于将来的陈述，显然有悖于事实。

然而，每一刻，都有那一刻的**将来**。我可能担心我们明天将从每个袋子观察到的第 2501 个球的颜色。陈述（1）“我们明天将观察到的 100 个球大多数会是白色的”，当它**现在**被断定，其所言之事是关于今天的将来的。昨天、前天、一个月前或一年前做出的陈述（1），目前都得到了确证。因此，不同情况下做出的陈述（1）反复得到确证，这是一个事实。但这一事实构成今天的陈述（1）的证据吗？关于将来的知识，其令人困惑之处似乎恰在于，缺少理论上有说服力的理由向我们保证，对该问题的回答是肯定的。

我想做两个区分。首先，我认为，我们确实相信归纳推理，这是一个经验事实。因此，在上述案例中，我们**事实上**会接受，我们有很强的经验**证据**，支持现在做出的陈述（1）。有争议的并不是这个。真正有争议的毋宁说是，我们有没有任何理论的辩护，来支持我们接受我们有**证据**这个做法，或者，如果我们确实是得到辩护的，这样的**证据**能否先天地为预测的成功提供保证？换言之，我们可能同意这样来使用“证据”这个词：如果明天我们观察到的 100 个球中只有一半将被发现是白色的，那么，我们接受我们有很强的**证据**支持现在做出的陈述（1），就是错误的。问题是，我们如何能证明我们接受它不是错误的？想必在心理上，我们确定我们没有犯错。但人们似乎期望更多的东西。或者，我们也许同意这样来使用“证据”这个词，使得在这样的情况下说我们有很强的**证据**支持现在做出的陈述（1），依照定义是正确的。然后问题就变成，我们如何能保证，今天和接下来 2499 天做出的像（1）这样的预测，大多数都会实现。我认为，我们确实相信将来会与过去相似这一事实本身，无法为关于归纳的怀疑论提供充分答案。

我想做的另一个区分是一般陈述与特殊预测之间的区分。比如，假设我们现在断定如下两个陈述：

(i)“大多数我们明天观察到的球在颜色上与今天观察到的相似；”

409 (ii)“从今天前的第 2499 天直到今天后的第 2500 天这段时间里，我们每天观察到的球大多数在颜色上都与前一天相似。”

如果我们把陈述（ii）理解成 5000 个相似陈述的合取，其中一个陈述对应一天，那么似乎很明显，我们目前是拥有支持它的证据的，因为该陈述的半数合取支都已知为真。无论我们是否承认某种齐一性原则，这都是事实。但陈述（i）看起来却不同。在之前的时刻被说出的陈述（i）得到经验事实的反复证实，这并不能为现在断定（i）提供任何基础，除非我们接受某种齐一性原则。

在每个时刻，我们都对那一刻的将来特别感兴趣。每个时刻都为某些老的问题提供了答案，同时又带来自己的新问题。在任何时刻，我们都无法证明有任何证据支持关于那一刻的将来的陈述。并且这个将来不是永远不会到来的将来，因为它会到来。但当它已经到来并成为过去，它就只作为历史事实有意义。我们确实能从历史学到一些东西。但尽管如此，只要不预先假定某种归纳原则，我们就无法从理论上保证，总体和长远来看，用学自历史的东西指导我们的活动这种做法会导向成功。

确实，到目前为止，一个一直说乌托邦就在下一转角处的预言家，其所面对的始终是反面证据。但威尔先生并没有告诉我们，我们的如下信念有何理论基础：等我们这次转过转角，该预言家面对的仍将是反面证据。下一转角要发生的事情，是我们确实关心的事情。而下一转角不是永远不会到来的，尽管下一转角之后还会有下一转角，等我们转过前者，后者就会变成我们格外感兴趣的。①

## 3　物质对象的存在

关于这个问题，巴森（A. H. Basson）先生在他 1946 年 10 月发表于《心灵》杂志的一篇文章中考虑了这样的观点：我们永远无法确定地知道物质对象存在。他给出了对该观点的如下可能的辩护：

> 如果你做出该判断确实是想说一些关于将来的事，那么将来
> 发生之事就会构成支持或反对它的证据。但你无法现在拥有你将 410
> 来拥有的证据。因此，如果你做出这个关于现在的判断，只是要暗示一些关于将来的事，那么你所拥有的证据就**必然**是不充分的。(Basson，1946：315-316)

对此，巴森先生回答说：

> 我们想说，我们所拥有的证据 [$e_1$] 使得桌子现在 [$t_1$] 在这里 [$(x_1, y_1, z_1)$] 是**确定的**，并且这使我们将来拥有其

① 本节曾发表于 *Phil, of sci.*，vol. 17，1950，pp. 333-335。

> 他“证据”是**高度可能的**。现在假设意外发生了，桌子突然消失了。这个新的证据意味着什么呢？**如果**我们拥有的这个证据［$e_2$］足以使桌子现在［$t_2$］不在这里［$(x_2, y_2, z_2)$］是确定的，这就会使桌子之前在那里变得**高度不可能**，而这又会使我们原以为充分的证据是充分的这一点也变得**高度不可能**。但我们不能从前一证据的充分性的低可能性，论证我们后一证据的不充分性的高可能性；因为这会使桌子此刻的非存在性，以及因之而来的过去的非存在性，都变得**不再那么**可能；这又会使前一证据的不充分性变得**不那么**可能，而这又会使后一证据的不充分性变得**没有**我们原先假定的那么可能。因此，无论你选择从前一证据之充分性的低可能性推出后一证据之不充分性有多么高的可能性，你都可以证明它其实更低。因此，从对桌子过去存在的怀疑推出对其当下的非存在性的怀疑，是自相矛盾的。反过来同样是自相矛盾的。
>
> 我认为从这些可以清楚地看出，不仅对物质事实的怀疑依赖于对另外一些物质事实的确定知识，对证据之充分性的怀疑类似地也依赖于对别的证据之充分性的确定知识。因此，我们能够认识、真实地认识事实，以及物质对象、桌子、椅子以及其他类似的东西都的确存在。(同上：316–317)

我感到很难理解巴森先生的议论。但尽管如此，他的论证在我看来是错的。令“$T(x_1, y_1, z_1, t_1)$”表示“桌子位于（无时态）$(x_1, y_1, z_1, t_1)$”；“$p(T(x_1, y_1, z_1, t_1)/e_1)=1$”表示“$e_1$ 使得 $T$ 位于 $(x_1, y_1, z_1, t_1)$ 是**确定的**”；“$p(\neg T(x_2, y_2, z_2, t_2)/e_2)=1$”表示“$e_2$ 使得 $T$ 并非位于 $(x_2, y_2, z_2, t_2)$ 是**确定的**”。不考虑别的，巴森先生似乎断言了以下两点：

(a) 我们想说 (1) $p(T(x_1, y_1, z_1, t_1)/e_1)=1$；

(b) 如果 (2) $p(\neg T(x_2, y_2, z_2, t_2)/e_2) = 1$ 为真，这将使得 411
(3) $T(x_1, y_1, z_1, t_1)$ 是高度不可能的，而这又会使得 (1) 是高度不可能的。

换言之，他似乎断言了以下几件事：

(4) 我们想说 (1)；

(5) (2) ⊃ ( (3) 是高度可能的)；

(6) ( (3) 是高度可能的) ⊃ ( (1) 是高度可能的)；

假设我们再断定 (7) ( (1) 是高度可能的) ⊃ ( (1) 是假的)。

由形式逻辑我们知道，(1) (2) (5) (6) (7) 不能都是真的；因为“¬ ((1) ∧ (2) ∧ (5) ∧ (6) ∧ (7))”是一个重言命题，其对应的重言式为“$\neg (p \wedge q \wedge (q \supset r) \wedge (r \supset s) \wedge (s \supset \neg p))$”。因此，(1) (2) (5) (6) (7) 中必定至少有一个是假的。(5) 和 (6) 被巴森先生断定为真。 (7) 是真的吗？由“$T(x_1, y_1, z_1, t_1)$”是高度不可能的，显然不能推出“$T(x_1, y_1, z_1)$”是假的，因为即使是一个高度不可能的命题，也可以是真的——至少一般是这么认为的。另一方面，由 (1) 是高度不可能的，可否推出 (1) 是假的呢？我认为可以，只要我们说“一个命题是确定的”时，我们的意思是指“我们确定地知道这个命题”。换言之，我认为，如果“在 $t_1$ 时刻我们基于 $e_1$ 而确定地知道 $T(x_1, y_1, z_1, t_1)$”这一点是高度不可能的，那么“在 $t_1$ 时刻我们未能基于 $e_1$ 而确定地知道 $T(x_1, y_1, z_1, t_1)$”就是真的。如果这属实，(7) 便是真的。承认这一点，我们就不得不得出结论，(1) 和 (2) 相互矛盾；亦即，或者 (1) 是假的，或者 (2) 是假的，或者二者都是假的。

在接受了巴森先生似乎接受的那些东西之后，我想人们大致会做如下的推理。既然我们在 $t_1$ 时刻相信 $e_1$ 是充分的，又在 $t_2$ 时刻基于 $e_2$ 而不再这么相信，那么我们就可能在 $t_2$ 之后的某个时刻不再相信 $e_2$ 是充分的。因此，结论似乎是，（1）和（2）都是假的。人们可能仍然会对此结论提出异议，引入各种微妙的、不可能预料和枚举的东西。但在我看来显然的一点是，这个结论不会导致矛盾。而令我感到困惑的是，巴森先生似乎认为，这样的结论会导致矛盾。

诚然，他并没有这么说。他的说法更像是，如果我们从怀疑桌子过去的存在推出怀疑其现在的非存在，我们就会对桌子过去的存在少一些怀疑，并由此对其现在的非存在少一些怀疑。一方面，有“桌子
412 突然消失了”这个陈述所描述的当前外部情况，它使我相信桌子现在不存在并怀疑其过去的存在；另一方面，我的记忆告诉我，刚刚我以为（1）是真的。既然我之前以为（1）为真现在又怀疑它，那么我同样可以现在认为（2）为真但下一刻又怀疑它，所以（2）就仅仅是高度可能的。但如果（2）只是高度可能为真，（1）将比（2）为真时具有更大的可能性，因此下一刻我怀疑（2）的可能性就会变小，如此等等。因此，巴森先生的结论似乎是，（2）为真，或者至少（1）和（2）不都为假，因为否则我们会得到一个矛盾。

我相信巴森先生的论证有逻辑缺陷。既然我们承认（1）和（2）之间存在一种联系，我们就可以设想我们有一个固定的函数 $f(w)$：

$$u = f(w) = p((p(T(x_1, y_1, z_1, t_1)/e_1) = 1)/(p(\neg T(x_2, y_2, z_2, t_2)/e_2) = w)) \quad \text{(i)}$$

这样，对任意一个**固定的**证据 $e_2$，当 $w$ 取得一个确定的值，$u$ 随之也取得一个确定的值。$w$ 的值可以是也可以不是 1。无论哪种情况，似乎都不会产生矛盾。

也许以下是巴森先生的重点。假定有一个函数 $g(u, w)$：

$$v = g(u, w) = p((p(\neg T(x_2, y_2, z_2, t_2)/e_2) = w)/(f(w) = u)) \quad \text{(ii)}$$

现在，根据（i），$v$ 的值依赖于 $w$，反过来，根据（ii），$w$ 的值也

依赖于 $v$。如果我们接受（ii），那么对于 $w$ 的任何值，除非 $g(u, w)$ 的值恰好为 1，我们总会遇到矛盾，因为根据（ii），$w$ 的值实际会有所不同。巴森先生的结论似乎是，我们应该由此而拒绝（ii）。

我认为该论证仅仅表明，我们应该总是这样选取 $w$ 的值，使得 $g(u, w)$ 取值为 1。直观上，这好像是求一个收敛序列的极限的问题。在大多数情况下，为了使 $g(u, w)$ 取值为 1，$w$ 的值不需要是 1。对于某些适当的 $f$ 和 $g$，同时采纳（i）和（ii）以及其他一些信念，似乎不会导致矛盾。因此，我的结论是，巴森先生的论证是有错误的，或至少是不充分的。[①]

## 4　一个关于知识的知识的疑问

在其《对批评者的答复》一文中，摩尔写道[②]：

> 我有时区分两个不同的命题，它们中的每一个都有哲学家支
> 持，即命题（1）:“不存在物质对象”，和命题（2）:“没有人确 413
> 知存在物质对象”。在我最近发表于不列颠学院的、题为“关于
> 外部世界的证明”的演讲中，我就第一个命题暗示说，可以以
> 这样一种方式来**证明**它是假的，即举起你的一只手并说“**这**只
> 手是一个物质对象；因此至少存在一个物质对象”。但对于第二
> 个命题——我料想它比第一个命题更常被断定，我不认为我曾说
> 过**它**可以这样简单地被**证明**为假，比如举起你的一只手，说
> “我知道这只手是一个物质对象；因此至少有一个人知道至少存
> 在一个物质对象”。

① 本节曾发表于 *Mind*, vol. 52, 1948, pp. 488–490。

② *The Philosophy of G. E. Moore*, ed. P. A. Schilpp, 1942, p. 668.

我要问的问题很简单。为什么接受第一个证明为有效的人会拒斥第二个？这是一个我感到完全无法给出满意回答的问题。但不知怎地，我怀疑它属于那种《分析》杂志的读者比较在行的问题。

让我们进一步澄清一下这个问题。“那些否认物质存在的哲学家并不想否认，我在裤子下面穿着内裤。”摩尔说得很清楚，他只是想拒斥那些想要否认裤子或内裤存在的哲学家。或许摩尔是在攻击一个稻草人。但我在这里问的不是这件事。

也有人认为，摩尔强调其双手存在的环境是如此人为和特殊，以至于他根本不是在以日常的方式使用语言，**因此**他没有给出一个有效的证明。这同样与当前的问题无关，因为我的问题只是假定摩尔的证明有效。

显然，摩尔并不想区分“知道”和“确定地知道”。因此，不必特别注意确定性的问题。实际上，摩尔自己的证明，与其说与笛卡尔式怀疑有关，不如说与一种“康德式教条”有关。

简言之，摩尔至少同时持有以下两个观点：（a）可以通过举起你的一只手并说“这只手是一个物质对象；因此至少存在一个物质对象”来证明命题（1）是假的；（b）不能用类似的方式，比如举起你的一只手并说“我知道这只手是一个物质对象；因此至少有一个
414 人知道至少有一个物质对象”，来证明命题（2）是假的。而问题则是，一个人有什么理由可以在主张（a）的同时主张（b）？

在“关于外部世界的证明”中[①]，摩尔对命题（1）进行了反驳。在他给的例子中，前提是他通过举起自己的一只手并说“这是一只手”表达出的某种东西，而结论则是，“至少存在一个物质对象”（Moore，1939: 295–296）。在那里，他阐明了他的证明是一个严格证

① *Proc. of the British Academy*, vol. 25, 1939, pp. 273–300.

明的三个必要条件：（i）他用以证明结论的前提与他要证的结论不同；（ii）被引为前提的东西是他**知道**为事实的东西，而不仅仅是某种他相信但不确定，或事实上为真但他不知道的东西；（iii）结论确实能从前提推出。他坚称，他的证明事实上满足所有这三个条件。关于第二个条件，他说他显然**知道**他用特定的手势结合“这是一只手”的话语所表达的东西。他说他知道在某个位置上有一只手，该位置是通过特定的手势结合话语“这”表明的。“认为我不知道，只是单纯地相信，而事实可能并非如此，这是多么的荒谬啊！你同样也可以认为我不知道我现在在站着和说话——也许我事实上不是处于这样的状态，不确定我的确处于这样的状态！（同上：296）”。

假设一分钟前我试图用类似的方式反驳命题（2），前提是某种我通过举起自己的一只手并说“我确知这是一只手”所表达的东西，结论是“至少有一人确知至少存在一个物质对象”。让我把这个假设的证明称为“我的证明”。我的证明满足严格证明的三个必要条件吗？如果它满足那三个条件，那么摩尔似乎就没有为既主张命题（a）又主张命题（b）提供任何基础。诚然，满足那三个条件的证明并不一定就是严格的证明，因为那些条件只是成为严格证明的**必要**条件。但如果满足那三个条件还不足以使我的证明成为一个严格的证明，摩尔在说他的证明是严格证明时同样未给出更多的理由。也许还有别的条件，满足它们以及原先的三个条件足以使一个证明成为严格的证明。也许摩尔关于命题（1）为假的证明满足这些附加条件，而我关于命题（2）为假的证明不满足这些条件。但尽管这是可能的，摩尔却显然未给出这些附加条件。必须承认，如果我的证明的确满足 415
那三个条件，摩尔就没有为他同时主张命题（a）和（b）的做法提供任何理由。

现在的问题是，我的证明满足那三个条件吗？关于条件（i），我在证明中使用的前提显然不同于结论；关于条件（iii），可以肯定结论可由前提推出，因为不可否认我是一个人。第二个条件怎么样呢？在考虑他的证明时，摩尔断言了如下命题（A）："我当时显然**知道**我用特定手势结合话语'这是一只手'所表达的东西。"假设我断言如下对应的命题（B）："我当时显然**知道**我用特定手势结合话语'我确知这是一只手'所表达的东西。"然而，即使我当时确实知道我的前提，我所知道的东西肯定也与摩尔在拒斥命题（1）时所声称知道的东西属于不同的类型。他说他知道的是，在用特定手势结合话语"这"表示的位置上，有一只手。而我所知道的是——如果我确实知道，我知道有一只手在该位置上。因此，尽管他的手势帮他显示了他所知道的（他的前提），我的手势却显然没有在相同意义或相同程度上帮我显示我所知道的（我的前提）。举起我的一只手并说"这是一只手"，比举起我的一只手并说"我确知这是一只手"，看起来更自然。我想问的问题是，我在我的前提下断言命题（B），是否像摩尔在他的前提下断言命题（A）一样合理？如果是，那么我的证明就满足他的三个条件，他也就没有为如下说法提供合理理由：人们无法以他证明命题（1）为假的简单方式证明命题（2）为假。

看起来很明显，在一种意义上，话语"这是一只手"所表达的东西，与我举起自己的一只手的手势所表达的东西联系更密切，而不是与话语"我确知这是一只手"所表达的东西联系更密切。我认为我们甚至可以说，在一种意义上，举起我的一只手并说"这是一只手"的情况，能给我更多关于举起我的一只手并说"这是一只手"所表达的东西的知识，而举起我的一只手并说"我确知这是一只手"的情况，不能给我那么多关于举起我的一只手并说"我确知这是一只手"所表达的东西的知识。同样，在一种意义上，我们有更好的理由在前一种情况下断言命题（A），而不是在后一种情况下断言命题

（B）。但我无法精确说出，在什么意义上，我们在一种情形比在另一种情形有更多的知识或更好的理由，我也不知道这一点（在一种意义上，我们在一种情形比在另一种情形有更多的知识或更好的理由）对于回答我是否有理由断言命题（B）这个问题有什么影响。让我们抛开这些考虑直接问这样一个问题：我有合理理由断言命题（B）吗？如果有，（b）就不是真的。如果没有，为什么？ 416

我这样解释命题（b）：只有当命题（2）无法通过举起我的一只手并说“我知道这只手是一个物质对象；因此至少一个人知道至少存在一个物质对象”被证明为假时，命题（b）才是真的。有人可能想这样来解释命题（b），使得它在如下情况下也是真的：尽管命题（2）可以用上述方式被证明，但该证明和命题（2）的关系与摩尔的证明与命题（1）的关系不同。如果这样的解释被采纳，上面所说的就已经足以确立命题（b）的真实性。然而，我不认为这是正确的解释。

按照我对（b）的原初理解，我可以将我的怀疑总结如下。我倾向于认为命题（B）为真。但如果（B）是真的，命题（b）就是假的。无论如何，我发现很难说清那些质疑（B）之真实性的人还需要什么知识。比如，如果有人认为，为了捍卫命题（B），我必须能证明我不是在做梦，那么我不明白为什么捍卫命题（A）就不需要做同样的事。①

## 5 什么是个体？

我发现蒯因和古德曼的唯名论观点不够清楚；这是因为他们对他

① 本节曾发表于 *Analysis*, vol. 14, 1954, pp. 142–146。

们所认为的个体或非类对象的解释未能令我满意。我希望澄清我不满意的原因，并且表明，在得到一个对个体概念的更好的说明之前，他们关于唯名论者和非唯名论者的区分，不能被接受为一个对哲学或哲学家进行分类的有益方式。如果在确定个体概念方面的困难（我后面会讨论）是真实的，那么在我看来就有理由认为，蒯因用变元之值决定一个理论的“本体论承诺”的一般准则并不是那么富有成效，比如，它不如那些更传统的划分系统的方式——依据系统是否接受无
417 穷多的对象，或是否允许非直谓的定义，等等——富有成效。特别地，我将论证，对于蒯因和古德曼称之为唯名论的立场，有穷主义或禁无穷理论（no-infinity theory）是一个更具启发性的名字。

蒯因和古德曼谈到了共相、抽象实体、类、具体对象、具体个体、个体等。我将只谈个体和类（非个体），并讨论蒯因和古德曼著作中的有关段落，重点强调古德曼最近的新书①。由于许多问题都在该书中以极大的彻底性和精确性得到了处理，我不禁相信，在那些我不同意古德曼的具体问题上，某种确定的答案会随讨论而产生。

我认为可以在古德曼的书中区分出三个相关但不同的对个体概念的解释。我将逐一讨论它们。

在我看来，古德曼给出的最具启发性的前系统（以日常语言做出的）回答，是他的这一断言——唯名论者不承认任何没有内容之别的实体区分；以及他的这一示例——对唯名论者而言，犹他州所有郡构成的类与作为单一个体的整个犹他州并无差别（Goodman, 1951: 39）。但这充其量只能算是一个粗略的说明。例如，**内容**的含义在此并未完全明确。假如一个盒子有连续两层包装，盒子里面装满了火

① N. Goodman, *The Structure of appearance*, 1951。除非另有说明，本文中的所有征引页码均出自本书。为了避免误解，我想强调指出，古德曼书中处理的大部分问题的意义和重要性，不依赖于其作者所坚持的唯名论立场，后者我觉得很不清楚。

药，那么整个盒子作为一个个体与整个盒子去掉外层包装后作为另一个个体，通常被认为具有相同的内容。但可以想见，古德曼会希望将它们说成是两个不同的个体。或者，假如我们把实数定义为一些有理数的类，我们通常不会认为全体实数的类和全体有理数的类有着相同的内容。因此，我们的结论只能是，古德曼打算以一种特殊的方式使用“内容”这个词，他给的解释和示例只是说明而非准确刻画了这种特殊的方式。

实际上，古德曼着重指出了要区分词项的日常用法和技术用法。他强调，“个体”一词的技术用法不必与通俗用法完全一致（同上：42），并建议这样来定义个体：它们是且只是**重叠**(overlap）于某物的东西（同上：43）。我把这看作他对个体概念的第二个解释。在给出这一定义时，他应无意暗示此定义更令人满意，因为“重叠”一词的用法完全是直观地被认识。毋宁说，这样一个定义看起来对他有用，只是因为他的个体演算以公理的方式刻画了谓词“重叠”。这将 418
我引向我所理解的、他的第三个回答。

换言之，个体是且只是这样一些东西，它们之间存在某种关系 $R$，通过把古德曼个体演算的唯一初始谓词符号“$o$”（“重叠”）解释为 $R$，把论域解释为由这些东西构成，古德曼演算的所有定理（包括公理）都为真，其中量词理论所含的常项使用标准解释。或者，更简单地说，个体就是满足他的个体演算的东西。

对于这样一种解释，人们可能会问，如果“个体”一词的技术用法是由演算决定的，那么又是什么指引着我们构造演算呢？我们不需要一个关于个体（或重叠关系）的直观概念作为起点吗？然而，这样的问题仅对那些已经理解了古德曼的概念并想争论其正确性的人才会出现。由于我的目的只是理解他的概念，我不需要追究这样的问题，它们多少与证明他的概念是正确的有关。对我来说，首先想到的问题毋宁是，使用公理系统是一种令人满意的交流概念的方式吗？无论是一般地考虑许多情形，还是特别地就个体概念而言，我都认为答案是肯定的，只要所给出的演算足够完备，即它在一种合理的程度上决定了所容许的解释范围。再举一例，其实，对于什么是类这个问题，我认为从许多方面看，标准的类理论（如罗素和策梅洛的理论）都是目前可及的最清晰、最精确的答案。因此，对我来说，下一个要考虑的问题是研究古德曼的演算，并努力确定它能否被认为是足够完备的。

不幸的是，这并非易事，因为古德曼决定不对其演算做完整的说明（同上：43）。不过，他确实提到了一些发表了的个体演算版本（同上：42，脚注）。所以，让我们将这些早期演算的公理翻译为他的语言，并假定所得的结果即为他的演算的公理。如此一来，他的演算只包含一个公理模式和一个具体的公理[①]：

(1) 如果 $\exists w \cdots w$，那么 $\exists x \forall y(yox \equiv \exists z(\cdots z \wedge yoz))$。

(2) $xoy$ 当且仅当 $\exists z(\forall w(woz \supset wox) \wedge \forall w(woz \supset woy))$。

旧系统还有另一个公理，它被替换为一个关于等同的定义（同上：45）：

(3) $x = y$ 当且仅当 $\forall z(zox \equiv zoy)$。

419 由（2），我们可以证明，重叠关系既是自反的，也是对称的。我们也能以通常的方式导出通常的等同理论。

关于这个演算 $G$，有几件事可以提一下。它允许许多不同的解释。例如，我们可以让论域由满足"$\varsigma o \varsigma$"为真的单个对象$\varsigma$构成。或者，我们也可以使用这样的模型，其论域中包含任意有穷多或无穷多事物。换言之，在一切非空论域上，$G$ 都是可满足的。如果我们想限

---

① 参见 *J. symbolic logic*, vol. 5, pp. 48–49, 108。

制可接受的解释的范围，我们必须引入一些公理，它们为论域中对象的数量确定一个上界或下界。这似乎表示，演算 $G$——按现在的样子——还未包含对个体概念的充分解释。$G$ 不同于那些旧演算的一点是，它孤立于类理论之外。不同于公理（1），旧演算包含一个大意如下的公理：

（4）如果所有满足 $\cdots z$ 的 $z$ 的类是非空的，那么 $\exists x \forall y(yox \equiv \exists z(\cdots z \wedge yoz))$。

如果这里的类理论包含像类型论中的无穷公理那样的公理，公理（4）就远强于公理（1），而且由于有相伴的类理论，它能产生许多不同的新对象。

既然演算 $G$ 连粗略限定可接受解释的范围都没做到，它就仅仅是部分地确定了个体是什么，而这必须通过补充条件来解决。古德曼称（同上：35），对于不同的实际系统，可以选用迥然不同的元素充当个体。一般地说，他想要接受所有满足 $G$ 之公理的解释。更准确地说，他想接受所有包含 $G$ 及一些附加公理或附加的初始谓词的系统。但这肯定行不通。比如，我们可以给 $G$ 增加一些强的无穷公理，或者，我们甚至可以将整个策梅洛集合论接到 $G$ 上。$G$ 加上策梅洛集合论后所得的系统，将与他的实在论系统（同上：147，173）一样，包含一种变元、一个附加的谓词（这里是“$\in$”，而非他的“$W$”）和一些附加的公理。显然，他不会愿意把这样一个系统视为唯名论的。因此，在选择我们的系统和解释时，我们需要运用我们的判断力。但这样一来，我们似乎就不得不假定某种直觉的个体概念，以指引我们的判断。毫无疑问，这样的直觉概念常常是言人人殊的，而且大约也没有普遍可接受的程序来消弭这些分歧。比如，关于是否有无穷多的个体这个问题，我坦言我没有任何直觉，但正如我们将看到 420
的，就人们对唯名论立场的理解而言，这是最关键的问题之一。

在某些地方，古德曼似乎过分强调了系统记法的理论作用（同上：35）。他似乎认为，我们在选择接受哪些个体上是完全自由的，只要我们不同时使用以类为值的另一种变元就行。然而，既然我们有许多类理论（如策梅洛的类理论），它们每一个都只含一种变元，既然——只要我们愿意——我们显然可以用某个别的符号来替代令人讨厌的“ $\in$ ”，我们显然就可以通过仅仅考察其公理，而非仅仅考察其记法，来判定一个系统是否有以类为值的变元①。但尽管如此，当我们决定是否接受某些公理时，我认为，我们通常拥有更有用的标准，而不是仅仅问它们是否迫使我们承诺类。不管怎样，要构建一个通用的理论，来判定什么样的公理会要求我们必须将变元解释为以类为值，这肯定是非常困难的。我认为——举个例子——判定公理承诺的一个更有用的方法是，追问一个公理或公理系统是否要求一个包含无穷多对象的论域作为自己的解释。

古德曼明确指出，他的演算不含任何蕴涵个体数量——无论有穷还是无穷——的公理（同上：48）。因此，不允许把任何常见的无穷公理当作其演算的公理，比如：

（5） $\forall x \exists y(x \ll y)$。

（6） $\forall x \exists y(y \ll x)$。

此外，这也排除了在演算中包含任何断定个体数量不多于某个确定的正整数（比如 100 或 $10^{37}$ ）的公理的可能性：

（7） $\exists x_1 \cdots \exists x_{100} \forall y(y = x_1 \vee \cdots \vee y = x_{100})$。

（8） $\exists x_1 \cdots \exists x_{10^{37}} \forall y(y = x_1 \vee \cdots \vee y = x_{10^{37}})$。

其他这样被排除的公理——如果还有的话——是那种否定无穷之

---

① 换言之，在我看来，仅仅突出“个体”“重叠”等语词是不够的，而是需要发展一个充分的个体演算。如果一个词的意义是其用法，那么知道哪些涉及该词的陈述被认为是真的是很重要的。

可能性但又不固定一个数量界限的公理。这种公理所表达的会是某种如下的东西：

(9) 存在某个不确定的正整数 $n$，使得个体的数量不多于 $n$。

古德曼的这种态度似乎隐含着如下观点：无论认为个体的数量是有穷的还是无穷的，都不影响他的唯名论信条和语言。而这正是我要质询的一点。我希望表明，就我们的理解能力而言，无穷的引入比对 421
类的谈论带来了更多重大而明确的困难。如果我们只假设有穷多的个体，那么根据任何合理的标准，个体演算和类演算都应该被视为可理解的。而如果我们假设某种自然的、关于个体的无穷公理，那么即便是个体演算，对于彻底的唯名论者来说也可能不是完全可接受的。

首先，让我们考虑这个选项：个体的数量不多于一个确定的有穷数，比方说，断言（8）为真。这样一来，正如蒯因详细证明的[①]，整个非唯名论的类理论将变为平凡的，可以作为单纯的说话方式被解释掉。因此，我们可以说，如果对于个体的数量我们假定一个确定的有穷上界，那么就没有必要再对唯名论的和非唯名论的个体理论和类理论作区分。诚然，审慎的唯名论者可能会反对命题（8）中对“…”的使用，理由是可能没有足够多的物质将其完整地写出来[②]。但尽管如此，完全不可信的一点是，竟然有任何人能理解某种复杂的个体演算却不能理解（8）。有穷主义的唯名论者——如果存在——只是拒绝接受无穷，并因而附带地拒绝接受类理论中一般断定的某些对象。他和我们普通人之间的区别在于是否承认无穷，而不是是否承认类。

---

① W. V. Quine, ‘On Universals’, *J. symbolic logic*, vol. 12, 1947, pp. 74–84。还可以对照 Kurt Gödel, ‘Russell’s mathematical logic’ in *The philosophy of Bertrand Russell*, 1944, ed. P. A. Schilpp, especially p. 144。

② Quine, op. cit., p. 84.

现在，让我们考虑另一个更严肃的选项，即采纳某种关于个体的无穷公理。虽然古德曼明确拒绝在他的演算中包含任何无穷公理，但他显然不认为所有这种公理都是荒谬的或断然为假。例如，他以相当友好的方式提到过“每个个体都有一个真部分”（同上：48）这个命题（我们的命题（6）），并断言个体可以被分割为任意数量的部分（同上：42）。假设我们增加（6）作为个体演算的一条新公理。我们会发现，所得到的个体演算其实比建立在有穷多个体基础上的类理论要复杂缥缈得多。

这样，一个个体 $a$ 有一个真部分 $b$，$b$ 又有一个真部分 $c$，如此等等。因此，给定任何个体 $a$，我们都能找到 $b$，$c$，$d$ 等，使得 $a \gg b \gg c \gg d \gg \cdots$。现在考虑个体 $a-b$，$b-c$，$c-d$ 等，它们是互不相连的，都是 $a$ 的真部分。这意味着，每个个体都包含无穷多各别的真部
422 分。因此，一旦我们接受了命题（6）这个简单的公理，利用个体演算就能打开一扇门，它通往每个给定的个体的无穷多真部分，每个真部分的无穷多真部分，等等。

尽管有这些考虑，我仍倾向于认为承认无穷这个做法更有吸引力。在我看来，对个体演算（假定无穷）和普通类理论的一种比较研究，有可能会导致富于启发性的区分。我认为，这样一种研究是一个可以使“拒斥一切非个体事物”这种观点富有成效的方向。

古德曼不同意这种观点，认为①任何无穷假设都是极度令人反感的。他不想使用任何像（5）—（8）的公理，而对能达到类似（9）的效果的公理更感兴趣。实际上，古德曼自己在他的课堂上首先提出并讨论了这个问题，即这样一条公理如何能在他的演算中得到表达。

---

① 我曾请求古德曼教授阅读本文的一份早期草稿，并从他那里收到了一些有益的解释和批评。在眼下的修订版中，我自由地使用他的评论和陈述，并完全清楚，它们不一定能忠实代表古德曼对我所考虑的问题的最终看法。

克雷格（William Craig）猜想，我们能够证明在古德曼个体演算的框架内表达这样的公理是不可能的。难点似乎在于，除非假定无穷，没有办法引入能在所有正整数上取值的变元；而要表达（9），我们似乎需要这样的变元。例如，正如古德曼所观察到的那样，同时表达“存在一个包含所有个体的大全个体”和“存在不以个体为真部分的原子个体”是可能的。但要排除无穷，我们似乎还需要某种像阿基米德公理的东西，它向我们保证，存在某个正整数 $n$，使得对于任何给定的原子个体，大全个体至多为它的 $n$ 倍大。古德曼似乎认为（9）是真的，尽管他同时又想要说，表达（9）所用的语言是一种他不理解的语言。

如果我们采用（9）而不是（8）那样的假设，那么前面提到的那种消去类的简单方式就不再直接可用了。不过，我认为，我们应该仍然能在每个特殊的情况下避免使用（9）。首先，（9）被认为有用是在一个有穷的宇宙中，只是个体的数量不为我们所知。在平常大部分情况下，当我们知道数量是有穷的但又不知道其确切为多少时，我们能说出一个大致但安全的上界（有时需要相当程度的思考）；全世界猫的数量即为一例，另一个例子是全世界人头发的数量。然而，在古德曼的每个系统中，个体的数量是有穷还是无穷，这个问题显然是一个不易判定的问题。不管怎样，如果我们知道宇宙是有穷的，我们就能以模式的方式——姑且这么说——进行论证，并像以前一样消去类。因此，如果（9）为真，就一定存在一个个体数量的上界。假定 423
这个数是 $t$（一个我们不知道确切大小的正整数），那么以下命题必为真且可以用作一条公理：

（10）$\exists x_1 \cdots \exists x_t \forall y(y = x_1 \vee \cdots \vee y = x_t)$。

因此，我们可以再次实施蒯因的程序[①]从而消去类。

总结一下。如果我们假定只有有穷多的事物，在语言上坚持禁用无穷，那么对类的谈论无论怎样都是清楚而无害的。而如果我们承认无穷，古德曼发现，个体演算就会同时失去其哲学和直觉上的优点。因此，唯名论对他有吸引力，主要是因为他将唯名论与对无穷的拒斥联系在一起。然而，人们显然并不普遍认为，个体在数量上是有穷的。综合所有这些考虑，将古德曼的观点称为有穷主义（或禁无穷理论）而非唯名论，不是更有启发意义吗？

就我个人而言，我倾向于认为很难坚持这样的有穷主义。比如，*G* 中对模式（1）——相当于无穷多条公理——的使用，理解（尽管不是表达）命题（9）的能力，都倾向于向我们暗示，在某些相当确定的意义上，即使是“唯名论者”也理解和使用无穷。或者，让我们回到那个老问题：如果连取值范围为所有正整数的变元都不允许使用，我们该如何发展科学和数学？也许有一天，对科学基础刻苦而彻底的分析会产生一个令人满意的理论，它将证明，所有关于无穷的谈论都不过是一种谈论有穷离散实体的便捷方式。这无疑会是一个伟大的成就。然而，考虑到我们现在所拥有的实际知识，我相信，在目前的阶段，我们有理由认为，禁无穷理论或者是基本站不住脚的，或者至少是太过理想化因而没有价值和不值得注意的。[②]

---

① 参见 Quine，op. cit。

② 本节曾发表于 *Philos, rev.*，vol. 62，1953，pp. 413-420。

# 人名（及部分术语）索引

（词条中的页码为原文页码，即本书边码）

# 译后记

王浩（1921—1995）是20世纪享誉世界的华人逻辑学家、计算机科学家和哲学家。他曾先后就读于西南联大、清华大学和哈佛大学，并曾在牛津、哈佛和洛克菲勒大学担任教职，在数理逻辑、计算机科学和数学哲学等多个领域，做出了卓越贡献。尤其在数学定理机械证明方面，王浩的工作具有开创性，也因此，他于1983年获颁首届“数学定理机械证明里程碑奖”。

然而，尽管王浩在逻辑和计算机科学领域的技术性工作令世人瞩目，应该注意的是，从其学术生涯的一开始，王浩就矢志成为一名哲学家，而纵览王浩一生著述，哲学类文章和专著也占了一多半，尤其在60年代之后，王浩几乎将全部精力贯注在了哲学（主要是逻辑与数学哲学）的研究和写作上。

王浩共有四部哲学专著传世，按出版时间先后依次为：《从数学到哲学》（首次出版于1974年）、《超越分析哲学》、《哥德尔》和《逻辑之旅——从哥德尔到哲学》。其中，后三者均已有中译本，且流传甚广、反响热烈。而《从数学到哲学》，作为王浩的第一本大部头哲学专著，却因种种原因迟迟未有中译本，这不能不说是国内学界的一大憾事。

须知，《从数学到哲学》是王浩最为集中、正面阐述自己（数学）哲学思想的作品。在这一点上，它既与《哥德尔》和《逻辑之旅》（它们旨在报道和诠释哥德尔的思想，仅顺带发挥王浩自己的一些想法）不同，也与《超越分析哲学》（它主要是从实质事实主义的元哲学立场出发，对当时流行的各种分析哲学观点进行批评）有别。在该书中，王浩既首次对自己的实质事实主义一般立场进行了长篇阐发，又广泛、深入地讨论了数学哲学的诸议题，甚至还探索了心灵与机器、数学与计算机、知识与生活等话题，其涵盖范围之广、烛幽探微之深，令人叹为观止。特别地，书中重点考察了逻辑和数学领域的一些基本概念，如自然数、连续统、机械程序、集合和逻辑真等。这些考察是对王浩所倡导的知识学（epistemography，它旨在描述、分析具体知识，与过于抽象、脱离实际知识太远的 epistemology 形成对比）理念的生动实践，构成了王浩数学哲学的精华。比如，帕森斯（Charles Parsons）就认为，本书探讨集合的直观迭代概念的第 6 章，应该被所有寻求对此问题的成熟理解的人当作第一读本（参见邢滔滔《逻辑之旅》译后记）。

总而言之，《从数学到哲学》是王浩的核心代表作之一，对于了解王浩的思想具有不可替代的价值，理应尽快有中译本行世。而如今，我们历时数载、几经波折，终于将其译出付梓，心中喜悦之情，实难以言语形容。希望学界同仁和广大读者，能借此更方便地领略王浩思想的风采，从中获得教益。

说起本书的翻译，我要特别感谢我的两位老师郝兆宽和叶峰，多年来，他们给予了我许多帮助和鼓励，也是承蒙他们推荐，我才有机会承担本书的翻译工作。

但考虑到本书的体量和难度，我在应承翻译一事后，兴奋之余，亦感诚惶诚恐，深怕自己以译书之名，行毁书之实，则罪莫大焉。然而幸运的是，我最终邀请到了邢滔滔老师与我一同翻译本书。邢滔滔老师既是王浩思想研究专家，也是王浩《逻辑之旅》一书的主译，而《逻辑之旅》译文之精良，可谓有目共睹。有他的加盟，我便有了底气。

我们的合作方式是，每章先由我译出，然后交由邢老师审阅，给出详细修改意见，我再据之对译文进行修改。这样的方式，于邢老师而言可能是痛苦的，但于我却美妙异常，因为过程中，我不但能享受王浩思想的深邃，还能学习邢老师推敲文字的功夫，这对我无疑是宝贵的经验。惟可惜者，邢老师有太多文债要还，有些章节的译文，他未及细审。故凡译文疏漏错谬之处，罪悉在我。

最后，本书的翻译和出版，有赖于广西师范大学出版社梁鑫磊编辑的策划和大力促成，我们谨向他表示衷心感谢。

高坤

2024 年 1 月 26 日